The Education Of Henry Adams

亨利·亚当斯的教育

［美］亨利·亚当斯／著

Henry Adams

中国青年出版社
CHINA YOUTH PRESS
中青文传媒

图书在版编目（CIP）数据

亨利·亚当斯的教育 /（美）亚当斯著；刘琳红，游海霞，王莹译.
—北京：中国青年出版社，2013.10（塑造美国的88本书）
ISBN 978-7-5153-1904-9
Ⅰ.①亨… Ⅱ.①亚… ②刘… ③游… ④王…
Ⅲ.①亚当斯，H.（1838～1918）—自传 Ⅳ.①K837.125.8
中国版本图书馆CIP数据核字（2013）第211457号

亨利·亚当斯的教育

作　　者：[美] 亨利·亚当斯
译　　者：刘琳红　游海霞　王　莹
策划编辑：陈　晨　李玲香
责任编辑：肖　佳　胡莉萍
美术编辑：夏　蕊　李　甦
出　　版：中国青年出版社
发　　行：北京中青文文化传媒有限公司
电　　话：010-65516873/65518035
公司网址：www.cyb.com.cn
购书网址：zqwts.tmall.com　www.diyijie.com
制　　作：中青文制作中心
印　　刷：北京盛源印刷有限公司
版　　次：2014年1月第1版
印　　次：2014年1月第1次印刷
开　　本：787×1092　1/16
字　　数：400千字
印　　张：27.5
书　　号：ISBN 978-7-5153-1904-9
定　　价：49.00元

编者的话

1910年，年仅19岁的胡适考取“庚子赔款”第二期官费生赴美留学，就读于康奈尔大学。偶遇美国小学新生开学，胡适难抑好奇跑去旁听，内心受到极大震动。美国启蒙第一课只有一个内容，便是令全体学生宣读誓词：“我保证善用我的思辨才能；我保证发展我独立的思想；我保证接受教育，从而使自己能够独立判断。”正是这段誓词，让胡适深刻体会到：美国之所以成为美国，全在于其“独立之精神，自由之思想”，而这一理念成了胡适先生一生坚守的信念。

美国，距其建国不过200余年，却已是世界强国。我们不禁要问：这个民族，究竟是如何在这么短的时间内做到经济上飞速发达，政治上游刃有余的？更为重要的是，它如何将这关系国本的“思想与精神”赋予它的民众，令他们秉持信仰，坚守信念？

2012年5月，美国馆藏量最大、历史最悠久的国会图书馆遴选出88部对美国社会最具影响力的书籍，定名为“塑造美国的书”（Books That Shaped America）。《飘》、《麦田守望者》、《了不起的盖茨比》、《第22条军规》、《汤姆叔叔的小屋》等历久弥新、耳熟能详的经典名著均入选。这些书籍或曾在当时社会引发争议，或甫一亮相即引起极大轰动，或令人愤慨，或引人怒骂，或发人深思，但仍对美国乃至全世界读者了解美国社会发挥了重要作用。

为此，我们引进并翻译出版了这套“塑造美国的88本书”丛书。力争客观、原生态地呈现美国的人文社会、政治制度以及美国历史发展和民主进程，在一个个美国故事中，讲述真实的美国和美国人，宏观展示美国的诞生、成长和强大，美国人自我意识的觉醒和认同。

它们包括：推动北美人民走上公开独立道路的战斗缴文《常识》；成就美国宪法和联邦制度的政治经典《联邦党人文集》；激励无数年轻人的世界上最著名的自传《富兰克林自传》；影响美国五代人的经典教科书《美国语文读本》；美国哲学和美式生活方式的代表之作《实用主义》；美国移民人手一册的人生指南《穷理查智慧书》；点燃美国20世纪60年代性解放运动的性学经典《金赛性学报告》；来自美国总统世家的对教育的反思与批判《亨利·亚当斯的教育》；出版史上的奇迹、永远的励志畅销书《人性的弱点》，等等。

这套"塑造美国的88本书"丛书将自始至终贯彻严肃认真的学风和生动活泼的文风，分辑陆续推出。

约四百年前，弗朗西斯·培根在《伟大的复兴》一书序言中，曾经这样谈到书中描述的对象，他"希望人们不要把它看作一种意见，而要看作是一项事业，并相信我们在这里所做的不是为某一宗派或理论奠定基础，而是为人类的福祉和尊严……"我们怀着真挚的感情，把这段话献给"塑造美国的88本书"丛书的读者，希望广大读者关心她、批评她、帮助她。

让她成为我们共同的事业。

中青文传媒

"塑造美国的88本书"丛书编委会

2013年6月

亨利·亚当斯的家族

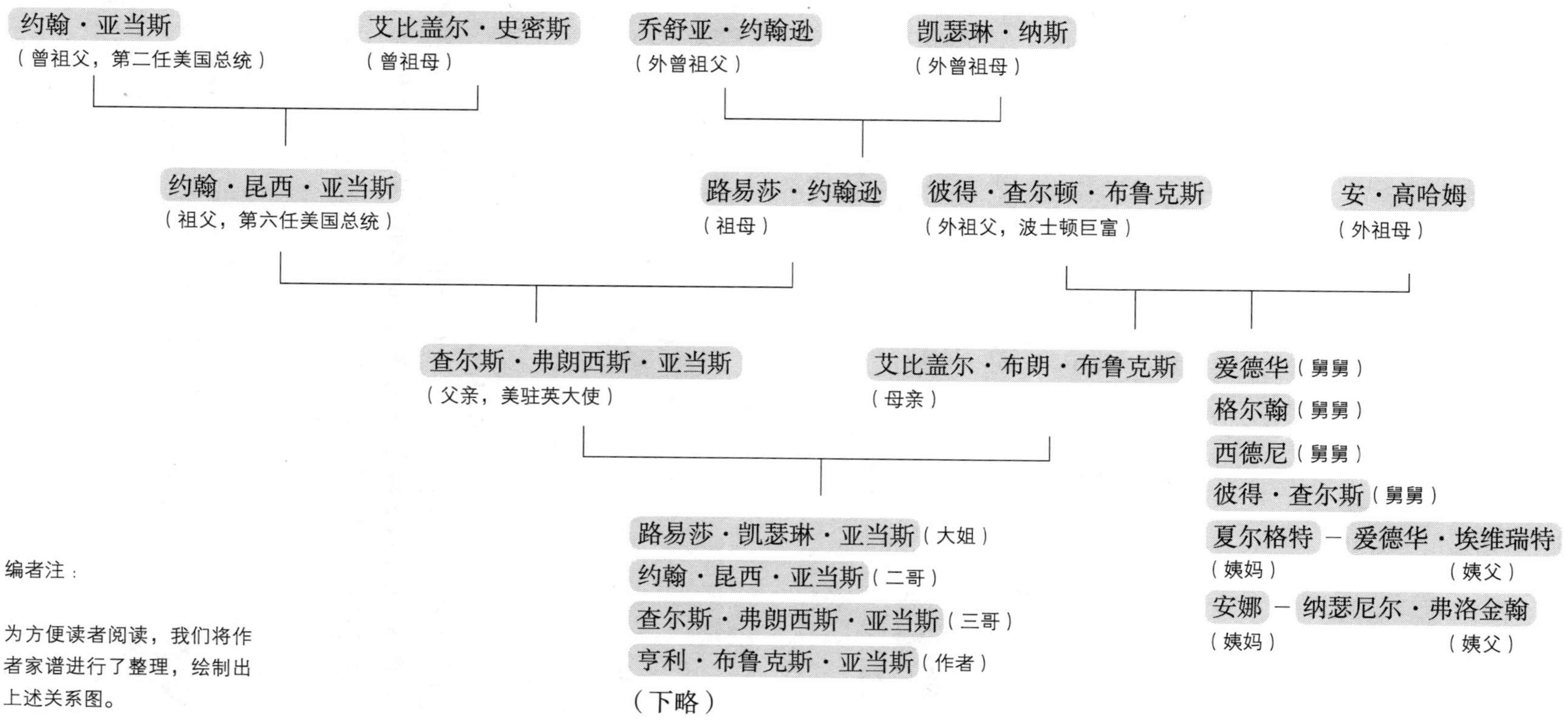

编者注：

为方便读者阅读，我们将作者家谱进行了整理，绘制出上述关系图。

CONTENTS

目录

序

让·雅克·卢梭在其著名的《忏悔录》开篇以满腔激情向上帝疾呼："永恒的主啊，我展现的是真实的自我，不论卑劣恶毒，还是仁慈高尚，我把心掏给您看！请您把芸芸众生召集到我这里，让他们倾听我的忏悔，让他们责骂我的低贱，让他们蒙羞于我的卑劣！让他们臣服于您的威严，并以与我同样的赤诚去发现自我，且问他们中又有谁敢与您说，'我好过卢梭！'"

对于18世纪那个时代而言，卢梭可以算得上是一位非常伟大的教育家，公众普遍认为他对教育所产生的影响比那个时代的任何一位教师都要深远，然而，他独特的提升人性的教化之道并没有得到广泛推崇。19世纪的多数教育家在他们的学生面前都尽可能不暴露自己丑陋可鄙的一面，即便是最谦虚的教师也会把大自然毫不吝啬赋予每一个人的瑕疵尽可能地隐藏起来，卢梭认为，这种做法和多数虔诚的信徒如出一辙，我们这些上帝造物把最不讨人喜欢的那些毛病在永恒的主面前暴露无遗，想必上帝自己也不会因此感到真正快乐的。

20世纪进而产生了让人尴尬的局面，那便是难以在近代找到能够引以为戒或能够效法的先例，而美国的文献资料也未能为高等教育提供一个有效的范式。学生即便是想找到一个自学成才的典范，也不得不跨过卢梭，找到本杰明·富兰克林。除了在那些无人拜读的死气沉沉的文献里，没有人讨论过本杰明的个人生活经验中有哪些教育证明是有用的，哪些是徒劳的，而这本书将会探讨这一问题。

作为教育家，卢梭在某一方面可以说是当之无愧的第一人，他树立了与“自我”作斗争的典范。自卢梭时代起，而且很大程度上正是因为他，“自我”才逐渐淡出，并出于模型之用进而成为用以悬挂教育衣装的人模，以显示衣服的合适与否。这里研究的对象是衣服，而非人模，但裁缝会依据顾客的要求对人模还有衣服做出调整。在这本书里，裁缝的目的是使年轻人——无论大学生还是非大学生，都成为能够应对不时之需，能够立足于世的人，而提供给他们的衣装则是用以对比他们父辈身上那些大小合适的衣服是如何地鹑衣百结，相形见绌。

最重要的是，一位才思敏捷的年轻人应该从老师那里学会如何使用这些工具。这位年轻人自身，作为教育的对象，是某种形式的能量，教育要达到的目标是如何有效地开发并使用他的力量，而对于这位年轻人的训练一部分是在清除阻挠使用这些能量的障碍，另一部分则是在指导他如何去努力。一旦习得了使用方法，便可以把工具和模型丢在一边了。

因此，人模具有和三维甚或多维几何图形一样的作用，可以用来研究事物之间的关系。正因如此，人模是必不可少的，它是衡量运动、比例和人体三位的唯一尺度，它必须貌似真人，必须被当作真人，必须待之如有生命之人。谁又说得准呢？也许这人模真有生命。

1907年2月16日

The Education of Henry Adams

第一章

昆西（1838—1848）

在波士顿州议会附近，一条名为汉考克街的小路在约翰·汉考克故居那里转了个弯，从灯塔街一路延伸，沿州议会地界一直爬到了灯塔山顶端，与弗农山街交汇在一起。就在那儿，弗农山教堂下的第三家，1838年2月16日，一个男孩降生了，由当时在波士顿信奉“上帝一位论”教义的第一教堂任职牧师的叔父洗礼，并取名为亨利·布鲁克斯·亚当斯。

倘若这个男孩出生在神殿之下的耶路撒冷，并由任职大祭司的叔父在犹太教堂行以割礼并取名为伊斯利尔·科恩，他被标记的生命不会因此有多少异样，而他也不会因此在下一个世纪的角逐中，在博取那个世纪所提供的筹码的过程中遭受更多的阻碍，然而，从另一个角度而言，这位平凡的过客，虽然没有进入赛场，却发现在已存在的古老交通的护驾下，自己在有生之年，可以说，一直享受着入场的特权，占据了得天独厚的优势。这种护驾虽然经常令人生厌，但有时却很方便，如果一旦需要，就会成为迫切之需，不可或缺。倘若在百年之前，这个男孩儿的卫护会让任何一个年轻人获得成功；虽然较1738年而言，在1838年这些卫护的价值算不上很大，但是诸如第一教堂、波士顿州议会、灯塔山、约翰·汉考克和约翰·亚当斯、弗农山街和昆西，所有这些殖民地特色如此浓厚的、如此与世隔绝的事物都重重地压在了一个重十磅的无意识的婴儿身上，在这样的身世背景下开启20世纪事业的篇章这一事件本身就是怪诞之极，这使得他在见证了解决之道后很久都还在对这种怪异的融合做出各种奇特的推测。这样一个与17和18世纪的事物联系在一起的婴儿倘若能够清醒地发现自己竟要进入20世纪的角逐，又会有怎样的结果呢？如果询问他的态度，拿着他的手牌，想着即便重新来过，他抑或其他任何人可能仍旧不会了解那场角逐中的规则、风险或是胜算，他还愿意参与这场角逐吗？当然，他并没有表态的机会，也不需要负责任，但是，倘若他的父母与他推心置腹，对于他的一切，他一定不要父母做出任何改变。他也会惊喜自己竟会有这样的好运，在1838年出生的孩子中，没有哪个人的牌会比他好，这是非常可能的。无论命运是一场机会均等的公平角逐，还是手中的牌早已被标注并预设，他都不会拒绝拿着他的那手好牌参与其中，也决不会像别人那样找些不负责任的借口。就好像自己早已是局中人，对于这一切他欣然接受，如果重新来过，他仍会做出这样的选择，这样他会更有所准备地去了解其中的真正价值。整个生命历程，从出生到死亡，对于他的出身，他自始至终都表示赞同并发誓要履行肩负的责任。只有基于这样的领悟——有意识地去认同并全力融入他那个时代和社会，他和别人才能受益于他所受到的教育。

事实上，他从未真正地参与到这场角逐中，他沉浸于对这场角逐的研究之中，观察选手们的错误，这可是这个故事里唯一有趣的地方，否则，这个故事便没有任何教育意义，也没有什么实例可供评判。这是一个育人的故事——七十年的教育，其实际价值永远没有定论，就好像自从该隐和亚伯出生以来，人类对于其他价值观一直都存在着分歧一样，然而却从未有人把这个世界的实际价值诠释成美元。虽然不可能有人成为“高康大—拿破仑—俾斯麦”的结合体，不可能拿着巴黎圣母院的巨钟走掉，但每个人却必须支撑起属于自己的世界。对于邻居如何支撑起他们的世界，人们多少还是感兴趣的。

这里探讨的教育，开始于1838年，持续了三年，这个婴儿和其他孩子一样，像一株植物一样无意识地慢慢长大，对他而言，外部世界就好像从未有过一样地运作着，给他带来了所有新奇的体验。年老时，他时常困惑于这样一个问题，从机会论的角度，他完全可以认为自己和自己世界的相遇是一次偶然。这样的偶然在以往的人类历史中从未出现过，仅对他而言，旧世界已经被抛入了历史的灰烬之中，新世界业已创立。一瞬间，他和那个18世纪与世隔绝的波士顿被分隔开来——永远的隔离。这种隔离如果不是情感上的，便是行动上的，波士顿至奥尔巴尼铁路开通了，第一艘库纳德汽船出现在海湾上，电报把亨利·克莱和詹姆斯·K. 波尔克被提名为总统的消息从巴尔的摩传到了华盛顿。那时正是1844年5月，当时他六岁，崭新的世界已经蓄势待发，而过去的世界，仅有些浮光掠影闪过眼前。

所有使他受到的教育复杂化的经验中，他唯一还记得的便是对于黄颜色的认知，这种认知始于他最初意识到自己在强烈的日光中坐在厨房的黄色地板上。那时他三岁，启蒙教育刚刚迈出第一步，始于一节关于颜色的课。很快他就迈出了第二步，那是一节关于味道的课。1841年12月3日，他得了猩红热。连续几天，他奄奄一息，在家人细心的照料下才逐渐康复。当他开始逐渐恢复体力时，大约在1842年1月1日，他的饥饿感比任何情感——快乐和痛苦都要强烈，因为在后来的日子里，对于那次生病的感受他一点都记不得了，但却清晰地记得姑妈走进病房，一只手上托着一碟烤苹果。

记忆中存留的或许首先是对颜色和味道的印象，虽然人们更愿意认为痛感才是孩子学到的第一课。事实上，这个孩子记得的第三件事便是对于不适感的记忆。当他病情好转，能够被带走的时候，就被用毯子包裹起来，从汉考克街的小房子转移到了大一些的宅子里，紧邻着弗农山街，他父母一直就住在那里，从未再迁移过。当时是1842年1月10日，正值隆冬，他永远也忘不了被包裹在毯子里时迫切需要空气的那种极度痛苦的感受，也忘不了搬动家具的嘈杂声。

儿时的疾病，作为偏离常态的一种形式，本应具有一定价值，但这种价值不能简单地被归为自然选择意义上的适应或不适应，尤其是猩红热这种疾病，会对男孩子产生很严重的影响，既有生理上的也有心理上的，尽管那些曾经患过猩红热的男孩也许一生都很困惑，想知道这样的患病经历对于他们日后的成功究竟起到了促进作用还是产生了消极影响。不论怎样，年纪越大，亨利·亚当斯越认为，从教育的角度看，那次患病经历对他的一生产生了重要影响。起初，这种影响只是生理上的。他比他的兄弟们要矮两到三英寸，身材矮小而瘦弱。他的性格和智力发育似乎也同样处于这样一个相对弱势的过程，他不擅长打架，相对男孩子应有的状态，他的神经也过于敏感。随着年龄的增长，这些弱势在他身上放大了。他养成了质疑一切的习惯，甚至习惯于质疑自己的判断，习惯于完全摒弃外界的论断，倾向于认为所有问题都无定论，除非是想干坏事，否则不会轻易付诸行动；逃避责任，注重线条、形式和品质，害怕倦怠的感觉，渴求友谊却反感社交——虽然所有这些都是众所周知的新英格兰人的性格特质，绝不是个体特性，但在他这里，这些性格特质似乎是由那次生病的经历促成的，即从全局上看，就其目的而言，这种性格变化究竟是病态的还是健康的，究竟是有益的还是有害的，而亨利·亚当斯从未能就此得出定论。兄弟们的个性是典型的，而他却是个另类。

当然，在年幼的他看来，那次疾病对他没有丝毫影响。他健康地成长，坦然接受生活的现实，顺理成章地认可本地的社会准则，并和同龄的其他男孩子一样对多数的准则都欣然接受。他觉得自己很正常，他的小伙伴们也这样认为。他的身上如果真的有什么与众不同的特质，那便是教育，而不是性格，他的这种特质的形成，直接或间接地产生于和他的名字一起继承下来的18世纪的那些遗产。

他所受教育的氛围是具有殖民地特色的，具有几近克伦威尔似的革命特色，他似乎从他最伟大的祖母的家世开始便一直沉浸在政治罪行的气氛中。

对事物的抗拒是主导新英格兰人天性的法则，这个男孩子本能地抗拒审视外部的世界。世世代代，他的前辈们一直把这个世界视为要改造的事物，充满了需要消灭的邪恶力量，而他们从未找到任何理由让自己相信邪恶力量已经被彻底消灭，认为自己依旧任重道远。那份责任不仅意味着抗拒邪恶，还有对邪恶的憎恨。虽然小男孩与生俱来便把所有的外力视为仇敌，而且他们通常会发现事实正是如此，但这位新英格兰人，无论儿时还是成年以后，在与障碍重重甚至形势恶劣的外界进行漫长斗争的过程中，竟逐渐爱上了仇恨的快感，却少有真正的喜悦之情。

政治，作为一种实践，无论其信念是什么，一直都是一种仇恨的体制化组织，而马萨诸塞州的政治则如同那里的气候一样恶劣。新英格兰最大的魅力在于强烈的反差和极端的感性——严寒，让血液凝固；炽热，让血液沸腾，使得仇恨的快感时而成为一种娱乐消遣——如果没有更好的仇恨对象，便仇恨自己，但这种魅力是当之无愧的大地之子，而不是祖先们种下的杂草。反差之下产生的巨大张力是真切的，它构成了教育最强大的动力。外界事物的双重特性赋予生活以不同的价值观，严冬与盛夏，寒冷与酷热，城市与乡村，强制与自由，代表着两种生活思维模式，就好像大脑的脑叶一样互相平衡。城市意味着冬的幽禁，是学校、规则和纪律；笔直灰暗的街道正中堆着六英尺高的积雪，由于严寒，车轮碾过或形迹匆匆的人们在马路上穿行时，路面上的雪会发出吱吱嘎嘎的响声，而冰雪消融时，穿越街道会变得很危险；还有由叔叔、姑姑、堂兄表妹等组成的社交圈，他们希望孩子们能够言行得体，但通常很难如愿；最重要的是，冬天代表了逃离束缚、寻求自由的渴望。城市是约束、法律和统一，而仅仅七英里之遥的乡村却是自由自在、丰富多彩、肆意放纵的，仅感官上就有着无穷无尽的快乐，大自然提供给孩子们这一切却没有提出任何要求或索取回报，而男孩们并没有意识到这一点，只顾呼吸着快乐的气息。

虽然男孩都是野生动物，感觉异常丰富，但这个新英格兰男孩却比生活在气候温和地区的孩子们有着更多样的情感。他觉得自己本性质朴无华，与自然融为一体。对于亨利·亚当斯这个男孩来说，夏天总是让人昏昏欲睡。

在所有的感官中，嗅觉的感受是最强烈的——在烈日炎炎的盛夏正午，松树和香蕨散发着浓郁的香气，还有新割下来的稻草香，犁过的土壤的气息，树篱的香味，桃子、丁香的芳馨，马厩、谷仓和奶牛场的气味，沼泽地里水的咸味和干涸后的气味，他一样都不会混淆。了解了气味之后，接下来要习得的便是味道。小孩子了解看见、触摸到的所有东西的味道，从薄荷、蒲根到山胡桃果和识字书里的字母——A、B、AB，这一切味道在六十年之后，突然在他的舌尖上鲜活起来。而随后体验到的便是光线、线条和颜色这些感官上的快乐，这些快乐和其他快乐一样质朴而天然。新英格兰的光线很强烈，这样的光线使颜色变得更加刺眼夺目，等心智成熟后他才理解氛围一词作何解释，说到光线带来的视觉上的快感，依旧记得的便是新英格兰的炎炎烈日。对于颜色的印象便是一朵芍药花，清晨的露珠点缀着花瓣；从一两英里之遥的昆西的小山上眺望到的湛蓝的大海；六月下午天空中的积云；彩色图片和孩子们画册上鲜艳的红色、绿色和紫色，这些颜色随后成为美国的标志性颜色传播开来，这一切都是完美的代表。而与之相反的或者让人厌恶的，便是十一月傍晚冷冷的灰暗，波士顿冬季里厚而泥泞的融雪。在这样典型的环境中，波士顿人自然而然会养成双重性格，生活也具有两面性。一月暴风雪过后，这个男孩饶有兴致地观察着雪后的景象：在光与影的强烈对比下，冷冷的白色阳光照在白雪上，反射出刺眼的光。而这时的他又哪里知道色调是什么东西，只有通过后天的教育才能触及这个概念。

冬与夏，在那时，是两种截然不同的生活，因而造就了两种独立的性格。冬天一直都在艰难地生活，夏天却是一个开始热带生活的通行证。孩子们无论是在草地里翻滚，还是在小河中蹚水，在咸咸的海水中游泳，在海湾中泛舟，在小河里钓银白鱼，在盐沼中捕米诺鱼，或是上松树林和采石场，在沼泽地里追赶麝鼠，捕猎鳄龟，或者上山采摘蘑菇和坚果，夏天的乡间总是生趣盎然，而冬天，孩子们却必须要去学习。夏天是丰富多彩的大自然，冬天却意味着学校。

冬夏两季对于亨利・亚当斯的教育所产生的影响绝不是想象出来的，这是他所知道的最具决定性的作用力，将影响贯穿他的一生。随着终身学习得到越来越多的重视，他倾向于把他那些让人困惑、完全对立且不可调和的问题区分开来，使那些问题成为不可弱化的对立面。从儿时起，这个男孩就习惯于认为，对自己而言，生活是具有两面性的。严冬与酷暑，城市与乡村，法律与自由都是势不两立的，而在他眼中，有一个人不这样认为，那就是校长——他是被雇来对孩子们说谎话的。虽然昆西距离灯塔山徒步只需要两个小时，但灯塔山却属于完全不同的另一个世界。两百年来，每一位亚当斯，从父亲到儿子，所生活的地方距议会大街近在咫尺，有时就生活在议会大街，然而却没有人对这个城市有好感，这个城市对他们也并不友好，这个男孩便继承了这种双重个性。对于曾祖父他一无所知，曾祖父过世十二年后他才出生，他理所当然地认为曾祖父和外曾祖父一定一直都是正直善良之人，而他们的敌人必定是邪恶之辈，然而，这是他根据自己的个性推测的结果。他从未把波士顿和约翰·亚当斯这两个形象联系在一起过，两者是分离且对立的，而约翰·亚当斯这个形象却是和昆西在一起的。他所了解的祖父约翰·昆西·亚当斯不过是一个七八十岁的老人，平易近人，和蔼可亲，除了常听到祖父被人尊称为“总统”，祖母为“夫人”外，他没有任何理由认为他的亚当斯祖父和布鲁克斯外祖父在性格上有什么差异，外祖父同样和蔼可亲，善良慈爱。虽然这个孩子最爱的还是亚当斯一家，但这不过是因为亚当斯家能让他想起乡村、盛夏和无拘无束的生活。然而，他也感觉到昆西在某个方面不如波士顿——在社会地位上波士顿要优越于昆西，其中原因即便一个五岁的孩子也再清楚不过——昆西没有波士顿气派，虽然两者都有自己的风格，但除了穴居以外很难找到一种比在昆西还简单的生活和思维方式。清晨，祖父给自己点燃炉火时用的火镰仍放在他书房的壁炉台上。给仆人准备制服甚或连衣裙，或者让他们穿上晚装，即便只是想想这些都近乎于对上帝的亵渎。洗手间、自来水、照明、供暖以及所有那些改善生活的家用设施，在昆西那里都闻所未闻，而这些在波士顿早已成为生活必备。波士顿的优越性是显而易见的，但小孩子并不会因此就更喜欢它。

虽然外祖父布鲁克斯住在珍珠街，也就是南街，那里宅邸之宏伟气派早已不复存在，但在梅德福乡下的别墅，或许仍旧能显示出1845年给小男孩留下深刻印象的那种都市生活的富贵华丽，而总统在昆西的住所相比之下要更宽敞，更古老，而且要有趣得多，但小男孩却很快能感觉到总统的住所早已经过时了。这宅邸清楚直白地让人感受到财富的匮乏，让人感受到殖民时代的气息，不是波士顿风格，也没有长毛绒窗帘。直到生命的尽头，他也从未真正克服儿时呼吸进去的那种偏见，但他也未能强迫自己喜欢上19世纪的风格。对于19世纪的风格，他甚至还不及他的父亲、祖父或是曾祖父接受得多。这倒不是有什么特别的敌意，因为他已经说服自己去接受属于这个世纪的许多不好的现实，而是出于某种似乎牵强的原因——他生来就属于18世纪。昆西的老宅就是18世纪的，老宅的风格蕴藏在那些属于安妮女王时代的红木嵌板中和路易十六时代的椅子和沙发中。那些红木嵌板本是一位年老的殖民地居民瓦萨尔的，他建造了这座宅子，而家具都是1789年、1801年或者1817年从巴黎带运回来的，一同带回来的还有瓷器、书籍以及作为外交官留下的许多杂物。这两种18世纪风格——英国的安妮女王风格或是法国的路易十六风格，对于一个小男孩或者任何人来说，都不会是放松舒适的。为了映衬忧郁冬日的日常生活，暗色的红木嵌板已经粉刷成白色。如果要符合孩子的喜好，那么所有物品的外在形式最好都不是陈旧过时的。老宅风格是过时的，然而多数男孩子，还有成年人却有充分的理由偏爱新式的东西，而这个小男孩却感觉到自己的品位独树一帜，不同于常人。

他的这种个人偏好也不是出于某种偏见。布鲁克斯外祖父和亚当斯祖父一样和蔼可亲，平易近人。他们都生于1767年，卒于1848年。两位老人对孩子都很和蔼，都属于18世纪而非19世纪。除了一位让他联想起冬季，另一位联想起夏季；一位让他联想起波士顿，另一位则是昆西以外，这个孩子还真不知道两位祖父有什么区别。即便是奢华的梅德福，想起在那里的生活也很难让他觉得轻松。一次，还很小的时候，他在姨妈的监管下被带去和外祖父布鲁克斯生活一段时间，但他思家心切，去了还不到二十四个小时就被带了回来，至今想来，羞愧之极。然而，自那以后，他不记得自己再有过思家心切的经历了。

对于昆西的依恋并不完全是多愁善感或同情心使然，昆西也不是万事如愿的幸福之乡。即便在那儿，上帝对该隐的诅咒也留下了些许痕迹。昆西和其他地方一样，残酷的经验世界要联合起来去攻击一个小孩。就好像三四个精力旺盛的哥哥姐姐出于最良好的意愿，不足以击败任何小孩一样，其余所有人都在共同谋划一个他所憎恶的教育体系。在杂乱无章中施行秩序，在空旷中给出方向，在自由中实施纪律，在多样性中找到统一，这样的问题从襁褓到坟墓一直都如影随形，从始至终也必定是教育之职责所在，就如同宗教、哲学、科学、艺术、政治和经济各领域中的道德规范一样，但是，男孩的意志就是他的生命，意志亡则人亡，就好似马驹在驯服中死亡一样，被驾驭的同时也获得了新的个性。这个小男孩极少对他的驯服者们心存好感，他和老师一直处于战争状态。亨利·亚当斯知道他那一代的小男孩中没有一个喜欢老师，而在这样一种师生关系下，想与自己的家人保持友好也绝非易事。

后来，在他看来尤其怪诞的是，他和总统第一次郑重的接触正是一次意志的争斗，在那场斗争中，那位老人击败了小男孩，这样的结果可以说是必要的，但是不同于此类失败通常造成的结果，那次挫败并没有留下终身难忘的痛楚，相反却让他体验到了敌手相逢，必有一伤。这个小男孩很少遭遇这样的管制，那时他可能只有六岁多——至多七岁，盛夏，他的母亲把他带到昆西，和总统久住一段时间。至于其他家人的去向他几乎都忘了，但却清晰地记得一个夏天的清晨自己站在大门口，情绪激昂地抵制上学。他的母亲自然是他发泄愤怒的直接受害者，这是身为母亲在所难免要遭受的境遇，也是男孩子在所难免会出现的情况，然而在此种情况下，这个小男孩却让母亲处于不公平的劣势，因为母亲是客人，没有任何迫使他就范的办法。亨利展现出使用策略的能力，拒绝出门，他通过有效但却过于激烈的抗议冲动地抵御所有让他上学的努力。就当时的形势看，他赢定了！他坚定不移地站在楼梯口，这段长长的楼梯一直向上延伸到总统图书馆的门口，那扇门开了，老人缓缓地走了下来。他带上帽子，牵着小男孩的手一言不发地出了家门，沿着小路径直走向城镇，而这时小男孩早已被吓得呆若木鸡。对于这次家庭纠纷的干预，小男孩惊恐了片刻之后，意识到一位年近八旬的绅士绝不会不嫌麻烦，为了送小孩上学让自己在酷夏的清晨沿着毫无树荫的小路走上一英里，而且在到达学校之前，一个满腔自由激情的小伙子如果连一个闪开的拐角都找不到那才奇怪呢。后来，这个小男孩一直认为恰恰是以上这种推理解释了为什么他当时会完全屈服，然而那位老人并没有停止脚步，小男孩眼看着自己的对策被逐一击破，直到最后发现自己已经坐在学校里了，显而易见成了大家关注的焦点。直到那一刻，总统才放手离开。

关键在于，总统的这一举动违背了男孩子不可剥夺的权利，使社会契约变得无效，这本应使他一辈子厌烦祖父，但他想不起祖父的行为对他产生了任何负面效果，一刻都没有过。小男孩此时心智多少有些成熟，一定认识到总统，虽然完全可以施行专治使他就范，却要了点小聪明做了件有失身份的事儿。他没有发脾气，更没有恼怒，没有夹杂任何个人感情，也看不出任何强迫的意思，只是保持缄默。两人走了很长的路，他始终一言不发。服从规矩是责任，反抗规矩是邪恶，诸如此类的让人反感的大道理他只字未提，他似乎对这次事件没有表现出任何兴趣，甚至没有意识到小男孩的存在。他当时很可能并没有怎么想着孙子如何顽劣，而是困扰于波尔克总统的劣行，但那个小男孩还远远没有到能够领会到这一层的年纪，否则如果知道波尔克总统会成为自己过错的替罪羊，他定会心满意足的，也会赞赏祖父那种明智的沉默，对于这种宽容他由衷地佩服。他承认武力可以成为一种权力形式，甚至承认在受到抗议时发怒的可能性，然而就在那一刻，道德教育的种子落在了昆西这片最坚硬的土地上，众所周知，昆西这片土地是所有清教徒地区石块最多的冰川和潮汐的沉淀。

对于这次短暂的分歧双方都没有什么怨恨，因为在那几年连续三四个夏天，老总统和小男孩的关系都是友好的，几乎是亲密的。虽然他已经记不得兄弟姐妹是否比他更受宠爱，但是他一个人却可以享受和祖父之间的某种亲密关系，如今轮到他步入老年了，当年的那种亲密着实让他惊诧，因为这种亲密无间有些时候一定是对总统耐心的考验。他在总统的图书馆里闲逛，把书到处乱丢，把文件弄乱，把抽屉乱翻一气，检查旧钱包和皮夹子，搜寻外国硬币，从剑杖中拔出剑，拨动手枪使其啪啪作响，弄翻角落里的所有东西，钻进总统的衣橱，里面有一排玻璃杯倒置在架子上，杯子下面扣着本应成为飞蛾或者蝴蝶的毛毛虫，但却无一幸存。夫人一再容忍杯子不停地丢失，那是她的丈夫为了孵化昆虫而偷走的，但当老总统为了能够看到根的生长，拿走了最精美的雕花玻璃缸用来播种橡子和桃核时，夫人提出了抗议，说他种的东西会像那些毛毛虫一样被忘记的。

那段时间，总统迷上了果树培育，如果不是被连根拔起，至今仍会有一些长势很好的老树见证这一切。他的思想是永不停歇的，虽然他很严肃地对待自己的爱好，如果被孙辈问到他是不是会像英国公爵一样觉得无聊，他一定会生气，相对结果而言他很可能更在乎过程，这使得他的孙子每当看见或闻到桃子和梨子时，都会觉得有些难过，因为他会把最好的水果从园里摘下，带到楼上，放在架子上，任它们腐烂，以获得种子。这个小男孩继承了清教徒祖先的美德，恭敬地把他在园子里发现的最好的桃子拿到楼上给祖父，自己只是吃下一些不那么完美的。虽然作为补偿他自然会吃很多，但这样的行为却表明他并没有心存不满。至于祖父，他也许已经由于暂时的教师角色有些许自责，认识到自己的上述事业并不能证明百依百顺就能获得物质上的好处，所以在某个地方至今仍保留着一本精心编撰的小书《儿歌》，总统用他颤抖的手在书的扉页写下了小男孩的全名。当然还有《圣经》，每个孩子在出生时都会得到一本，在扉页上有总统的亲笔题词，而外祖父布鲁克斯送给他们的是银制杯子。

需要送出的《圣经》和银杯太多，以至于专门建了一座房子，或者说是小屋用来装这些礼品。小屋坐落在山上，从老宅子向山上走五分钟就到了，那里东面眺望昆西湾，西面鸟瞰波士顿。十二岁之前，小男孩都是在小屋度过他的暑期，而他的童年趣事也多发生在那里。对于所受的教育，他没有什么可抱怨的，乡村学校并不十分严格。除了对家有些印象，其他事情都记不得了，而最清楚的就是关于家里其他小孩的记忆，然而，如果说有什么影响在他心灵深处留下了些许痕迹，则没有什么能比得上从背后看老总统的秃头所产生的效果。周末，祖父坐在长木椅上，和当年作为总统时所坐的位置在一排，当年的那个他要年轻大约十岁，但在孩子们看来他和十年前相比没有太多变化。在铁路伸进新英格兰镇之前，每个教区的教堂都有几个这样的地位显赫的公民，他们满头白发，坐在教堂主通道两侧最好的位置上，即便不是从冰川时代开始，至少是从圣奥古斯丁开始就有这样的老者坐在那儿，或者曾经以同等的尊严端坐在那儿。很少有孩子坐在一位当过总统的祖父后面，越过祖父的头朗读用以纪念同样当过总统的曾祖父的碑文，内容是他曾“誓言用他的生命、财富和他那不可侵犯的尊严”实现国家独立等。然而，小男孩们不需要太多的推理，自然而然会认为，其他孩子也和他们一样有着当总统的祖父、曾祖父，教堂里也将永远会有一些地位显赫的秃顶公民坐在主通道两侧，而墙上则是已逝总统之类的人物的碑文。有一次，那位爱尔兰裔园丁对小男孩说：“你会想着自己有一天也会当总统的！”这漫不经心的一句话在小男孩的脑海中留下的印象之深，令他难以忘却。他记不得自己是否曾经想过这个问题，对他来说，自己是否当总统应该是不确定的，而这一思考本身就是很新奇的思想。一切都会一如往常。他既不质疑总统，也不质疑教堂，自亚当以来一直持续的社会体系应该比亚当斯家族存活得更长，对于这一点，在那个时候没有人提出质疑。

夫人要比总统冷漠一些，但她喜欢装扮。她总是把自己关在用荷兰釉砖装饰的房间里，凝望窗外有着方环形小径的花园，小男孩有时会给她带便条或者消息。在他看来，夫人是一个外表精致的女人，看到那得体的帽子下娇美的面容对他来说是件非常开心的事。他喜欢夫人优雅的风姿、温柔的声音、斯文的举止和她那隐约给人留下的印象——她不属于那里，而属于华盛顿或者欧洲，就如同她的家具、桌面上带有小玻璃窗的写字台和18世纪旧式装帧的小书，上面印着《匹克尔传》、《汤姆·琼斯》和《汉纳·莫尔》。她也许尝试过，但还是没能成为真正的波士顿人，这是她一生的痛楚，而对于小男孩来说，这恰恰是夫人的魅力所在。即便当时年幼，他仍被那种魅力深深吸引。夫人的生活与波士顿事实上是天涯相隔的。她于1775年生于伦敦，是美国商人乔舒亚·约翰逊的女儿，其叔父是马里兰州州长托马斯·杰弗逊，母亲凯瑟琳·纳斯则出生于伦敦的英裔家庭。美国独立战争期间，乔舒亚·约翰逊一家被逐出英国，他带着家人迁往法国南特生活，直到战争结束。小女孩路易莎·约翰逊被带回伦敦时已经十岁了，对于自己的国籍一定觉得很困惑。由于约翰逊家族的影响和乔舒亚本人的贡献，1790年乔舒亚·约翰逊被任命为美国政府驻伦敦领事。1794年华盛顿总统任命约翰·昆西·亚当斯为美国驻海牙公使，等回到英国时，他已经二十七岁，发现领事馆是一个非常令人愉快的去处。那时，路易莎二十岁。

此后很长时间，相比公使馆，领事馆更多地成为出行的美国人，包括官员们交往的中心。从1785 年到1815年，公使馆不断迁移，而领事馆则处于伦敦市中心，临近伦敦塔，是一个出行便利，讨人喜欢的地方。领事馆魅力之大，对年轻的亚当斯来说是致命的。虽然路易莎非常迷人，就好似画家罗姆尼的肖像画，但在她的许多魅力之中，做一位新英格兰女人却不能涵盖其中，她的这个瑕疵是很严重的。她未来的婆婆艾比盖尔，一位知名的新英格兰女性，很难在她那难以管束的丈夫也就是美国第二任总统身上展示权威，转而将权威用于第六个儿子身上。这使得儿子一直忧心忡忡，因为母亲担心路易莎也许天生性格不够坚毅，成长环境也不够严峻，难以适应新英格兰的气候，也很难成为他杰出儿子的贤内助。在这一点上，艾比盖尔是正确的，她对别人做出的判断多数都是合理的，然而这合理的判断有时却是怯懦而非力量的根源。约翰·昆西已经推断出母亲对儿媳们的性格做出的合理判断，这是人性，自从夏娃堕落之后便已有之，他认识到了这一点，却又无可奈何，距离母亲三千英里之遥的他坠入了爱河。1797年7月26日他和路易莎在伦敦结婚了，并把她带到了柏林，去担任美国公使。在新婚燕尔的三四年间，这位年轻的新娘一直生活在柏林，她是否幸福、是否满意、在社交上是否成功，她的子孙并不确定，但在柏林经受的历练无论如何都不能使她更好地适应昆西或者波士顿的生活。1801年美国联邦党垮台，这迫使亚当斯夫妇回到美国，最终她成了昆西家的一员，但在那时，她的孩子们需要她全力呵护，除了偶尔在波士顿和华盛顿过冬，她一直待在昆西，直到1809年。1803年她的丈夫出任参议员，1809年被任命为驻俄公使，她带着1807年出生的孩子查尔斯·弗朗西斯随丈夫去了圣彼得堡，但却因为不得不把另外两个大一点的儿子留下来而伤心欲绝。对她来说，在圣彼得堡的生活很难说是快乐的，在那个极度挥霍的社会，他们太贫穷了，很难大放异彩，引人瞩目，但她幸存下来了，虽然她的小女儿没能活下来。在1814年年末到1815年年初的冬季，她独自一人带着年仅七岁的儿子，乘着她的旅行马车穿越欧洲，从圣彼得堡一路穿过军队，赶往巴黎，到达巴黎时正赶上拿破仑从厄尔巴岛重返法国后建立的“百日王朝”。随后她的丈夫到了英格兰担任公使，而她则在英国摄政王的宫殿里待了两年。1817年，她的丈夫回国担任国务卿，她在华盛顿哥伦比亚特区生活了八年，主要工作则是取悦门罗政府。随后，她在白宫度过了悲惨的四年。到了1829年，当人生的这一阶段接近尾声时，她完全可以让自己变得倦怠和孱弱，然而在1833年丈夫重返国会后，她又做了十五年众议院议员的妻子。随后，就是1843年到1848年间孙子小亨利对她的最初记忆了：她坐在有护墙板的房间里吃早餐，旁边是她那重重的银制茶壶、糖罐和奶油壶，这些器具作为现代保险库里的传家宝，至今仍在某个地方放着。那时她已经七十多岁，彻底厌倦了风云变幻的世界对她的锤炼。在小男孩看来，她出奇的平静，就像一个银灰色的影像，照顾着老总统和安妮女王风格的红木家具；她有着异国的情调，就像她的法国塞夫尔瓷器；她是每个人敬重的对象，却尤其钟爱他的儿子查尔斯；她还是和五十年前在伦敦塔附近举行婚礼的那天一样，依旧不是波士顿人。

这样一个人物在小男孩脑海中留下的印象，相比她那上了年纪的总统丈夫，更难以符合未来世纪的特点。就如同她的家具一样，她是路易十六时代的风格。对于她的内心世界，这个孩子不得而知，但正如艾比盖尔很久以前在临终时预见的一样，她的内心一定处于极大的压力之下，而且没有得到真正的满足感。小男孩做梦也没有想过，她会怀疑、自省、踌躇甚至反抗法律规范，而这一切却在了她的后代那里得到了体现。这个孩子似乎本能地怀疑过自己从祖母那里继承了原罪、堕落和上帝对该隐的诅咒之源，因为这使他不是纯正的新英格兰血统，而有一半的外地血统。虽然作为生活在昆西的小孩，他不可能是真正的波士顿人，但即便是生活在昆西，他也继承了四分之一的马里兰血统。他的父亲查尔斯·弗朗西斯，就有一半的马里兰血统，而且十岁之前几乎没到过波士顿，直到1817年被父母留在波士顿上学，那段生活经历让他终身难忘。1845年，当他到了被留在波士顿时母亲当时的那个年纪，才真正接受波士顿，或者说波士顿才真正接受他。

一个在这种环境下开始接受教育的小男孩，体能上不如他的兄弟，内心敏感，骨骼纤细，理应更适合生活在18世纪，出于适度的自尊心，也理应反抗19世纪的规范。最开始十年，他的成长环境一定和他的祖父在同一年龄段时——即1767年到1776年——非常相像，除了祖父儿时经历了邦克山战役外，而事实上，直到1846年，邦克山战役才真正告终。波士顿的社会氛围是具有殖民地特色的，真正的波士顿人总是会在庄严的英国式规范前卑躬屈膝，而这个孩子非但没有将之当作一种懦弱加以掩饰，相反却把它看作优势引以为荣。在1850年后很久，18世纪的风尚都还在主导着社会。在摆脱18世纪的影响方面，与他绝大多数的伙伴相比，也许这个小男孩开始的要早得多。

事实上，在十岁那年，他的早期教育阶段就戛然而止。一个冬日的清晨，他注意到在弗农山街的家中有些骚乱，从捕捉到的只言片语中他得知，那段时间恰好住在那里的老总统在去华盛顿的路上摔了一跤，受伤了，随后，他听到了“瘫痪”这个词。从那以后，他渐渐地把这个词和祖父这个人联系在一起，在备用卧室的壁炉一侧，祖父坐在高背轮椅上，壁炉另一侧则坐着帕克曼博士或P. P. F.德格朗，两个人都在打瞌睡。

第一章，有关家族史的一章或者美国独立战争的一章所讲述的故事截止在1848年2月21日——二月这个月份会带来新生命和死亡，这是这个家族的惯例——此时，18世纪，这个现实存在的有生命的伴侣，消亡了。得知老总统摔倒时，众议院议席上发生的那一幕，如果给依旧单纯的美国民众留下的印象是一片哗然的话，那么对一个童年生活随着祖父的生命一同消逝的小男孩所产生的影响也一定不小。我们不得不为美国独立战争的爱国者们、为祖父母、为总统、为外交官、为安妮女王时代的红木家具和路易十六时代的椅子以及吉尔伯特·斯图尔特的肖像画作品而受罪，这些事物扭曲了年轻人的生活。美国人普遍认为这些事物毁了年轻人的生活，或许美国人心中的这种务实的直觉判断是对的。很多小男孩也许会被在昆西教堂举行的那次葬礼中弥漫着的情绪毁掉，被环绕在那里的举国肃敬和家族哀荣毁掉。但那次葬礼却出现了很戏剧化的一幕，恰好是教区牧师伦特博士在发表演说，他是一位不同凡响的布道演说家，是生活简朴才思敏捷的典范，他属于从以前公理会的牧师那里沿袭下来的巴克明斯特和钱宁学派。他外表儒雅，举止庄重，声音抑扬顿挫，文采出众，文风雅致。那次葬礼在小男孩的脑海中留下了极为深刻的印象。后来他见过许多大型聚会——既有葬礼也有贺宴，直到自己再不愿意看到为止，但他从未见过哪个聚会像在昆西为一位总统的遗体和另一位老人的骨灰举行的最后的葬礼那样，让人难以忘却。

对于昆西葬礼的印象随着后来在芬威会议厅举行的官方追悼会而进一步加深，当时小男孩被带过去听他的姨父爱德华·埃维瑞特宣读悼文。就像埃维瑞特先生其他讲演一样，那是一篇让人钦佩的辞藻华丽的演说，只有那些让人钦敬的演说家和学者才能写得出来那样的文章。文章之精妙，对于一个十岁的小男孩来说很难理解其真意所在，然而，小男孩却知道悼文中并没有提到过世的总统，而且了解总统不宜被提及的原因，因为那时他对知识的接受能力已经开始迅猛地增长。“1812年战争”的阴影仍然笼罩在议会大街的上空，即将到来的南北战争的阴影也使芬威会议厅变得阴暗沉重。任何雄辩之辞都无法让他的听众接受他的观点，他又怎能在那里，对着一群在波士顿商业圈处于核心地位的波士顿人说，自一百五十年前从老山姆·亚当斯的父亲开始，所有亚当斯家族的人都有一个鲜明的特征，那就是一直和议会大街处于不可调和的矛盾之中，而两者之间的矛盾一而再、再而三地演变成暴乱、杀戮、世仇、对外战争和内战、大规模的流放和财产充公，直到波士顿的历史比佛罗伦萨的历史还要动荡？他又怎么能在那些会议缔造者面前提起“哈特福德会议”这个词？如果他建议脱离联邦和打内战，别人又会说什么呢？

因此，这个十岁的小男孩已经发现自己正面对着曾经可能困扰过早期基督徒的困境：自己是什么？该去往哪里？在那个时候，他甚至已经感觉到有些不对，但认为一定是波士顿的错。昆西一直以来都是正确的，因为昆西代表了一种道德原则——排斥波士顿的原则。他的亚当斯祖先一定是正确的，因为他们一直都对议会大街充满敌意。如果议会大街是错误的一方，那么昆西必定是正确的！他以自己喜欢的方式左右着这种困境，还要回到18世纪，回归到抵制外界的准则，回归到追求真理、责任和自由的准则。他是一位十岁的牧师兼政客，但无论如何也不会预测到下一个五十年将会怎样，没有人能指导他。年老之后，虽然从未得出定论，但他有时会怀疑，即便当时能清楚认识并确定无疑地了解五十年后的一切，是否会对自己有所裨益。倘若他已经见过1900年的纽约股票行情表，并钻研了铁路、电报、煤炭和钢铁各种统计数据，他会为了对议会大街顶礼膜拜而进行他的赎罪之旅，为了外祖父盛情款待他这回头的浪子并在萨福克银行为他谋得一职而告别他的18世纪，摆脱先辈们的偏见，舍弃他那脱离现实的理想，丢弃他那半神职人员的训练吗？

六十年过去了，他仍无法得出结论。虽然每一条历史轨迹都有其优势，但回望过去，物质上的优势似乎完全站在议会大街一方。

The Education of Henry Adams

第二章

波士顿（1848—1854）

1849年1月1日，外祖父彼得·查尔顿·布鲁克斯逝世，给七个孩子留下的巨额遗产在波士顿可谓是绝无仅有的，约合两百万美元。七个孩子中有四个儿子：爱德华、彼得·查尔斯、格尔翰、西德尼，三个女儿：夏尔格特——爱德华·埃维瑞特之妻、安娜——纳瑟尼尔·弗洛金翰之妻及艾比盖尔·布朗。艾比盖尔生于1808年4月25日，于1829年9月3日嫁给了几乎与她同岁的查尔斯·弗朗西斯·亚当斯。亚当斯与艾比盖尔的第一个孩子于1830年出生，是个女孩，为纪念她的祖母约翰逊，取名为路易莎·凯瑟琳；第二个孩子是男孩，取名约翰·昆西，以纪念他的总统祖父；第三个孩子以父亲的名字命名为查尔斯·弗朗西斯；第四个孩子不太被看重，由母亲做主，取名为亨利·布鲁克斯，以纪念母亲那位刚刚过世却招人喜欢的兄弟。随后又有不少孩子降生，但过于年幼，与这个艰辛的教育历程关系不大。

亚当斯一家在波士顿的社会关系相对简单，但是，布鲁克斯家族却相对庞大，甚至显赫一时，堪称新英格兰世界的牧师世家。即使在更古老、更庞大的社会中，也要颇费周章才能找到一个家族有三位比爱德华·埃维瑞特、纳瑟尼尔·弗洛金翰、查尔斯·弗朗西斯·亚当斯更杰出、更博学的贵婿。或许，同样难觅的是一家七个孩子迥然各异。当然，他们身上或多或少都带有波士顿的烙印，或者至少是马萨诸塞州的印记，但细微的差异足以形成鲜明对比。埃维瑞特先生似乎比亚当斯先生更不像波士顿人，或者说，他属于那种最雄心勃勃的波士顿人，早年冲破束缚，离开一神教的布道场，当上国会议员并大力支持约翰·昆西·亚当斯总统，正是这种支持促成了总统之子查尔斯·弗朗西斯与埃维瑞特最年轻的小姨子艾比盖尔·布朗·布鲁克斯的婚姻。安德鲁·杰克逊主政后，政党政治遭到重创，很多人因此仕途渺茫，而埃维瑞特却安然无恙，仍能随辉格党上台，官至英国公使，回美国后，身上满载欧洲的盛誉。作为一名演说家和波士顿代表人物，埃维瑞特无可争议地名列第二，仅次于丹尼尔·韦伯斯特。弗洛金翰博士也同属一个教派，但其言行的宗教意味更淡些。他们两人都与亚当斯先生很不相同，亚当斯先生自年轻时就受其父影响，深知昆西和议会大街之间的宿怨。然而，在男孩亨利的眼中，父亲与两位姨父之间关系非常融洽，数不清的表兄堂妹经常在冬日里的每个星期六去大教堂，在姨父们的布道声中酣然入睡，从来没有想过这些布道对他们意味着什么。两百多年来，这样的场景在波士顿大教堂屡屡上演，小男孩们在相同或类似的情况下进入还算甜蜜的梦乡，也隐约感受到同样的宿怨。宿怨永远不会终结，男孩们长大成人后总是会继承下来。然而，1812年的那代人，绝大多数在1850年就逝世了，死亡将一切归零。关于亨利·亚当斯和约翰·昆西·亚当斯的争论，不再是针对个人而言，因为涉事各方已无所谓胜负。查尔斯·弗朗西斯·亚当斯接下来应该会依次继承政治领导权，步韦伯斯特和埃维瑞特的后尘。查尔斯·弗朗西斯·亚当斯与议会大街之间的关系原本就比爱德华·埃维瑞特与议会大街的关系更顺理成章。但是，查尔斯·弗朗西斯·亚当斯并没有这样做，他独树一帜，再次触发了自1700年起就存在的古老战争——他别无选择。大众对约翰·昆西·亚当斯仍记忆犹新，作为他的儿子和唯一代表，弗朗西斯·亚当斯不可能与奴隶主势力达成一致，奴隶主势力给波士顿的重大利益蒙上了阴影。亚当斯先生当然拥有自己的准则，也秉持与生俱来的原则，但是，就算是他的孩子们在谈不上有什么原则的年纪时，也同样不会听从韦伯斯特先生甚至是西沃德先生的领导。亚当斯家族在权力分配中所失去的比得到的更多，他们天生就反对奴隶制，因为他们是亚当斯家族，他们的家园在昆西。无论多么希望能入主议会大街，他们都会感到议会大街不会信任他们，他们也同样不会信任它。如果议会大街堪比天堂乐园，他们的渴望也只是徒劳，根本就不需要丹尼尔·韦伯斯特像守门神那样拿着寒光凌利的宝剑，喝令他们走开。

时间和阅历会改变一切，同样，男孩亨利的许多想法都发生了变化，他渐渐懂得应当心平气和地进行判断。但是，在仅仅只有十岁的时候，他就铁了心地反对议会大街，他所受的教育彻底地朝着清教政治的方向前行。他与他那位爱国的祖父在同样的年龄段所遭遇的情况几乎完全一样，1848年和1776年可谓别无二致。与教育上的转向一样，这种豪无差别的状况得以彻底扭转，因为在约翰·昆西·亚当斯逝世几个月后，一个反对奴隶制的代表大会在布法罗召开，成立了一个新的政党并选出参加十一月总统大选的党内候选人：马丁·范布伦为总统候选人，查尔斯·弗朗西斯·亚当斯为副总统候选人。

对任何美国男孩而言，一时之间，没有比父亲竞选公职更令人激动的事儿了。即使没有个人偏好，1848年对随后的二十年及其一生的征途都具有决定性影响，可谓别无他路。1848年的印记几乎与1776年的印记一样难以磨灭，但是，在18世纪或更早的时候，类似的印记并不那么明显，因为司空见惯，每个人都有。然而，生活在1865—1900年的一代人却首先必须摆脱它并找到他们这个时代所特有的印记，这就是他们的教育。对外来者、移民和冒险家而言，摆脱旧有印记是一件易事，但古老的清教徒天性厌恶变幻，其理由也非常充分，清教徒认为自己的思想和道德水准比那些后继者更高尚，事实确实如此。男孩亨利无法让自己相信道德标准与此无关，也不认为功利主义道德对自己和对那些粗鄙的人而言都同样完美得无懈可击。若在先前的任何世纪，亨利与生俱来的性格应该会把他引入教堂，他从一开始就继承了宗教教义和先验论思想，绝不需要借助像反对奴隶制的政治运动那样强烈的冲击才能重新回归具有宗教战争般暴力的清教主义。

当时，他还没有意识到这一点，他的教育大多数是承继而来的。在随后的五六年中，父亲教给他们很多东西，能否成功地穿越生命中的困境和阻碍，他只能依靠父亲的指引。但是，对他父亲而言，道路清晰可见，对他自己而言，未知的海洋浩瀚无边。父亲一生的事业就是消除奴隶主势力的危害，或者至少要将其遏制在可控范围内。也许，此愿达成，父亲就会心满意足地让儿子们回报自己的教导，至于儿子们是以什么样的方式予以回报，是在战场上耗费生命还是在误打误撞中浪费青春、错失良机，这些都不影响他的成功。1840—1870年的那一代人可以通过旧式教育取得成功，但是，1870—1900年的这一代人却需要一些更新的东西。

可以说，父亲的性格成为他教育中非常重要的部分，对他的影响最大，远胜于其他任何人。正因为如此，如果没有其他原因的话，他总是热衷于对父亲的思想和脾气加以评判。父亲在八十岁高龄时去世，此后很久，他的儿子们仍持续不断地议论父亲，但很多观点大相径庭。对亨利而言，父亲查尔斯·弗朗西斯·亚当斯是亚当斯家族中唯一一个头脑极其清醒的人。一百多年来，每一位拙劣的报纸撰稿人都或多或少地找借口嘲弄或辱骂过老亚当斯们缺乏头脑，但是，他们却抱怨查尔斯·弗朗西斯·亚当斯过于理智。当然，无论是缺乏头脑还是过于理智，他们都看不出有何价值可言，这倒像是孩童之见了，但是，他们所提到的特点也不无道理。查尔斯·弗朗西斯·亚当斯在精神上的冷静和清醒确实独一无二，他没有丝毫的刚愎自用，也没有任何的自私自利，他特立独行却一点也不觉得自己形单影只。即使在承受巨大压力的时候，他也能保持头脑清醒、不骄不躁，既不刻意吸引也不故意回避人们的关注，更没有任何没来由的优越感、自卑感、嫉妒和私怨，他非同寻常的判断力和沉着稳健的性格随着岁月的沉淀而愈加完善。当亨利学着如何掌控自己的情绪和思路时，却发现自己资质平平，无论从深度和广度上都无异于常人，就更惊叹于父亲的理智。查尔斯·弗朗西斯·亚当斯的记忆力很难说超越常人，他不像祖父那样敢想敢干，也不像父亲那样永不停歇，既不富于想象也不妙语绝伦，甚至不那么条理清晰，但在工作时，他却能完美运转头脑，有着令人钦佩的自制力和天生的掌控力，堪称典范。

波士顿的品位很高，很大程度上是因为受到牧师式自尊的影响，唯一神教的神职人员因此有着非同小可的社交魅力。钱宁博士、埃维瑞特先生、弗洛金翰博士、帕尔弗里博士、沃克总统、R. W. 爱默生以及其他同属一个教派的波士顿信徒在任何社会中都能享有盛誉。但是，亚当斯一家却与布道鲜有甚至没有什么联系，与那些诸如西奥多·帕克、布鲁克·法姆或康科德之类的旁支余流更是毫不相干。除牧师群体外，波士顿还有一个由狄克纳、普雷斯特科、朗费罗、莫特雷、霍姆斯等人领导的文学圈子，但亚当斯先生也不属于他们中的一员，因为他们太像韦伯斯特。即使在自然科学方面，波士顿也可谓赫赫有名，特别是在医药领域，但亚当斯先生对科学也没有多少兴趣。他独自一人，没有老师，连父亲也算不上是他的老师，也没有学生，连儿子也算不上他的学生。

他几乎独立于同时代的波士顿人，在感情认同上对英国也不感冒。或许上百年来对英国的强烈敌视给亚当斯一家的性格造成了一定影响，但他似乎走得更远，完全不在意社会荣誉。即使与他在一起生活了四十多年的儿子也从来没有在他身上发现有一丝一毫的势利。对他而言，英国的爵位品级无关紧要，王室本身不过是稍有不便的装饰。在那个时代，有这种想法的人简直凤毛麟角。当时社会上确实流行着一种英格兰风气，但美国人有责任改变这种风气。亚当斯先生尽一切可能改变溜须拍马者的行为，即使后者并不认为自己有何不妥之处。他的儿子从未看到他阿谀逢迎或恶语中伤过任何人，亦未曾表现出丝毫的嫉妒或猜疑，半点虚荣或自负，连丝毫轻狂傲慢的语调或半点狂妄自大的神态都没有过！

人们或许会推断约翰·昆西·亚当斯也是如此，但他的同事认为，昆西·亚当斯头脑缺乏冷静，经常会妄加判断。从没有人批评过查尔斯·弗朗西斯・亚当斯有这样的缺点，恰恰相反，评论家通常指责他过于冷静。毫无疑问，如此完美的冷静和近乎本能的自我调控并不仅仅是与生俱来的，在很大程度上是后天习得用来压制那些干扰性情绪的。同样毋庸置疑的是，即便是对他了解最多、情绪多变而自省敏感的孩子们也因为对世事和人性知之不多而不会觉察到眼前的这位楷模是多么的完美无瑕、不可多得，粗俗的事物或许给他们的印象更为深刻。一般的人性非常粗俗，而理想的人性只能定义为平庸。这个世界从来不喜欢无懈可击的理智，这个世界真正喜欢的，常常是理智的缺乏，因为它能供人消遣取乐。拿破仑和安德鲁・杰克逊喜欢取笑人类缺乏理智，但真正的有识之士并不以此为乐。如果亚当斯先生的冷静与常人一般，他就会像韦伯斯特先生、埃维瑞特先生、西沃德先生以及温斯罗普先生那样，属于恪守规则、明哲保身的阵营。如果他无懈可击的冷静有一点缺失，他就会像加里森先生、温德尔・菲利普斯先生、埃德蒙・昆西先生以及西奥多・帕克先生那样，属于主张南北分裂的阵营。在这两者之间，他找到了一条与众不同、独具特色的中间道路：组建自己的党派。

1848—1854年的六年时间里，这个政党在小亨利的教育中发挥了重要的作用，正值性格可塑性很强的关键时期，对他性格的形成产生了强烈影响。亚当斯先生构建的社交圈，活动场地位于弗农山大街，其实只有三个人：约翰・G. 帕尔弗里博士、理查德・达纳、查尔斯・萨姆纳。帕尔弗里博士年纪最大，尽管受过神学教育，但与孩子相处最为和睦，因为他谈及的话题最为轻松、涉猎广泛，而本人十分机智、风趣幽默，像是在就餐时谈笑风生那样有问有答。他一生的志向就是成为牧师、教授或政治家，同时，与每一位真正的波士顿人一样，他也渴望帕玛街文艺俱乐部或三一神学院教室中的那种悠闲。达纳给人的第一印象正好相反，他好像一个沉稳、直爽、精力旺盛的船员，只有进一步了解后，你才能发现他志向高远，虽然已是成功人士，却仍像一个小时工那样拼命苦干，勇挑重担，如同仍在蒙特利的田间劳作一般。他富有智慧、意志坚定，所以获得成功顺理成章，但是，他或许会说，正如他的终生挚友威廉・M. 埃瓦茨常说的那样，“我感到自豪的是，我有所成就的领域不是我喜欢做的，而是我不喜欢做的。”达纳的人生理想是成为一个高尚的英格兰人，在下议院获得一个前排席位，直至有一天能成为议长。最重要的是，要拥有一个社会地位，让自己摆脱籍籍无名的苦恼，出人头地。但是，他也能够乐天知命，用严格的自律和顽强的意志掌控自己的欲望。在这个四人社交圈中，达纳最引人注目。与人交往时，他从不固执己见，也不自作主张，展现在人前的永远是一个清晰明了、矜持有礼的形象，近乎完美，而且，他很健谈，思维集中，绝不跑题，作为一名律师，本应如此，但通常他更喜欢沉默寡言，唯有世代相传的贵族才会如此。

也只有在这方面，查尔斯·萨姆纳与达纳一样，是一位高贵的沉默者，而在其他任何方面，萨姆纳与他的三个伙伴截然不同，可谓大相径庭。他也喜欢英国风格，但其雄心却堪比埃德蒙·伯克。在同时代的波士顿青年才俊中，没人像他那样，一开始就光芒四射。他追随爱德华·埃维瑞特，而不是丹尼尔·韦伯斯特。作为一名演说家，他在一次反战演讲中大获成功。但是，波士顿人对他的崇拜却是由于他在与英国和欧洲大陆社交方面取得的成功，这种成功使每一位为之倾倒的波士顿人感到他身上有一层圣洁的光环，一层本土成功无法造就的光环。萨姆纳先生，出于兴趣和天分，充分意识到了他在英国人际交往的重要性，当他因为政治热情而被波士顿社交界排斥的时候，就更刻意培养自己在英国的人脉。他口袋里永远装满了英国公爵夫人或贵族们的书信，为了保持在美国的社会地位，他与外国友人一直保持着日益密切的联系。自由土地党在比肯大街处境艰难，波士顿上流社会的权威人士乔治·迪克那和其他人认为，尽管并不情愿，但自由土地党的领袖不能与韦伯斯特先生的朋友和追随者有所交往。萨姆纳的社交生活遭到排斥，诸如帕尔弗里、达纳、罗素、亚当斯以及所有宣称反对奴隶制的领军人物的社交生活也同样被排挤，但是，对他们而言却无关紧要，因为他们有自己的家室。然而，萨姆纳既没有妻子，也没有孩子，虽然在社交生活上雄心勃勃，渴望进入所谓的上流社会，但在波士顿却几乎寸步难行。即便这样，朗费罗在剑桥大学的时候总是极力支持他，在比肯大街，他也能得到洛奇先生一家的庇护，几乎每天都会流连于弗农山大街的活动场地，而他的独处也是缓慢而平淡的，这是性格使然。他对自我的思考更加彻底，他的卓越实实在在，无可争辩。

他是反奴隶制政党最经典的代表人物，人们因他而感到无上的荣光，对他的仰慕表露无遗。

小亨利便是他狂热的崇拜者。如果他曾经把某个长者当作私人朋友的话，那么这个人一定是萨姆纳先生。萨姆纳先生与他的关系，甚至亲过任何亲戚，没有哪一位叔父或舅舅与小亨利那样亲密过。萨姆纳是小男孩心目中的伟人，是自然和艺术至高无上的杰作，这位楷模唯一的缺点是他那种无可模仿的卓越。对于一个十二岁的男孩而言，他的父亲、帕尔弗里博士、达纳先生都是真正的男人，他或多或少能变得像他们一样，但是，萨姆纳先生却是他心目中的英雄。

十一二岁的时候，父亲在自己的波士顿图书馆里为小亨利留出了一张写字台，就在那里，一个又一个冬季过去，亨利一边学习拉丁语法，一边耳闻目睹了四位先生反对奴隶制的政治进程。他们的讨论总是非常尖锐，自由土地党对自身十分严肃而认真。那时，弗朗西斯·亚当斯着手创办了一份报纸，作为自由土地党的机关报，读者就是那些前来讨论自由土地党政策及主张的人士。与此同时，亚当斯先生开始编撰祖父约翰·亚当斯的作品集，让小亨利阅读相关文章并进行校对。在后来的岁月里，父亲有时会抱怨，作为努凡格尔和马萨诸塞报刊的读者，亨利能一目十行，几乎不会意识到标点符号的存在，但是，男孩亨利把这部分的教育时光仅仅视为一种警示，也就是说，如果他长大后也要在报纸上写一些严肃的评论，他会换一种表达方式，至少有别于曾祖父的文风，然而，波士顿辉格党的讨论很大程度上承袭了亚当斯与对手论战的风格，同时也在很大程度上迎合了同样的社会与思维习惯。小男孩没有从别人那里学到什么可以让他适应所处时代的东西，也没有在与那些老先生的交往中学到什么东西。

1850年以后，新英格兰仍然是一个以行业为主导的社会。律师、医生、教授、商人等行业阶层分明，每个人都不是单独的个体，每一种行业都仿佛是一个教派，从业人员就像教派中的神职人员。在政治上，国家需要有法定资格的人进行政治表达，这正是西塞罗“精英政治”的体现，这种古老的观念成就了一大批新英格兰政治家。人们通常会选出某些人——最优秀的人作为代表，因为只有他们才能最好地代表自己，因此，波士顿选择了丹尼尔·韦伯斯特。韦伯斯特得到的不是薪金报酬，而是赠礼，彼得·哈维从·阿普尔顿家族、柏金思家族、阿莫里家族、希尔斯家族、布鲁克斯家族、劳伦斯家族等为韦伯斯特筹集款项并请求他担任他们的代表。爱德华·埃维瑞特可以按照惯例，接替韦伯斯特，罗伯特·C. 温斯罗普则可以接替埃维瑞特。查尔斯·萨姆纳立志要打破的是这种惯例，而不是这种政治体制本身，而亚当斯家族从来都没有参与过这种权力继任，因此，他们喜欢作为国家的公仆，在马萨诸塞州以外的其他地方赢得殊荣，但同时，他们也需要得到本州的支持，通常也能够得到，这样来看，弗农山大街的活动场地也不过是这个制度的一个分支，只不过，他们是政治家而不是政客，他们引导公众意见，而很少被其左右。

沉浸在这种气氛中的男孩亨利自然而然地只会得出这样一个结论：这种类似于波士顿和马萨诸塞州的世界，就是他将要去适应的世界。即使他去了欧洲，也不会学到更多东西。路易斯·菲利普、基佐与德·托克维尔的巴黎，罗伯特·皮尔、麦考莱与约翰·斯图亚特·密尔的伦敦，不过是波士顿的异体，也拥有类似迪克那、普雷斯科特、莫特雷的资产阶级上流人物而已，这些社会天生就如出一辙，甚至那位质疑中产阶级的真实能力并自认怪诞、牢骚满腹的卡莱尔，也可以在波士顿找到他的难兄难弟，没准儿就生活在康科德城。这一套精英政治制度被证明是十分成功的，连德国都想效仿，意大利对此也心仪已久，可以说，新英格兰的中产阶级社会成为人类进步的理想之地。

即使1848年之后出现暴力反抗，整个欧洲战事不断，这种真诚的信仰也从未动摇过。除了卡尔·马克思，没有人预见到激烈的变革。它是如何显现的呢？这个世界正生产出六七千万吨煤炭，或许正使用近百万蒸汽马力的机器，人们无法对此毫无知觉，而这仅仅只是一个开始。自创世纪以来人类的一切经历，所有神的启示或人类科学都联合起来欺骗和背叛了一个十二岁的孩子，一个想当然地认为唯独他的思想值得尊敬并应该受人尊敬的孩子。

对弗农山大街而言，生活中的问题很简单，与之前别无二致。政治上毫无困难之处，因为有道德律令作为必然引导；美好的社会也必将实现，因为人类天性向善。人们所要求的只有三个条件：普选权、平民教育、言论自由，这些方面不容半点怀疑。教育是神圣的，人只需要掌握正确的知识才能够日臻完善：

如果将造成世界恐怖的一半力量，
如果将靡费于战场和法庭的一半财富，
用于将人类的心灵从错误中拯救，
那么便不再需要军火和碉堡。

没有什么比一神教派的心灵平静论更能彻底消除怀疑。具有相同生活、性格、道德和理智并控制着波士顿社会和哈佛学院一神教的二十几个牧师所取得的成就是无法超越的，他们宣称自身的美德就是不固守任何教条，而仅仅是坚持接受教育或教育他人，让人们过上坚守道德、毫无私欲的有益生活，这样的生活在他们看来足以获得救赎。对他们而言，困难不值一提，怀疑不过是白费力气，没有什么问题需要解决，波士顿已经解答了一切问题，或者提供和实现了所有努力尝试中最好的解决方案。

长大成人后，亨利对年幼时的成长环境有诸多困惑，但最令他百思不得其解的是宗教信仰的消失。那时候，他每周去两次教堂，被教导读《圣经》，背诵宗教诗篇，信奉温和的自然神论，祈祷并参加所有的宗教仪式，但是，无论是他还是他的兄弟姐妹，都没有真诚的宗教信仰。即使一神教温和的教规也是那样令人厌烦，后来，一有机会，他们便在第一时间将它抛之脑后，再也没有进过教堂。宗教的冲动突然间消失，即使后来花费许多努力，也没能重新燃起。一种仅次于性冲动的宗教冲动消失了，或许原因在于他自身的缺陷。但是，在那样一个最理性的社会里，领路人是最理智的牧师，道德氛围前所未有地高涨，理应彻底地解决人类的所有问题，使人们不再为过去和未来忧虑不安，使人们相信有史以来困扰人们的问题都不值一提。对他而言，这是一种最奇怪的社会现象，必须要付出一生的时间来探寻答案。

当一个人面临万丈深渊时，要他把注意力转向别处通常是不可能的。波士顿在韦伯斯特先生的带领下，展现了政治方面可能取得的最大成就，然而，仍有一些人站出来以示抗议，但在宗教和哲学方面，却没有人持任何异议。但是，即使有人站出来，所做的抗议也会比沉默不语更苍白无力。例如，自然神论者帕克尔公开承认怀疑主义者亨利的表兄弗洛金翰似乎都没有解决老问题，反而引发了许多新问题。这位表兄令父亲悲伤不已，也激起了比肯大街的反感。拉尔夫·沃尔朵·爱默生的抗议则较为软弱，仍局限在旧世界的观念里，缺乏严肃性，幼稚可笑。

孩子们长大成人，对宗教毫无意识并且坚信教规教条、形而上学的抽象哲学根本不值得了解。如此"一边倒"的教育在其他国家和时代是完全不可能的，而这种教育却必然更具文学和政治色彩。孩子们在餐桌旁高谈阔论，经常夸大对文学和政治的兴趣。男孩们从孩提时代起，就习惯于这种餐桌讨论的模式，日复一日，持续不断。年龄最大的路易莎是她弟弟在一生中所见过的众多女人中最才华横溢的一位女性，男孩中居长的约翰后来被认为是波士顿上流社会最能言善道的人物之一，或许也是马萨诸塞州最受欢迎的人，尽管他总是倾向于站在不受欢迎的立场。帕尔弗里和达纳在心情愉快的时候很风趣，查尔斯·萨姆纳虽不那么讨人喜欢，但他总是愿意被别人逗乐，脸上永远带着愉快的笑容，谈话不多的查尔斯·亚当斯先生是一个最忠实的听众，常常因一些俏皮话被逗得前仰后合。

为了教育并使孩子们愉悦，亚当斯先生朗读了很多东西，确切地说，是一些政治文献，特别是那些具有讽刺意味，能给年轻人带来极大乐趣的作品，例如，霍拉斯·曼恩的演说辞、河西阿·毕格罗书信等。朗费罗、丁尼生的诗歌发表后，亚当斯先生也进行了朗读，但孩子们自己会买一些狄更斯和萨克雷的作品。这两位作家对那些品位建立在博浦和约翰逊先生基础之上的人来说，太过现代。小亨利很快就放任自流、杂乱无章地看一些自认为值得一读的书，一般都是18世纪史学家的作品，因为父亲的图书馆里满是这些书籍。出于良好的天性，他沉浸在历史中，一点儿也不费神费力。他也读了一些18世纪的诗歌，但是，当他的父亲要把那套华尔华兹的作品集送给他，前提条件就是他要通读一遍时，他拒绝了。博浦和格雷的作品都很好读，不费脑力，而等到能够理解华尔华兹的时候，他已经过了而立之年。

这是一个关于教育的故事，在本书中出现的大大小小的人物只是从教育者或受教育者的角度来界定的，相关背景也仅就男孩亨利的教育而言。萨姆纳、达纳、帕尔弗里具有其自身价值，像休谟、柏蒲与华尔华兹那样，每个人都可能研读他们的作品，但在本书中，仅从影响一个男孩的智力方面而言，这个男孩的资质与绝大多数的孩子差不多，这里所说的影响指的是文艺和政治方面的影响。父亲对他的智力发展从来不加干预，只让他随性而为，这或许再好不过。只是，父亲在一点上起了很大作用，那就是教他法语，告诉他如何发音更地道。除此之外，家庭所提供的只是一种氛围，算不上一种影响。男孩有许多出色的哥哥姐姐，他们是同一类人的不同翻版，受过相同的教育，有着同样的困扰，面临类似的问题，或者以相同的方式处理问题。他们并不比他更知道需要什么或应该怎么做，但他们都意识到，自己喜欢掌控某种形式的权力，权力可大可小，这种掌控力与政治或文学紧密联系。他们好似一种个体的六个方面或层次，性格相互影响，彼此相差无几。这也是一种教育，属于一种模式，也就是广为人知的波士顿或新英格兰模式。但是，人们不清楚的是，自认为是这种模式代表人物的人能否应对生活。

在外人看来，因为父母放任自流或者漠不关心，这个家里的孩子都很蛮横，以后多多少少也难有成就。确实，没人能驾驭这些孩子，尤其是他们的母亲，这位生过十九个孩子的主妇。她的力量让孩子们有所依靠，但是她的孩子们都过于任性或自信，根本不把她或任何人的话当回事，除非是暗合了他们的心意。父亲和母亲一样对此无能为力。那时候，几乎每个大家族都会至少养出一个逆子，如果亚当斯家族的这一代人能幸免于此，对邻里们来说倒是一件奇事了。很侥幸地是，这些孩子们长大成人后，都成为了正派人士，青出于蓝而胜于蓝的亨利·亚当斯每次回望儿时，总会对他们的幸运感叹不已。事实证明，他们像鸟儿一样，天生具有某种平衡感。仅仅依靠家庭的影响并不能帮助亚当斯逃脱成为逆子的诅咒，有时反而会起反作用。家庭之外的影响多是负面的，即使学校教育有所帮助，也要因人而异。他们非常不喜欢学校，所以也很难有所收获，对学校各种教育方法的激烈仇恨，本身表达的就是一种教育理念。但是，当时的学校生活还是值得尊敬的，男孩亨利对此并无抱怨。他痛恨的是，自己要与一大群男孩子一起，被迫靠记忆力学习一大堆对自己来说无聊至极的东西。他的记忆力不怎么样，因此学起来痛苦不堪。对他而言，只有在记忆力增强好几倍的条件下才有可能赢得学校的奖励，也就意味着他缺乏的不仅仅是记忆力，还有亟待提高的智力水平。他自认为自己的智力很不错，如果有足够的时间开动马力的话，而仓促运作只能错误百出，可学校的老师们总是一点儿时间也不给。

无论如何，男孩亨利不喜欢学校，对学校的偏见也越来越深。他总是认为，十至十六岁期间，自己在学校里的光阴完全虚度了。也许他的要求很特别，但他本身的存在就很特别，实际上，1850—1900年间，几乎每一个人的存在都很特别。一生中，他所需要取得的成就，正如后来所取得的成就那样，仅仅需要熟练运用四种工具的能力，这四种工具是数学、法语、德语、西班牙语。凭借这些，他可以在很短的时间内精通所研究的任何一个特定领域，并且可以在任何社会中游刃有余。有现代语言的帮助，他可以用六个星期的时间通过那些才华横溢的作品彻底掌握拉丁语和希腊语，而且，比他在学校用六年的时间所学到的更多。这四种工具对他在人生道路上取得成功十分必要，但是，他从来没有特别精通其中的任何一种。

所以，从一开始，他似乎就注定将在以后的人生路程中遭遇失败，但他的同龄人也遇到过多多少少的挫折。实际上，如果他的父亲把他留在家中，每天给他一个小时的指导，那么，男孩能学到的就会比在学校所学到的更多。当然，学校教育使人们看不起那些没上过学的孩子，而且还对这种无知引以为豪。但是，一个六十岁的人通常可以明了自己一生中最需要的是什么，在亨利·亚当斯看来，他最需要的并不是学校教育。

绝大多数的学校教育很糟糕，再也没有比十五岁的男孩们拉帮结派更差劲的了。那个时候，波士顿几乎没有为男孩和男人们提供有益健康的任何资源，孩子们对酒吧和游戏厅的熟悉程度远远超出父母的预想。按照常规，男孩子可以去滑冰、游泳，也可以去舞蹈学校，他们会玩一点棒球、橄榄球和曲棍球，还可以去划船，但是，诸如带枪出去猎杀黄足山雀或迷途的野鸡这样的机会却非常少。如果与来自康科德城的人为邻，几个孩子可能会懂点自然历史知识。没有人能够骑马穿过旷野或者猎杀野狗，也没有谁把运动作为爱好（赛艇是1850年之后才出现的），至于赛马，也只是模拟练习而已。在所有的娱乐消遣里，冬季滑雪仍然是最令人愉快和最受欢迎的。男孩亨利不可能从这些事情里学到什么东西。书籍，如同18世纪那样，仍然是精神生活的源泉。萨克雷、狄更斯、布尔沃、丁尼生、麦考莱、卡莱尔等人的作品一经问世，就会被人们如饥似渴地阅读。说到快乐，男孩亨利最快乐的教育时光莫过于在昆西乡下那栋古朴的别墅里度过的那些夏日，在一堆发霉的国会文件堆中阅读昆廷·德沃德、伊凡·荷欧和那些政客的作品，或者溜进后院里摘些桃子和梨。那时候，总体而言，他学到的东西是最多的。

The Education of Henry Adams

第三章

华盛顿（1850—1854）

除了知晓政治之外，在弗农山大街成长还有另一个优势，那就是男孩们的思维灵活，能够随着外界环境自由变化。如果说哪个孩子几乎什么都没学到的话，那么这个小孩习得的一定是必要的知识。他们有很强的可塑性，其外在可以随时变换各种形式以便教育渗入其内部。虽然波士顿远见卓识，已经摒弃了那些旧的教育模式，其他地方的教育在孩子们那里留下了何种印记，波士顿人是无从知晓的，但是这个小男孩却以无道胜有道，逃脱了其他有害的规范。波士顿的学校没能对孩子发挥什么作用力，其社会亦是如此，可以说，波士顿对外界并没有提供什么有用的东西。现如今，虽然每个人都会对维多利亚女王和路易斯·菲利普时代的糟糕品位置之一笑，因为他们代表了40年代的社会，但这一品位仅仅反映了潮退潮涨之间的社会滞水。波士顿既不属于退潮也不属于涨潮，甚至称不上属于美国。波士顿的男孩女孩们既不贵族化，也不工业化，更不社会化，虽然不像英国的男孩女孩们那样不成熟，但随着年岁增长，让自己变得更成熟的途径却越来越少。女孩们很少被当作心智成熟的榜样。每个男孩子从七岁开始就会频繁地对某个女孩子产生好感——通常都是同一个小女孩，而小女孩又没有什么能够教给小男孩的，或者是小男孩教小女孩，但绝不会教授那些很熟悉且很本地化的礼貌规范，直到两个人结婚生子，如此往复循环。波士顿年轻人从不会想去爱恋一位已婚妇女，或者提升自己的仪态举止以适应三十岁女人的标准，这样的想法亦会让父母蒙羞。从女人那里，小亨利学到了家庭美德，也只局限于此，他也许还不了解女人能够给予更多，伊甸园的原始程度也不过如此。

为了平衡这样的美德，这个清教徒城市一直将黑暗的一面隐藏至深。波士顿的恶势力太有教育意义了，这对于大多数男孩子而言也非常有趣。一个成功的恶棍除了要有真正的天资外，还必需具备体格优势，而亨利·亚当斯一个条件都不具备，当然也没有哪个男孩子能免于接触到非常低级的恶行。恶棍行径持续出现在小男孩们的眼前，而这些行径有其魅力所在，它们代表着力量、自由和高于文明和正直的优越性。也许会有人畏惧它，但却不会有人真正地蔑视它，这些行径会时不时地表明其是一种比学校更加粗暴的教育形式。男孩子冬天在波士顿广场上玩的最多的是从18世纪流传下来的一种战争游戏，在过去的日子里，敌对两方被称为北恩德斯和南恩德斯。虽然在1850年北恩德斯仍然作为一个传奇存在着，但事实上那只不过是拉丁文学校对所有来犯者的战斗。在打雪仗这个游戏里，拉丁文学校包括所有波士顿西区的男孩子，任何时候，只要有半日公假，天气足够暖和，冻雪变得柔软，广场就是一派战斗景象，雪仗在白天由拉丁学校聚众发起，把他们的敌人——街道上的恶棍们一路逼退到特里蒙大街，战斗一般在天黑结束，拉丁文学校一方人数会逐渐减少，直到全都走光。随着拉丁文学校实力逐渐变弱，那些暴徒和年纪尚轻的恶棍变得强大起来。只要雪球是唯一的武器，一般不会因此而受伤，但雪球里有可能放了石头，而且一到天黑，男孩手里的棍子或者弹弓就和尖刀一样厉害了。一下午的战争持续已久，双方都已精疲力竭。小男孩亨利习惯地跟在哥哥查尔斯的后面参与这场战斗，当看到他最信任的领头人之一亨利·希金森——学校里的诨名为“大希格”被一块石头击中眼睛，鲜血直流，非常恐怖地带领大家离开战场后，斗志受到了极大的挫败。夜幕降临，拉丁文学校一方被步步紧逼，退回到灯塔街商业区，再也无路可退时，只能四处溃散，最后只剩下一小队人，由萨维奇和马丁两位勇士带领。向下望去，一群黑影正步步紧追，对方要发起最后一轮进攻，并且谣传，来自贫民窟的一群恶徒由手拿大棒、臭名远扬的恐怖家“大鼻子丹尼尔斯”带领，打算了结灯塔街的胆小鬼。亨利想要和其他人一起跑掉，但是他的哥哥个头太大，不好意思逃走，于是他们就原地不动，等候宰割。那群黑影发出一声喊叫，冲了上来。灯塔街的小男孩们转身沿着台阶向上逃之夭夭，只有萨维奇、马丁和少数人坚守了下来。恐怖的“大鼻子丹尼尔斯”气势汹汹地走上来，与他的护卫在马丁那里停了下来，骂了几句，然后冲了过去，追逐那些逃跑的人，反把坚守下来的几个男孩子留在了那里，毫发未伤。由此可见，就是恶棍也并不像被描绘的那么凶恶，然而对小男孩亨利而言，那还是一场非常恐怖的经历，就好像他是蒂纳克雷将军或者亨利四世似的。当十几年过后，当年的那些小伙伴们在弗吉尼亚和马里兰的战场上浴血奋战、战死沙场时，他很想知道他们当年在波士顿广场上所受到的教育是否教会了萨维奇和马丁怎样死去。

如果暴力是完整教育的一部分，那么波士顿便算得上是完整的了。那些反奴隶制的领导者和他们的追随者熟知暴力的要义，他们中许多人都深受其害。暴民随时可能出现，虽然亨利从未被真正卷进其中，但他就像其他所有男孩子一样，每次暴民出现时肯定在场，而且每次听到加里森和温德尔·菲利普斯讲演时，他都是在给自己找麻烦。对年轻人而言，站在演讲台上的温德尔·菲利普斯是一个危险的榜样，西奥多·帕克也不安全。最糟糕的是，《奴隶逃亡法》在波士顿实施的时候，亨利目睹了法院广场上堆满了刺刀，自己的朋友们作为州民兵被迫手持武器站在街道两旁，把逃亡的黑人抓回去那一幕，这个来自昆西的十五岁男孩的大脑陷入了一片混乱，他本不想错过任何一个恶作剧的好机会。

生活在《印花税法案》、《茶税法案》以及波士顿大屠杀背景之下的小男孩最初是一个属于18世纪的政客，这只是一种可能的发展方向，而出了波士顿，往前跨出的第一步也只能是通往政治之路。1848年2月后，自1776年以来在所有把昆西和外界联系起来的事物中，只有一个脆弱的纽带尚且存在。总统丈夫去世后，夫人迁居华盛顿，这次轮到她瘫痪卧床了。儿子查尔斯·弗朗西斯深爱着母亲，并且对母亲的众多磨难感同身受，这些感情都是有目共睹的。查尔斯时常去看望母亲，1850年5月，他把十二岁的儿子一起带了去。那次旅行本来计划是一次教育之旅，既然是为了教育，旅行起到的作用应该是在记忆中保留下他在1850年这个阶段的思想。他记得自己对乘火车旅行或者对纽约并不怎么感兴趣，因为对于铁路和城市他已经足够熟悉了。他的最初印象是穿越纽约湾和在卡姆登和安博伊铁路上发现了一个英式车厢的那种新奇感，这是一个新世界：在美国式生活的简单习惯之中带着些许腐败的意味，走向在波士顿从未有人靠近的奢侈，然而这个世界却是有趣的，让小亨利不由得喜欢它。在特伦顿，他先乘坐列车，而后转乘一艘轮船到达费城，在那儿感受到了与波士顿异样的气息，然后又乘船到达切斯特，乘火车去了格雷斯港，再乘船到巴尔的摩，从那里乘火车到达华盛顿，这就是他记得的旅途。虽然实际的旅行也许和记忆中的大相径庭，但据他的记忆，这次旅行并没有对教育产生任何意义。记忆才是重要的，让他触动最深，而且一生中都记忆犹新的是一进入蓄奴州所感受到的整个世界的骤然变化，如果说旅行有何特别之处，在政治上的这点感悟倒是值得一提的。仅是轮廓上的破旧算不上什么大事，因为即便是波士顿也有参差不齐的边缘，而昆西那个小镇更是谈不上整洁完善，事实上，身处异地的他还从未见过完美的景致，然而，马里兰州呈现在他眼前的却是另一种破旧不堪。铁路，体积和外在特征很像现代有轨电车的轨道，蔓延在没有栅栏的田野里、树林中或者村庄的街道间，穿过四处乱跑的猪群、牛群和黑人小孩。那些小孩也许都是把他们的小屋当作牛棚和猪圈来用，假如南方的猪需要猪圈的话，不过，他们看起来毫不介意。

这就是小亨利对于奴隶制造成的一切所产生的印象，对他而言，这也是所有他由此学到的东西。清晨，他从祖母宅子里的卧室走下来——这宅子仍被称为亚当斯府邸，坐落于华盛顿哥伦比亚特区，出去呼吸梓树散发出的浓厚气息，发现自己置身于一条土路上，或者是村庄的大路上，车辙从财政部的柱廊附近蜿蜒伸出，一直到远处面对着邮局和专利局的白色大理石门柱下，就好像在叙利亚荒城中被遗弃在碎石坑里的白色希腊庙宇。就像南方的其他村庄一样，街道两旁到处散落着低矮的木屋，但最吸引他的还是一处未完工的白色大理石竖井，在宅子下方约半英里处，早饭前他想走下去看个究竟。婶娘一本正经地说，照这样下去，他很快就会把所有的景象看完，但一直生活在华盛顿的她也许猜不到，华盛顿真正让人感兴趣的景致是多么的少。

小男孩不可能告诉婶娘他自己几乎不了解自己。受到的教育越多，对自己了解得就越少。奴隶制给他当头一棒，那是梦魇、恐怖、犯罪，是一切邪恶的总和！与奴隶制的接触使他对其更加深恶痛绝。他想要逃跑，就像黑人一样，逃到自由的乐土。蓄奴州肮脏，混乱，贫困，无知，邪恶！他除了厌恶之情，没有任何感觉，虽然这一切还有其他原因，诸如五月的光与影，浓密的树叶和浓烈的气味以及对于一个几乎完全陌生的氛围的感受，等等。温暖的气候营造出倦怠，空气中悬浮着黑人的气息比梓树的气味还要浓厚。当然，对于华盛顿的印象也不是单一的厌烦，它还是一个很有吸引力的地方，这一点深深地刻在他的脑海中，几乎盖过昆西。那里没有栅栏，没有人行道，没有规则的外形，那里慵懒闲适，弥漫着懒散的南方拖腔，猪在街道上乱窜，黑人小孩和他们拿着花色大手帕的母亲走过……自然界与人都享有的自由开放、无拘无束，使小男孩身体里流淌着的约翰逊家族的血液得以舒缓。虽然多数男孩子都会有相同的感受，但这样的感受却使他理解了遗传的意义。温柔的老祖母躺在床上和他聊天，那种柔和是波士顿所没有的，婶娘则一点儿没有波士顿人的特质，而他自己也不是完全来自波士顿。虽然华盛顿属于另一个世界，华盛顿和波士顿不能共存，但他确信自己最喜欢的还是波士顿。虽然只有十二岁，但他清楚地了解自己的本性，即便到了一千两百岁也不见得比此时更清楚，倘若他很偶然地恰好活了那么久。

父亲带他去了国会大厦，站到了参议院议席上，当时以及后来很久，直到旅游业时代到来之前，那里都对来访者免费开放。老参议院很像一个让人愉快的政治俱乐部，站在副总统席位的后面——现在是首席检察官的位置，小男孩被介绍给了一些在他们那个时代赫赫有名的人物，他对那些人名就像对自己的名字一样熟悉。克雷、韦伯斯特和卡尔霍恩依然在任，但是自由土地党的副总统候选人已经跟他们没有什么关系了。给男孩印象最深刻的是他们那些人的共有特征，参议员都属于一种人，给人的整体印象便是都穿着蓝色礼服，礼服上钉着黄铜纽扣，颇有古罗马人的风范。1850年的参议员阶层在风光的时候是相当有魅力的，而参议院，当处于温和状态时，也是一个友善的机构，只有约六十个参议员，氛围谦恭有礼。参议院的缺陷，与其说是仪态举止或者性情上的，莫不如说是态度上的。虽然所有时期的政治家们都易于给人一种装腔作势的感觉，但即便是装腔作势也没有随随便便、漫不经心那样令人生厌，在讲台上和在布道坛上一样。如果不是趾高气昂，南方的装腔作势是友善并且让人喜欢的，那种简单思维中带着些许古怪有趣、天真烂漫，与韦伯斯特和肯柯林那种北方的装腔作势相比完全是另一回事。在那里，小男孩觉得自由自在，比在波士顿州议会大厦里更加有宾至如归的感受，虽然他已经很难清晰记得在波士顿众议院里认识的那些暴发户了。参议员们态度和蔼地和他说着话，给他的感觉似乎也是如此，因为他们之前就知道他的家族在社会上的地位。即便在奴隶制上意见不一，但是进入了晚年的约翰·昆西·亚当斯已不再妨碍他的对手，双方也无私怨可言。虽然参议院赞同奴隶制，但毫无疑问是个友善的地方。

在国家政治界的第一步有点像早餐前的散步，轻松、随意、热情，向着清新的世界迈出了一大步，那里一切都欣欣向荣，甚至连杂草都茂密地生长着。第二步除了是通往白宫之外，与第一步一样，他被带去拜见泰勒总统。当他们进去的时候，由正门进去的小围场里，总统的战马“老白驹”正在悠闲吃草；屋里，总统正在亲切自然地招待来访者。总统和蔼可亲，小亨利不记得当时自己有丝毫的陌生感，其实他又有什么陌生的呢？两家是至交，友谊持续了一代又一代，经历了南北战争和各种决裂的考验。泰勒总统的当选要归功于马丁·范布伦和自由土地党，对这位总统而言，亚当斯家族也许还帮得上忙。至于白宫，始建以来，这个男孩所有的家人都在那里生活过，除了安德鲁·约翰逊执政的八年外，他在白宫或多或少都像在自己家一样。小亨利多半认为他拥有这一切，想当然地认为他有一天也会住在那里。在那些总统面前，他一点儿也不激动。在每一个受人尊敬的家庭里，有一位总统是很自然的事，他自己家就有两位总统，如果把老纳撒尼尔·佐罕姆这位年纪最长、最先立功扬名的先祖算在内，那就有三位了。革命时期的爱国者，或者某一位殖民统治时期的州长都值得成为人们的谈资，但任何一个人都有可能成为总统，甚至连一些很阴暗的人物也可能当上总统。

总统、参议员、众议员等诸如此类的人在大街上成群地涌动，每个人都会有同样的想法，他们是否有祖先。没有任何一种荣耀如此这般地环绕着那些美国总统，在全美国，人们很难见到有哪个人不论其职位高低，姓甚名谁，都会受到举国尊敬，除了乔治·华盛顿，那显而易见是最诚挚的敬仰。人们向着弗农山朝圣，甚至曾经试图建造一座华盛顿纪念碑。他们的努力失败了，但人们仍然前往弗农山，虽然路途艰辛。亚当斯先生把小男孩带上了一辆双驾马车，上了路，这条路给他上了一节完整的有关弗吉尼亚的课，其中的教育意义使他受用十年。在新英格兰人看来，马路、学校、仪表整洁作为秩序规范或者神圣制度的一部分是互相联系的，糟糕的路况意味着糟糕的道德，而弗吉尼亚的路况所体现出来的道德寓意清楚明了，小男孩充分地体会到了这一点。奴隶制是邪恶的，奴隶制是糟糕路况的促因，糟糕的路况可以算得上是社会犯罪——然而，在这条路和这犯罪的产物尽头却屹立着弗农山和乔治·华盛顿。

幸运的是，男孩子们像他们的父辈一样乐于接受矛盾的现状，或者说，这个小男孩可能过早成熟，变得睿智高明。他不得不重复别人告诉他的话——乔治·华盛顿身单影只，却屹然不动。如果没有重复这样一句话，在华盛顿所受到的教育中，他迈出的第三步也将会是他的最后一步。如果那样，有关进步这一问题就无法解决了，无论乐观主义者和演说家说什么，或者想些什么。在这个问题上，乔治·华盛顿不在波士顿路线上。乔治·华盛顿是一个最主要的，如果换成弗吉尼亚人喜欢的说法，是一个终极的概念，就像北极星，太空中其他所有可见的星体都在永不停息地运动，只有他居其所而不动，在亨利·亚当斯看来，他一直坚持到最后，而其他所有星体都变换了方位：约翰·亚当斯、杰弗逊、麦迪逊、富兰克林，甚至约翰·马歇尔都改变了光亮，呈现出新的星际关系。然而，弗农山却永远矗立在那儿，没有一条切实可行的道路能够到达，但当他到了之后，却发现弗农山不过是在南方背景下的昆西。弗农山无疑要比昆西吸引人得多，但却同样属于18世纪，同样的旧式家具，同样的老爱国者，同样的老总统。

小亨利本能地一下子喜欢上了那里，宽阔的波托马克河与树上的浣熊，花色丝质大手帕和方形树篱，楼上的卧室和室外的游廊，甚至连记忆中的玛莎·华盛顿本人，也如同潮水和五月的阳光一样亲切自然，他的眼界稍微开阔了一些，但从来没想过该如何解决这样一个道德论题，即如何把乔治·华盛顿从所有的邪恶之中推演出来。事实上，一些诸如原则上的矛盾这样的琐事很容易被置之不理，而具备了忽视这些琐事的能力，便可以成为一个现实的人，而任何试图认真解决这些琐屑问题的尝试，比如教育问题，都会带来严重的后果。很幸运，父亲查尔斯·弗朗西斯·亚当斯从不说教，尤其不会说一些言不由衷的虚伪言辞。虽然他也许有属于自己的观点，但却让儿子亨利用这样一个简单基本的事实——乔治·华盛顿身单影只，立场坚定——解决那些困惑，让自己心满意足。

生活还没有变得错综复杂，每个问题都有解决办法，即便黑人问题也是如此。小男孩回到了波士顿，比以前更有政治见解，他的政治见解不再属于过于现代的18世纪，而带上了17世纪的强烈色彩。奴隶制把整个社会带回到了清教主义。他教条主义地考虑问题，像家族的祖先那样。南方奴隶主集团取代了斯图亚特国王和罗马教皇。教育不可能在那条路上走得更远，亦会变得失控、感性，小男孩渐渐发现周遭环境在变化，觉得在一个敌对环境中自己已不再是一粒孤立无援的原子，而是游动的鲱鱼群中的一只。他开始学习有关现实政治的第一节课，这堂课还算简单。到那时为止，他还只见过18世纪政治家的执政风格。美国与他开始同时意识到，在党派机构的单纯外表之下，一股新的力量正在形成。甚至更早时期，这个相当愚钝的小男孩就曾蒙眬地感觉到，在试图把16世纪的原则和18世纪的政治理念与19世纪晚期的政党组织进行协调的过程中，他也许会遇到一些个人问题。1851年，他第一次模糊地感觉到了在黑暗中有一个未知的有生命的障碍物。

如前所述，在弗农山大街进行的自由土地党秘密会议属于政治家阶层，和丹尼尔·韦伯斯特一样，那次会议与机构运作没什么关系。韦伯斯特或者西沃德得依靠他人才能使机构运转并获得金钱——他们依靠的是彼得·哈维家族和特罗·韦德家族，这两个家族把毕生精力都消耗在里面，并背负了许多骂名，而且没有索取任何回报。在对这些毫不知情的情况下，下属们撵走了他们的雇主，创立了一个只有他们自己才能开动的机器。在1850年，事情还没到那一步，管理自由土地党这个小组织的那些人仍然谦逊低调，虽然他们因手中的权力早已声名远扬。亨利·威尔逊、约翰·B. 阿莱、安森·柏林格姆和其他自由土地党的管理人，与马萨诸塞州的民主党人做了一次交易——自由土地党把马萨诸塞州拱手送给民主党，而民主党把参议院的一个席位留给自由土地党人。亚当斯先生和他的政治家朋友们并没有参与这次交易，因为在他们看来，这样一个联盟无异于一个出卖比赛的骑马师。他们并不想担任什么职位，这样的工作就是在为兜售给支持奴隶制度的民主党人的选票付出代价。他们的立场算不上是高尚的，但却是正确的，而事实上，他们也从这次买卖中获利，因为这个联盟选择了查尔斯·萨姆纳作为国会参议员候选人，而让乔治·S. 鲍特威尔代表民主党当上州长。这是小亨利学到的现实政治的第一课，生动至极，之所以这样说，并不是因为他被这里面的道德困境所扰，而是知晓了公然腐败的政治交易的本质，他本性正直，不可能参与其中，而且又有些愚钝，不善于从中谋利。虽然查尔斯·萨姆纳碰巧成了接收这些偷窃之物的参与者，但小亨利并没有感到他的这位忘年之友和他的父亲之间有什么区别，对他来说，没有任何区别。在这件事上，他并没有论证孰是孰非。他的朋友是对的，因为他的朋友，这个男孩也得以分享那份荣耀。在矛盾持续的过程中，并没有涉及教育这一问题。虽然当时和事后每个人都清楚地意识到必须从中得到些教训并理解其根源所在，才能在以后不犯同样的错误。虽然小男孩也许会忽视这样一个问题——该如何从所有的邪恶之中推演出乔治·华盛顿，这仅仅是一个历史学上的难题，但他却在获得帮助的情况下，从所有的政治腐败中推演出了查尔斯·萨姆纳。如果也沿着这一思路，他的教育便无法前行。这次，耸立在狭长街景的尽头的是坦慕尼协会。

阿莱先生，作为一位最严厉的道德家，认为他做这个交易的目的是为了改变民主党，使其接受反对奴隶制的原则，他也的确是那样做的。亨利·亚当斯不可能达到这么崇高的道德境界，他还仅仅是个孩子，他支持这一联盟的目的不过是为了让自己的朋友成为参议员，就好像他帮助自己的朋友成为百万富翁一样，纯属个人目的。除非承认他自己、父亲和他的朋友是错的，否则他无法摆脱“这一切是不道德的”这一结论的困扰，而他又不愿意承认，因为承认“他们是错的”所带来的后果要比不承认的后果还要糟糕。因此，在十五岁之前，他都让自己处于一种道德混乱的状态，而且从未脱离这一状态。作为一名政治家，他已经堕落了，然而，他从未见过哪位现实的政治家比他清白。

就他自己的理解，愧悔不过是伪善或者懦弱，他甚至从未想过自己需要道歉，虽然媒体对他展开全面攻击，虽然在弗农山大街召开的那次秘密会议与媒体立场一致；然而他不能承认自己无知，甚至在矛盾最激烈的时候，他也不在乎为那个政治联盟辩护。那时他还是个孩子，却充分意识到一定出了问题，然而他唯一感兴趣的只有选举。接连几天，州议会都在进行投票，亨利经常去州议会外面的走廊，及时跟进投票结果，与大众一样，他也很想知道迦勒·库辛宣称萨姆纳先生是“一只眼的废奴主义者”究竟是什么意思。库辛先生真正的表述是“固执于单一思想的废奴主义者”，的确，两种表述的区别不大，但两者都不能为这个男孩深刻描述萨姆纳，他绝不可能错误地把加里森和萨姆纳归为一类，也不可能误解迦勒·库辛对他们任何一个人的描述。那时亨利的情绪高涨，而萨姆纳每天以一两票的微弱劣势在选举中日渐失利。最终，1851年4月24日，亨利站在走廊里鸦雀无声的人群中，听到了宣布的选票结果，萨姆纳先生得到了所需的选票数量。他从旁观者的胳膊下面溜了出去，用尽全力飞快地跑回家，冲进饭厅，萨姆纳先生和家人正坐在桌旁。亨利自豪地告诉萨姆纳他当选了，那很可能是他们两个人一生中最荣耀的时刻。

第二天，亨利去上学的时候，注意到大街上许多男孩和男人都在胳膊上系着黑绸。他知道在波士顿很少有男孩支持自由土地党，他认识的那些人都被他称为“支持奴隶制的人”，于是他觉得在自己的胳膊上系上一条白绸会更合适，以此表明他的朋友萨姆纳先生不是孤军奋战。这一点点勇气并没有被别人扇耳光，甚至没有被人注意到，然而到了晚年，他有一些困惑，不知道哪个颜色的标志才更正确。那时候，人们做梦也想不到会有四年的战争，但每个人却都梦想着脱离联邦，两种颜色的标志都很值得怀疑。

这次政治运动高潮最终以弗农山秘密会议的胜利而告终。这个男孩，和其他美国男孩一样，是一个政客，而更糟糕的是，在那之前，其他任何角色都不适合他。他本应该像他的祖父一样，成为乔治·华盛顿的门徒，一位命中注定的政治家，只能注视前方，听从命令，向前行进，而事实恰恰相反，他甚至不是一个真正的波士顿人，感觉自己好似一个流亡者被排斥在波士顿之外，从未把自己当作一个波士顿人，从来没有真正环顾过波士顿，而其他男孩无论身处波士顿何处都会观察这个城市，选择他们最喜欢的街道，想住进去的房子以及想要从事的职业。而亨利，总感觉自己应该在别处生活，或者在社交关系融洽的华盛顿，或者在欧洲。带着一种莫名的不安，每隔一周的星期六或者随便哪一天，他都会从昆西的小山上眺望远处的库纳德轮船，轮船拖着长烟驶向地平线，消逝了，仿佛也要把他带走，正如它们的确带走了许多人那样。

如果这些想法是不合情理的，即将到来的影响也足以纠正这些想法。但是，当亨利·亚当斯回望整个故事时，要旨似乎就在于这些想法是非常合理的，这些想法是基于像历史一样古老，像命运一样业已注定的已知条件并经过逻辑推断而得出的必然的数学结果——是人类经验中永恒不变的插曲。倒是有一个想法，也许很不合理，但这个想法很少进入他的脑海，那就是去西部，和这个国家一起成长。无论怎样，他一点儿都不会担心自己不适合去西部闯荡，因为他要比大多数去了西部的人合适得多，而他之所以还在东部的最有说服力的原因在于东部有西部不具有的各种优势，他不能走错了，西部必然对波士顿和纽约顶礼膜拜。一个人处在东部，无论为了什么目标，都是世界上最好的，其优势包括可以让去西部成为一种选择。倘若在历史上人类曾经一度能够预期一生中的某种确定性，那么伟大的东部海港的居民在1850年便能够做到这一点，因为当时铁路系统已经铺开。对于政客、商人或者从事任何博学的专业人士，西部并不能许诺任何确定的优势，而是提供了许多的不确定性。

在人类历史中其他任何时刻，这样的教育，包括政治上的和文学上的偏见在内，不仅仅是好的，而且是最好的——社会总是乐于接受并恭维那些有天资禀赋的人。亨利・亚当斯完全有理由对这一事实感到满意，并且也没有任何理由对自身不满意，他拥有自己所需要的一切，找不到任何理由让自己相信别人拥有的更多。他完成了学业，虽然并不十分卓越，但对于所学的所有知识并无不满。他很可能比他的父亲、祖父或者曾祖父在十六岁时知道得更多。五十年之后，只有在回首1854年的那个自己并思索20世纪的需求时，他才想知道1854年的自己是更接近1904年的思想，还是更接近公元1年的思想，他无从定论。这一思量之所以无法做出判断，是因为20世纪的思想具有未确定的价值观，然而这里的故事将给出原因，以便让人相信在诸如宗教、伦理学、哲学等基础知识方面，在历史、文学和艺术方面，在对所有自然科学的理解方面，也许除了数学，这个1854年的美国男孩更接近公元1年，而不是1900年。他所受到的教育和他所需要的教育没有什么联系，作为一个1900年的美国人，他可以说，迄今为止自己没受过什么教育，甚至不知道教育从哪里开始，该如何开始。

The Education of Henry Adams

第四章

哈佛学院（1854—1858）

1854年6月的一天，青年亨利·亚当斯最后一次从波尔斯顿街迪克斯威尔先生的学校台阶上走下来。他没有什么感觉，只有一种结束这段经历后的莫名愉悦，他的一生中，仅有这一次结束一段为期四年的经历而没有任何失落感，他总是习惯性地感到失落。在以后的岁月里，他总是听到朋友们公开谴责学校是令人无法忍受的无聊之地。他天生过于成熟，亦无法适应学校生活，绝大多新英格兰男孩都是如此。在思想上，他们从来都不是小孩子，他们作为男人的教育应该从十岁就开始了，比英国或欧洲的男孩足足早熟了五年，因此学校是为后者而建的。为了将来的发展，正如后来表明的那样，最初可能接受教育的六年都浪费在一些不可能做好的事情上，虽然这些事儿应该做好，无论如何，它们还有些价值可言。接下来，按正常的步骤就是进入哈佛学院，他很乐意前往。因为亚当斯家族、布鲁克斯家族、波尔斯顿家族和佐汉姆家族世世代代的读书之地都是哈佛学院，虽然就目前所知的范围内，他们当中没有谁曾在哈佛出类拔萃或认为自己比较适合就读哈佛，但是，传统习惯、社会关系、便利条件，还有最最重要的，经济实力，让每一代人都能按部就班。任何其他的教育或许都要付出严肃认真的努力，但是，没有人把哈佛太当回事儿。他们都会上哈佛，因为他们的朋友都去那儿，哈佛学院是他们获得社交自尊的最理想之地。

就教育而言，哈佛学院属于温和的文科学院，它向社会输送的年轻人具有一个体面公民所需具备的一切，其中也不乏栋梁之才。它从不试图造就领袖人物，它的理想人物与此迥然不同。一神教赋予哈佛学院节制、平衡、冷静、审慎的特征，法国人称之为尺度。学院通过非凡的成就塑造了这些出色的品质，因此，它的毕业生可以凭借这一品质印记而被识别，但这种特质却不适合用于自传。实际上，哈佛学院造就出的是同一种类型的人，而不是有自我意识的人。在哈佛学院四年的成功，如果算是成功的话，在自传中就是一片空白，只在头脑里留有一个淡淡的水印。

哈佛学院的印记终归是一件好事。教育的一个最令人惊奇之处就在于它不会毁掉与之相关的任何人，无论是教师还是学生。后来，亨利·亚当斯曾争辩道，哈佛学院事实上并没有毁掉他和他的很多朋友，除了有点失望之外，哈佛或许是当时存在的所有大学中最无害的。它教授的少，少固然不好，却让人敞开心扉，毫无偏见；虽然对现实缺乏了解，却谦逊和顺。哈佛毕业生很少会有强烈的偏见，知道的虽少，但思维敏捷，随时准备获取知识。

男孩亨利最失望的是从他的同伴那儿所获不多，确切地说，他一无所获，这是教育过程中很常见的结果。但是，1854—1861年的卡特劳学院仍能拿出一份在当时十分显赫的校友录，以亚历山大·阿加西、菲利普斯·布鲁克斯打头，H. H. 理查森、O. W. 霍姆斯结尾。天妒英才，那些最有前途的人总是英年早逝，不曾名列某本当代名人词典——似乎被收录进此类名人词典才是最受人认可的成功标准。很多人在战争中牺牲，所有这些人，亚当斯或多或少都有所了解，当时，他对这些人表示出的尊重与敬意丝毫不逊于他们后来功成名就、扬名于世而备受尊敬的程度。但是，说到教育上的益处，他们之间没有相互学到任何东西，直到他们毕业很久之后才有所改观，或许错在他。但是，他想知道的是有多少人对此也有同感。这种同伴关系如同婚姻关系一样，具有很多偶然因素。或者生命中就只可能与几十个人结为同伴，是在小学还是在大学相遇相知，纯属偶然，但是，在相似的环境下一起长大的孩子，彼此间没有什么可以给予对方，这就绝非偶然。亨利·亚当斯就读于1858年毕业的那个班，是一个新英格兰青年的典型群体。他们极富洞察力却十分低调，毫不自私、嫉妒、阴险、狂热与激情四射；反应不那么敏捷，也不那么小心多疑；对张扬炫耀、矫揉造作、夸夸其谈不以为然，有时感到好笑却并不表现出厌恶；不相信自己，也很少信任他人；没有多少幽默感，但乐意欣赏别人的幽默；非常消极，从长远而言，最终会转变成积极与成就。他们不拘小节，思想较为自由、开放。作为一个整体，他们可谓是最令人生畏的批评家，令人避之不及，但是，他们一生中都难免被人品头论足。他们从不逢迎谁，也很少称赞谁，他们超越了虚荣，但并非不能容忍虚荣，他们就是客观存在的，他们的姿态是一种天性法则。他们的判断缺乏吸引力，不是智慧或感情的表达，也不是意志力的体现，而是表现出某种倾向和趋势。

这就是哈佛精神，但对哈佛学院而言，1858年这一届学生在某种意义上还是有些极端之处的。这一届有近百位年轻人，他们并不十分敏锐，但也不排斥他人。他们很容易相处，比一般的学生——德国的、法国的、英国的或其他国家的素质高，主要是因为他们每一个都似乎自成一派，各自为政，这看上去是一种力量。如果没有激情，自成一派顺理成章，如果没有痛苦，各自为政就更容易了。

在这样一个各扫门前雪的大环境下，亨利·亚当斯还是机缘巧合地增进了他的教育经历：他的身边出现了三个弗吉尼亚人如三重唱般的声音，虽然他很不习惯，就像达科塔印第安人不习惯水车一样。由于进一步的亲近示好，这三个外来者与波士顿圈子里的人建立了友谊，而亨利·亚当斯在中学时代就属于这个圈子，毫无疑问，最终他们也与亨利·亚当斯成为了朋友，但是，这些人都很清楚，直到1856年，这种算不上深厚的友情才把他们从极端的憎恨中解脱出来。其中一个弗吉尼亚人是美国第二龙骑兵团罗伯特·E. 李上校的儿子，另外两个来自彼得斯堡乡镇的弗吉尼亚人似乎本能地做了李的跟班。第四个外来者来自辛辛那提，有一半肯塔基血统，名叫N. L. 安德森，母亲姓朗沃斯。在亨利·亚当斯的教育中，这是他第一次接触到不同以往的人，了解他们的价值观。他见证了新英格兰人用别人来衡量自身，他也亲身参与了这一个过程。

李，名叫"朗尼"，是一个18世纪的弗吉尼亚人，正如亨利·亚当斯是一个18世纪的波士顿人一样。朗尼·李与他的祖父"轻骑兵哈里"相差无几，高大、健壮、英俊、亲切，他对一切喜欢的事物都抱有自由弗吉尼亚人的开朗坦率，天性中也有着弗吉尼亚人喜欢发号施令和担当领导的习惯。没人愿意与他一争高下，英格兰人也没有一个想要命令他人，因此，至少有一年的时间，李是他们班里最受欢迎、最出众的年轻人，但后来似乎就慢慢退居其后了。如想服众，仅有发号施令的习惯还远远不够，而他除此之外，别无所长。他生性单纯，单纯到对他不需要做任何分析，单纯到连最单纯的英格兰学生也无法了解他。没有人眼力敏锐到能够看出他有多么无知，有多么孩子气，在一个关系复杂的学校里有多么无助。这个南方人似乎如动物般具有每一种优势，但是，即便如此，他也逐渐丧失了自己的领地。

教育课程对这些年轻人十分具有杀伤力，在十年里，这些通过分数检验教学成果的课程折磨着每一位学生。朗尼·李，这个南方人没有头脑而又性情急躁。他并非一个学者，没有受过任何思维训练，不能分析一种思想，甚至不能设想两种思想都是可以接受的。然而，一个人只要有社交本能，不需要任何思想，也照样会活得很好。许多杰出的政治家跟李是一个类型的人，他们在立法机构中游刃有余，但在大学里却面临着更为严峻的考验。弗吉尼亚人对邪恶缺乏抵抗力，当然，在这点上波士顿人并不是罪魁祸首。弗吉尼亚人的习惯都不好，他们不仅喜欢酗酒，还喜欢过粗俗的生活，而波士顿人就没有那样痛苦了，即便在最糟糕的状态下他们也能够照顾好自己。这样看来，弗吉尼亚人会变得喜欢争吵，有些危险。当一个弗吉尼亚人一连几天都陷入想象中的悲伤和货真价实的威士忌之中无法自拔时，他的北方朋友没人可以确信他不会在一个街角处守候，手里拿着一把刀或一杆枪，借一时的酒疯而报仇雪恨。事情到了这一步，李不得不在自己的朋友中树立威严，他是一个旧式学校里的绅士，众所周知，旧式学校里的绅士几乎和新式学校里的绅士一样豪饮，但他不会因此惹上麻烦。他头脑非常清醒，甚至在政治情绪最狂热的那几年，他也能够克制自己的脾气，与朋友和睦相处。

亨利·亚当斯喜欢弗吉尼亚人，尽管就名字和傲慢而言，没人比他们更招人厌烦。但是，他们的友谊不会因此出现裂痕，反而更加融洽。当时，近在眼前的未来还没有对教育提出致命的问题，比如，南北各方的能量和耐力对比。这种与南方性格的短暂接触本身就是一种教育，但并不是全部。毫无疑问，自高自大的北方佬通常会自然而然地表现为不自信——自鸣得意地慢慢确信，南方人因为拥有奴隶制的限制而一点儿也不能胜任现代生活，仿佛南方人仍然制造原始工具，以洞穴为居，以捕猎为生，他们所擅长的每一个强项只会让他们更虚弱。但是，亨利·亚当斯也开始担心，从这一方面而言，18世纪的每个人都相差无几。朗尼·李与一个世纪前的弗吉尼亚人相比，并没有多少改变，而亚当斯本人同样也与他的曾祖父非常类似，同样，他与弗吉尼亚人一样不知如何应对未来的美国，一个对昔日毫无眷恋的美国。北方社会已经背叛了“经济学家高于外交官和士兵”的偏好，或许是因为嫉妒，在这种背景下，两个18世纪的典型人物几乎没有生存的机会，亨利·亚当斯也好，朗尼·李也好，都对此很担心。

如果没有这种奇特的惺惺相惜之情，像朗尼·李和亨利·亚当斯这两个彼此看不顺眼的年轻人很难有亲密的关系。作为学院的学生，他俩最大的不同在于学习成绩的失败程度：李是彻底的失败，亚当斯是部分的失败。虽然都是失败，但对李的影响更明显，因此，他非常乐意抓住任何一个可以逃避的机会，因而接受了温非尔德·斯科特将军提供的一个军中职位，参与反对摩门教徒。李让亚当斯代笔写封回执，这极大地满足了亚当斯的虚荣心，甚至超过了任何北方人的溢美之词，因为，在严酷的政治对立下，这表现了一种值得尊敬的品质，令这位外交官感受到了自己的专业素质。

如果说学生时代的亨利从他的同伴那里无所裨益，那么，他从他的老师那里也一无所获。于他的期待而言，四年大学生活算是虚度年华了。哈佛学院是一所好学校，但是，他根本就不喜欢任何学校。他不希望成为一百个人中的一分子，在这种教育中他的比重只占百分之一而已。他认为自己是唯一的，他的教育因他获得价值，他希望得到百分之百的教育，但事实上，他连一般水平的一半都没得到。多年以后，当人生道路千回百转，轮到他去教授那些学生不喜欢听也不需要了解的东西时，他利用教师例会上沉闷的时间，在学生名册中翻找自己的档案，发现自己成绩属中等。他最需要的一门课——数学，除了几个优等生考了高分以外，其余人几乎全都是失败，他的任何努力都毫无价值，无论是第四十名还是第九十名，都纯属偶然或授课教师的个人偏好。这方面，教育的失败令人惋惜。即使成绩再好，他也绝对成不了数学家；即使再差成不了数学家，他也不会介意。但是，他需要读懂数学文献，就像读懂其他任何通用语言那样，然而，他从来没能入门。

除了两三个希腊话剧，他从古代语言课程中一无所获。除了一些关于自由贸易和保护主义的零星理论，他从政治经济学课程中的收获也不大，他后来也不记得听到过卡尔·马克思的名字或“资本”的含义。同样，他对奥古斯特·孔德也一无所知。这是他那个时代的两位大师，对时代思潮影响最深。他后来回想起一些实践类课程，感到最不可思议的是化学，教授的一堆化学原理让他终生都迷惑不解。唯一激发他想象力的课程是路易斯·阿加西主讲的冰河世纪与化石，这门课对他求知欲的影响，比所有其他课程加在一起还要大。可以说，四年里的全部学业，完全可以在后来的四个月时间内完成。

哈佛学院是一种否定性力量，这种力量有其自身价值。它能够逐渐消弱自小养成的激烈的政治偏见，不是刻意改变，而是通过毫无偏见的精神气质。它本可以削弱文学上的偏见，如果亚当斯能够找到其他消遣方式的话，但周围的风气让他还是散漫地读了一些毫无用处的书，结果是虽匆匆浏览完几个书库的书却记不清这些书的封面。出于天性而非受人指导，他开始写作，他的导师们偶尔会对他的英语文章表示含含糊糊的肯定，但是，写作课和其他科目一样，就算花费许多功夫，希望获得认可，他也无法让老师们相信，他的能力，如果发挥正常，足以确保他名列前茅，进入班级前三名。通常，老师们总能清楚地知道自己的学生有几斤几两，亨利·亚当斯自己对此毫无异议。成为老师后，当对学生的判断出现恼人的失误时，他仍顽固地认为，总体而言，他并没有大失误。无论是当学生还是做老师，他都采用否定性标准，因为这正是哈佛学院的标准。

他不知道其他学生如何看待这条标准，或者他们从中得到了什么，而他们的看法也根本不会影响他的判断。从一开始，他就想结束这种否定性标准，茫然地寻找一条路径，一个方向。外面的世界看似很宽广，但通往外面世界的道路却不多且主要位于波士顿，一个他不想回去的地方。后来，纯粹偶然的机会，去德国似乎成为最有希望可供逃避的首选之地，詹姆斯·罗素·罗威尔开启了这扇逃避之门。

罗威尔继朗费罗后担任专业文学教授，他定期前往德国，无论发现什么，都要带回来。学界于是达成共识，只有德国还存在真理，卡莱尔、马修·阿诺德、勒楠、爱默生和他们的众多追随者都在传授德国的信仰。学界反感日益逼近的资本主义所带来的桎梏——它的债权人，它的银行总裁，它的铁路巨头。继巴尔扎克之后，萨克雷和狄更斯以满腔怒火刻画和中伤不幸的中产阶级，正如一百年前，中产阶级刻画、中伤教会和宫廷一样。

中产阶级享有权力，他们手里掌握着煤和铁，但讽刺作家和幻想家把持着出版业，他们认为第二帝国让法国蒙羞并对英国造成威胁，于是他们转向德国，因为那时的德国，即不是经济大国也不是军事强国，德国简朴的水准比西欧落后一百年。德国的思想、方法、诚实，甚至口味，成为学术标准。歌德被认为可与莎士比亚比肩，康德作为立法者，位列柏拉图之上。所有严肃的学者不得不变得“很德国”，因为德国的思想是革命式的批评精神。罗威尔与众人一道，虽然不是热情高涨，但也非常确信，并邀请他的学生加入这一行列。亨利·亚当斯欣然地接受了邀请，主要是因为富有教养的罗威尔，而不是因为德国，他对此满怀信心。这是他对自己的教育所做的第一次严肃的尝试，他确信可以学到一些东西，也许并不是自己所期望的，但至少是一条道路。

事实证明，这条道路异常曲折，而且格外虚耗精力，但是，亨利·亚当斯从没有看到其他道路向他敞开过。即使他能预见未来生活的每一步，他也不可能做得更好，或许更糟。起步阶段是最有收获的。詹姆斯·罗素·罗威尔引进了德国大学中唯一新奇而又有价值的部分：允许学生在他的书房里与他一起读书。亨利·亚当斯请求获得这一权利，利用这个机会读的书很少，却与导师谈了很多，因为这种私人接触让他感到愉快，受宠若惊，似乎年纪大的长者本应该取悦并迎合这个年轻人，其实是他们共同夸大了这种私人接触的价值。罗威尔是这个男孩生活里的新元素，像任何一个讲求实际的新英格兰人一样，他更多地偏向于康科德的信仰，而不是他一直所属的波士顿，因为康科德在黑暗的1856年里，仍闪耀着纯洁的光芒。亚当斯接近康科德的心情，与进入一个哥特式大教堂的心情一样。他很清楚，在神父的眼里，他不过是一个可怜虫。对康科德教堂而言，亚当斯家族如同行尸走肉，毫无感情，缺乏诗意或想象力，比议会大街里的无耻之徒强不了多少，是一群信用令人质疑而天性狭窄的政客。亨利已经十八岁了，他开始感觉到比亚当斯家族重要的事情也许更多，心里开始反感那些毫无原则的个人恩怨。他愿意承认自己的渺小，只要他能进入神殿。哈佛学院的影响开始生效，他正在逃离僵化的教条，逃离弗农山大街，逃离昆西，逃离18世纪，他迈出的第一步指向了康科德。

他从未到过康科德，对康科德教堂而言，他与那些肯定物质世界的人一样，永远是只昆虫，或者更低等的生物：男人。世界对他而言似乎是客观真实的，这并不是他的错。也许正如爱默生所说，世界本就如此。尽管付出了长达一生的努力，他总是落入这种异端邪说：如果世界上有什么不是客观真实的，那一定是他自己，而不是那些表象；不真实的是诗人，而不是银行家；不真实的是他的思想，而不是激发思想之物。他并不是不想超凡脱俗，康科德对他而言，曾经一度比昆西还要真实。但是，罗威尔本人并不比比肯大街的人更超脱。从他那里，男孩亨利没有获得任何所谓的革命性思想，无论是人们所谓的唯物或是唯心，什么都没有。但是，他得到了富有幽默感的鼓励，要做一些让自己高兴做的事，其中之一就是在结束四年的剑桥生活后去欧洲游历了两年。

与付出相比，收获并不大，但是，这是他所能回想起的哈佛学院最积极的影响，有时候他甚至有些怀疑哈佛学院是否真的对他施加了这种影响。否定性的影响他可以列举很多，但他倾向于否定自己的判断，这也是新英格兰思维方式的一个方面——总是自我否定，在这一点上，他甚至无法确定哈佛学院是否不仅仅反映出一种软弱。他认为哈佛的教育不够严肃，但事实上，没有哪个波士顿学生严肃地对待过哈佛的教育，他们似乎也认为，沃克总统和继任的菲尔顿总统并没有比他们更严肃地对待哈佛的教育。对所有人而言，这个学院提供的优势，通俗点讲，是社会关系，而不是精神生活。

不幸的是，对这个特殊的男孩来说，他一生中最不缺乏的就是社会关系。他没什么钱，也没什么才智，但他非常确信的是，除了自己的缺点之外，他的社会地位从不容许任何质疑，他所需要的事业是如何让他的社会地位变得有价值。终其一生，他都不需费力解释自己是何方人士，更不需要通过结识什么人来巩固自己的社会地位。但是，他需要一个人告诉自己，如何利用好那些他真心维护的熟人和朋友。他在大学里所结交的朋友，后来证明没有一个有丝毫用处。他早就认识所有波士顿的朋友了，或者总会认识的，波士顿人彼此之间的相互交往是这些年轻人最不需要的教育，大学时代的关系友好而亲密，一旦获取学位，他们就各奔东西。哈佛学院确实是一种关系，较比肯大街的关系而言更牢固，却不如议会大街的关系那样牢靠。那些迫切需要社会关系的局外人或许能从这个学院获得一些东西，比如像H. H. 理查森这样的学生，来自偏僻的新奥尔良，追求自己的事业而又没有人在前方指路，也许能在哈佛学院结交到有价值的朋友。显然，亨利·亚当斯在哈佛也结交了一些朋友，但并不像理查森那样珍视结交朋友并赋予其莫大的价值。当然，大学时期的联系与毕业后进入社会后的友谊关系不大。生命是一条狭窄的山谷，每条通道都相距不远，总有狭路相逢的一天。也许哪天，亚当斯就能与理查森有所交集，也可能与约翰·拉法吉、奥古斯都·圣高登思或克莱斯·金、约翰·海依有所联系，尽管他们都没上过哈佛。生命的河谷随着年岁的增长而愈来愈狭窄，有相同品位的一类人总能相聚。亚当斯只是领悟到，如果当初自己不那么自高自大，如果自己没有虚度年轻的十年光阴却只学到或许一年就能学到的那点东西，他也许可以与这些人更平等地相处。

无论是社交生活还是学术研究，哈佛学院对他而言，都是否定性的，甚至是有害的。世界上最宽容的人也很难在那些学生的粗俗习惯中有所裨益，但邪恶比美德的害处更少。酗酒的习惯——尽管后来一想起此事就使他怀疑自己的诚实，对他后来的人生而言似乎是不可思议的事——不会造成很大或持久的伤害，但是，把人生视为社会关系的习惯——一种社会事件，却没有任何好处，它让人养成了一种无需教养的毛病。如果说社会关系可以有助于安身立命，或能赋予从事任何职业的举止和本能，比如性情、耐力、谦和，或能因对手欠缺社会地位而有利可图，那么，它应该是一种比数学或语言更值得学习的教育。但是，一直以来，它能起到的作用，只是让学院的标准相伴终生。如果只是遵循学院的教导，在哈佛学院读书的波士顿人就仍然是个学生。如果一代又一代的父母，只是因为社会地位的优势将孩子们送到哈佛学院，那么，他们在社会上就永远会低人一筹，如同牛津大学的毕业生无法继续他们的荣耀一样，不适应社会。

幸运的是，这所学院陈旧的社交标准值得尊敬，正如沃克总统或詹姆斯·罗素·罗威尔总统所体现出的那样。如果说它没有什么实用价值或对众多学生毫无影响，它至少为那些喜欢它的人维持了一个传统。作为哈佛毕业生，亨利既不很美国化，也不很欧洲化，甚至算不上完全意义上的北方佬。他的仰慕者不多，但他仰慕的人却很多，也许他最大的弱点是他的自我批评和自我意识。但是，他的野心，无论是社交上还是学术上，尽管可能是否定性的，却只能是针对那些容易实现的事情。害怕冒险，更怕受人奚落，他在一生中很少犯下大错，一直过着一种或多或少都有些价值的生活。因此，亨利很清楚自己无法成为最优秀的学生，而自己的社会地位也无须再有所提高或值得花费力气，于是，他投身于追求一种抱负，一般情况下，这种抱负很难算是哈佛学院的真实教育成果，尽管它是一神教残存的精髓——他拿起笔，致力写作。

哈佛学院报刊登了他的作品，学院学会听取了他的演讲。没有过多的赞扬，读者和听众们都静默无声，但这是任何一个明智的哈佛学生希望得到的全部鼓励，严肃的沉默是耐心的表示，意味着极有可能予以认可。亨利·亚当斯笔耕不辍，没有人过于在意而提出批评，除了他自己，很快，他就因为达到自己的极限而痛苦不堪。他发现自己成不了这样或那样，也成不了别人，他总是拘泥于现有的自我，缺乏机智、视野和力量。裁夺者认为他不如对手，假如他有对手的话，而他相信，裁夺者的判断是正确的。他的作品在自己眼中也是单薄的，平庸的，没有力度的。他不时发现自己的匮乏是致命的，几乎无法再继续写下去。没有东西可说时，他便什么也说不出来，而他能说清楚讲明白的东西也微乎其微。他当时写的一些作品现在还在，无论是印刷品还是手稿，但他从未想过再看一眼，尽管他非常确信，那些作品里所写的实际上正是他所想的。他不再看，最多不过是一种感情的外在表现而已，一种拒绝的本能，没有什么大惊小怪，甚至连缺点也是如此。

努力不可避免地导致一种野心，或者说创造了一种野心。当时，这个文学青年的野心就是在课程结束时被选为班级代表，在毕业典礼上发言，这一野心几乎取代了获得奖学金的愿望。它不仅代表了文学上的成功，也代表了政治上的成功，恰恰是这种18世纪的文政结合模式让这个18世纪的男孩醉心不已。这种想法潜入他的心中，开始只是个梦想，他没太当真或认为有可能实现，因为他不属于众所周知的受欢迎者之一。年复一年，他的地位似乎有所提高，也许是因为竞争者都消失了，结果到最后，他十分惊讶地发现，自己成为了候选人。哈佛学院的传统习惯不允许学生热衷于争夺候选人，他和他的对手从未说过赞同或反对彼此的只言片语，他甚至从未被问及这个话题，亦没有在任何事件中抛头露面。他一直猜不透究竟是怎么回事，但梦想却真的实现了。一天晚上，他从波士顿返回学院，接到参选通知，在一场难分上下的比赛后，他成为班级发言人，击败了比他更有演说才能，更受欢迎的第一名。在政治生活中，较弱的候选人获胜也是很常见的，显然，亨利·亚当斯也算是一个训练有素的政治人物，但是，他想不明白，自己是如何设法击败了一个不仅能力更强而且受欢迎程度更高的对手。

对他而言，这次竞选成功堪称一次奇迹，这并不是伪善的谦虚。他头脑保持着类似旁观者的清醒，如同了解自己一样了解他的对手及其追随者。他不了解的是哈佛学院，甚至在度过了四年时光之后。他无法衡量的是这些二十岁的年轻人为何能淡然处之，这真令人困惑不解。无论是官方标准还是个人标准，他们似乎都不认可。这里有近一百位年轻人，在人生最容易受影响的四年中，他们亲密无间地生活在一起，一次又一次地用不同的方式，刻意地，慎重地，冷静地，恰当地选择了那些最不能代表他们的同伴作为他们的代表。至于这些学生代表对大学而言能起到一点什么作用，那就是对大学的不以为然。亨利·亚当斯从来没有对任何大学抱有什么信仰，无论是孩提时代还是长大成人，他也从未对大学毕业生表示出任何钦佩，无论他们毕业于欧洲还是美国的大学。作为一名哈佛学生，除了他的同学外，他为人所知仅仅是因为他总是游离于大学之外。然而，有一个不争的事实就是，这群普普通通的年轻人总是选择他来表达自己的平庸。当然，私下里，这位成功的候选人对自己感到满意，这群年轻人也很满意，因为这次候选再一次证明，他们也许并没有自己所想象的那般平庸，而且候选人也与他们非常相似。他们把他视为代表，一个他们期望的代表，而他则把他们视为一群最令人生畏的裁夺者，他们就像是很多镜子中的自己，可以无限地反射出自己的缺点不足。

无论如何，竞选成功本身就令人陶醉，这种陶醉震惊了他的虚荣心。如果他知道这将是他获得此类陶醉的唯一一次，他的虚荣心可能会更震惊。毕业日在绝大多数的大学生眼中，是大学生活中最重要的日子，发言的学生代表最引人注目。与其他场合的发言人不同，班级毕业日的发言人会别具一格，也许只有诗人可与之媲美。大教堂里人头攒动，学生、家长、七大姑八大姨之类的亲朋好友，还有那些十六岁或二十岁想一展夏日霓裳和靓丽容颜的女子，济济一堂，在足以熔化青铜的热浪里待上一两个小时，听一个身穿学士服的学生代表讲述一些个人经历和温和学监允许的直言不讳的老生常谈。亨利·亚当斯作为班级代表在1858年毕业日上的发言很快就被忘得一干二净，这对他的教育也毫无价值，但是，他很自然地记住了别人的一些评价，尤其忘不了一个位高权重的亲戚说，作为一篇年轻人的演讲，它欠缺的只是激情。

这位一直寻求教育的年轻人自问，如果不论此评价的修辞意味，这种激情的欠缺究竟是缺点还是优点？因为无论如何，它正是哈佛学院培养的结果，也正是他尽力代表的一百个年轻人所要表达的。另一个人的评价更好地说明了哈佛学院的教育效果，一位老绅士说，发言代表表现出“完美的自制”。确实是自制！如果说哈佛一无所授，它至少教会了自制的冷静。四年的时光里，每个学生不得不在许多彼此熟识到知根知底的年轻人面前天天出现。每个学生做的最多的就是向各种学会朗读论文，或者在《速溶布丁》中扮演滑稽演员，更别说一些常规性训练，以后的岁月里，再也没有一个观众比他们更亲切，更有智慧。通常，四分之三的毕业生宁愿在塔伦托会议或英国议会中发表演说，也不愿意面对热情的观众，在《速溶布丁》扮演安东尼·阿布赛鲁特爵士或奥拉伯德博士。而冷静的自制是哈佛学院最突出的传统，它让自我伫立，所以哈佛毕业生才会奇怪，为什么欧洲大学的毕业生在面对公众演讲时会感到恐惧。这到底是不是一种教育，亨利·亚当斯无法回答自己。他随时准备好面对美国或欧洲的任何听众，因为兴奋而表现地更加从容，但是，他是否言之有物，则是另一个问题。那时，除了所受的教育，他一无所知。

The Education of
Henry Adams

第五章

柏林（1858—1859）

亨利·亚当斯作为第四个孩子具备由弱点而产生的优势。他无足轻重，如果愿意，可以将自己放逐，并不会有人挂念。父亲查尔斯·弗朗西斯·亚当斯一点儿也不喜欢欧洲，正如他和所有世人都认同的那样，欧洲会让美国人不再适应美国。对此，一种刻薄的批评会反击道，他、他的父亲和他的祖父取得的所有成功主要归功于欧洲提供给他们的战地，如果没有欧洲的帮助，他们很可能像他们的邻居一样，直到最后，都还是本地的政客或律师。如果严格按照这条规则行事的话，那么他们便会被迫永远不能离开昆西。事实上，父母对于孩子的事儿比对自己的事儿更加犹豫不决，如果能够信任波士顿自身的道德影响力的话，弗朗西斯·亚当斯先生和夫人更愿意看到他们的孩子们永远生活在弗农山大街，不去接触欧洲的种种诱惑。虽然父母们对于发生在自己眼皮子底下的事儿都很少知道，但即便是做母亲的所见到的那点儿事儿，也足以让她们坐立不安了。过去和现在发生的事儿一直纠缠着她们，她们担心孩子会有不道德的行为，但这种担忧远不及她们对儿媳或者女婿的忧虑，因为她们担心儿媳或女婿会不适应家里有些狭小的房间——危机四伏。即便在波士顿，每年都会有年轻人让父母忧虑不安，虽然欧洲的诱惑是不可抗拒的，但摆脱波士顿的诱惑也许才是必要且紧急的。然而，男孩亨利却想要去欧洲。无论谁看到他，都会觉得他彬彬有礼，举止得体；他遵守规矩，却是在无法逃脱的时候；他从不与长者或者前辈争吵，品性显然很好，他的道德准则，如果有的话，也无可挑剔。总之，在众人眼里，他生性胆小，流露出某种自卑感，而他的内心世界是怎样的，别人无从知晓，实际上，他自己更不了解自己，但他也是一个人，和有些人相比，也不见得坏到哪里去。因此，当他向溺爱他的父母提出要去柏林大学学习民法时——虽然他或者父母都不知道民法是什么，也不知道为什么去学民法，他们还是出于责任感而答应了，陪他一直走到昆西火车站，为他送行，脸上流露出的微笑差点被他错认为是难过的眼泪。

这个男孩是否应该给予这样的放任，或者值不值得这份溺爱，他不见得比父母或者哈佛学院的教授知道得多，然而，无论值不值得，1958年11月，他还是乘着约金斯船长和库纳德海运公司引以为豪的波斯号汽船，开始了对教育的第三次或第四次努力。波斯号汽船是当时海上最新、最大也是最快的汽船，旅途中，他并不是孤身一人，几个大学同学和他同行，放眼望去，整个世界让人心潮澎湃，直到第三天，这个年轻人亲眼见识了一场不期而至的大风暴。那次风暴给他上了一课，对他的帮助比大学里教授的任何东西都要有用得多，他知道了大西洋中部十一月风暴的意义——仅仅在生理上就让人痛苦不堪。上这样的一门课前，他并没有得到任何素材，以至于风暴来临时，除了严肃对待以外别无他法，他再也不觉得晕船有什么幽默的了，但这次风暴却和许多各种各样的其他感想联系在一起，成为他到那时为止发现的最速成的学校教育。在知识获取上，他似乎向前迈进了巨大的一步。虽然人们开始认识到，教育的一点点形成需要许许多多的感想，但是一天之内能塞进多少感想才形成教育意义，成了对旅行者数学能力的巨大考验。重点不是有无感想能够最终被证明是正确的，而是在于找出有多少感想将最终被验证是错误的，这需要终极智慧。

海洋、波斯号、约金斯船长和最尊贵的乘客G. P. R. 詹姆斯先生，都在一个星期日的早晨消失在梅塞的一场剧烈的狂风中，为的是不再妨碍人们在十一月的阴霾中，从阿德尔菲咖啡屋远望只会更加沉闷无趣的利物浦大街的景象。在他们离开之后，那里马上就被切斯特城热烈的喜悦和红砂石建筑物散发出的浪漫气息占领了——数以百万计的美国人都曾感受过这样一连串的情绪波动。年轻而天真无邪的旅行者可能还体会不到这些情绪，然而，在还没有旅行者的过去的岁月里，当这种浪漫是现实而非一幅图画时，那一连串情绪是让人无法抗拒的。这几个男孩子来到伊顿大厦的时候，心中充满了敬畏，就如同萨克雷或狄更斯在某位公爵面前时的感受一样。仅仅是高富诺集团这个名字，就给人一种富丽堂皇的感觉。屋顶很高，装饰精美，一长排房间里有镀金的家具、画像，平台、花园和景致，这种50年代英格兰的优越感实际上把富有的贵族隔离开来，远在美国人和小店主人之上。贵族阶层是真实存在的，狄更斯笔下的英格兰也是栩栩如生的，奥利弗·特维斯特和小纳尔潜伏在每一个教堂墓地的阴影里，他们不是影子，而是大活人，就连查尔斯一世也不是虚幻的，他站在塔顶之上，俯视着他的大军节节败退。自从他作战失利及人头落地以来，附近的一切都没有发生太大的变化。刚刚从波士顿来的一名属于18世纪的美国男孩，很自然地把那一切都看作是教育，并且很乐于学习这样的课程，至少他觉得自己感受到了这一切。

接下来的行程是穿过伯明翰和黑人区，再到达伦敦，那是另一堂课，是必须以更正当的理由加以体会的。一头扎进刺眼的红色火焰照亮的黑暗之中，在这怪异的幽暗中产生的那种无名的恐惧在那个时代只存在于那里，而且史无前例，除此之外，只有在火山口才能感受得到，这浓重、蒙胧和无法穿透的黑暗与人们悄然进入的柔美绿色的迷人景色形成了极为鲜明的对比。刚进入这个处于深渊的陌生社会，亨利就对这个社会带来的启示感到惴惴不安，尽管他并不知道，卡尔·马克思就站在那里，等待着他的到来；他也不知道，他的教育历程迟早会触及卡尔·马克思，而且日后他所涉及的马克思理论要远远多于从哈佛学院的博文教授那里学到的东西，或者多于博文教授那有如撒旦自由贸易的权威约翰·斯图亚特·密尔的理论。黑人区提供的是现实教育课，但是这样一次教育却是那么遥不可及。男孩逃离了，就如同他逃离所有自己不喜欢的事物一样。

假如他有足够的知识，知道应该从哪里开始，那他将会预见到比民法更重要更值得一学的东西，在漫长、泥泞、污秽、肮脏和点着煤气街灯的阴沉的牛津街上，破旧的四轮马车有气无力地把他拖到了查林路口，不过，他还是注意到了那里值得回忆的一个特点：伦敦到底还是伦敦，特定的风格使得它的污秽不堪也变得高贵起来，尽管阴沉、拙笨、高傲、拜金，却不显低俗，狭小却不失大气，不能包容外部的世界，而且绝对自信。街上的年轻人随便评论美国人的服饰和形象，使得旅行者匆匆戴上高顶帽，穿上长外套以免遭人非议。即便是在伦敦西区的斯特兰大街，外来者也没有权利可言。在这里，18世纪仍在坚守着它的权利。沿着舰队街走进去，历史就像约翰逊博士一样在亨利·亚当斯的耳边喃喃细语；在皮卡迪利大街上，《名利场》得以重现，坐在帆布坐垫上戴着假发的马车夫驾驶着黄色双轮马车；男仆手持藤条站在马车的踏板上，车里坐着干瘦的老妇；半数的大房子都被伦敦的烟雾熏得发黑，上面刻有很大的丧仪纹标；所有人看上去都那么傲慢无礼，而世界上最傲慢无礼的建筑，当属皇家交易所和英格兰银行。在1858年11月，伦敦仍然是一个气势恢弘的城市，但让一个美国人有感觉的是18世纪的伦敦，而让他厌恶的也是18世纪的伦敦。

教育在倒退。亨利·亚当斯，当还是个小孩子时，他无法猜到伦敦的污秽形象对于成年以后的他是多么亲切，他更无法想象的是，自己竟然在五十年后会重返伦敦。无论走到哪儿，他都注意到，伦敦的规模每扩大一倍，这个伟大的城市反而变得越发渺小，它的财富每翻两番，反而变得愈加低俗，在版图扩大之后，反倒少了帝国的气派，它试图变得更加文明，却反而少了高贵尊严。他最仇恨伦敦的时候，反倒最喜欢伦敦。教育在结束时开始，或许在开始时就已结束。到这里为止，伦敦还一直停留在18世纪，而下一站又把伦敦带回到了16世纪，他去了安特卫普。当奥西男爵号在晨雾中冒着蒸汽沿舍尔德特河顺流而上的时候，一个旅行乐队开始在甲板上演奏起来，在田间耕种的一些农夫放下农具，加入了跳舞的行列。这情景就好似奥斯塔德和特尼尔斯的画作里荷兰村庄的景象一样鲜活，连艾尔瓦公爵都还待在西班牙。这座13世纪的天主教堂高高矗立在一大片16世纪的瓦屋中，突然消失在围墙和一成不变的风景之中。这座城镇的气息是醇厚、富足而成熟的，如同香甜的美酒一般。安特卫普呈现出中世纪的特色，对比之下鲁本斯的作品看上去倒是现代的，那是触动过这位年轻人味蕾的一种最强烈和最丰富的滋味，但是，他也许很可能在浓烈的莫尔姆舍白葡萄酒中，把对从中得到的所有教育而发出的感慨喝出来。哪怕在艺术领域，他也很难从“安特卫普大教堂”和“从十字架上放下基督”开始自己的教育。他纯粹是陶醉在自己的情绪中了，然后尽力恢复了清醒状态。半个世纪之后，当再次看到安特卫普时，他十分清醒。他感觉到了他的中世纪和16世纪依然鲜活。他是足够年轻的，而这些城市却非常肮脏，没有改进，没有修缮，没有游客，让他保持现实感。安特卫普之行以一种味道或是一种气味的形式成为一种教育，但因为它持续的时间还不到十年，这只能算是感官的教育。他从来都没有想过自己要通过“从十字架上放下基督”进行自我教育，他太高兴了，无法感觉自己跪在十字架的脚下，他只学会了厌恶那些让他不快的现实，但自己最终还得站起来，还得去忙自己的那些愚蠢的事情。

这还只是欧洲之行可以预见到的危险之一，然而，这种危险以足够快的速度消失了，让远在美国而惴惴不安的父母放宽了心。一天清晨，这位寻找教育的年轻人在没有向导，也不明方向的情况下进入了柏林，结果在一团混乱和误解中不知所措。他始终都没有想起来自己要找什么，当然，不管他期待的是什么，都与最后的结果没有任何联系。一个二十岁的学生很容易喜欢上任何事情，甚至会喜欢上柏林，他也有可能全盘接受13世纪，因为他的向导们向他保证说，他走的路是正确的，然而，一个星期的体验就让他头晕脑胀，无精打采。信念依旧坚定，但前路却愈加暗淡。柏林让他倍感惊讶，但他并不缺少朋友带他去体验柏林能够奉献的全部娱乐。有一两天，他跟别人一起四处游荡，去了啤酒屋、音乐会、舞厅，抽了很多劣等烟草，喝了很差劲的啤酒，吃了很多泡洋白菜丝和香肠，就好像他没吃过更好的食物一样。事实上，这很容易做到，人们总是会沿着社会阶梯向下走。等他索要被许诺的教育时，麻烦就出现了。他的朋友带他去了那所大学进行入学登记，帮他选教授和课程，带他去了可以买到《卡依乌斯法学概要》和许多成卷的德国民法学著作的地方，领他去听了第一堂课。

他的第一堂课就是他的最后一堂课。这位年轻人并不十分聪明，一开始，他对向导和指导老师充满了几近宗教般的虔诚敬意，但是，不到一个小时他便可以确定，自己在教育上又失败了，而且，这次失败是致命的。在能够初步接触民法之前，他需要至少三个月的艰苦努力来学习德语这门语言，这一事实让他觉得很不耐烦，然而，最让他觉得沮丧的打击是对这所大学本身的了解。以前，他总以为哈佛学院是一所呆板的大学，但是，跟他在柏林大学看到的一切比较起来，哈佛学院倒是一个充满生命力的地方。那些德国学生就像一群奇怪的动物，但他们的教授更是花钱也难寻觅到，柏林大学的精神状态并非美国社会的精神状态。亨利·亚当斯没有机会去询问其他学科流行的教学方法是什么样子的，但是，在民法方面，他发现讲课体系以最乏味无聊的形式呈现了出来，如同13世纪盛行的教学方式。教授在那里含含糊糊地说着自己的评论，学生在下面记笔记，或者看起来是在记笔记；学生花一个月时间从老师那里学到的东西，在书籍或讨论中仅仅需要一天便可以完成，但是，学生如果想拿到学位，就必须缴纳学费，必须一节一节地上老师的课，必须成为老师的学生。对一个美国学生来说，这样的结果是毫无价值的。他无法在没有事先了解《共同法》的情况下使用《民法》，但是，在美国，对《共同法》足够了解进而知道自己想要什么的学生，只需要轻松地看完《法令全书》或集注就可以了，完全可以自学，柏林大学的教育方法、教学内容或者教学风格对美国人的教育没有任何借鉴意义。

但他的这一发现却没有触动任何一位同学，他们依旧去听课，做笔记，读课本，但却从来不惺惺作态装出认真对待教授的样子。他们读海涅的作品时要认真得多。自己得到了什么有益的东西，他们了解的不比海涅多，除了柏林口音外——柏林口音也并非有益，还有啤酒——啤酒又不能和慕尼黑相比，再有就是舞会——舞会在维也纳要好得多。他们喜欢啤酒和音乐，但这些东西又不会为教育负责。无论怎样，至少在为自己辩护的过程中，他们学习了语言。

这样一来，这位年轻人又回到了语言上。因为学得很慢，他发现自己落后于所有朋友，这使他倍感低落。柏林的冬天和柏林建筑的阴郁更令他难以排解愁绪，在他看来这是一种特别的忧郁，别处是无法企及的。有一天，在林登，他看到查尔斯·萨姆纳坐在一辆出租车里，于是他紧紧追了上去。当时，萨姆纳正在从南卡罗来纳棍棒的打击中恢复斗志，在遥远的普鲁士荒野里看到这么一位年轻的崇拜者，他非常高兴。他们一起进餐，然后去歌剧院欣赏了《威廉·泰尔》的歌剧。萨姆纳尽力鼓励这位朋友，让他下定决心克服语言上的困难。“刚刚来柏林的时候，”或者罗马，或者无论什么地方，他总是以那种圆滑成熟的不可一世的气势说话，“我来到柏林，一句德语也不会，三个月之后，我要离开时，就已经可以跟出租车司机攀谈起来了。”亨利·亚当斯发现自己很难在如此短暂的一段时间里习得这样的社交本领，于是，有一天，他对波士顿的罗伯特·阿普索普先生大吐苦水，那时，阿普索普先生为了要听听柏林的音乐来柏林过冬，他谈到了自己类似的挣扎，说他曾去一所公立小学，跟一群十岁的孩子一起待了好几个月，背诵他们的课文，学习他们的短语。这段经历启发了亨利·亚当斯，自己也去中学学习一段时间的想法与当时绝望的心情一拍即合。至少，这可以让他摆脱柏林大学、民法和啤酒屋的美国社交圈。阿普索普先生劳神费力地跟F. W. 沃德斯奇中学的校长协商，恳求他允许亨利·亚当斯作为奥伯特·西亚班的一员进入中学某个班级学习，班上都是十二三岁的男孩子，在那里，亨利·亚当斯老老实实上了三个月的学，就好像他过去从来都没有对自己的高中有任何憎恶之情，也不怎么逃学一样。他从来没有做过如此愚蠢的事情，但还是从中得到了一些教育，这些教育为他实现生活中的某个目标发挥了一定作用。

这不仅仅是语言本身的问题，以这种方式度过三个月的时间，足以让一只狮子狗也学会跟出租车司机交谈起来，而且这也是外国学生能够指望的最高水平了，因为他们永远也不会有机会跟自己完全不了解的德国社交界进行接触，假如德国社交界的确存在的话。亨利·亚当斯从来都没有学到能够跟德国人自由交谈的程度，但是，他的英语也是一样，假如他能够相信英国人的话。他知道不能因为这一点而讨厌自己，他在语言上面的困难逐渐消失了。1859年，他觉得自己已经相当德国化了，甚至自欺欺人地认为自己看德文的时候就跟看英语一样了，这证明他对德文的了解实在太少，但是，不管他在自己的实验中获得过什么样的成功，都不如他与德国教育的接触那样更让他产生兴趣。

他曾经厌恶过美国的小学、中学和大学，并很快摒弃了德国的大学，作为最后一次教育经历，他又体验了德国的高中，这样的实验是危险的。1858年的柏林还是一个贫穷、世故、保守与落后的城镇，简陋，肮脏，没有教化，从很多方面来说都让人厌恶，生活的原始程度是一个美国男孩无法想象的。普鲁士深受军事化管理和繁琐的官僚体制的践踏，当时才刚开始从国内债券中解脱出来。除了纪律，毫无活力可言。未来的威廉一世，当时还是其精神错乱的兄弟腓特烈·威廉四世的摄政王，在林登狭小的宫殿里打量着窗外的行人，似乎在以此消磨时光。德国人的礼仪，哪怕在宫殿里，有时候也是让人难以忍受的，而德国人在学校里表现出来的彻底精神，却时常会流于形式。俾斯麦本人当时正在努力开始一段对抗德国制度惯性影响的政治生涯。德国的状况，对于每一位认真的德国人来说，都是一种耻辱或让人讨厌之事，他们正在用尽全部精力对德国现状进行彻底的改革。亨利·亚当斯进入一所很大的公立中学去接受教育之时，恰好就是德国人最迫切地想要摆脱他们被迫接受的教育之时。作为寻找教育之路的一个插曲，这次冒险带有极强的海涅风格。

如今，中学教育制度无疑发生了变化，而且，无论从哪种可能性来说，那些校长也早已作古，这个故事便不再有什么实际的价值，虽然在当时也没有什么价值可言，但是，人们至少可以为当时的德国学校辩护说，其教育既不是很残酷，也不是很邪恶。学校校长，按照普鲁士的标准是很优秀的，教师们，不同学校的也都差不多，但正是他们的体制让这个毫无规矩可言的美国人感到恐惧。对记忆进行随时随地的训练简直让人目瞪口呆，记忆承受的压力是一种形式的折磨，孩子们毫无怨言地完成种种技艺表演，真是可怜又可悲。在这个国家，除了记忆以外，其他能力似乎都不能得到认可，利用得最少的还是推理能力，不管是分析推理、综合推理还是教理推论，德国政府并不鼓励人们进行推理活动。

所有官方教育，都似一种用来使大众思想极端化的电力机器，用于将其控制在对国家目的最为有效的方向上。德国机器的效率高得惊人，它对儿童的影响让人生厌。F. W. 沃德斯奇中学是一处位于柏林市中心的老建筑，是为满足附近小生意人的子弟或中产阶级子弟的教育需求而设立的，那里的学生都是柏林儿童，他们所属的社会阶级被怀疑认同并且参与制造了1848年的社会问题。他们中没有人是贵族，也没有人与上流社会有任何瓜葛。他们从个人层面而言都是一些让人喜欢的人，但是，作为教育的对象，他们却是一个恶劣的教育制度能够产生的最坏结果的例证。很显然，在固执的、不符合常规顺序的求学历程中，亚当斯终于形成了自己对于那个邪恶地按部就班的教育制度的看法。他的体格最先表明了这样一种教育制度的特点，当然，这种体格并不能全部归罪于学校。德国的食物，最客气的说法也是很差，而泡洋白菜丝、香肠和啤酒构成的饮食，永远也不可能是好的饮食，然而，让德国学生看上去面容苍白、肌肉无力的不仅仅是食物本身。他们从来都呼吸不到新鲜的空气，从来都没有听说过操场；在整个柏林，冬季没有一立方英寸的氧气能够进入有人居住的建筑；在学校里，每间教室都是门窗紧闭，没有通风设备，空气污浊不堪，但是，如果课间这名美国人打开窗户五分钟，那他就违反了学校的规定，一定会受到斥责。只要天气冷，窗户就会一直紧闭。孩子们遇到假日，一般会走很长的路，被带到迪尔加登或别的地方，最后总是累得精疲力竭，沉浸在烟草味、香肠味和啤酒之中。就在这样的条件下，他们还会被要求每天预习课程，可想而知，就连养成良好健康的习惯而又身体强壮的人也很快会吃不消，而他们之所以能够学下去，仅仅是因为他们的心态有问题。德国大学似乎已经是个败笔，而德国的中学却近乎于可以起诉的危害。

四月份到来之前，德国教育的实验已经到了这样一个阶段：除了《民法》的梦魇被关进了黑暗的衣橱里以外，一切都结束了，再也没有人在能重复这个故事的任何人面前语无伦次的了。海涅作品里犹太人的嘲笑声在大学里响起，回荡在柏林的各个角落。当然，当一个人到二十岁时，生活一定是充实的，哪怕是只有柏林啤酒的生活，虽然德国学生的生活，从整体上来说，在美国人眼中是最清淡的一种啤酒，但对于曾经那么前途似锦的学业，或者被许诺的那么美好的学业而言，这些零散的片段却是在他后来的岁月中剩下的唯一最常回味的感受。人生中发生最多的事情往往就是这样，到最后，副产品往往比主要产品更有价值。德国大学和德国法律都是败笔，德国社会，从美国人的感觉上来说，也根本不存在，或者说，假如它存在的话，也从来都没有在这个美国人面前展现出来，另外一方面，德国剧院却是一流的，德国歌剧以及芭蕾是值得人们专程前往柏林的，但是，德国教育总体的失败，其古怪和让人困惑的结果却是，这位学生唯一明确的收获——他向更高等的生活迈出了一步，却来自于他所浪费掉的时间。他忽视了学习，沉溺于种种恶习，甚至颠倒了教育的顺序。这一切来自可恶的啤酒屋和音乐厅，这一切是偶然的，并非有意为之而又无法预知。

同伴坚持每星期要拿出两三个下午去音乐厅坐坐，一边喝些啤酒，抽些德国烟草，一边听听管弦乐队演奏沉闷无趣的音乐，看看肥胖的德国妇女织毛衣。亨利・亚当斯跟他们一起去，仅仅是为了做伴，从来没有一丝的享受。阿普索普先生曾轻声抱怨，说他夸大了自己的冷漠，因为他无疑是会喜欢贝多芬的，但是，亨利・亚当斯却简单地回答说，他并不喜欢贝多芬，并且当阿普索普先生和其他人大笑，好像他在讲笑话时，他觉得有点惊讶，他看不出这里面有什么幽默。他认为，除了音乐家以外的任何人都会觉得贝多芬的音乐无聊，就如同除了数学家以外的任何人都会觉得数学枯燥无味一样。他就这样坐在啤酒桌子旁边，脑袋里一片空白，有一天，他惊讶地注意到，自己的思想竟然在跟着一个乐章的旋律流动，假如他突然能够读懂另一门语言，也不会如此惊讶。在教育带来的种种奇迹之中，这是最让人惊奇的了。

在生活的很大层面上阻碍了他对事物之感悟的囚牢，轰然倒塌了，没借助任何外力，甚至连他本人都不曾意识到正在发生的一切。在劣质烟草冒出的烟雾与劣质啤酒冒出的泡沫中，围在最普通的德国家庭妇女中间，一种新感觉就像一朵花一样突然抽芽迸发出来，远远超越过去的感觉，让人困惑，它的存在本身就让人惊讶，以至于让他无法相信。他看着它，好像是身外之物，是某种偶发事件，完全无法确认。虽然他开始逐渐承认，贝多芬的音乐已经有一部分为他所了解，但他更愿意认为，贝多芬作为一位音乐家多半为人所夸大了，他的音乐其实是很容易被人领会的。这不可能称为教育，因为他从来都没有认真地听过那种音乐，而是一直都在思考其他事情。仅仅是机械地重复某些声音就触发了他无意识的思想。贝多芬一定具备这样一种能力，但瓦格纳没有，至少创作了歌剧《汤豪舍》之后的瓦格纳没有这样的能力。过了四十年，他才真正听懂了《众神的黄昏》。

人们也许会谈起萎缩感的复活，这是指沉睡意识的机械反应，但是，除此以外没有别的感觉苏醒过来。他对于线条与颜色的感知跟以前一样迟钝，而且仍如以往远远低于艺术家的感知水平。他的形而上学思维并没有突然之间绽放生命，好让他的思想跨越德国表现主义的樊篱而与康德及黑格尔的理想主义产生共鸣。尽管他坚持认为，他对德国思想与文学的信仰是高贵的，但他却没有能够走近德国思想，他也没有在读哥德和席勒的作品时落下一星半点眼泪。他的父亲时不时草草地写来一两封劝诫的书信，但是，这位年轻人根本都不想听任何有关常识的唠叨，而是坚持认为，柏林是德国最好的地方，拥有最好的教育；但是，等四月最终到来，正好有位天才提出去图林根州进行一次远足时，他的心如同鸟儿一样歌唱起来。他意识到自己经历了多么可怕的一场噩梦，因此下定决心，无论以后到何时何地——浩瀚的宇宙也好，无限的时间也罢，寻找教育，绝不再来柏林。

The Education of Henry Adams

第六章

罗马（1859—1860）

在图林根的徒步旅行持续了整整一天。第一次步行结束之时，亨利·亚当斯和三位同伴对所看到的一切颇为满意，这三位同伴是约翰·班克罗夫特、詹姆斯·J. 希金森、B. W. 克罗尼谢德尔。他们与他一样，都是波士顿人，也都毕业于哈佛学院。他们坐下休息之处正是歌德写下“愿在此守候，不久你们也将流连于斯”之地，深邃的思想和睿智的建议令他们深深折服。于是，他们雇了一辆马车，当夜赶往魏玛。在百树抽芽的春日里，他们呼吸着新鲜空气，快乐而轻松，而且，魏玛的啤酒比柏林的更美味。但是，他们都同样感到困惑，不知道自己为什么要来德国，也没有人能够说明白为什么在此停留。亨利·亚当斯不走的原因是因为他不想回家，他担心如果提出还要去另一个地方游览，父亲的耐心就会消耗一空。

他们达成了一致见解，认为并非必须回柏林才能继续学业。春季里在德累斯顿逗留的几日令他们深感满意，觉得德累斯顿比柏林更像一个大课堂，也是一个研习“民法”的好地方。他们或许所言不虚，虽然德累斯顿没什么可学的，他们从中不可能获得任何教育，但西斯廷圣母和柯勒乔颇负盛名，戏剧和歌剧有时也是相当精彩的，而埃北河比斯也比里河更可爱。这里常常需要用到德语，所以，他借住在一个普通的政府小职员家中继续学习这门语言，职员的女儿们都很平常、朴素。也许一个人偶然随性地便能学到更多东西，比如他已经偶然地对贝多芬有所了解。在随后的十八个月里，这个年轻人游学于此地，也是因为别无他选。他的运气很好，欧洲和美国都忙于自己的事务，对他无暇顾及。因为没有琐事相扰，他旁学杂收，颇有所得。

现在，对他的学业而言，最大的障碍就是他的淳朴实在。虽然年岁渐长，他仍旧单纯地笃信自我意识。哪怕柏林已经成了一场噩梦，他仍然说服自己相信在德国所受的教育是成功的。他热爱，或者自认为热爱那里的人们，但他热爱的德国是18世纪的德国，是德国人引以为耻，正竭尽全力加紧速度予以破坏的德国。对这个国家的走向，他一无所知，但他憎恨穷兵黩武的军事化德国，他所喜欢的是简单朴素的个性、温和有节的情感、音乐、形而上学的抽象和德国人处理实际事务时的笨拙。那时候，每个人都认为德国无力与法国、英国或美国抗衡，在任何形式的组织才能方面都是如此。德国自己也没有自信，也没有理由感到自信。它没有完成统一，也觉得没必要统一，事实上，它从来就没有统一过。它的宗教、社会历史、经济利益、军事地缘、政治便利总是倾向于推动地方势力离心，而非向心。在蒸汽机和铁路产生之前，德国在气质和地缘学上一样，还处于中世纪，而亨利·亚当斯因师从卡莱尔和罗威尔而喜欢这样的德国。

毫无疑问，他将令自己深陷持久的痛苦中而无法自拔，在已经逝去的世界和尚未到来的世界之间徘徊不定，因为一个人若是在新旧连接点上逗留时间过长，往往会遭受挤压之痛。就在这时，突然之间，拿破仑三世对奥地利宣战，引起了欧洲人心理上对道德观念的困惑。法国是德国的噩梦，即使在德累斯顿，人们都觉得拿破仑重返莱比锡是最有可能发生的事。一天早上，亨利·亚当斯借住其家的房主——那位政府职员冲进屋子，开始研究起地图来，想要弄清楚米兰距德累斯顿有多远。拿破仑三世已经抵达伦巴底，而现在距离拿破仑一世由意大利开始的军事大胜利仅仅只有五六十年。

这个年轻人已经有所领悟，他有着18世纪的品位，表面上似乎具有德国教育的特征，也有极好的自我意识。此时，他不得不对相互冲突的几方势力做出自己的道德判断。法式政治是最为邪恶的力量，任何有助于法国的势力都在助纣为虐，而当时，奥地利是另一股恶势力。意大利是它们贪欲所指的首要目标，这种贪欲至少存在了一千五百年。在此期间，赞同哪一方的问题困扰着很多人，道德问题成为焦点。一个人应该是教皇派还是皇帝派？毫无疑问，一个人若是知道这个问题自穴居时代起一直持续至今而无法得到解决，那他就比他的邻居们更睿智。但是，无知更容易战胜睿智，因为智者也会被这个问题难倒，因此，最好是先明确立场，然后用尽余生以探究原因。

亨利·亚当斯并没有对自己坚持的立场和希望产生真正的怀疑，他才到德国不久，头脑不至于迷惑到那种程度。但疑惑终将来临，特别是在做出政治上的道德判断之时。他的道德是高尚的，他忠实于自己的道德理念以保持自尊，但蒸汽机和电力已经带来全新的政治和社会焦点，或者说他的道德谱系中融入了新的焦点：自由、教育、经济发展等，而这些却与像拿破仑三世般可疑的势力结盟，与大规范依靠暴力的掠夺息息相关。只要他能证明对手是邪恶的，他就可以加入掠夺和杀戮的行列而毫无愧疚，但很可能遭到掠夺的对方亦是有德之人。教育力图找到实施掠夺的道德基础，他会认为猴子比任何动物都更道德，并希望以此理念生活，除非他能让自己相信，有些时候，因为某些原因，掠夺和杀戮出于美德和责任。教育以纯粹的自我利益为基础，这不过是教皇派和皇帝派的翻版，是马基雅维利的美国翻版。

对他而言，幸运的是，他有个比自己聪明百倍的姐姐，尽管他认为自己相当出类拔萃。姐姐自从嫁给费城的查尔斯·库恩，就来到了意大利。1859年7月，她在瑞典的图恩，在那里，亨利·亚当斯与姐姐会合了。一般而言，女人有一种非常明确的道德感：凡是她们想做的都是对的，凡是她们拒绝的都是错的。而大多数情况下，她们想做的都以解决道德问题而告终。库恩夫人有一种双重优越性，她不仅对意大利情有独钟，还对德国的方方面面感到厌恶。看到自己阻止弟弟德国化的努力没有成果，她就力图使他变得文明、有教养。她是弟弟亲密交往的第一个年轻女性：机智、敏感、固执或者说充满意志、精力充沛、富有同情心而又聪明过人，能同时为二十个人出主意。亨利·亚当斯很乐意把缰绳交给她，牵引自己抵达她希望他达到的地方。这是他第一次任由一个女人支配，而他对结果非常满意，再也不想把自我权利收回。后来的生活中，他总结出了一条普遍的经验法则：没有任何一个女人会把他引入邪路，没有任何一个男人会把他引入正轨。

除非在宣布休战的时候立刻亲临战场，否则，没有什么能满足库恩夫人。这个想法看似疯狂，其实简单至极。姐弟一行越过圣哥大山脉，到达米兰，沿途见识到了各式各样的军装和战争的各种痕迹，犹如穿行画中。对年轻的亨利·亚当斯而言，这次意大利之行的随机性收获远胜于无意间对贝多芬的了解。这种随机而得的教育与音乐一样，不同于其他教育，它不是生活的手段，而是获取某个结果。在这些方面，一个人不可能走得更远了，它唯一的缺点在于所获取的结果。生活不能给人留下更为丰富的印象，它所能提供的机会为数不多，可遇而不可求。这些收获让这位柏林法学系的学生感到困惑，然而，它们似乎具有一种经济价值，因为大多数人不愿意割舍甚至渐渐淡忘的记忆，除非以一种极度夸张的价值为标准。当然，这些收获也是最值得人们孜孜以求的。如果试图贬低这种随机性教育所带来的收获，将其定义为一种可交换的价值标准，一个人的思想就会无可救药的混乱如麻。同样，在政治经济学里，一个人最好将那些无法用反义词表达的东西统统摒弃。快乐的反义词是痛苦，痛苦也是一种教育。

由于对米兰不满，库恩夫人坚持主张踏入敌国的土地。他们租来的马车驶向斯蒂尔菲尔关口，由此进入因斯布鲁克。抵达特里纳之时，战争的迹象显现出来。加里波第的红衫军是唯一可见的住户，没人说得清关口是否开放，但无论如何，尚未有马车得以通行。在酒馆里，指挥着特遣队的英俊的年轻军官很高兴地接受了共进晚餐的要求，在一位迷人的爱国者的关注和恭维下，用了一整晚来讨论战事。但是，没有哪个军官知道他们的敌人——那些令人深恶痛绝的奥地利步兵，是否会让这姐弟一行通过他们的防线。通常，有库恩夫人参加的任何聚会都不缺少欢乐的气氛。但是到最后一刻，马车在爬上所谓欧洲最美妙的马车过道时失控了。当时，奥尔特斯比特山上的巨大冰块塌落到马路上，而马车直接冲过关卡，撞在山两旁的双重警戒线后才停下来，枪筒反射的光消失在雪光之中，那一刻，连库恩夫人也屏住了呼吸。对随机性教育而言，这一幕自有其意义。类似的场景越早出现，价值越大，因为第一印象往往最深刻。亨利・亚当斯后来再也没有对这种景观带给人的教育予以更多关注，除了有一次为进行对比而关注过热带风景之外。作为教育，这类章节已经被阅读过，可以搁置一旁了。

金发碧眼、英俊的奥地利步兵军官与英俊年轻、伶牙俐齿的红衫军军官一样彬彬有礼。当然，年轻、漂亮、迷人的女人永远能所向披靡，通过个把关卡自然不是问题。十五分钟后，马车快速驶向马尔斯，周围满是德国士兵和德国跳蚤，比意大利尤甚。年轻的亨利・亚当斯已浮光掠影地途经意大利，因此，德国的语言、思想和气氛再也不会让他感到那种笃信的迷人了。

他仍然可以与马车夫交谈，安心地去大教堂做礼拜，去莱茵河畔散步，做同伴们建议的任何一件事。为了信守自己做出的用两个冬天的时间学习民法的计划，他重返德累斯顿并致信霍夫拉辛・冯・莱赫巴赫夫人，在她的家中，罗威尔和其他一些美国人已经开始进行多少有些严肃的研究。当时，《第一人》是本新书，聪明的作者竭尽全力描写了慕尼黑的迷人之处，多少也反映出德累斯顿的光景。年轻的亨利・亚当斯没有多少事可做，不过是上上辩论课，参观下美术馆，去去歌剧院，但在“第一人”圈子里的不成功让他感到丢脸，他屈服了。霍夫拉辛夫人看到他在这个圈子里手足无措、狼狈不堪的样子，常常禁不住放声大笑。也许，教育的领域应该更宽广，内容应该更丰富，以便能更多地了解世情。与此同时，拉斐尔・庞贝利和克莱斯・金正通过近距离接触阿帕奇族和以挖掘为生的印第安人来充实自己的教育。所有的经历都是一个入门，需要不断深入，然而，亨利・亚当斯并不认为他在德国度过的第二个冬天对自己有何用处，或者说他也并不想让它有何用处，就这样，甚至连随机性教育也无从谈起，德累斯顿没有任何事件发生。冬天刚一结束，他就关闭并锁住了自己通往德国的大门，长舒了一口气后，便动身前往意大利。在那里，他继续学业，愉快地度过了十八个月。虽然无穷多的各类新印象不断闯入他的脑海，但他对自己实际想要达成的目标并不清楚，只记得自己的毕业日期。他对从事何种职业毫无头绪，对这个社会，他像小学生一样无知。他不适合任何一种欧洲的职业，也不适合任何一种美国的职业，他也没有天生的睿智足以看出到目前为止他已经把自己的教育搞得一团糟了。

通过扭曲的生活来获取随机性教育和弯曲的路径，一个人也许能发现随机性教育和弯曲路径本身的价值。但是，亨利·亚当斯当初选择这条路时，这样的结果并不在他的计划之内。这条路得到了最有智慧的批评家的赞许，他沿路而行，直到发现最终无处可去。从1858年11月开始之时，他就只想做一个旅行者，而且仅仅是一个旅行者，别的什么都不做。到1860年4月，当他和姐姐在福罗伦萨相聚时，他确实只是个旅行者。真理在父亲那里，年轻人对此有些不快。假如回到家中，父亲问他，他在经历中投入时间和金钱后换回的是什么？唯一可能得到的回答是："先生，我只是个旅行者。"

他并不是存心要这样回答，也不打算做更好的回答，也许他可以反问父亲，那些留在波士顿家中的兄弟或堂兄弟们又从同样多的时间和金钱中学到了什么呢？他们对法律的投入自然是荒废了，在自然科学中，他们是否就更快乐呢？一个人在理论上可以说，有证据表明纯粹的自然科学教育本身是正确的，但是，他的很多学习自然科学的朋友都有理由抱怨：他们所生活的世界绝不是一个纯粹的自然科学的世界。

同时，他父亲自己也有很多棘手的问题需要处理，无暇在儿子身上发现更多的错误。父亲所在的昆西选区委派他去国会，1860年春，他完全忙于十一月总统大选的候选人提名。他支持西沃德先生，共和党是籍籍无名的力量，民主党则彻底分裂。没有人能预知未来，父亲们和儿子们一样会犯下错误。1860年，每个人都在各种道路上谨慎从事，这些道路比亨利·亚当斯这位欧洲旅行者所遭遇的道路更加缺乏安全感。这时候，这个年轻人可以免受干扰，以放松的心态接受上帝或撒旦愿意让他接受的任何一种片段性教育：他已经分不清好坏忠奸了。

两种情况他都具备，却不知如何加以利用，也许自己的笔能最好地服务于自己所确立的最有用的目的：在接下来的三个月里，他在给兄弟查尔斯的信中长篇大论。这些长信被他的兄弟送到《波士顿快报》付印，这种练习对他大有裨益。他能说的不多，而且说得也不好，但这无关紧要，表达的习惯让他不断寻找可以表达的事物。如果在表达中总是删去平淡无奇的老生常谈，那么，剩下的东西本身仍然是拾人牙慧而已。年轻人通常在意大利或其他地方几乎一无所获，直到后来，亨利·亚当斯才知道有些年轻人还是有所收获的。只要想到他竟然曾经放弃了自己的谦卑，大言不惭却骄傲不已地请邻居们品评和欣赏自己的作品时，他就会羞愧地退缩到角落里。但是，写作仍是他使自己行为明智的一种努力和尝试。

对其他人而言，意大利大体是一种情绪，而这种情绪自然集中于罗马。奇怪的是，尽管罗马也遭到诋毁，美国的父母们却在对巴黎深恶痛绝的同时，认为罗马是接受合法教育的地方。但是，以严肃的精神寻求教育的那些年轻人认为任何事情皆有因果，自然界也有终结，对他们而言，罗马是世界上最为邪恶之地，但1870年之前的罗马具有不可阻挡的诱惑力。1860年5月的罗马宛如天堂，难怪其他年轻人，偶尔也有年轻女子，会在罗马度过五月并相信其迷人之处会一直延续。也许，对他们而言，事实如此。但是，1860年，罗马的光与影都是中世纪的，中世纪的罗马依然生机勃勃。光影在呼吸，在闪耀，充满温柔，甚至久已麻木的感官也能感受到这种温柔。科学的沙石还没有剥离历史、思想和情感的胞衣，绘画没有被擦掉，教堂没有经过重新修缮，废墟没有被清理。中世纪的罗马就像妖术，19世纪的年轻人如果想知道20世纪应该做什么，就绝不能来罗马这个糟糕的学习之地。一个人对罗马的情绪完全是私人的事，就像在王室豪华的宴会上，有人就喜欢在餐前饮一杯苦艾酒。他们一定很痛苦，否则不会如此动情。而且，他们一定会放浪形骸，因为没有人，无论是牧师还是政客，能在罗马的废墟中真正地读出另一种意味，所有人只能在这废墟中感到，它们只是愤怒的上帝对人类的所作所为做出公平判决的明证。这种伦理观与年轻人的各种有益活动格格不入，它令罗马成为无政府的邪恶标本，成为阳光下教育年轻人最不适宜之地，然而，罗马也是不分性别和种族的年轻人一致向往并热切执著、无可救药地喜欢着的唯一一个地方。

孩子们看不到结局，只有行将就木的人才会有所结果。但是，亨利的第一个冲动总是引导和促使他在以后的生活中不断地从一个结果走向另一个结果，而最终的结果却是他从来没有梦想过的。在古罗马广场或圣彼得广场上，看似慵懒的人也绝不会忽视自己的外表，对这位刚从德国来的波士顿年轻人而言，罗马似乎是一种纯粹的情感，与经济或实际的价值毫不相干。无论出于理性还是常识，他都无法预见到他的求学之路将会是一个难题紧接着一个难题的机械性堆积，看似毫无联系，却连在一起，看似无法解决，却最终设法解决。罗马不是一只用于解剖后就丢弃的甲虫，不是一本恶俗的法国小说，在火车上以资消遣后就随手扔出窗外。罗马是真实的，它是英格兰，它将成为美国。罗马不会循着有序的、中产阶级的、波士顿式的、系统的发展轨迹，没有任何一个发展定律适合它，甚至时间序列——无助的历史学家所能找到的最后法宝，都对它毫无意义。罗马广场与罗马教廷之间没有什么因果联系，里恩基、加里波第、提比略·格拉古、奥利安，这些人也许可以用时间序列放在一起，跟其他一千多个人混在一起，虽然他们之间毫无联系。1860年，伟大的“进化”一词并未形成一种新的宗教信仰，旧的宗教在一千年来宣讲同样的教义，在罗马的整个历史中，除了平淡无奇的矛盾，再无任何其他发现。

当然，牧师和进化论者都极力否认这种异端邪说，但他们在1860年所支持或反对的，对1960年而言，没有什么重要性。同时，无政府状态也没有什么改观。罗马只是更加让人着迷，1860年5月的罗马可能比1764年10月的罗马更富有活力。1764年10月，撰写这座城市兴衰史的念头第一次出现在吉本的脑海中，“夜幕降临之时，我在佐科拉提或圣方济会弗莱尔斯的教堂里冥想，他们在丘比特神殿、主神殿的废墟上唱圣歌。”莫里的《罗马笔记》从吉本《自传》里引用了这段话，它让亨利·亚当斯不止一次地在夕阳西下时坐在圣母玛利亚·阿拉卡里教堂的台阶上，好奇地自忖：吉本以及迄今为止所有的历史学家一点也不清楚罗马衰落的原因，这个谜团尚未破解，罗马的魅力完好无损。西方文明的两次最伟大的实践在此留下了失败的印记和纪念，没有迹象表明这个城市不会继续成为第三次失败。

这个年轻人对自己的所作所为毫无概念，成为另一个吉本的想法从未出现在他的脑海里。他是一个旅行者，他深层的潜意识也如此认为，而他很乐意做一个旅行者，因为即便是最伟大的人也无法高贵地坐在“主神殿的废墟上，在夜幕降临之时”，除非他们对此或多或少有些创见性的话可说。塔西陀可以，米开朗琪罗也可以，必要时，吉本也可以，虽然他并非英雄形象。但是，总体而言，他们中的任何一个也没有比这个旅行者说得更多，因为这个旅行者不停地问自己一个永恒的问题：为什么？为什么？为什么？如他的邻居，一个盲人乞丐，也正坐在教堂的台阶上，就在他的旁边，充满了疑问。没有人对这个问题的回答能让另一个人满意，而一个人如果有头脑或心智，就会感觉，总有一天，他要自己决定选择接受哪一种答案。如果把美国替换成罗马，这个问题就因人而异了。

也许亨利·亚当斯在罗马学到了一些东西，只是当时他自己没有意识到，也没有刻意为之。罗马令老师的教诲相形见绌，时代精英人物们的肖像亦很少以罗马为背景。也许加里波第，可能还有凯末尔，会在“夜幕降临之时，坐在主神殿的废墟上”，却很难看到拿破仑三世、帕默斯顿、丁尼生或朗费罗。一天早晨，亨利·亚当斯碰巧在汉密尔顿·王尔德的工作室与人闲谈，这时，一个中年英国人走了进来。他显得十分兴奋，讲述了刚刚得知的惊人事件：他在科克斯·麦克姆斯附近骑马，无意中看到了断头台，而就在那里，一两个小时之前，一些罪犯被处死了，这个突如其来的震惊令他目瞪口呆。亨利·亚当斯——一向很少能听出一个故事的言外之意，除非沉淀一段时间之后，正充满了同情地认真听着，明白了何种形式的新恐怖一时之间竟能抹去这种记忆：罗马两千年的流血杀戮或从历史记载或统计数据的总结都可以令人宽慰地表明，大部分罗马人更支持斩刑。后来，亨利·亚当斯才知道，这个受到惊吓的英国人是罗伯特·布朗宁。在科克斯·麦克姆斯的环境中，这位基督徒的殉道者勃然大怒；在街上看到那日清晨的行刑人，他又似乎举止得体，作为一个中年的、有绅士风度的英国“皮帕”悄然走过；后来，在贝尔格莱德维亚区晚宴的灯光下，他从不提及此事，应该是忘记了。布朗宁可能会与吉本一起坐在废墟之上，而没有罗马人会对此发笑。

然而，布朗宁从未揭示圣弗朗西斯诗意之深奥，威廉·斯托里无法触及米开朗琪罗的秘密，莫姆森很难说出一个人通过直觉从西塞罗和恺撒的生平中感受到的全部内容。通常，他们讲授的都是不值得一教的东西，不过是相当贫乏的想象和更加肤浅的政治。罗马是让人迷惑的思想、经历、雄心、力量的复合体，没有罗马，西方世界就失去了意义，支离破碎。罗马是西方世界的核心和凝聚力所在，而吉本也许会用一整个世纪的时间坐在主神殿的废墟上，没有人经过，然后告诉他意义何在，也许它根本没有任何意义。

就这样结束了，生活中最美好的五月结束了，它从眼前消失，也许超越了过去，进入某个抽象的时空中；它别具一格，与柏林计划和波士顿未来格格不入。亨利·亚当斯对自己说，他正在吸收知识，事实上他说知识在吸收他也许更为恰当。他很消极。除了大量感性的印象之外，他离开罗马之际并没有什么长进，与来到罗马之时并无二致。若以市场标准估算，他的价值就更低了，但他之后的经历使其相信，随机性教育，无论其经济回报是何结果，本身就是一种巨大的成功。一切事物像早有预谋似地要打乱他对生活的完美规划，要让他成为流浪者和穷光蛋。他前往那不勒斯，在那里，在炎热的六月里，他听到传言说加里波第和他的上千人马将要攻打巴拿马。他去投奔身为美国大使、来自宾夕法尼亚的钱德勒先生，受到了友好的接待，原因倒不是因为他的品行，而是因为他的姓氏。钱德勒先生同意他去参战，为易罗奎战争中美国舰队的帕默船长担任通讯兵。年轻的亨利·亚当斯抓住了这个机会，乘坐满是跳蚤的政府运输船奔赴巴拿马，听从一位迷人的卡拉西克罗王子的调遣。

他把个中经历写给《波士顿快报》，这些当年的记录至今尚在，除非整个《快报》的档案都被销毁了。至于那些文章有何教育意义，《快报》并未提及。亨利·亚当斯本人倒是很想知道，那些经历是否产生过任何影响，是否对一个大学毕业生的历程具有什么意义。除了从生活中获取、了解并加以利用的价值之外，作为一种经历和学习，它还具有另一种价值，尽管亨利·亚当斯无法界定它的类别。宽泛而言，这位旅行者称之为“男人的知识”，但恰恰相反，它是一个关于男人无知的知识。易罗奎的帕默船长是亨利·亚当斯的舅舅西德尼·布鲁克斯的朋友，他带亨利·亚当斯和船上的军官们一起与加里波第进行晚间会谈，他们发现，日落时分，加里波第正在议事厅里与他的那些独特、忠诚的幕僚们共进晚餐，周遭充斥着巴拿马革命的喧闹与声色。当时的情形很奇妙，只存在于罗西尼和意大利歌剧院，或至少在亚历山大·大仲马的笔下，但奇妙并不具有什么教育意义。加里波第离开餐桌，坐在窗边与帕默船长和年轻的亨利·亚当斯谈了几句。在那一刻，1860年夏天，加里波第显然是世界上最值得严肃对待的可疑势力，必须正确地予以揣度，甚至当时，社会就对银行家和无政府主义者加以划分，加里波第必须效忠其中一方。他本人是个典型的无政府主义者，必将给欧洲笼罩上阴影，令那些比那不勒斯更大的帝国恐慌。他的成功有赖于他的头脑，他的能力则不容置疑。

亨利·亚当斯有机会亲眼看到这位神秘人物，而且毫无顾忌地看了他五分钟。当时，加里波第取得的巨大成功，堪称创世之举。亨利·亚当斯看到的是一位身穿红色法兰绒衬衫、相貌文雅、声音也很柔和的男子，他完全不受制于任何人，是这位年轻的观察者完全不了解的一类人。他招人喜欢，你感觉他是天真的，甚至会猜想他一定很孩子气，但你却看不出他的才智。在亨利·亚当斯看来，加里波第可能就是拿破仑或斯巴达克；在凯末尔的笔下，他可能是一个雇佣兵队长，而在历史的长河中，他可能像世界上其他人一样，只是一个勇敢的参与者，虽然根本不明白游戏规则。当然，学生亨利·亚当斯也不可能更加睿智。

意大利的历史从一开始就闪耀着这种集爱国者与强盗于一身的气质，这种天性连这个国家自身都尚难以理解，自然，一个年轻的从未经历过双重品质的美国人就更无法理解。到最后，如果“自传”的叙述是真实的，加里波第明白，也说过他并不了解自己的行为，他一直被当作工具，为他最不愿意帮助的阶层效力。然而，在1860年，他自认为是革命的无政府主义者，拿破仑式的人物，他的雄心可以冲破任何樊篱，总是表现出如孩子般喜欢幻想，外表安静单纯，近乎天真无邪，嘴里满是流行政治中显而易见的老生常谈，却绝不会表露出任何真实的想法，这正是所有政治家在与公众交流时惯用的手法。如果这位波士顿的年轻人练就成这种性格，将会怎样呢？

这类性格恰恰是亨利·亚当斯在实际生活中面临的最大难题，他永远也学不会。作为教育，加里波第这一课似乎教会了他极其简单的事物也有极其复杂之处。但是，一个人可以从萤火虫那里学到这一点，并不需要这位声音低沉、举止率真的热那亚冒险家和西西里强盗们的领头人所带来的生动回忆。在七月的炙热、西西里的尘埃和革命的叫嚣中，在巴拿马满是路障的街道上，仅仅只是为了记住简单的事物有其复杂之处！

亨利·亚当斯已发现这个问题，于是将它丢掉，继续向北走，为那些不那么有趣却更临近的问题困扰。他在巴黎虚度了两三个月，一开始他就避开巴黎，不想自己的学业受法国的任何影响。可以说，他一点也不喜欢法国。一些语言知识是很有必要的，能叫餐或买剧院的票就行了，其他的可以不需要。他尤其不喜欢法兰西帝国和它的皇帝，这还是小事，他最不喜欢的是法国的思想。为了不让自己陷入把不喜欢的东西列一个清单的麻烦之中，他干脆说，法国的一切他统统都不喜欢，并断然将它们排除在自己的生活之外。法国当不得真，他到法国去更当不得真。

他如此这般是因为遵从老师们的教导，奇怪的是，他虽然发自内心不喜欢法国人，不愿意为他们有所担当，但是，却在最大程度上自由地享受着他不喜欢的一切。这种粗俗的描述听起来很可笑，但事实上，几千名美国人在法国的大部分时光就是如此。他们参加一切开放的聚会，就像他们尽可能寻找歌剧入场券一样，因为他们不属于这里，亨利·亚当斯亦是如此，所有认真接受教育的想法都消失殆尽。他尝试学习一些法院谚语，连一个虚拟语气也没学会，却培养了一些高雅的爱好：勃艮第葡萄酒和波尔多葡萄酒，还有一两种烈性酒、豪华的皇家剧院、酒店、夜总会、赌场等等。他的朋友们对他很好，生活真是有趣，巴黎很快变得亲切起来。在一个月或六周的时间里，他甚至忘了自己并不喜欢巴黎，但是，他什么也没学到，也没有结交下什么朋友。随机性教育在巴黎自然足够多，一个人能学到很多在将来能用得上的知识。也许，这里度过三个月，比在其他地方待上二十一个月令人更有收获。但是，这并不是他想要的结果，他想都没想过，他只是把它视为在回家继续自己的生活之前一个短暂而漫不经心的假期。就这样，他尽可能久地在巴黎逗留了一段时间，花光了所有的钱，然后，怀着复杂纠结却不含有教育因子的心情，回家了。

The Education of
Henry Adams

第七章

背信弃义（1860—1861）

四十年后，当亨利·亚当斯回顾他求学的冒险经历时，他问自己，运气或者命运之神是否胡乱地把手中的牌发给了他知道的哪位祖先，就和命运引导他开始学习法律，并在同一天投票给了亚伯拉罕·林肯。

他像铅块一样落回昆西，像橄榄球一样反弹起来，被一股未知的力量抛入空中，而这股力量，就像猫玩弄老鼠一样，捉弄着他那一代人。这个比喻一点儿也不过分，没有一个美国人想要内战，他们也没有期待或策划内战。除了少数团体希望脱离联邦，大多数人则希望能维持现状，平静地过活。无论是聪明人还是有学识的人，没有一个人预测出后来发生的事。南方少数绝望的忠于政府的人也许会把战争当作不可能的幻梦，但是，这确实不是哪个人策划出来的。

至于亨利·亚当斯，刚刚从欧洲和另一类的混乱中解脱出来，即刻又一头扎进了触目惊心的政治气氛中，全然没有注意是否会从中得到教育或者让自己三思而后行。他的过去逐渐消逝，浪子回头，受到了人们的欢迎，但是，就连他父亲也没有就《法令全书》向他提出过任何一个心存不良的问题。当父亲的最多只是轻声地邀请儿子在这个华盛顿的冬季里做他的私人秘书，从而暗示他在某种程度上的荒废，就好像任何一位挥霍了两个冬季的宝贵时间去学民法的年轻人，也一定可以再花费一个冬季，无师自通地阅读英国法学家布拉克斯通的著作。讽刺对这位年轻人已经不会产生任何效果，他只需要一个借口就可以把自己受到的所有教育抛到九霄云外去。十一月份说得好听些也是个伤感的时节，而昆西的十一月，自亨利幼年时就一直是所有季节中快乐最少的月份。在别的任何地方，无情的秋天也不会如此残酷地把自己的愤怒发泄在夏季草蜢弱不禁风的躯体上，但是，在波士顿一月的寒意面前，昆西的十一月似乎都带有几分温和。

这话说得太过了，因为昆西的1860年11月耸人听闻，难以言表，与他对昆西的其他记忆相去甚远。尽管没有人相信内战会爆发，但是，空气里却弥漫着战争的味道，共和党人把他们的社团和游行队伍以军队的形式组织起来，命名为“觉醒者”，除了没有武器，其余和真正的军队毫无差别。亨利·亚当斯及时赶回了家，看到了这些队伍的最后一波。一列列的火把沿着山坡展开，在十一月的夜晚合成纵队向“亚当斯家的老宅”行进，在那里他们的国会议员弗朗西斯·亚当斯先生接待了他们，请他们说出自己的要求，他们看上去绝非善类。

毫不知情，焦虑不安，充满好奇，他背起还没有时间打开的简陋行李箱，跟家人一起赶赴华盛顿。上次造访华盛顿已经是十年之前，但这里仍没有什么变化。1800年是这个样子，1850年是这个样子，1860年还是这个样子，还是那些粗俗的移民群体在同一片森林里安营扎寨，把同样的那些未完工的希腊神庙当作工作间，沼泽当作大路。美国政府给人一种社会不稳定和不健全的感觉，这使得其不能按照实际愿景发展，理论上亦不能做到支持脱离联邦。但是，不论对还是错，如果政府无能也就无所谓脱离什么了，脱离就可能变得更加容易，联盟是一种态度，仅此而已。在1860年12月，人们对于国会的态度尤其敌对，这种境地是国会自己一手造成的。即便约翰·亚当斯1776年在费城的时候，也比他的曾孙亨利·亚当斯1860年在华盛顿的境况要好得多。

在大陆会议被掷以光环后，爱国主义就终结了，但1860—1861年间的国会第三十六次会议快要结束时，见证这次会议的任何一个人都不可能为之罩上什么光环了。虽然那年冬季在涌进华盛顿的所有人中，年轻的亨利·亚当斯肯定是最无知和最无助的一位，但他清楚地意识到，自己周围所有的人所具备的知识很难说比他知道的要多。在漫长的人生中，他从来都没有寻求掌握这样一门隐晦难懂的课程。继17世纪瑞典首相奥克森斯滕之后，萨姆纳先生也喜欢说：“当权者用了多么少的智慧统治着这个世界啊！”奥克森斯滕谈到了一个需要智慧的世界，而亨利·亚当斯则发现自己竟在一个对他来说愚蠢且无知的世界里寻求教育。南方的分离主义者精神肯定有问题，需要进行医学治疗，就跟其他幻想症患者一样，满心疑虑，顽固不化，狂暴病态，易于激动，这还不是一切，他们对世界的无知到了惊人的程度。作为一个社会阶层，种棉花的人在心理上是一边倒的，他们的平衡能力很差，其偏窄闭塞的程度很少有人能够明白。他们是一个封闭的社会，新的力量之泉在上面浇注了财富的溪流，他们是奴隶，其作用如同火上浇油。他们让一个年轻学生上完了第一堂实物教学课，说明过量权力操纵在能力不足者手中时会是什么样子。

要是在1900年，这番话可能属于老生常谈，但在1860年，那就是一个怪论了。南方的政治家被看作是从政术的标准，而这样的标准阻挡了教育。查尔斯·萨姆纳最大的过错就在于他坚持认为南方人无知，而他本人就是这种无知的活生生的证据。亨利·亚当斯来到这所学校，要获得新的教育，而这所学校却被世界上的大多数人认真和诚心地占据了，包括欧洲在内，这对于其目标来说也是很合适的，尽管苏族印第安人能够教给他的东西危害较少。在聪明人之间的重重矛盾中，一个年轻人应该学习什么东西呢？

除开问答游戏之外，他不能够学到任何东西。从棉花种植者发展起来的古老和典型的南方绅士没有什么可以教授或奉献的，他们只有警告。哪怕作为应该回避的例子，他们在背叛理智的时候也显得太张扬了，不可能帮助一种合理存在物明白什么是教育。除开远离南部联盟的支持者以外，没有任何人从这个派别当中学到任何有用的东西。因此，波托马克河以南的全部教育领域都关闭了，它为棉花种植主的阴影所遮蔽，除了恶劣的脾气、极差的行为举止和扑克以及背信弃义以外，人们从这些人身上学不到任何东西。

必然地，这个学生又被扔回北方，接受那里的教训与范例。首先，他必须了解新英格兰的环境。在华盛顿，共和党人的房子不多，亚当斯夫妇有意为新英格兰人创立一个社交中心。他们在第一大街找到一幢房子，面朝宾夕法尼亚大街，向着乔治敦的方向，就是那栋马柯依大厦，在那边，亨利·亚当斯这位私人秘书开始学习他的社交职责，因为当时的政界人物局限在国会山的委员会会议室和休息室里。作为私人秘书，他没有多少事情可以做，也不知道如何正确地行事，但他认识的人中也没有哪个比他做得更好。

南方的人物类型是应该加以回避的，新英格兰类型的人物就是本人的形象。除了一个人自己的五官面相而外，并没有什么可以拿出来显示的。查尔斯·萨姆纳是这个男孩最老的朋友，他跟别人都不一样，除了他不说，其他所有新英格兰人都是理智的、言行稳定的、平衡能力不错的人，受过教育的人和并无卑鄙举止及阴谋诡计的人，是一些人们愿意随之行动的人，不管是不是哈佛学院的毕业生，他们都别着这所学院的校徽。安森·伯林盖姆是个例外，也许伊斯雷尔·沃什伯恩也是一个例外，但新英格兰人的强项通常是他们的姿态，这样的姿态差不多就成了一种缺陷。与其说他们是众人喜爱的对象，倒不如说他们经常遭人嫉恨。他们不排斥别人，也吸引不了多少人，哪怕作为一台机器，他们的动作看起来也从来不加速。他们的性格是大家熟悉的，不管是强有力的还是软弱无力的。人们明白其中的道理，因为自己本身就是这样的一类人，是按照同样的一批模具铸造出来的。

还有一些人来自中部和西部的一些州，但是，在那些州里，教师的选择范围不是很大，到最后就只能限制在普里斯顿·金、亨利·温特·戴维斯、欧文·洛维乔依和其他几位天生具备社交头脑的人士了。亚当斯与亨利·J.雷蒙德最合得来，对他也充满感激，他深入政治这一领域，是为了《纽约时报》，而当时也是一位世界知名人物。普通的国会议员都足够文明，但是，除开政务以外，没有什么问题可以问他们的，而且除了各自所在区以外，他们对别的地方也一无所知。普通的参议员更为保守，能够说出来的也不多，除了一两位天性亲切和蔼的人以外，他们一般也仅只关注自身事务。

尽管也可以进行研究，但是，教育的希望自行退缩，直到总统选举到来之前，只有两个人可供选择了，一是萨姆纳，一是西沃德。

当时，萨姆纳已经五十岁了。自从1851年当选参议员之后，他已经超出了这位少年朋友能够找到的范围了，而且，在布鲁克斯发生伤病后，他的神经系统再也没有恢复到原来的水平，但是，也许作为参议员的八年或十年的孤独生活，跟他的个人发展关系最大。无论多么强壮的人，都不能够在当了十年的小学校长、牧师或参议员之后，还能保持适合做其他事情的能力。人生的许多教条主义式的工作岗位会对人产生不良影响，会让人永久性地形成僵化的态度，就如同催眠效果。但是，哪怕在参议员当中，也存在教条主义的程度问题，有的人是南卡罗来纳州式坦率的残酷，有的人是韦伯斯特、本顿、克雷或萨姆纳本人一样的姿态，但在极端的情形中，比如康克林恩，那种教条主义就变成了莎士比亚式的，滑稽喜剧式的，正如高德肯曾描述的那样，比如马尔瓦里奥。萨姆纳与其他人一样，变得很是教条主义了，但是，他至少还有值得他教条一番的资本。他不无道理地觉得，他提供的优秀服务和做出的巨大牺牲，他在教育事业上的崇高地位，他的辩论能力，他的政治经验，他作为整个新英格兰代表团首领的议员声望，而且最重要的是，他对世界的了解，这些都使他成为参议院最重要的成员，没有哪一名参议员比他浸染更深的参议院精神和脾性。

虽然参议院高度赞扬其成员具备的优秀品格，就是外人不太容易看得出来也不那么明显的优秀品格，但是，参议员本身很少公开承认自己比另外哪一位参议员差一等，而且更不愿意听到别的哪个人谈起此事来。哪怕最出众的参议员，看来也难于在其他参议员心中唤起个人的良好感受，而且从不提到自己的私人感情。萨姆纳有好几名劲敌，那些人对他都没有很好的评价，其中一位便是参议员西沃德。这两个人好似生活在不同的星球，天生就不喜欢共处，彼此生来就是为了激怒对方的，一个人的长处是另一方的短处，直到双方好像都没有什么好的品质留下来为止。公众利益显然要因此受损，但是，对于一名年轻学子，这位想在这两个人的耳朵边巴结几句好话的私人秘书来说，公众利益的那点损失又算得了什么呢？但这个年轻人根本不知道，这两个人都会因为他属于对方一边而不耐烦地轰他走。他天真而警惕的水平甚至低于托儿所的儿童必要的需求，他就这样巴结着这两位议员。

私人秘书属于级别相当低的那一类公务员，他们做的事情就是为权力的源泉服务。亨利·亚当斯到达华盛顿之后，透露给他的第一条职业性质的消息是，当选总统亚伯拉罕·林肯选择西沃德先生为国务卿，而且西沃德将成为总统向其追随者传达意旨的媒介。每一位年轻人都很自然地认为，林肯总统的意旨就是命令，尤其是因为他们明白，新总统极有可能需要数百万年轻人能够做出的贡献，假如他们真的希望有个总统供自己效力的话。自然而然地，人们会耐心地等待与新任国务卿的第一次会面。

作为州长的西沃德是亚当斯家族的老朋友，他承认自己是约翰·昆西·亚当斯的门徒和跟随者，自1849年以来他就一直是参议员，当时，作为领导者的责任使他与自由国土派划清界限，因为，按照自由国土派最初的看法，纽约政治的方式和特罗·韦德的方式都不受人欢迎，但是，使共和党于1856年成为一个整体的炽热气氛化解了许多类似的障碍，而且在弗朗西斯·亚当斯先生1859年12月进入国会的时候，西沃德州长立即重续了家族友谊的姿态，成为亚当斯家的常客，并不失时机地迫使自己的新盟友走上前台。

1860年12月，亚当斯家族到达华盛顿后不久，被大家称为州长的西沃德便独自一人到家里来吃晚餐了，自然得就像是这个家族的一员一样，借此机会，亨利·亚当斯这位私人秘书可以仔细地观察他，就如同在打量一个掌握自己命运的人一样。西沃德个子细长，样子懒散，脑袋长得像一只聪明的金刚鹦鹉，鼻子很尖，眉毛浓密粗大，头发蓬乱，衣着不整，声音粗砺，举止随便，谈话没有约束，一根接一根地抽雪茄。他是新一类的人，长着纽约西部的样子，是需要认真研究的一类人。这类人一方面看起来很简单，只不过拥有政治与个人两重身份，但同时，这样的人也很复杂，因为政治性成为天性，无人看得出来哪些是面罩，哪些是真正的面部特征。在餐桌上，坐在朋友中间，他丢掉面罩，或者做出揭开面罩，彻底放松的样子，便算是真正的放松了，而在外面，他做出放松的样子只是在作秀。当然，在两种情况下，他都选择了自由谈话者的姿态，不用华丽辞藻而喜欢开玩笑。但是，有多少属于天性使然，有多少是披上的面罩，他自己也说不清楚，从这点来看，可以说他的天性仍属于比较简单的那一种。表层之下，他属于传统型的人，按照纽约西部和奥尔巴尼的传统行事。对此，政治家们觉得这是非传统的言行，波士顿人觉得这是外省行为，而亨利·亚当斯却觉得这是迷人的举止。从第一眼看到这位州长起，他就喜欢上他了，虽然这位州长已经六十岁，但其感应能力中包含着对年轻人的理解力。亨利·亚当斯注意到，西沃德先生从来没有小家子气过，从未从个人角度看问题。他谈的话题都是大事件，他喜欢概括，看上去从不摆政客的架子，当然，他也不需要做出祈求的样子。更不常见的事情是他有一些不为其他参议员明白的方法，经常会产生毫无私见的客观效果，这一点差不多可以说是到了独一无二甚至是有些怪诞的程度了。

从表面上看，西沃德先生和弗朗西斯·亚当斯先生是互为对照的两个人，从根本上讲，他们彼此十分相像。亚当斯先生在别人看来举止生硬，但是，这位清教徒所有形式的性格特征表现出来的时候，一定会有顺从灵活的一面。在马萨诸塞州，亚当斯家族中的所有人都接二连三地受到攻击，很多人认为他们与政治雇佣兵没有差别。希尔德雷斯先生甚至走得更远，他带着同意的口气回应别人的攻击，说背信弃义是这个家族的遗传特征。亚当斯家族的人都要至少必须成为一个厚脸皮的人，担当得起任何一个互相矛盾的、人的德行能够提供出来的各种称号，而且，从总体上看，这个家族的人也有了足够的武装，完全能够回应这样的关注力。但是，所有人都会承认，这个家族总是无一例外地使地方利益从属于国家利益，将来也会继续这么做，不管是被迫的还是主动选择的。查尔斯·弗朗西斯·亚当斯肯定会做他父亲曾经做过的事情，正如他的父亲曾经踏着约翰·亚当斯的步伐前进，而且无疑也得到了他的称号一样。

不可避免的事情随后而来，刚刚从幼儿园出来的小孩子都具备了预见此事的本能，但是，处在生活边缘上的这位年轻人竟然从来都没有想到过。是什么动机或情绪驱使他的主人们各自走上不同的道路，他从来都装作猜不出来的样子，哪怕在那样一个年纪，他还是喜欢承认自己对猜测别人动机的厌恶之情，只知道自己有孩子气的无知，对此他自己大感奇怪，而他天真的善意总会成为头脑简单引起的惊讶的对象。明白终极道理的评论者，他们会对历史做出公开的评判，亨利·亚当斯在人类身上看到的这一切，都是自己无知的反应，而且他觉得自己在1860—1861年冬季是看到这种无知反应最多的时候。人人都知道那个故事，人人都会做出适合其脾性的结论，而那个结论现在已经没有太大关系了，不过在当时，事情关系到伊甸园中亚当与夏娃的功过问题。然而，在1861年，那个结论是人生最严厉的一次教训，那个教训凝聚了，浓缩成为教育。

不管正确还是错误，新总统和他在华盛顿的幕僚决定，管理政府之前，他们必须确保有一个可资掌握的政府，而这个机会取决于弗吉尼亚的行动。冬季的全部优势，在一些产棉州将弗吉尼亚州拖出来的努力，与新总统要将弗吉尼亚州保留在内的斗争之间摇晃。在参议院代表管理层的西沃德州长领导着这项斗争，弗朗西斯·亚当斯先生在众议院起着带头作用。就作为私人秘书亨利·亚当斯所知的范围来说，这个党派在其策略上达成了统一。他们向边缘州做出让步的时候要冒一定的风险，即使会有自己团体产生分裂的可能，但他们硬是冒了这样的风险。西沃德先生在晚餐会上，等弗朗西斯·亚当斯先生和他本人都说完之后，板着面孔补充道：“如果现在不做出让步，你我都会完蛋。”

他们的游戏成功了，这是他们的事情，也是讲他们两个人故事的那些历史学家的事情。他们的私人秘书亨利·亚当斯除了遵照执行命令以外，一切与自己本身并无任何关系，在这一方面，一个私人秘书无法了解任何事情，也没有什么好去了解的。林肯先生于2月23日突然到达华盛顿，还有他在就职演说中所用的语言，都是那个冬天的那场策略中决定性的一步，并永久性地终结了这位私人秘书对此事的兴趣。也许，哪怕在当时，他还对另一名私人秘书的出现而颇感兴趣，此人年龄跟他差不多，是一位名叫约翰・海依的年轻人，当时刚刚到达拉法耶特广场。朋友是天生的，而不是交成的，除非处在权力高位，否则，亨利从来都不会误会一个朋友。1861年2月和3月，两人第一次有过短暂的会面，当时，他把海依看作一个朋友，在他们后来的人生道路交错时，他从来都没有失去过关于他的消息。但是，在当时，海依的任务开始的时候，亨利自己的任务正好在3月4号结束。那个冬季的焦虑转嫁到了新的肩膀上，亨利很开心地回到了布拉克斯通的著作上。他一直努力让自己成为有用之人，而且下了在他本人看来极大的力气，秘密地当了一名新闻记者，悄悄地结识了许多熟人，甚至还去参加了很多舞会，因为那里简朴和老式的南方口音更让人愉快，哪怕在密谋与背信弃义的气氛之中也是如此。但是，对于教育来说，那些东西都不值一提，因为没有人能够教会他什么东西，所有人都跟他一样无知，没有一个人知道应该做什么，也不知道如何做。所有人都在努力学习，但更多人关心如何提问而没有人在乎如何回答问题。华盛顿的无知大众是哪一道知识之光都无法照亮的，社会从上到下都在瓦解。

这个规律并无例外，也许要除开温菲尔德・斯科特将军，他碰巧是看起来唯一能够处理那场危机的军界人物。别的任何人看上去都不能够，不可能，也确实没有化解那样的危机，无论是因为天性还是后天教育的结果。假如有人告诉年轻的亨利・亚当斯，说他的生活将指靠对这位新总统的正确估计的话，那他一定会输。他只见过林肯本人一次，就在称为就职舞会的那次令人忧郁的聚会上。当然，他很焦急地寻找性格的迹象，看到的却是一个身材颀长和动作粗笨的形象。一张难看的沟坎密布的脸上，一部分显示出心神不定，一部分则是可以从过分讲究的举止中看出来的紧张神态。他的面部特征既没有自我满足的意思，也看不出有任何让人熟知的美国人的神态，而是在接受教育和需要进行教育的那种痛苦的感觉，跟折磨着一位私人秘书的那种痛苦差不多，尤其是明显缺乏力量的表情。任何一名哪怕最不适合从事自己工作的私人秘书，都会跟亨利·亚当斯想的一样——没有任何一位活着的男子比这位新总统更需要如此之多的教育，而且，接受再多教育对他来说也仍旧不够。

正如这位性急的年轻人看出来的一样，华盛顿没有人适合做他正在做的事情，或者说，三月份的事情没有哪一件适合放在四月份去做。少数以为自己明白一些事情的人，比什么都不明白的人犯的错误更多。教育是生与死的大事，但是，世界上所有的教育都帮不上一点儿忙。在亨利·亚当斯能够求助的人当中，只有一位在他看来最适合当他的顾问和朋友，无论从知识层面还是从人生经验上来说，这个人就是萨姆纳参议员，事实上，这个年轻人的教育就是从那里开始的，也是在他身上结束的。

所有在那个政治舞台上活动的演员都已经谢世之后，亨利·亚当斯温故知新，才勉强能够明白自己到底在哪里犯下了大错。为了交结熟人，他失去了朋友，他倒也很想知道，当时到底能否摆脱那样的困境。他不得已跟随了西沃德和父亲，他想当然地觉得，他要做的事情就是服从，就是克制自己，就是多做少说。他假定那个党派就要求他这么做，他假定那场危机会排除所有人际的疑虑，但结果他惊讶万分地发现，参议员萨姆纳私下里在谴责那项事业，认为弗朗西斯·亚当斯先生是在背叛他的生活原则，之后便中断了与这个家族之间的联系。

亚当斯在接近政治与政治家的这段生活中，在很长时间内会经常感到极大的震惊，但是，最深刻的教训不是理智方面的，而是使他的思想受到永久性禁锢的突然性扭曲。对于讨论中的要点，他根本不太关心，他甚至愿意承认，萨姆纳也许是对的，尽管在所有紧急情况下，他总是发现所有人不是有这方面的问题就是有那方面的问题。他喜欢高尚和符合道德的原则，根本不关心政治斗争的事情。他对萨姆纳本人充满了深深的个人敬仰。但是，那次震惊发现在他的生活中形成了永远也无法修复的伤痕与裂口，在他活着的每一天，他都发现自己无一例外地相信这么一条规律：处在权力高位上的朋友就是即将失去的一位朋友，这是他的政治直觉，根本不需要进行进一步的验证，正如他相信砒霜一定有毒一样。

从他自身而言，他从来都不承认发生过这样的破裂事件，也从来都没有与萨姆纳先生就此事交换过意见，一次都没有过，但是，他的教育却有了长足的进步，不管是往好的方向还是往坏的方向。人们都得处理各种不曾料到的生活原则问题，在当时，他看着数以百计的南方绅士，那些人相信他们自己是完全诚实的人，然而，在他看来，他们都参与了最明白无误的背信弃义活动和最恶劣的阴谋活动，但他们并没有干扰他的教育。历史能够讲述的很少是别的教训，也没有哪一次背叛行为对年轻的亨利·亚当斯本人造成过什么样的伤害，甚至是包括罗伯特·李的背叛行为，但是，萨姆纳的行为却击中了要害。

在当时，这是在教育方面进行新的尝试的后果，一直到1861年3月4日为止。这也就是一切了，而且，坦率地说，在他看起来事情完全不是他本人希望看到的样子。1861年3月的华盛顿能够提供教育意义，但是，不是导向好的方向上的那种教育。马修·阿诺德描述过在两个世界之间游荡的过程，一个是已经死亡的世界，另一个是软弱无力无法出生的世界，但是，这个描述没有什么作用。华盛顿是一所阴沉的学校，在那些背信者还没有逃走之前，秃鹰就已经成群飞来，令大地无光，并将政治主顾的腐肉撕成了碎片和小团的脂肪及瘦肉，扔在白宫的石级上。那里没有一个人知道他的任务将是什么，也没有一个人知道他适合做什么，不管是在南方还是在北方，人人都得牺牲公众利益来学会自己那一行，别无例外。林肯、西沃德、萨姆纳和其他人都无法帮助这位寻求教育的年轻人，他们知道的比他知道的还少。在六个星期内，他们都会因为类似他这样的人发动的起义而明白自己的职责是什么，而他们的教育将花费美国南北数以百万计的生命以及上亿的美元，之后，全国才会恢复平衡及运转状态。亨利是一个无助的受害人，而且，跟其他人一样，他只能够等待不可知的未来将他送到不可知的地方。

会期结束之后，他的职责也结束了。他不再是私人秘书了，因此不知道还能够干别的什么事情，只好跟父母亲一起于三月中旬回到了波士顿，并带着孩子气的温顺坐在科特大街的霍拉斯·格雷法律事务室的书桌前，再次开始“我主及各位先生”。在下午两点的午餐之后打一会儿瞌睡，或者醒来之后跟未来的法官讨论讨论政治事务。由于在关于背信叛逆方面的教育尝试，跟在其他方面的教育尝试一样遭遇了灾难性的失败，他最终离开了这个地方，否则，他本会在那里逗留一辈子的。

The Education of Henry Adams

第八章

外交（1861）

几乎不出一周，报纸就刊登了一条消息：林肯总统已选任查尔斯·弗朗西斯·亚当斯出任驻英公使。亨利·亚当斯再一次默默地把布拉克斯通的法学著作放回书架，就像培根在几个世纪之前一本正经地感叹：逝者如斯夫！他的《民法》只温习了一天，《普通法》勉勉强强地看了一周。总之，作为教育的途径，法律在1861年4月已不复存在，上百万年轻人在毫无法律可言的泥泞世界中开始了一种完全没有任何教育意义的新生活。他们没有什么疑问，事实上，即使提出数百万个问题，他们也得不到任何答案，谁也无力相助。近五十年之后，回望这一危机时刻，人们也只能在无言的惊恐中颤动斑白的胡须。弗朗西斯·亚当斯再一次暗示自己需要并应该得到儿子们的支持，而且暗示亨利是唯一可以从更重要的事务中抽身而出的儿子。亨利只好再一次默默地收拾行装，他没有提出异议，尽管他明知道自己的新角色会是多么的荒唐可笑。但是，与那些老手相比，他倒不那么荒唐可笑，至少，他不是公务员，不像数千名擅长即兴表演的秘书和将军那样把嫉妒和阴谋聚拢在总统身上。他不是喜欢腐肉的秃鹫，对名利无所追求。他知道，父亲出任公使，是因为与西沃德州长结下的私人友谊。他当时并不知道，参议员萨姆纳反对过此事，也不知道他为什么会反对。但是，如果萨姆纳想找理由的话，亨利倒是可以提供充分的证据，其中最有力和最毋庸置疑的就是，弗朗西斯·亚当斯先生选择了一个更不称职的私人秘书。弗朗西斯·亚当斯先生也许确实不适合担任公使，但在可能的候选人名单里找到一个合适的非常困难，除非提名萨姆纳先生本人。没有人比萨姆纳参议员更清楚，在弗朗西斯·亚当斯先生适合此职位的众多理由中，最牵强的就是亚当斯本人愿意放弃国会里一个非常稳固的席位而远赴伦敦就任一个危机重重的职位，除了就任外交委员会主席的萨姆纳先生所能给予的帮助之外，孤立无援。在亚当斯的家族史中，不少人多次不惧艰险，但从未有人似此次这般凶险。

私人秘书亨利·亚当斯并没有为任何人的不胜任而感到烦恼，他知道的太少，实际上，对于这件事，除了萨姆纳先生，没有人知道得更多，总统和国务卿知道得最少。当局任命一位申请过芝加哥邮局职位的芝加哥报纸编辑为公使团秘书，这个人很不错，大家都称他查理·威尔逊，但他一点儿也不愿意就任这个职位，也不愿意为公使排忧解难。助理秘书是布坎南时期的一位遗老，工作很努力，社交能力却全无。弗朗西斯·亚当斯先生没有刻意组建有效的班底，也许是因为他无人可荐，也许是因为他深谙华盛顿之道。当然，他也没有奢想过自己的儿子能助一臂之力。

私人秘书亨利·亚当斯比他的父亲更为消极，因为他不知道何去何从。仅凭萨姆纳的推荐信，他可以一路坦途，但是，这封信绝非为他铺路搭桥的那种信，当时，也没有人忙着铺设前途或收买人心。这位私人秘书的处境并不比邻居们的更加糟糕，只是他更早履行职责而已。4月13日，风暴来袭，几百万像亨利·亚当斯一样无助的年轻人被卷入狂暴的大海，被战争的巨浪拍打折磨了四年之久。身处漩涡，亨利·亚当斯才有机会在四月的傍晚看到波士顿议会大厦前集结成队的军团向南方安静进发，带着自孩提时代就养成的严肃认真的神态，而没有一点兴奋的迹象或声响；也才有时间去看望驻扎在独立堡的哥哥查尔斯，不久，查尔斯与成千上万的人一起被抛入波托马克军队的大熔炉里，接受熊熊烈火的锤炼。私人秘书亨利·亚当斯独自一人登上波士顿东部尼亚加拉河上一艘破旧的库纳德汽船，再次动身前往利物浦，当其时，没有比它更无足轻重的事了。这一次，教育的瓶子多次在源泉里进进出出，已经完全破碎。这个年轻人不得不面对一个充满敌意的世界，无依无靠，赤手空拳。

形势似乎甚至都谈不上喜剧感，对人世的幽默诙谐，这个世界视而不见。弗朗西斯·亚当斯公使于1861年5月1日乘船前往英格兰，其情形恰如海军上将都彭将会欣然地听从当局的安排，划着一叶小舟，带着一名船务员去攻打皇家港口。船务员很幸运，因为只有一个领导。如果国务卿西沃德和参议员萨姆纳给了弗朗西斯·亚当斯先生“大使”头衔、多四倍的薪酬、一座位于伦敦的豪华官邸、一群训练有素的秘书以及以他们个人名义写给英国皇室和贵族们的引荐信函，那么，私人秘书就会一直充当船务员的角色，承担很多额外的负担，因为谁都能支使他。他是公使团中最走运的，因为只需以父亲为师，而他的父亲从不烦躁，从不发号施令，从不惩罚他人，对美国外交的整体思路还停留在18世纪。弗朗西斯·亚当斯公使还记得祖父于1778年仲冬如何乘坐小型的“波士顿号”护卫舰前往沃拉斯顿山，带着十一岁的儿子约翰·亚当斯，为一次冒险性外交担任秘书一职，取得了难以匹敌的外交成果；也记得父亲约翰·昆西于1809年如何乘船去俄国，带着年仅两岁的自己，单枪匹马地应对拿破仑和沙皇亚历山大，几乎与约翰·亚当斯当年如出一辙，而且外交成果斐然。他很自然地认为，政府应该派他担任一个冒险者，带着一个二十三岁的儿子，甚至没有意识到他的身后没有任何朋友。毫无疑问，他可以依靠西沃德，但是，西沃德又靠谁呢？外交关系委员会主席萨姆纳显然不会支持西沃德。弗朗西斯·亚当斯公使在参议院没有朋友，他从未希望得到任何帮助，也没有要求任何帮助。他认为像父亲和祖父之前那样担任冒险家是正常的，他毫无怨言。这是个高尚的观念，可以帮助他达成目标。但是，船务员亨利·亚当斯却很难接受这种高尚的观念，当意识到发生了什么事之后，这个年轻人认为这就是一次出卖。他谦卑地认为自己并不适合充满冒险的事业，而且断定父亲更不适合。第一次，美国做出了维护正义与秩序的姿态，美国的外交代表应该知道如何扮演自己的角色，应该身着合适的行头。但是，在1861年弗朗西斯·亚当斯先生带领的外交使团中，象征合法性与秩序的唯一幌子就是这位私人秘书，他的分量当然不足以让大不列颠的王室和议会感到敬畏。

这种经历的必然结果就是让学生亨利·亚当斯成为受害者，让他变成了一个不会为尊者忌讳的评论者。大人物们可以无视他，他却不能忽略他们，因为他们的分量足以让他窒息。为了更快地垂教施范，大人物们用同一艘船送走了新任驻俄公使卡西乌·M. 克莱。西沃德偶然发现了卡西乌在外交中的才干，但是，西沃德先生从教育中的获益并不比私人秘书亨利·亚当斯的更多。卡西乌身为老师，确实无人与之争锋，但在政治上可能有一些竞争对手。任何一个不受雇于政府的年轻人很难从此类事件中找到自信，而且，众所周知，在随后的两年里，确实很少人信任或有理由信任政府，而最不相信政府的，是那些在政府中任职的人。在美国本土，大部分情况下，年轻人参战、抱怨、死去，而在英格兰，无论他们抱怨与否，根本无人理会。

最重要的是，私人秘书绝不能向自己的上司发牢骚。他知道的很少，少得惊人，但是，这点分寸他是知道的。他努力保持缄默，比学习任何语言更刻苦，这一点也影响了他的一生。要么沉默寡言，要么滔滔不绝却言之无物的习惯就此养成。当公使团在1861年5月13日抵达利物浦之时，他已经养成了这个习惯。公使团旋即赶往伦敦，好似一群早期基督教殉道者即将进入狮群的领地，一切尽在提比利乌斯·帕默斯顿的眼底。倘若得知被比作提比利乌斯，帕默斯顿勋爵也许会发出他特有的帕默斯顿式笑声，但会认为基督殉道者的比喻倒很形象，因为殉道仪式他早已安排妥当。

关于不得不展望的前景，弗朗西斯·亚当斯公使并不比他的儿子清楚多少，他或者西沃德先生、萨姆纳先生的所思所想是历史性事件以及历史学家们如何评说他们的功过是非。一个私人秘书的功过是非则与他人无涉，只是自身教育历程中的重要部分。5月12日的时候，他以为自己正在奔赴一个友好的政府和民族，它们真诚地支持废奴原则，而这一原则也是亚当斯家族持之以恒的职责所在。一百年来，亚当斯家族最首要的努力方向就是争取与英国政府进行明智的合作，使其符合美国的目标和利益。他的父亲弗朗西斯将要做出新的努力，这一次，胜算的机会很大，南方蓄奴各州显然是一直阻挠双方政府相互理解的主要障碍。对私人秘书亨利·亚当斯本人而言，他像所有波士顿人一样，天生就很英国化，他无法想象一个充满敌意的英国。他认为自己作为一个支持废奴家族的著名成员，理应在大不列颠诸岛任何地方都受到欢迎。

5月13日，他看到官方通告：英国承认美利坚联盟国的交战国地位。这种全新的教育经历将就读过哈佛学院和游学德国的这个年轻人彻底摧毁了，他必须明白——当然是越早越好，他的所思所想与事实背道而驰，明白在1861年5月，英国没有人，根本没有一个人，质疑杰斐逊·戴维斯已经或必将建国，英国全民皆乐见于斯——只是通常并不直言。他们效仿帕默斯顿，据格莱斯顿先生所言，帕默斯顿“渴望断绝关系以削弱一个足以威胁英国的力量，却精明地保持缄默”。废奴热情已经荡然无存。外交大臣约翰·罗素勋爵已经接见了南方叛军的外交使团，决定在弗朗西斯·亚当斯先生抵达之前就承认他们的交战国地位，以便提前修正英国政府的立场。承认南部诸州独立随即成为不言自明的政策，只是有待时间和机会。

不管弗朗西斯·亚当斯公使作何感想，他的儿子对这个惊人打击的第一反应是愕然不解，一种一时之间无法理解所来者为何物的懵懂，但他仍意识到，对父亲而言，这一打击是致命的。数周之后，举家转而回国的可能性极大。举目远眺，困惑的浪潮无休无止。后来，在生命中长久的闲暇里，他反复思量此事，想着如果父亲当年的应对和处事正如萨姆纳所认为的那样，不胜任驻英公使一职，那么他的情形又将如何，每每想到，他不禁倒吸一口凉气。尽管私人秘书一职无足轻重，而他也不称职，因为他对父亲的信心完全不加思索。他从来没有想过父亲可能会失去理智或情绪失控，然而，在他后来认识的好几代政治家和外交家之中，他无法确定地指出谁能像他父亲那样承受如此一击却不露任何声色。他度过了漫长的一天，前往伦敦的行程沉闷而乏味，却从未想到父亲可能犯了一个错误。无论弗朗西斯·亚当斯公使作何感想，显然与他儿子剧烈的感触不相上下，但他没有表露出丝毫的激动，他的头脑和情绪非常平和，没有说漏一个字，没有流露一丝紧张。

这是场终极性的考验，不可能再有什么其他打击能如此沉重剧烈，如此突如其来。最糟糕的一切尽在眼前。私人秘书亨利·亚当斯一度意识到自己的职责就是尽可能地效仿父亲，保持沉默。就这样，他们一行在伦敦的社交季节里入住丽晶大街尽头的马里奇酒店，没有一个朋友，甚至没有一个相识。当父亲对早餐时侍者说话的口音感到迷惑不解之时，亨利·亚当斯宁愿付之一笑，也不愿提出任何问题或表示质疑。如果细究起来，他的处境可怕得难以面对。如果他更好地了解自己的处境，他也只会认为它更糟糕。

无论是政治上还是社交上，前景都令人绝望，要么难以补救，要么值得一搏。社交上，在最好的形势下，一个初来乍到者在伦敦社会需要数年才能确立其地位，但眼下弗朗西斯·亚当斯先生连一个星期甚或一个小时的机会也没有，他的儿子也根本就没有哪怕微乎其微的机会得以开始。政治上，前景更加恶劣，对国务卿西沃德和参议员萨姆纳而言，确实如此，但是，对身处其地的公使弗朗西斯·亚当斯而言，当他逐渐意识到自己的处境后，危险却没那么紧迫了。无论就他所成就的还是他得以避免的，弗朗西斯·亚当斯先生总是属于最幸运的人，让西沃德和萨姆纳沮丧不已的打击似乎都只从他身旁闪过。约翰·罗素勋爵表现出，或者可能有意表现出“友好”，抢先阻止他的到来。这个打击必将在三个月内降临，将他彻底击垮。英国的部长们仍然有一点疑惑，也有点惭愧，与他们首个仓促之举相比，当然会静候一段时间再走下一步棋。

这不是查尔斯·弗朗西斯·亚当斯外交冒险中的一个故事，而是他儿子亨利在寻求教育过程中的冒险故事，如果不把它看得那么严肃认真，倒颇有些诙谐之处。父亲在伦敦的处境总的而言还好，儿子的处境却很离谱。由于一定的家族联系，查尔斯·弗朗西斯·亚当斯很自然地将英国所有的部长们都视为敌手。至少一百五十年来，整个亚当斯家族唯一的公开事业就是与唐宁街展开争执，间或出现与州府大街的抗争。英国政府已经习惯了在国外不得人心的自由主义，尽管官方行为很粗鲁，但仍喜欢表现个体的彬彬有礼。可以说，所有外交机构都有可能被偏置一隅，并不会因此就糟糕透顶。公使弗朗西斯·亚当斯没有什么值得抱怨之处，只要可以维持，他的处境还算好，他唯一担心的就是战争爆发。他儿子亨利就没有这样的幸运了，他此行是为了帮助父亲，却想不出任何办法为父亲分忧，但却清楚父亲必须要帮助他。对他而言，整个公使团好像被社交界流放了一般，这是他所知道的最可怕的事情。在伦敦的社会圈里完全孤立是双重的可怕：因为私人秘书的职责要求他认识每一个人，跟随父母去任何需要去的地方，没有朋友甚至敌人来告诉他要加以忍耐。如果有人这样说，他一定会爆发，回应说，忍耐是智者但也是傻瓜最后的对策。如果想帮助父亲，他必须立即行动，因为父亲不会像现在这样如此需要帮助。事实上，除了跑跑腿、写点公文、照看小孩之外，他一点儿也没有帮到父亲。

虽有心做个有用之人，他却发现自己身处一个独特的境地。当进一步看清形势后，他开始怀疑私人秘书是否本来就毫无用处。外交中的各种冲突很常见，已经不足以扰乱外交官的常规习惯。大多数秘书都不喜欢他们的上司，也根本不想做什么有用之才。在圣詹姆斯俱乐部里，公使的儿子只有在受邀的情况下才能来到这里，那些跟他年龄相仿的年轻人围在桌子周围，比他还要茫然不知所措，充斥耳边的全是“这条本地犬好可爱啊”、“你今天真美啊，亲爱的”，没有人愿意谈论时局，更没有人会提供或获取信息。那是上司们的事儿，除了朝廷下达的特别命令之外，这些上司们也行动迟缓。如果美国公使今天有麻烦，俄国大使昨天就有麻烦，法国人明天就会有麻烦。一天之内什么都有可能发生，没有什么公务值得担忧。帝国经常会倒塌成碎片，而外交官总是能收拾残局。

这就是他得到的外交教育，此外，他还发现所有的上司和下属之间都有非常强烈的嫉妒心理。他的社交教育仍然很贫乏，更加考验他的虚荣心，礼节或着装上的一点小错误就会让他抓狂。他永远也忘不了最初两三次参加社交活动的情形：某日下午在柏迪特·古茨小姐家，他藏在窗户拐角处，祈祷没有人会注意到他的存在；还有一次是在奇思维克，历来主张废奴的萨瑟兰郡公爵夫人在花园里举办了一个露天聚会，公使及夫人与老公爵夫人相谈甚欢，最后，其他人都离开了，只剩下小公爵和他的堂兄弟们，他们就在草坪上学青蛙跳。后来的三十年中，亨利·亚当斯时不时地就会碰到这位公爵，奇怪的是，他居然总是喜欢扮跳跳蛙；还有一次噩梦般的经历是在萨默赛特老公爵夫人举办的舞会上，喧闹混乱中，他被一把抓住，不得不在一群上流人士和贵族们面前表演苏格拉高地舞，舞伴是土耳其大使的女儿，有些人会认为这很搞笑，但对他而言，整个世界开始化为灰烬。

社交季节行将结束，亨利·亚当斯还是没有结交到一位私人相识，当《泰晤士报》刊登了布尔西战役的消息时，他在孤独中抱紧双臂。他比任何时候都希望自己能更孤独，因为布尔西战役不仅是一个军事上的灾难，更是外交上的劫难。这些都是历史，如果愿意，可以从公立学校的教科书里看到。对公使团而言，疑惑、震惊、始料不及，布尔西战役的影响越来越强烈。他们对此不再怀疑。接下来的一年里，他们不过是过一周算一周，随时准备离开英国，预期待在这里不会超过三个月，而欧洲正在等着目睹他们离去。结局是如此明确，到后来反而没有人着急了。

在亨利·亚当斯看来，这一切拯救了他的父亲。数月里，他认为自己已经迷失或者结束了私人秘书这一角色。没有其他意外的话，他将在波托马克军队里接受最后的教育，在那里，他会发现大部分的朋友过得比他更快活。抱着这样的念头，他度过了夏天和秋天，开始过冬。伦敦的任何一个冬天都是很严峻的考验，一个人在伦敦度过第一个冬天则是最严峻的考验。当然，在波特兰广场的曼斯菲尔德大街上，1861年的12月能让一个喜欢阴郁的人过把瘾。

一天下午，亚当斯公使夫妇去乡间访友，亨利一个人在曼斯菲尔德大街的孤独中挣扎着，努力不让自己陷入过分消极的情绪，当其时，路透社的电报送至办公室，宣告在英国的一艘邮政汽船上将梅森和莱斯德尔（南方邦联的两个密使）抓获。三个秘书，有公职的和私人的，都在场，一直像野兽一样强忍着耐性。虽然知道这条消息不仅意味着他们必须离开，不仅意味着外交关系的破裂，而且是战争的宣言，三个秘书还是高兴地尖叫了起来。面对这个结局，他们都非常开心。似乎经过了漫长等待，他们终于看到了并为之喝彩！既然英国一直在等待合适的机会挑起争端，他们就渴望能够先发制人。

他们发电报告诉公使这个消息，当时公使正在约克郡的弗莱斯顿，与蒙克顿·米尔恩在一起。弗朗西斯·亚当斯先生如何看待这个消息，在霍顿勋爵和威廉·E. 福斯特的传记中有记载，因为他们当时也参加了弗莱斯顿的那次聚会。对公使而言这是外交生涯的危机时刻，对秘书们来说，不过是开始了另一次难以忍受的拖沓延误，他们好像是一个前方军事部队，正在等待命令，以便撤出一个被抛弃的阵地。在悬而未决、最难挨的当口，女王的丈夫因病重逝世。圣诞节时，波特兰广场笼罩在黑色的浓雾里，完全不是欢快的揽胜之处。1861年，最顽固的伦敦人也没了脾气。相对于他们，亨利·亚当斯至少还有一个宽慰之处：他任私人秘书的日子不会太久了。

当然，他错了！在每个教育的节点上，他都错了，这一次，他把同样的错误持续了近七年之久，总是被“就要到头了”的想法误导。对他而言，特伦特号事件只是众多事件之一，只需详细记录在案即可，但它对他造成的另一些个人影响在公使团的记录中无迹可寻，其中最重要的一个影响就是，他永远不会再奢望成为“有用之才”。当时，作为一个独立自由的公民，而不是公职人员，他一直与美国新闻界保持联系。他与亨利·J. 雷蒙德也时常书信往来，雷蒙德将他的信刊登在《纽约时报》上。他与伦敦当地的一些友好媒体密切联系着，比如《每日新闻》、《星报》、《观察家周刊》，他尝试着为它们提供新闻和一些观点，当然，都是一般性的、防止冲突的看法。他甚至去曼彻斯特对棉花短缺做实地调研，并写了一份很长的报告，被他的兄弟查尔斯发布在《波士顿邮报》上。不幸的是，他的名字也一起刊登了，很快就有了反馈，来势之凶猛完全超乎他的想象，其中，《泰晤士报》带头发难，满是嘲讽。作者虽非公使团的公职人员，确属其中一员，好在《泰晤士报》并不知道这一点，因此没有借机将挖苦和嘲讽推向极致。但是，他很快就领教了自己一直疏远乔·帕克斯这位老人是多么目光短浅了。这位一直混迹于政坛的老油条自1830年就在伦敦神出鬼没，正是他，冲到了《泰晤士报》的办公室，将亨利·亚当斯的所有情况说给毫不知情的记者们听，然后又冲到公使团，将《泰晤士报》的情况说给作者本人听，虽然他根本不想有所了解。一时之间，亨利·亚当斯认为，除了新闻界之外，自己的"有用之处"已不复存在。但是，一两天之后，他就了解到籍籍无名的好处。根本没有人知道他，他甚至不存在什么社交地位。伦敦好似空无一物，没人在乎《泰晤士报》上的那篇文章，除了乔·帕克斯，无人提起。世界上许多人，比如总统林肯，国务卿西沃德，海军准将威尔克斯，成为大众一直都乐于取笑的对象，而亨利·亚当斯躲过去了，但是，他从此不再试图成为"有用之才"。特伦特号事件让个人的努力相形见绌，而他的教育至少抵达了一个与自身相吻合的程度。"退步抽身更需早"，在特伦特号事件和巡洋舰叛乱事件中，亨利自愿充当一名机械手，对一名公使的儿子而言，热情是一种危机重重而不可追随的情绪。他再也没有写过任何稿件，再也没有与报纸媒体有任何牵连，但他仍然年轻，对《泰晤士报》的编辑难免有些看法。

德里恩先生从来不放过任何一个挖苦讽刺他的机会，亨利感到不屑于或不希望回应这样的关注。但是，特伦特号事件像一场暴风雨经过，令人诧异的是，公使团仍岿然不动。虽然这个延误并不会让亨利·亚当斯改变对英国政府立场的认识——这当然要归功于西沃德先生的敏锐，他却别无选择，只能再次坐在办公桌前，继续处理文件，把信件归档，看看报纸上关于林肯先生无能和西沃德先生残忍的报道，或者内容完全相反的报道。沉闷的日子一天天继续着，从冬天慢慢地转入春天，但他的处境和情绪并没有好转。社交方面，他得到了唯一的慰藉，对此，直到生命结束，他也无法忘却自己热切的感激之情。在那个乏味的冬季以及随后的数月里，唯一有阳光照耀的日子就是他作为罗素·斯特奇夫妇的客人，在位于泰晤士和沃尔顿的菲利克斯山上度过的那些时光。

不幸的是，他的教育与银行家毫不相干，虽然老乔治·皮博迪和他的合伙人朱尼尔斯·摩根是他强有力的同盟军，乔舒亚·贝茨很尽力，托马斯·巴林比谁都热心，他在格罗夫那大街的小型宴会当然是全伦敦最棒的，但所有这些都比不上菲利克斯山给予他的庇护。而且，生平第一次，这种庇护是一种自由式教育。罗素·斯特奇夫人是这样的一类女性：一个聪明的男孩会尽可能地与之亲近。亨利·亚当斯并不是非常聪明，也不谙世事，但他完全明白，年轻人需要影响和塑造，他最希望接受的教育是一位富有魅力的女性能给予的教育。罗素·斯特奇夫人比他大十多岁，生性善良，完全可以开办一个这样的学校，不费吹灰之力，却能让学生们受益终生。在她身边，亨利·亚当斯几乎忘掉了波特兰广场的忧虑。在两年痛苦的孤寂中，她是宛如极地寒冰的社交生活中温暖和光明的唯一来源。

当然，公使团本身就亲如一家，在如此重压之下，所有人只能团结一心。公使团的所有人员都有共同的使命，但这并不是教育。虽然活着，也不过是活受罪。当然，尽管公使团里的年轻人可能确实是活受罪，但是，亚当斯公使及夫人却并非如此。他们虽然缓慢却相当稳固地站稳了脚跟。由于一些原因，部分与来自美国的内部消息有关，英国社会开始对林肯、西沃德和除了萨姆纳以外的所有共和党领袖产生强烈的社交偏见。对英国人头脑中这种难以理解的愚蠢，整个亚当斯家族中的三代人都非常熟悉而且已经厌倦了旷日持久地教导英国如何明白自身的利益。但是，亚当斯家族的第四代人仍然无法说服自己相信，这种新的英国式偏见是很正常的。亨利·亚当斯怀疑纽约和波士顿的美国人难脱干系，同情南方的美国北方人在伦敦巴尔·摩尔街上比比皆是。英国人生来就是粗人，喜欢粗鲁，假如林肯和西沃德真的如英国人所认为的那样是无赖的话，那么，普通的英国人可能会更喜欢他们，弗朗西斯·亚当斯先生极其得体的举止和无懈可击的社交地位根本无法赢得他们的好感。因为嘲笑不了他，他们就忽视他，约翰·罗素勋爵率先垂范。就个人而言，亚当斯先生受到了友好接待，而在政治上，却无足轻重。他存在着，却被晾在一边。伦敦和巴黎都效仿罗素勋爵，每个人都等着看林肯和他的手下们在一次大溃败中彻底消失。所有人都认为华盛顿政府很快就会垮台，亚当斯公使也会和其他人一样化为乌有。

这种情势让亚当斯公使成为外交官中的特例。欧洲的大部分统治阶层都是以类似家族成员的身份展开斗争和看待彼此的，很少考虑到完全消亡的可能性，但是，欧洲各国政府和公众至少在一年的时间里，把华盛顿政府视为已经灭亡的政府，把美国公使看成废物。相比其他废物，亚当斯公使受到的待遇更好些，因为他不制造噪音。渐渐地，私下里，上流社会开始接纳他，与其说视他为外交官，倒不如说把他视为一位异见人士或外国政府的资深顾问。他受到款待，得到重视，从血统和举止上被真诚地视为他们之中的一员。这种源自英国的奇怪愚蠢的方式让亚当斯公使比任何一位欧洲外交官更具有优势，种族、语言、出身、习惯所造成的隔阂不复存在。外交之道让外交官彼此保持距离，各为其主，但是，罗素勋爵却无法孤立亚当斯先生，因为后者与一个伦敦人毫无二致。在社交中，很少有伦敦人像他那样自如，没有人像他那样具有双重性格，相应地具有双重力量。

非常幸运地是他去了弗莱斯顿，在蒙克顿·米尔恩和威廉·E. 福斯特充满同情的目光里面对特伦特号事件的冲击，而这种独特的运气后来一再眷顾他。米尔恩和福斯特都需要支持，能够得到支持的时候，也十分欣慰。他们看到了亨利·亚当斯五月所忽略的一个事实：如果美国公使犯下一个错误，他们将处于毫无希望的境地，既然同舟，就要共济，他们迫不及待地向全世界表明他们对公使品格的高度评价，有他们，公使可算无虞。

有人可能会不停地质疑，在当时的情况下，米尔恩或福斯特算不算有价值的同仁，因为他们的影响力完全迥异。蒙克顿·米尔恩是伦敦社交圈中的大佬，也许比伦敦人认为的还要厉害，因为伦敦的社交圈和其他地方的一样，大多数人都是笨蛋和白痴，蠢笨的人总会嘲笑蒙克顿·米尔恩，每个无聊的人都习惯性地以熟悉的口气谈论“弱智米尔恩”、“事后诸葛亮米尔恩”。当然，他本人影响了社交上的古怪现象，以自认为是伦敦第一智者的无所谓态度回应那些嘲讽，自视为伯乐，慧眼识人，造就了一大批人。他的每句话都流传甚广，能受到他邀请吃早餐的消息传得更快。在他宛如福斯塔夫式的外表和斯勒诺斯般笑声的背后，是毋庸置疑的善良、宽宏和智慧。年轻时，他写的韵文被有些读过的人认为是诗歌，而且显然不全是散文。后来，他在议会中发表的演说被人评价为犹如阳春白雪，但曲高和寡，对听众而言过于高妙。在社交上，他是为数不多的一位达人：哪儿都去，谁都认识，什么都知道，甚至连政要也悉听其高见。与其他智者不同的是，他的社交立足点是贵族阶层，大多数聪明人都十分乐意到他在布鲁克街的那栋房子拜访他。他的早餐很著名，没有人会拒绝他的邀请，因为因此表现出的心虚胆怯比冒险得罪他更可怕。他是一个如饥似渴的读者，一个言辞激烈的批评家，一个颇有品位的艺术鉴赏家，一个图书收藏家，但最重要的是，他从职业上讲是一个心怀天下的人，喜欢社会交往，或者社会冲突。他的一些所作所为连亨利·布鲁汉姆也望尘莫及，不过布鲁汉姆拒不承认。米尔恩是伦敦品质的最佳代表，是其文明与粗鲁的典型体现，是名流光顾的五月花地区最常见的人。

与他相比，像海沃德、德里恩、维纳布斯、亨利·里弗这类人就稍逊一筹，但是，威廉·E. 福斯特是另一类人物，福斯特就从未踏足五月花地。除了同为约克郡人，他与米尔恩几乎完全相反。当时，他没有任何社交或政治地位可言，也从未有过米尔恩的聪慧机智和变化万千。他身量高，块头大，相貌丑陋，拥有约克郡人和兰开夏人所珍视的自我保护：外表的粗糙只是掩饰了内心堪称多愁善感的本质。他的一位先祖信奉教友派，仅继承了这一点，他就一定很和善，一定是敏感而多情的，否则，他无法说服阿诺德博士的一位女儿嫁他为妻。他很纯粹，像毫无杂质的纯金，诚实、无私、务实。他拥护美国联邦政府的事业，甘为马前卒，一个真正的约克郡人当然会这样做，因为他继承了教友派反奴隶制的誓言，也因为这实际上有助于他在议院中打开局面。作为一名新议员，他需要一个领地。

缺乏自信并不是福斯特的一个弱点，务实意识和个人能力很快奠定了他的领导力。他成为美国联邦政府一个强有力的拥护者，不仅仅是摆花架子，更有扎实的业绩。有了这样一位领袖人物，英国那些支持美国联邦政府的人开始振奋精神。亚当斯公使只需旁观他的这些真朋友们——这些重量级的人物，开始行动了。当看到拳击场已经焕然一新，足以让这些健壮的约克郡人开始一场残酷程度在英国尚属罕见的争霸赛，甚至连私人秘书亨利·亚当斯也时不时地受到一丝鼓舞。米尔恩和福斯特可不是轻量级选手，但布莱特和科步登却是全英国最顽强的拳击手。有了他们的支持，公使甚至可以对付帕默斯顿勋爵，根本不用担心违反比赛规则。

在社交上，约翰·布莱特和理查德·科步登从未露面，即使在国会中，他们也并非一呼百应。他们属于秩序的敌人，如果对所谓既定秩序的憎恶让他们成为无政府主义者，那么，他们确实是无政府主义者。他们在政治上绝不胆怯，毅然决然地站在支持美国联邦之列，与他们所憎恨的帕默斯顿针锋相对。对伦敦社交圈而言，他们是陌生人，但却是公使团的常客，拜访公使馆像回到自己家一样。他们一起愉快地共进晚餐，毫无拘束地谈天论地。科步登更温和，更有说服力，布莱特则不太好惹，但是他们两个，亨利·亚当斯都很喜欢，渐渐地有了一个热切的盼望：亲眼目睹他们在议会的通道上也能用同样的语言与约翰·罗素勋爵交谈。

有了这四位支持者，亚当斯公使再也不那么孤立无助了。特伦特号事件后，英国内阁再一次感到一丝惭愧，决定先等一等，然后采取下一步行动。渐渐地，公使团聚拢了一批可以患难与共的朋友，他们绝非泛泛之辈。老牌废奴主义者埃克塞特·霍尔和莎夫茨伯里为代表的小集团后来成为讨厌而棘手的对头，但是，阿盖尔郡的公爵是弗朗西斯·亚当斯公使所结识的最有价值的朋友，无论是在政治上还是社交上，而且，公爵夫人像她母亲一样是很可靠的人，私人秘书亨利·亚当斯也隐约分享到了这种关系在社交上的益处。他不会忘记，那次洛奇家的晚宴之后，他很投入地向约翰·斯图亚特·密尔讲解美国贸易保护体制的特别之处。虽然他这样做出于各种可能性原因，他认为，自己并不是因为公爵家里的红酒才如此滔滔不绝的。他坚信，错在密尔先生本人，因为密尔赞同他的观点，他才会不停地说下去。密尔先生对争辩不太感兴趣，这方面，公爵本人可能做得更好些。但是，私人秘书不得不承认，虽然他一生中的其他时间一直备受英国人的冷嘲热讽，但在这极尽磨难的一年，他也找不出任何一个可以抱怨英国人粗鲁的场合。

他在很多地方都能感受到友好，但主要是从那些比他年长的人身上，而不是那些时尚的或社交影响力大的人身上，无论男女，但这也并非定律，比如，与弗雷德里克·卡文迪的友谊及亲密关系让德温夏尔郡的那栋房子有种旧相识的亲切；列尔夫·斯坦利有很深的美国情结，所以，他与爱得利郡的斯坦利家族关系很好，斯坦利家是伦敦社交圈的热门场所。洛恩，这位未来的阿盖尔，也非常友善。定期的社交活动形成了更文雅的亲密关系。查尔斯·特立威廉爵士一家是最早向年轻的亨利·亚当斯发出邀请的家庭之一，他们之间的亲密友谊持续了半个世纪，成为只有死亡才可能中断的一种关系。查尔斯先生和莱耶尔女士堪为知己，汤姆·休斯也成为密友。亲王丧期结束后，伦敦的社交界再次繁忙起来，甚至连私人秘书亨利也会不时偶遇一些老面孔，虽然他没有再做更进一步的努力去结识新朋友，只是等着结束。无论这种社交关系对他的父母有何益处，对他而言，整个外交和社交活动都毫无意义，他想回国。

The Education of Henry Adams

第九章

是敌还是友（1862）

每想起1862年，亨利·亚当斯都会不寒而栗。战争本身并没有在很大程度上让他的情绪陷于低谷，在他还年轻的生命里，他已经习惯于看见人们在血泊里跋涉，在历史中他能够清楚地认识到，从最开始人类就在杀戮中找到了极乐之源，但是，一个人若要使这种产生于毁灭的强烈快意升华至极点，就需要杀死他仇恨的一切，而年轻的亨利·亚当斯既不仇恨他人，更不想杀死他那些成为叛军的朋友，虽然他最想做的就是把英国从地球的版图上擦掉，那个愚蠢的民族从未干过一件好事！他甚至无力挽救自己的性命，每天英国政府都蓄谋已久地把他向坟墓推近一步。他明白这一点，公使团也明白这一点，没有任何人怀疑这一点，没有人会想着质疑这一点，特伦特事件表明了帕默斯顿和罗素的立场。叛军的巡洋舰从利物浦逃脱，在一个年轻人看来，正是表明了英国政府对其立场没有犹豫不决，他们主意已定，决意干涉美国内政。罗素勋爵回复了弗朗西斯·亚当斯先生的函件，信中的冷漠态度中带着些许傲慢无礼，而且，对一位二十四岁、性情急躁的年轻私人秘书来说，那是置事实于不顾的傲慢行为。虽然在公众场合人们常用各种各样的措辞来粉饰他们犀利的谩骂，但私下里，在英格兰，约翰·罗素勋爵所有的政敌和朋友全都毫不犹豫且直言不讳地说他在撒谎。这算不上什么大不了的批评，因为所有政治家多少都会有撒谎的时候，然而，这位私人秘书之所以义愤填膺，是因为他相信，罗素的辩词之下掩盖着杀人的意图。公使馆没有一刻能得以喘息，这样的焦虑让人痛苦难堪。

毫无疑问，公使亚当斯先生也在忍受这一焦虑，但他有人支持，有人关心，他的儿子亨利却没有什么可想的事情，除了他的那些朋友，他们大部分都在麦克莱伦的军队中，在里士满一带的沼泽地里奄奄一息，而他的敌人，却在帕玛大街上欢呼雀跃。他一直忍受着这种焦虑，直到仲夏之前都处理得很好，然而，当有关第二次布尔西之战的报道出现的时候，他再也无法忍受了，在一个毫无睡意的夜晚，他在自己房间里走来走去，完全没有考虑到父母就住在楼下。到了第二天吃早饭时，他宣布要回国参军。相对于这个宣告，他的母亲似乎更在意他半夜在楼上走来走去，这很不像她一贯的风格，因而让儿子颇为惊讶。他父亲也只是沉默地听了他的宣告，毫无疑问，他们已经预计到了这一点，并提前采取了措施。那些日子里，父母已经习惯于听到孩子们公布各种各样的豪言壮语。亚当斯先生像接受布尔西战事一样平静地接受了儿子要叛逃的消息，但是，儿子从未找到机会离开，他发现不断有障碍物挡在路上。当时在波托马克部队里的哥哥查尔斯就极力反对，这与亨利最后推迟行动有着很大关系，他的意见对亨利来说一直都是最有分量的，但是，他自己觉得，如果离开在伦敦的岗位，前往弗吉尼亚找到他期待中的奢侈享受，却也一定会中弹受伤，同样，他也永远不会原谅自己把父母留在英国，无依无靠，任英国竞技场里的野兽把他们吞食掉。这样的顾虑也许还不能阻止他，但是，父亲的建议却是决定性的。公使指出，他现在参与正在进行的战斗已经太晚了，明年春季到来之前，他们极有可能就一起回国去了。

这名年轻人誊写了太多有关叛军巡洋舰的书面陈述，不可能不明白父亲这一论断的含义，因此，他再次坐了下来，誊写了更多的材料。利物浦的领事达德利一直在源源不断地提供资料，严格地说，这些书面陈述材料根本不在私人秘书的职责范围内，然而，这位私人秘书事实上做了二等秘书的工作，而且乐于这么做，因为这样可以不必再劳烦西沃德先生派更多他自己选择的秘书来协助公使。工作算不了什么，从来也没有人抱怨，查理·威尔逊离开之后，新调来的公使馆秘书莫兰也同样没有任何抱怨，即便他可能会彻夜誊写材料。让人精疲力竭的不是工作，而是这场游戏。虽然面对一个敌对社会的差事已经够苦的了，但面对朋友比那还要糟糕。在里士满和第二次布尔西之战前七天发生了那样可怕的灾难后，朋友们都需要帮助，虚张声势的语气会造成致命的后果，因为普通人也能够很快看穿那些谎言，除了坦率以外，什么话都没用，但是，不管产生的相反感觉有多少，私人秘书从来都感觉不到自己坦率，因此，他们必须装出坦诚的样子。当一个人因为政府时常犯下大错或者无能而恼火、愤怒、怨恨、哽噎时，能装出坦诚并非是件容易的事。如果非得流泪，那也只能流在自己的枕头上。人们最不能干的事情就是再甩给公使更多的压力，他本身已经有挑不完的担子，而且还不能在自己家里烦躁不安。大家每天早上只能边吃松饼，边看《泰晤士报》，而且不能大声念出来——“联邦政府又一次灾难性的惨败”，甚至都不能无伤大雅地骂几句。在朋友当中保持自我约束，比在敌人中间保持一张平静的面孔需要做出更大的努力。人越伟大，犯起错来也越严重。一天，当见不到尾的长队逐一地向皇室鞠躬，听到身后有位内阁大臣兴高采烈地对另一位大臣说“听说北部联邦又被打得落花流水”时，站在王座室人群中的他面带微笑，这话的重点就在于其真实性，当时，就连一位私人秘书也学会了控制自己的状态，管好脸上的表情，当着敌人的面听到另一个敌人被打得落花流水的消息时，不表露半点幸灾乐祸之情。

尤其在一个问题上，伦敦已经完全丧失了理智，它按照自己的意愿制造了一场噩梦，并把这场噩梦赋予了林肯的形象。不仅如此，他们又在林肯后面投射了另外一个恶魔，而且尽可能地使这个恶魔形象更加凶残，称其为西沃德先生。每每涉及到这两个人，英国社会似乎就会变得极度失控。辩护没有用，解释是徒劳，只能任这种情绪肆意发泄，直到耗尽为止。一个人最好的朋友也跟他的敌人一样不可理喻，因为他们都相信无能的林肯是多么的凶残，西沃德又是多么的狂暴，这种看法成了最广为接受的信条。在撒克里于1863年圣诞节突然死亡之前，亨利·亚当斯最后一次见到他，是在进入亨利·霍兰德爵士家参加晚宴的时候。撒克里正在楼下穿外套，一边大笑着，因为他跟平常一样莽莽撞撞地走错了家门，直到跟老亨利爵士握了手才发现自己走错了，他非常熟悉亨利爵士，只是爵士不是那天晚上他要见的主人。之后，当谈到他和亨利·亚当斯的朋友，也就是南卡罗来纳州的弗兰克·汉普顿夫人的时候，他的音调变了，当这位夫人还是萨莉·巴克斯德小姐时，他爱过她，并为她画过像，把画中人命名为埃塞尔·纽卡姆。虽然他从未原谅过她嫁给别人，但是，当他听说她在哥伦比亚死于肺病，她的父母和姐姐想通过防线去看她却没有得到许可时，旧日的温情又复燃了。谈到此事，撒克里的嗓音颤抖起来，眼里充满了泪水。林肯及其属僚们的粗野与残暴已是尽人皆知，他从不怀疑，联邦党人有意折磨妇女，尤其是她们柔弱的情感，以此来惩罚他们的敌人。就这样基于非常不充分的证据，他破口大骂。假如亨利·亚当斯口袋里面装着证据，说明这样的指责是不公正的，那么，即便拿出这些证据来也会无济于事。在那个时刻，撒克里和支持他的整个伦敦社会，都需要宣泄情绪，好让紧张的情绪放松下来，因为如果林肯先生不是他们所说的那样，那他们又是什么样的人呢？

也正是因为这个原因，公使馆的成员都保持缄默，即便私下里也是一样，默默忍受着英国作家卡莱尔那种粗野的苏格兰式讥讽。如果卡莱尔是错误的，他的诽谤将体现出他真正的衡量尺度，而这个衡量标准一定是很低的，因为卡莱尔不大可能会在一种思想中比在另一种思想中更真诚，更合理。如果有证据证明，一位哲学家不明白自己在说什么，那么，在这样的证据对他自己产生影响之前，很可能首先就会让他的追随者心灰意冷。毁灭一个人心中的偶像是很痛苦的事情，而卡莱尔一直都是一位偶像。投射在他声望上的疑云扩散到远处铺天盖地的黑暗中，就如同日落时分的重重暗影。倒塌的不仅仅是这位偶像，习惯的信仰也会随之覆灭。如果卡莱尔是一个骗子，那他的学生和学校又是什么呢?

社会通常是文明的，在同样的环境下，相对于其他外交官，他没有更多的理由去抱怨，但他在社会上的少数几个朋友也只不过是个点缀。公使馆不能梦想着争夺对英国社会的控制力，他们能做的事情最多莫过于逃避羞辱，到此时为止，他们把社会关系维持得很好，足以使公使一家人远离那些烦恼。不时有人拒绝与公使会面，或者拒绝接待公使，这种情况不可能完全掩饰得住，但却从没有出现值得公使关注的公开侮辱或任何言论。在群情激愤的时期，外交使团充当了缓冲器的作用，一名了解自己职业性质的外交官，绝对不会为了每个外交官——没有哪个地方的外交官像驻英国外交官那样普遍地遇到麻烦，都要面对的事情而烦恼，因此，亨利·亚当斯虽然不是外交官，而且完全不受保护，但他却因此可以不受干扰地忙着自己的事情。他清楚地认识到，伦敦社会没有兴趣来结交他，他也找不到伦敦社会应该发现他魅力的理由，因为他都不曾意识到自己有什么迷人之处。他去任何地方都是受别人邀请而去的，也总是被以礼相待，总体来说，他受到的待遇比在华盛顿受到的待遇还要好，而且他总是保持沉默。

有一千条理由能够证明，伦敦最好的外交场所是帕默斯顿的宅邸，而约翰·罗素勋爵的宅邸却是其中最差的一个。然而，一个私人秘书不想了解这两位主人中的任何一位，他很可能更愿意了解班禅喇嘛。从个人角度看，帕默斯顿勋爵是一位谨慎的私人秘书在伦敦最不想去了解的一个人。或许还有别的英国首相曾经在外交人员当中引起了跟对帕默斯顿一样多的不信任，但是，在帕默斯顿与罗素之间，若要判断哪一位可以相信，或者在多大程度上可信，你一定会犹豫不决，或者需要受过多年的教育才能断定。英国女王在其1850年8月12日的著名备忘录中，描述其对帕默斯顿的看法时的措辞和约翰·罗素勋爵描述帕默斯顿的措辞大同小异，女王和罗素两人说的基本上是科步登和布莱特私下里才说的话。每一位外交官都认同他们的看法，但是，外交上的信任标准似乎与英国议会的标准有所不同。没有一位职业外交人员担心虚伪陈述，虽然语言有着不同的表述形式，表述形式又因人而异，但是，虚伪陈述或多或少对所有外交官来说都是必要的，最糟糕的撒谎者就是那些直言不讳的人，外交官想要了解的是隐藏在这些表述后面的动机。在针对帕默斯顿的情况中，他们却达成了一致，全都警告所有新来的同事，要他们随时准备成为帕默斯顿为达成瞬时出现的个人目标的牺牲品。在圣詹姆斯宫廷的每一位新公使或新大使都上过这样一门基础课，他必须尽可能远离帕默斯顿能够触及的范围。这条规则既不是什么秘密，也不仅限于外交场合，女王本人曾在正式场合很明确地表达过同样的看法。如果帕默斯顿要达到某个目标，他会径直赶到下议院，泄露或者歪曲一位外国使节的话，完全置受害人于不顾，但却没有人用同样恶毒的方式予以打击报复，即便女王也没有，正如布鲁南老男爵对他的描述一样：“这是一张犀牛皮！”一旦达到目的，他会放声大笑，他的观众亦会跟他一起大笑，因为他的那些英国或美国的观众都喜欢被逗乐，观看这些披着缎带、佩戴着星徽的外国人被这头活蹦乱跳、凶猛异常且无所顾忌的英国公牛用牛角顶住，抛来抛去并被刺伤的情景是相当有趣的。

外交人员没有任何权利仅为一些谎言而抱怨，他们都是受过教育的人，如果这样的谎言欺骗了他们，那是他们自己的错，但是，对于圈套，他们会大为抱怨。帕默斯顿的做法就被认为是设圈套，他是英国政府里的捣蛋鬼，而与此同时，帕默斯顿夫人却被认为是一位善良忠诚的人。所有外交官和他们的妻子似乎都这么认为，而都把自己的麻烦事告诉她，相信她会尽力帮忙。正因如此，当然还有其他原因，在她家举办的晚间聚会非常受欢迎，他们称之为“周六评论会”。不可能指望一个无知的美国年轻人把这一切解释清楚，如果是为了娱乐，牛津之家和其他大约二十个地方相差无几。帕默斯顿夫人已不年轻，也不漂亮了，她在任何年龄都不可能是一位活泼迷人的女士，而在聚会上见到的那些人也绝不是时髦的人，而且很少有年轻人，主要都是些外交官，而一般来说，外交官都是一些乏味无趣的人。他们多数都是些从政的，政客很少会装饰或美化一个晚会；其中还零星地夹杂着一些文人，而众所周知，这些人也都不是追求时尚的人。那里的女人当然都是着装不当的中年妇女，大部分男士看上去也都是无精打采或者格格不入的人，但是，毫无疑问，牛津之家是伦敦最好的，也许是唯一的政治性场所，这要归功于帕默斯顿夫人，除了友好地与人打招呼，她似乎并不张罗什么事。作为社交教育的一堂课，牛津之家提供了许多供人思考的题材。人们在各种政治聚会中不免会遇到很多比帕默斯顿勋爵本人更有影响力且更平易近人的政治家，会遇到很多比帕默斯顿夫人更漂亮和更不辞劳苦的女士，但是，没有任何一个政治聚会场所比牛津之家更成功。对此，世界从未给出原因所在，那些外国人只是说，帕默斯顿夫人“讨人喜欢”。

公使馆的一群小字辈也有机会允许进去，或者被接受，虽然没有人会进一步确认他们的存在，但是，他们还是很高兴，因为在其他地方他们很少被接受，在那里他们至少可以找个角落站着，远远地看看某位主教或者公爵，这就是年轻的亨利・亚当斯的社交娱乐。没有人认识他，就连仆人也不例外。他最后一次参加周六聚会时，和平常一样在楼梯口报上了自己的姓名，结果听到自己的名字被报成“汉德鲁・哈当斯先生到”，觉得很烦。于是他试图纠正，但那个看门人更高声地喊道：“汉特松尼・哈当斯先生到！”他有些生气了，又重复了自己的名字，最后被宣布为“亚历山大・哈当斯先生”，并以这个名字向帕默斯顿勋爵最后一次鞠躬，而帕默斯顿当然更不知道他是谁。

在楼梯口下很远的地方，就能听到帕默斯顿勋爵站在门口迎接客人时发出的笑声，他很可能在和他的一位心腹说话，德雷因、波斯威克或海沃德，他们肯定就在他的左右。那笑声很独特、机械、呆板，看上去又是皮笑肉不笑。“哈！……哈！……哈！……”每一声大笑都是缓慢而刻意的迸发，都是同一个声调，好像是要说“好吧！……好吧！……好吧！……”一样，以此来表示确定。那是1810年的笑声，是维也纳国会的笑声。亨利・亚当斯极想有机会中断一小会儿，上去问一问威廉・皮特和威廉顿公爵以前是否也这样笑，但是，为外国公使工作的年轻人根本不会问及有关帕默斯顿的问题，他们的上司也尽量避免提及。人们照例行礼，也照例被回以礼貌的一瞥，然后就被引荐给帕默斯顿夫人，她总是态度和蔼，不多费口舌，之后再以同样的方式被引荐给携女儿前来的乔斯琳太太，她的女儿倒总是说一些友好的话，之后，他会跟一大批外交界的人士见面，有布鲁南、马苏拉斯、阿齐格里奥、阿波里依、凡德韦尔、比尔、特里库皮等等，最后让自己掉进——在那里像他一样的陌生人——某位文学界奇葩的手里。这样的例行程序很少有变化，在那里没有人寻求娱乐。除了在最开始的两个季节，他们被完全孤立的那段时间里，甚至连秘书们也会发现这样的社交努力太机械化了，就跟圣詹姆斯大殿里的早朝一样。

帕默斯顿勋爵并不是外交大臣，虽然是内阁首相，但他却喜欢外交事务，而且抑制不住在外交事务中显示身手的欲望，就好像定要在惠斯特牌局中赢得一局一样。国外强国的公使们知道他的喜好，因此努力把他控制在可及的范围内，为了这一目的，他们必须奉承实际的外交大臣约翰·罗素勋爵，此人于1861年7月30日以伯爵爵位被选进上议院。通过某些私人联系，弗朗西斯·亚当斯公使成功地说服自己可以相信罗素勋爵，这比相信帕默斯顿勋爵要安全得多。他的儿子年轻冲动，觉得这两个人谁都不能相信。英国人也觉得这两个人没有什么差别，而美国人也一定会以英国人的性格去跟随英国人的经验。弗朗西斯·亚当斯公使有很多东西要学习，尽管对他和儿子来说，受教育的这几个月已开始有度日如年的感觉。

正如布鲁南所料，帕默斯顿勋爵最终发起了攻击，像往常一样出人意料，而且比一位二十四岁的秘书还要愤怒。只有在年轻时参加了特拉法尔之战的人，才可能鲁莽冒失，得意忘形到这种程度，但是，亚当斯公使不能理解这位年过八旬的年轻人的感受，同时发现自己置身于危险之中，他遇到的形势和他的许多前任者遇到的一样危急。那是1862年6月的一个下午，亨利·亚当斯作为私人秘书跟着公使参加完某个社交活动后回到家，看见父亲从办公桌上拿起了一个字条，默读了一遍，然后突然简短地说："帕默斯顿想要吵架了！"正如父亲感觉到的那样，这正是此次事件的重点。帕默斯顿想吵架！绝不能满足他，必须阻止他。"争吵"是巴特勒将军在新奥尔良始创的著名的女人秩序，而其产生的原因是他们相信林肯总统手段残忍，这样的想法已经深深地植根于英国人的思想中。公使了解帕默斯顿的喜好，因此理所当然地认为他是想要通过在众议院出示这样一张字条，好在外交事务上露上一手。如果帕默斯顿立即这样做，公使会不知所措，争吵必然成为事实，同时又会多一个人成为帕默斯顿追求声望的牺牲品。

那一刻让人紧张不已，就私人秘书亨利所知，那是美国外交记录中最为关键的时刻，但这个故事属于历史，不属于教育，任何想知道此事的人都可以去查阅相关资料。而作为亨利·亚当斯的教育的一部分，此事有着与历史完全不同的价值。他父亲成功地封住了帕默斯顿的嘴，没有造成流言蜚语，这对于公使本人来说是件很好的事，但是，对于喜欢去牛津之家的这位私人秘书来说就没那么好了，他不知道该如何调和各种矛盾。显而易见，帕默斯顿想引起一场争端，那么，为什么他会如此温驯地甘愿成为这场争端的牺牲品呢？在那张字条之后帕默斯顿和公使又通了一次信，信中帕默斯顿一方显得软弱无力，公使拒绝再接收来自对方的任何消息，除非通过罗素勋爵转交，以此来结束这场争吵，帕默斯顿便默许了。这一步非常有效，因为它中断了公开交往，同时也中断了私人联系，甚至这位私人秘书也不能受邀去牛津之家了。帕默斯顿夫人尽了最大努力，但这位女士除了流泪没有找到任何办法，她不得不疏导极度困惑的美国公使。并不是说弗朗西斯·亚当斯先生发了什么脾气，因为他从来没有感觉到这么重大的责任，而且从来没有像现在这么冷静过，但除了迫使罗素勋爵介入进来外，他想不出别的办法来保护他的政府，更不用说保护他自己了。他相信，帕默斯顿的屈服和沉默是因为罗素。也许他是对的，当时，他的儿子亨利对此也毫不怀疑，但后来他却感觉不那么肯定了。帕默斯顿想要发起一场争吵，他的动机显而易见，但是，当争吵发生以后，他却从中退却了，出于某种原因他似乎不想争吵了——至少那时是不想再争吵了。事发当时和以后，他从来都没有对亚当斯公使表示出愤恨，也再没有挑起过争吵。这似乎不可思议，但他的确表现得像一位认识到错在自己的教养良好的绅士。虽然这样的变化可能是由于罗素勋爵的反对，但这位私人秘书也许会在政治上得到些教育，如果他当时最终弄清楚，帕默斯顿到底是更生巴特勒将军的气，还是更生自己的气，两个人都做了件不可原谅的蠢事。

当时，还没有什么疑问，因为没有人怀疑帕默斯顿的态度或者他的计划。那个季节快要结束了，牛津之家也很快关闭了。公使馆的麻烦之多，已经不在乎公布更多。大多数英国人针对公使馆的敌对情绪已经恶化到非常激烈的程度，人们只能够等待看麦克莱伦将军能否带来些许慰藉。1862年这一年在亨利·亚当斯生命中是个暗点，他宁愿忘记这个阶段带给他的教育。他意识到，自己没交到朋友，也没结下仇人，但到了这一年快要结束时，他应蒙克顿·米尔恩之邀去弗莱斯顿，这让他受宠若惊。米尔恩做了许多针对年轻人的慈爱之举，这次邀请也是他的善举之一，而这也正是他之所以深受欢迎的原因。米尔恩把与人为善当作自己的职责，这一行事方式却遭到了其他人的批评，没有人去效法他。但是，一位心灰意懒、意志消沉的私人秘书自然会对他感激不尽，也从未忘记过他的善意，而第一次乡村之旅的价值主要还是在教育方面。虽然一般来说，乡村之旅大同小异，但蒙克顿·米尔恩绝对与众不同，他举办乡村聚会目的在于把完全不同的元素混合在一起。弗莱斯顿是一模一样的房屋格局，没有人会因为它的自然之美而来到这里，约克郡冬季的雾气因为缺少女主人而变得格外鲜明，女人们通常由于雾气不会去那里，因此，为了给十二月带来活力，米尔恩招来的那些性格迥异的客人除了让彼此感到吃惊外也无事可做，假如还有些什么事情能够让这样一些人吃惊的话。在这五个人中，只有亨利·亚当斯一人是乏味无趣的，也只有他一人没有增添一点儿智慧或者幽默，他只是作为听众，但他们需要一名听众，他也因此发挥了作用。在其余四人当中，米尔恩是最年长的一位，虽然外表另类，但也许还是心智最健全的一位，因为约克郡的理智是按照其自身标准来衡量的，假如不符合其他习惯的话，仅是米尔恩就会让这位波士顿和华盛顿思想仍然新近的美国青年人感到吃惊。他不会因为在书里读到约克郡人狂饮和赛马而惊讶，但是，假如人们要试图与米尔恩比肩，他会要求比对只有他自己才有的社会知识和文学知识。他试图和欧洲所能提供的所有人和事保持接触，他从所有可能的视角了解所有的人和事，主要是从幽默的角度出发。

他们中的第二位也有一定年纪了，他沉默寡言，举止文雅，是个非常和蔼的从事文学的绅士。米尔恩带亨利·亚当斯去他的房间换衣服准备吃晚餐的时候，停留了片刻，说了一些关于这位客人的事，他称这位客人是“科尔的斯特灵”。他简要的描述最终说明斯特灵只在一件事情上情绪激动，那就是对拿破仑三世的仇恨。在这一点上，亨利·亚当斯本人也很敏感，这让他奇怪，不知道那位苏格兰绅士会恶劣到什么程度。第三位是一位三十岁左右的人，亨利·亚当斯在帕默斯顿夫人家里见过，当时他的胳膊上还吊着绷带。他的身材和举止很可爱——几乎可爱到有几分可怜的程度，他具有某种严肃且温和的魅力，有着令人愉快的微笑，也会讲有趣的故事。他叫劳伦斯·奥利弗，刚从日本回来，在日本狂乱分子袭击英国公使馆时受了伤。他看上去头脑特别清醒，似乎非常适合生活在乡村的房子里，在那里，人人都很喜欢与他为伴，女人们都爱慕他。那时，他还没有发表《皮卡迪利大街》，也许正在写，但是，和所有围着外交部转的年轻人一样，他也投稿给《猫头鹰》。

第四位是个小男孩，或者外表看上去像个小男孩，不过事实上，他比亨利·亚当斯还大一岁。他的动作很像一只热带小鸟，高冠毛，长喙，行动敏捷，语速很快而且会说一些很幽默的笑话，跟英国任何一种云雀或夜莺都不一样，由于这一特点，在下一代人中有一位著名的年轻人后来就仿效他的样子，此人就是罗伯特·路易斯·史蒂文森。他还称不上是猫头鹰中的红色金刚鹦鹉，但很难找到常用的对比来形容他。米尔恩把他介绍给大家时，称他为阿杰诺·斯温伯恩先生，这个名字不说明任何问题。米尔恩总在挖掘新硬币，并努力让这些硬币得以流通。他挖掘出了亨利·亚当斯，但亚当斯知道自己毫无价值，也不能流通。米尔恩在亚当斯的房间里逗留了片刻，说斯温伯恩刚刚写了一些诗，还没发表，而且这些诗价值非凡时，亚当斯只是怀疑米尔恩还会再发现些什么，他是否也能偶然发现一位私人秘书身上也会有某些优点——他能做到这一点。

按照惯例，这五位男士坐在餐桌前，他们的仪态就如同往常在俱乐部里一样，没有女士共同进餐，既轻松又正式。谈话首先从奥利弗那里开始，他简单地讲述了自己戏剧性的经历，之后，话题就转移到其他方面了，直到米尔恩觉得是时候将斯温伯恩捧出来了。之后，终于，好像史无前例地，亚当斯获得了教育。长久以来他一直在寻求的东西，竟然在这里找到了，但是，他并没有因此变得更睿智，而只是更感惊奇。第一次他觉得坦然自在，因为其他人和他一样惊奇不已，而且这种惊奇的程度一直在加剧。这次聚会剩下的时间，都是由斯温伯恩一人表演，晚餐快结束时，这场独角戏显得愈加轻松自如，因为在1862年，即便没有女士在场，抽烟也是被禁止的，而客人们一般会去马厩或厨房里抽烟，但是，蒙克顿·米尔恩是一位得到许可的自由思想者，他允许客人在亨利·亚当斯的卧室里抽烟，因为亚当斯是一位不懂得礼仪的野蛮人，来自美国而游历德国，晚饭过后，就在亚当斯的卧室，大家或坐着，或躺着，听着斯温伯恩妙语连珠的长谈，直到深夜。在很长一段时间里，此前还是此后，亨利·亚当斯都没见过任何谈话能与之比拟，然而，他却曾经听过那个时代最精彩的谈话转述，读过所有时代谈话者的记录，在这些人中，似乎只有伏尔泰在谈话方式上最接近斯温伯恩。

对于类型不同但都见多识广的这三个人来说，面前的斯温伯恩完全是个与众不同的新类型，在他们看来，他独特、古怪、才华横溢，拥有让人捧腹的幽默，这些亨利·亚当斯都看在眼里，但他是否还有其他特点，恐怕就连米尔恩也不敢说。他惊人的记忆力，还有他的文学知识，包括古典的、中世纪的和现代的，都让人难以置信；索福克勒斯或是莎士比亚的戏剧，他都能倒背如流；他还熟知但丁、维永和维克托·雨果。他们不知道该怎样看待他抑扬顿挫朗诵的那些尚未发表的诗歌——《浮士德》、《四块棺材板》、《重负谣》——他高声朗诵，就好像那是《伊利亚特》。令人奇怪的是，最欣赏他的听众竟然只会写些漂亮诗句，比如“我们在小溪边漫步”，“她看来是众人所见者”，而且从不愿意用其他基调写诗，而米尔恩却能包容一切，包括一些像年轻的亨利·亚当斯一样的美国人，他们的标准是最僵化的，然而，斯温伯恩虽然与这些标准相隔十万八千里，但却能更多地通过他的幽默而非诗歌把所有的标准统一起来。他可以像写作英国四行诗一样轻松地写出希腊颂诗或者普罗旺斯歌谣，这样一个年轻人，作为斯塔布教授家的成员所经历的第一天，如果算不上高雅喜剧，也是一部具备专业水平且颇费心思的滑稽剧。

深夜，座谈会散场了，“科尔的斯特灵”想把一本放在书房桌子上的《罗莎蒙德女王》带回到自己的房间去，那是斯温伯恩发表的唯一一本诗集，亨利·亚当斯主动要求用他卧室里唯一的一盏灯送他下楼。一路上，斯特灵都在不停地惊叹，直到最后在楼梯口，他的想象达到了高潮，他停了下来，突然说：“他是恶魔与阿盖尔公爵的混合体！”

为了充分理解这个描述里面的精彩之处，一个审慎的批评家对两个人都应该有所了解，而亨利·亚当斯只知道其中一人——至少见过，但是，他明白，对于一位苏格兰人来说，这样的比拟意味着对未来的某种预示，超出英国人的经验，超自然，法国人称之为中世纪，或者中世纪的奇异轮回。斯特灵和米尔恩视斯温伯恩为天才，这让亨利·亚当斯得到了莫大的安慰。初次见面时，亚当斯差不多就失去了心理平衡，他试着把斯温伯恩想象成牛津的自然产物，就像伦敦的松饼和猪肉馅饼一样，吃了马上就会引起消化不良。这个波士顿人慢慢地醒悟过来，自己实际上遇到了一位真正的天才，虽然这个认识过程很缓慢，但他最终还是接受了这一点。

随之而来的就是伤感的反思，这伤感不是其天赋不容置疑的斯温伯恩造成的，而是源自这位波士顿人的思想，他的思想就是发挥到极致，也绝对不是中世纪风格的。在狂欢的沃尔帕吉斯之夜里斯温伯恩娓娓道来，人们感觉到了朗费罗和爱默生的恐惧，罗尼尔的怀疑和霍尔姆斯的幽默。一位年轻和害羞的私人秘书，对此又能做些什么呢？也许，本性善良的米尔恩会认为斯温伯恩可能会在斯特灵或奥利弗身上找到朋友的影子，但是，他绝不会幻想亨利·亚当斯会引起斯温伯恩的哪怕一点兴趣。亚当斯不可能让阿杰诺·斯温伯恩产生兴趣，就如同他不能让因克彗星对他产生兴趣一样。对斯温伯恩而言，他不过是一条蠕虫。天才的素质是几近终极的教育目标，因为在教育方面天才触及了人类的思维局限，但这可遇不可求，不可给予——甚至拿不出来。

斯温伯恩当场还对他进行了测试，用他最喜欢的一种方式，那就是维克托·雨果，对他来说，关于维克托·雨果的测验是最可靠最快速的标准。法国诗歌是能向外国人展示的最好不过的难题，它要求人们具备非常丰富的语言知识，就连法国诗歌朗诵也需要有极其敏锐的听力才能鉴赏，除非一名诗人兼具这两方面才能，否则，他就缺乏诗歌修养。很不幸，亨利·亚当斯两种才能都不具备。直到生命的尽头，他也从来没能怀着愉悦的心情听人朗诵法国诗歌，也没能在法国诗文里感受到威严，然而，他不愿意显现出自己在这方面很弱势，并且试图通过满腹激情地执意展示他对艾尔弗雷德·缪塞的钟爱来回避斯温伯恩的测试。斯温伯恩对此人完全没兴趣，认为缪塞徒有虚名，因此，亨利·亚当斯也未能让自己得以幸免。

假如自己拥有一个领域，能够使自己像缪塞甚或像雨果一样展翅悬空，那他一定会拿出来一两个本领，但是，他的教育以及他的耳朵都出了问题，因此他只好屈服。斯温伯恩又拿沃尔特·萨瓦基·兰道尔来测试他，事实上，这个测试也是大同小异，因为斯温伯恩在兰道尔的英语中所崇拜的那些品质，正是他在雨果的法语中所艳羡的东西，而亚当斯的失败还是那样让人厌恶，因为当他被逼得无路可逃时，他不得不承认，雨果和兰道尔两个人都让他觉得厌烦。再不需要做其他测试了，一个对雨果和兰道尔都没有感觉的人，是迷失了的人。

这样的判决是公正的，亨利·亚当斯从来都没有因此而申诉过。他知道自己味觉麻木，也知道自己嗅觉并不灵敏。感官和直觉上的迟钝让他觉得很羞愧，他知道自己不可能成为斯温伯恩的朋友，也许只会成为一个令人生厌的家伙，他经过多少个世纪的教育也不能达到斯温伯恩的水平，即便是技术层面上的鉴赏力他也做不到，但是，他经常会感到奇怪，不知道自己是不是真的没有任何值得让这位诗人认可的东西。这位有如昆虫一样的美国人一定高兴极了，以至于忘记了表达自己温和的尊敬之情，假如他知道如何表达尊敬的话，但这样的敬仰不值得任何人去接受。只有在法国，祈祷的态度才有可能被人接受；在英国，这样的行为是十分荒唐的。哪怕蒙克顿·米尔恩，这个体会到了雨果和兰道尔非凡才能的人，也跟这位美国私人秘书一样无助，不知道该如何和他们进行面对面的接触。十年之后，亨利·亚当斯在日内瓦大会上见到了米尔恩，他刚刚从巴黎赶到，不久前对雨果的拜访令他高兴得说个不停，“有人带我进了一个大房间，”他说，“里面有一些妇女和男士坐在靠墙的椅子上，雨果坐在一头的座椅上，没有人说话，最后，雨果严肃地提高嗓音，说出了下面这句话：‘至于我，我信上帝！’全场鸦雀无声，然后，一位好像在沉思的妇女回答道：‘多少惊人的事情啊！连神也信上帝！’”

即便怀着最诚挚的信念，人们在伦敦也不可能做这样的事，即便是那些演员们也没有演戏的天赋。这位私人秘书也不是完全缺少直觉，一到城里，他就直奔皮克林书店，找到了一本《罗莎蒙德女王》，而且，在那个时候——斯温伯恩如果不是在开玩笑，皮克林书店仅卖掉了七本。《诗歌集》的发行获得巨大的成功但也招来了诽谤，他从莫克松找到了第一版。如果他曾经犯过错并且怀疑过，那么他会彻底地忏悔并且在《卡里顿的阿塔兰忒》面前悔过，他一定愿意向斯温伯恩表达庄严的敬意，就如同米尔恩描述的那位妇女向雨果表达敬意一样，假如这样做能让这位诗人高兴的话。不幸的是，这样的敬意毫无价值。

三位年轻人回到了伦敦，各奔东西。亨利·亚当斯的交友兴趣到了极度迫切的程度，但是，米尔恩经常说“伦敦的这个季节就是认识熟人和失去朋友的季节”，人们之间没有彼此亲密无间的生活。他再也没有见过斯温伯恩，直到蒙克顿·米尔恩召集全部的弗莱斯顿人来支持他，让他主持“作家基金”的晚宴，那时，亚当斯发现自己就坐在斯温伯恩的旁边，当时他已经很有名了，但两个人的关系并没有更近一步。他们再没有见过面。奥利弗他倒是经常见到，全世界的人都认识他，也都喜欢他，但是，他也以世人都知道的方式消失了。“科尔的斯特灵”经过一两次努力之后，也从亚当斯的视线中消失了，他变成了威廉·斯特灵·麦斯威尔爵士。对于他美好的弗莱斯顿之行的唯一记录，也许还保存在圣詹姆斯俱乐部的登记簿里，因为在弗莱斯顿之行后不久，米尔恩就提议亨利·亚当斯成为会员，除非他的记忆力出了问题，那项提名还得到了特里库皮的支持，而且得到了劳伦斯·奥利弗和伊芙林·爱希利的批准。这个名单列起来有些奇怪，形形色色的人都有，但从整体上说，这名单表明了这位私人秘书正在进步。

The Education of Henry Adams

第十章

政治教训（1862）

在莫兰升任秘书之时，西沃德先生问亚当斯公使是否愿意让自己的儿子担任助理秘书，这是亨利获得的第一个也是最后一个政府公职。如果他真的接受这份看在父亲面子上才提供的职位，对父子二人而言，这种改变似乎没有意义。任何一个年轻人都多少能胜任助理秘书一职，但只有一个年轻人，在当时的情况下，能成为助理儿子。他一多半的职责是处理家务事，有时候耗时很久，常常需要摆脱政府公职的束缚。他的地位很不寻常，英国政府出于礼节而允许公使之子作为随员出入宫廷，但是，他从未跟随父亲左右，英国政府在容忍了五六年后宣布这项决定为非正式的。在公使馆，作为私人秘书，他要承担私人秘书的工作。在社交圈里，在正式场合中，他是公使的随员，在非正式场合中，他是一个没有任何地位的年轻人。随着时光的流逝，他开始意识到自己没有什么地位，只是作为一个年轻人而获得种种好处。他渐渐希望成为一名绅士，像其他人那样成为社会圈里的一员。他的地位都是非正式的，当时，很多地位都是非正式的，但是，这样的非正式地位可以给予很多非正式的教育，看来就是年轻人将要得到的唯一一种教育。

事实就是如此，别的年轻人学到的也不比他多。1863年的春天和夏天，国务卿西沃德对外交事务的处理方式发生了重大变化。在危机的刺激之下，他也受到了教育。他终于感觉到，他在海外的官方代表们需要支持。从官方角度上看，除了一些往来信函，他也给不出什么其他支持，而这些信件对任何人都没有太大价值。即使在最好的情况下，仅凭一个办事处的力量也是很难影响公众的。政府就是与政府打交道，不与任何个人或者国外社交圈的看法产生任何交集。为了影响欧洲的看法，美国人的意见必须通过私人途径才能发挥效力，同时必须以美国的利益为依托。西沃德先生兴致勃勃地开始工作，将他能够差遣调动的每一位重要的美国人派往国外。所有来公使馆的人彼此都多少有些私人关系，亨利·亚当斯都有机会见到他们，无论是银行家还是主教，他们默默地工作，而且干得很不错，尽管在外人看来，他们所做的努力似乎是徒劳无功，“有影响力的阶层”比以往更固守偏见。然而，徒劳无功只是表面现象，所有的努力最终都没白费，同时它还有助于教育。

在这些人当中，有两三个是被派来协助公使并与私人秘书合作的。他们之中最有趣的是特罗·韦德，他来做了私人秘书本人两年前尝试要做的事，孩子气十足，不知道自己的权力所在。韦德先生分管媒体事务，令秘书们又好笑又吃惊的是，他一开始就犯下一个公使馆里已经习以为常的、每个业余外交官都无法避免的错误——他向《泰晤士报》写信。不管错误与否，韦德先生很快就掌控了管理上的诸多头绪，悄无声息而顺顺利利地把该办的事都办好了。私人秘书对韦德的工作不感冒，反而对他这个人感兴趣。特罗·韦德完整地体现了美式教育，他的思想天生就很坚定，而且极其平衡。他从不发脾气，就心底善良，单淳朴实的风格而言，他的行为举止堪称完美，颇有本杰明·富兰克林的风骨，他是政治性管理和耐性策略的典型代表。但是，唤起私人秘书热情的是他那种不可阻挡的、征服一切的自信心。在教育花园的众多花朵里，信心之花变得越来越罕见。但是，在韦德先生离开之前，年轻的亨利·亚当斯不仅十分温驯地追随他的脚步——长期以来，温驯已经成为一种盲目的本能，而且还带着赞赏和喜爱，犹如一条小狗。

这种赞赏不仅仅是因为韦德先生的管理技巧，尽管亚当斯从未遇到过一个比他更善于管理的大师，或任何一个能够与他不相上下的人，这种信心也不是因为韦德先生无论是在道德上还是在社交上所表现出的职业精神，那种让犬儒主义惊骇和甘拜下风的品质是韦德先生显而易见的大公无私。在任何一个能掌控如此权势的人身上，亨利·亚当斯从未看到过这种无私。权力和名气对所有人的影响结果都是自我无限膨胀，像一个肿瘤，只有在吞噬了受害人的同情心后才能消除。那是一种病态的胃口，令人想纵情狂饮或不惜尝新猎奇。无论用多么激烈的言辞也很难表述它所刺激出的极度自我，但韦德先生却是个例外，他是一个罕见的具有免疫力的人。他完全没有考虑自己，只顾考虑谈话对象的感受，他自然而然地把自己放在幕后。他从不嫉妒，攫取权力，但并不玩弄权术。他将很多权力分配给他人，并不自己独占。他有国王般的禀赋：给予，但不接受。与听命于他的那些政治家相比，他卓然不群。私人秘书亨利·亚当斯从未在那些政治家身上发现这种大公无私的品质。亚当斯的好奇心被点燃了，当他试图一探究竟并用韦德先生所经历的故事教育自己时，他发现这种学习更加令人着迷。韦德先生是一个管理天才，他看重追求目的本身，就像一个人在打扑克牌那样。但是，他跟人们打交道的时候，似乎只是把他们看成一副牌，而他自己并不是其中的一张牌。他拿到这些牌，并根据每张牌的面值开始玩牌。但是，他曾经有一次用他惯有的幽默讲述了他政治经历中的一些趣闻，连奥尔巴尼的活动家们都会感到很刺激，那时，私人秘书大胆对他直言："那么，韦德先生，你认为没有政治家值得信赖吗？"韦德先生犹豫片刻，然后用他温和的口吻回答道："我从不建议一个年轻人刚出道时就这样想。"

当时，亚当斯认为，从道德意义上而言，好像韦德先生的这个课堂回答可以自动翻译成“年轻人需要一些幻想”！等他年纪稍大一些，他认为韦德先生把这个问题看成是一个游戏规则的问题。年轻人最缺乏经验，如果他们拘泥于常规，就不能玩好游戏。每张牌都有其价值所在，各种准则最好放置一旁，只要有价值就够了。亚当斯知道，他永远学不会用如此娴熟的方式玩弄政治：他的教育经历和神经系统都不允许，尽管他很羡慕那些玩弄政治的老手所表现出的那种无以伦比的毫无个人情绪的能力，这样才能在游戏中抹去自我和脾气。他注意到，历史上很多伟大的政治家都好像把大众视为计数器。同时，这种课程随着另一位著名纽约客的到来而更加趣味盎然，此人也很喜欢这个话题。国务卿西沃德派威廉姆·麦克斯韦·埃瓦茨来伦敦担任法律顾问，亨利与他相识后不久，两人就成为密友。韦德是一个没有个性的人，而埃瓦蒋却很有个性。像大多数人那样，他很少关心游戏本身或者游戏规则，而更在乎胜利的奖赏，不过他喜欢用豁达和不拘一格的方式玩游戏，与丹尼尔·韦伯斯特一样，是一位“政治场上的伟大鼓吹家”。在道德消费上他也是很节俭的人，对他而言，问题在于一个人能负担得起多大程度上的道德品行。“这个世界只能接纳一定剂量的真理，”他说，“剂量过多，就会一命呜呼。”一个人寻求教育也就是为了掌握好这个剂量。

韦德和埃瓦茨的言传身教都很实用，私人秘书的生活验证了他们的真知灼见。英国接纳真理的能力非常有限，英国人，诸如帕默斯顿、罗素、巴瑟尔以及以《泰晤士报》和《晨报》为代表的社交界，还有以迪斯雷利、罗伯特·塞西尔勋爵为代表的托利党人和《标准晚报》，都是值得一学的教育素材，但私人秘书对他们却不胜其烦，倍感焦躁。与韦德先生的建议正好相反，他从一开始就把这些人的恶念视为理所应当的。他错了吗？找到这个问题的答案成为他不辞劳苦、孜孜以求的外交教育中最主要的目标，其代价已经令人骇然，也许将演变成毁灭性的。一个人的生活改变了方向，相应地就会思考自己打交道的那些人，究竟是正人君子还是流氓无赖。

当时，私人秘书很郑重地确信自己面对的是一些不诚实的人，致使他得出如此结论的诸多原因却并不会致使他父亲也那样认为。当然，父亲的很多疑惑也严重动摇了他自己的判断，但是，在工作中，仅仅出于安全的考虑，公使团很少或完全不信任英国的那些部长，私人秘书的外交教育由此开始。承认交战国地位，策划巴黎宣言，特伦特号事件，所有这些都让人更确信，罗素勋爵从1861年5月就开始认定南方邦联政府已经成立，他走的每一个步都证实了他一贯的看法。他从不愿意在承认邦联政府的问题上设置任何障碍，只是在等待一个合适的时机得以介入美国南北之战。这些看法已成定论，不言自明，公使团中没有人去质疑，甚至加以探讨，只有一点例外：罗素勋爵仍顽固地否认这些指控，坚持向亚当斯公使保证自己的真诚和不偏不倚的中立。

带着年轻气盛的傲慢，亨利·亚当斯立刻得出结论：罗素勋爵和其他政要一样谎话连篇。尽管亚当斯公使不这样认为，但他在采取行动时也要假定罗素在撒谎。几个月来，事情按照推算好的步骤徐徐而来。一个年轻人很难有这样的机会，亲历政治和外交教育中的顶级课程。世界上费用最高的老师们为他上课，而由政府来买单：帕默斯顿勋爵、罗素勋爵、韦斯特百利勋爵、塞尔伯尼勋爵、格莱斯顿先生、格兰维尔勋爵及他们的助手们是由英国政府付费，威廉姆·H. 西沃德、查尔斯·弗朗西斯·亚当斯、威廉姆·麦克斯韦·埃瓦茨、特罗·韦德和相当数量的专家们由美国政府付费。但是，提供如此强大的一支师资队伍，却只有一个学生能够从中受益，只有这位私人秘书一人在追寻教育。

直到晚年，他仍在反复回味当时接受的那些课程。没有什么演算推理比这更错综复杂，与此相比，黑格尔形而上学中的对立统一辩证法更简单易懂。但是，演算的步骤却清晰明了。事情始于1862年6月，从一艘叛乱的巡洋舰逃脱后，亚当斯公使对即将发生的“第290号巡洋舰叛逃”提出了抗议，罗素勋爵拒绝就此证据采取行动。每隔几天就有新的证据出现，7月24日，随之而来的是科利尔从法律角度发表的意见：很难找出一个事件像这次一样严重违反《海外服役法》，如果该法此时不产生效力，就形同虚设。这样的言辞几乎可以视为一种指控，谴责那些与叛乱方相互勾结，意在帮助南方邦联的做法。尽管如此，罗素勋爵无视这种警告，四天之后，听任这艘巡洋舰出逃了。

年轻的亨利·亚当斯对法律知之不多，那是比他更聪明的人的事业，他对法律的看法有赖于他对律师的看法。虽然特罗·韦德有言在先，但是，一个人能在政治中负担得起相信人性本善的代价吗？历史回答说，不能。罗伯特·科利尔爵士似乎认为，法律依历史而定。从教育意义上而言，这一点至关重要。如果一个人无法信任世界上最值得尊敬的、堪称英国女王股肱之臣的十几个人，那么就无法相信任何一个有血有肉的人。

罗素勋爵感觉出了这种推断的力量，开始予以反驳，直到自己生命的结束。起初，他为自己开脱，把过错归咎在法律人员身上。这是政治家的惯用伎俩，律师们对此坚决予以了驳斥。接着，他承认自己犯下玩忽职守的罪责，在他的回忆录中写道："我完全同意国会大法官的意见，'阿拉巴马号'应被扣留四天以等待法律方面的专业意见。但是，我认为，错误不是海关专员造成的，而是我身为外交大臣所犯下的。"这样的让步令所有当事方都满意，错误当然是他犯下的！真正关键的不是他犯错了，而是他有意为之。对于一个在政治中接受教育的年轻人而言，历史一再证明，连续不断的错误意味着始终如一的动机。

对他父亲来说，问题没有这么深奥，这不过是一个需要处理的政治事务，就像韦德和埃瓦茨处理他们的生意和工作一样。亚当斯公使秉持简便的理念：整体而言，罗素是真诚的。这样的理念让他信服，至死不变。他的儿子在寻求教育，想知道在政治中，他能否冒险信任一个人。不幸的是，没人能在当时就做决定，没人知道事情真相，亚当斯公使直到逝世也未能了解真相。等亨利·亚当斯多少了解到真相之时，已经到了比1862年的父亲还要年长的年纪。甚至在当时，最让人不解的是，罗素认为自己是善意的，阿盖尔也这样认为。

阿盖尔流露出将过错归咎于巴瑟尔、韦斯特百利勋爵和大法官的意图，但是，这种开脱对亚当斯毫无帮助。相反，它让罗素的问题更复杂化。在英国，一半以上的人喜欢向帕默斯顿勋爵身上扔石块，而另一半人喜欢向罗素勋爵扔泥巴，但每个阵营的人都一致将手中利器投向韦斯特百利。私人秘书对他毫无疑问，因为他从未装出道貌岸然的样子，他是整个叛舰出逃事件辩论中的头脑和核心，他对中立的看法如他对道德的看法一样明了。私人秘书与他没有什么交往，并对此感到遗憾，因为韦斯特百利勋爵的机敏和智慧很是了得。但是，就他所展示出的权力而言，他证实了“政治中无人可以信任”的法则。

只有罗素坚持自己用意真诚，诱劝公爵和公使相信他。公使团的每一个人将他的信誓旦旦当作唯一可以敢于信任的判断，他们知道他希望叛乱者最终获胜，但相信他不会主动介入以决定这种胜利。他们把自己在英国多待一天的渺茫希望寄托在这一点上，除此别无其他依靠。亚当斯公使在英国继续常驻了六年，然后返回美国，过着忙碌的生活，直到1886年去世，他仍然相信1878年离世的罗素勋爵。1889年，斯宾塞·沃波尔发表了罗素勋爵的《任职纪要》，讲述了亚当斯公使根本不了解的一些内幕，他的儿子为之震惊，满心焦虑地想着，如果父亲知道后会如何评价。

事情是这样的，正是在罗素承认玩忽职守的1862年7月28日，“阿拉巴马号”出逃了。在美国国内，北方联邦军队在里士满遭到重创，在8月29—30日的第二次布尔西战役中也惨遭失败，这些消息于9月14日传到英国，自然也激发了危机迫在眉睫的念头。叛军接下来就盼望着接到华盛顿或巴尔的摩沦陷的消息。帕默斯顿立刻于9月14日致信罗素：如果事态如此发展下去，我们是否应该适时考虑，在这种情势下，英国和法国也许可以就交战双方的称谓达成一致，可以提议一种以分裂为基础的处置之法？

这封信体现了帕默斯顿一贯的主张，公使团的任何人听到了都不会感到惊讶。的确，如果李将军占领了华盛顿，没有人会谴责帕默斯顿提出的干涉。对一个追寻能够判断政治家道德标准的年轻人来说，是罗素的回信而不是帕默斯顿的信让他痛苦到无法忽视：

1862年9月12日于德国哥达

亲爱的帕默斯顿：

无论联邦军队是否被摧毁，很明显的是，它被逼退到华盛顿，在平定叛乱各州方面毫无进展。既然如此，我同意你的看法，现在是时候向美国政府提出调停，希望它承认南方邦联独立。我进一步认为，如若不然，我们自己应该承认南方各州为独立国家。由于此举非同小可，我认为我们必须召集一个内阁会议，我23日或30日均可出席。

如果对此意见一致，我认为，我们应该首先向法国提出这个建议，然后，再以英法的名义，向俄国和其他国家提议，依我们的方案行事。

我们应该确保自己在加拿大的安全，不是通过增派军队，而是要在冬季到来之前，把我们现有的驻军集中在几个重要防御关口……

由此，教育中的实际困难完全暴露无遗，这是一个学生根本无法克服的。这种困难不仅是理论上的，也是学识上的，甚至也不是缺乏经验所致，而就是人类本性中的混沌不清。罗素勋爵的政策一以贯之，他完全以坚定的决心来承认南方邦联，意在与联邦政府决裂。他9月17日的信函直接表明了他对“阿拉巴马号”叛逃的鼓励和对叛乱海军的袒护，而他的全盘计划可以从1861年5月13日承认交战国地位的声明中找到根源。这个政策完全是经过深思熟虑的谋划，但它缺少不了三个著名人物的蓄意欺瞒：帕默斯顿、罗素和格莱斯顿。但是，这种蓄意欺瞒一涉及到罗素，罗素本人就予以否认，阿盖尔、福斯特和美国大部分的英国朋友，包括弗朗西斯·亚当斯公使在内，也都不相信。如果公使看到9月17日的那封信函，该作何感想呢？他的儿子很想知道，但他更想知道的是，如果公使看到帕默斯顿9月23日的回信又将作何感想：

很明显，华盛顿的西北部正在进行一场激烈的冲突，其结果必将对国事产生重要影响。如果联邦再次受到重创，他们就会立刻准备接受调停，我们要趁热打铁。如果，万一他们占了上风，我们就应该等待一段时间再作决定。

角色完全颠倒了。罗素所写的正是大家料想中的帕默斯顿的想法，只是措辞更激烈，而帕默斯顿所写的，正是大家料想中的罗素的想法，只是措辞更温和。私人秘书的看法完全错误，连他自己也不觉得很惊奇，但如果他知道这些密谋者之间对彼此的意图也并不比公使团知道得更多，他一定会感到震惊。最受信赖的内阁大臣是格兰维尔勋爵，罗素接下来向他致信。他立刻答复，坚决反对承认南方邦联，罗素把他的回信给帕默斯顿看，帕默斯顿10月2日回信，建议再等等美国的最新消息。同时，格兰维尔给另一位内阁大臣致信，就是爱得利的斯坦利公爵。这封信四十年后在《格兰维尔的传记》中（第一章，442页）公诸于世。对私人秘书而言，这是整个政治教育中最令人费解而又最有教育意义的纪念品：

我给约翰（罗素）的信中申明了现在承认南方邦联还不成熟的种种原因。但是，我想你们仍会做出这个决定。帕（默斯顿）、约翰（罗素）和格莱斯顿都会支持这个决定，也许纽卡斯尔也会支持。我不知道别人的意见如何，对我而言，这个决定是一个严重的失误。

在内阁十几位大臣中，格兰维尔是消息最灵通的一位，也只能指出三个人会支持承认南方邦联独立。甚至私人秘书也知道这几个人，或者更多人。并非年轻人和无足轻重的人才会无知，才会盲目。格兰维尔的信只说明一点：他对这个内定的政策或阴谋一无所知。如果真有阴谋，那么仅限于帕默斯顿、罗素、格莱斯顿，也许包括纽卡斯尔。事实上，公使团当时就知道所有该知道的东西，教育的真正缺陷在于过分猜疑。

到10月3日的时候，安提塔姆的战况和李将军撤退到弗吉尼亚州的消息传到伦敦，《废奴宣言》也随之传来。如果私人秘书知道格兰维尔和帕默斯顿所知道的信息，那他就能确信，危机已经过去了，至少可以安定一段时间。任何稍有常识的人都会告诉他，不必再担心阴谋诡计了。对教育实践而言，这样有意义的课程也值得一学。但是，一个新角色突如其来地闯上这个舞台，一通狂言乱语让罗素看上去似乎很明智，而所有的教育都显得纯属多余。

这个众所周知的新角色就是时任财政大臣的威廉姆·E. 格莱斯顿。如果在政治领域内，有一种观点是牢固的，一种价值是明确的，一种因素是严肃的，那就非英国财政部莫属。活着的人中，如果有谁能在不可抗拒的利益面前保持清醒头脑，那应该就是执掌英国财政大权的人。如果教育有一丝价值可言，那它也是完全体现在格莱斯顿的身上，他所接受的教育堪称全英国之最。如果亨利这个可怜的学生从其他人那儿得不到任何教益，跟他学就足矣。

这就是他学到的！帕默斯顿9月24日知会格莱斯顿关于干预美南北之争的提议，称"如果我没搞错的话，你应该会赞同如此行事"。格莱斯顿次日就回信，称"他很高兴听到首相的提议。基于两个原因，他希望这一提议加快速度：第一，南方军队接连获胜和同情南方各州的区域不断增加；第二，兰开夏郡之类的棉花产区开始急躁并失去耐心，极有可能影响我们提出干预的庄重体面和大公无私"。

如果这个困惑不解的学生看到这封信，他一定会因此认为，英国培养出的最有教养的政治家简直完全失控地在胡言乱语。这样的想法可不是一个私人秘书可以随便说说的，但这已无关紧要。格莱斯顿就此与帕默斯顿和罗素一起对干预美国内战做出安排，他从9月25日至10月7日对这个问题思考了整整两周时间，当时，他将要在纽卡斯尔的一个重要晚宴上发表演说。他决定用他个人和他的职位所能带来的所有力量，宣布政府的干预政策。他并非突发奇想，而是经过了深思熟虑，直到最后一秒仍在思考中反复权衡。10月7日早晨，他在日记中写到，"还在想着如何谈兰开夏郡和美国之事，因为这两个问题都很关键。"当日晚宴上，长久的思考终于有了成熟的结果，他从容地宣告如下名言：

我们很清楚，北方各州的人们还没有喝到杯中的喜庆之酒，他们仍然把杯子举在嘴唇够不着的地方，但是，世界各国人民都能看出，他们最终一定会饮尽这杯酒。关于奴隶制，我们也许有自己的看法，我们也许支持或反对南方各州，但毫无疑问的是，杰弗逊·戴维斯和其他南方领导人已经建立了陆军，事实上，他们正在组建一支海军，更为重要的，他已经缔造了一个国家。

四十年后，回首这一往事，他痛苦地追问自己，一个寻求教育的年轻人从这位举世闻名的大人物那里所上的这一堂课中究竟能学习到什么。在激愤难当的时刻，他得出了一些道德上令人难以接受的结论：它们是不正确的吗？如果直接把它们当作行为准则，可能导致最糟糕的实践。就道德而言，一个人看不出格莱斯顿和拿破仑之间有多少不同之处，拿破仑甚至还更高一筹。私人秘书什么都看不出来，只是按照这些老师们呈现出的面貌予以接受，学习着这些可以学到的政治道德。他需要适可而止，感到自己的政治教育即将告一段落了。

人人都是这样想的，整个城市都陷入一片混乱。任何一种聪明的教育都应该适时结束，这样，他才能感到不那么犹豫不决，才能面对一个更确切的世界。古老又有逻辑的剧目要求前后一致，意思连贯，但是，现实中的剧目却毫无章法，令人费解，甚至都没有一处错综复杂的剧情。当格莱斯顿的演说落下帷幕，谁都有权认为，这场戏已经落幕了，没有人相信好戏即将开始，亨利·亚当斯痛苦的一课终于可以抛之脑后了。

哪怕经过了四十年，大部分人还是很难相信此事，他们仍然坚持认为格莱斯顿、罗素、帕默斯顿在这场戏剧性十足的事件中出演反面人物，格莱斯顿不光彩的形象尤其突出。一国政府的大臣如果是负责的，就绝不能对另一国政府使用“必须”这个词，他却这么用了。没有人比他更清楚地知道，他和他的下属们以及利物浦的同伙们正独自“组建”一支反叛的海军，杰弗逊·戴维斯基本与此无关。作为财政大臣，内阁中他最有兴趣知道帕默斯顿、罗素和他自己可以联手共同发出呼吁，下周就承认南方邦联建国，也完全知道南方的领导人根本无望建国，除非他们施以援手。这样的想法是当时所有人都会想到的，时间越久就越是能站得住脚。在充斥卑劣欺诈的政治史上，从来没有比这样一种现代文明社会中的强盗行径更恶劣的事件。事实证明，此举甚至激怒了帕默斯顿，他立刻让乔治·路易斯爵士驳斥这位财政大臣，同时让听命于他的媒体指责格莱斯顿，帕默斯顿绝不允许被格莱斯顿牵着鼻子走。

罗素没有表现出类似的反对，如果他赞同帕默斯顿，也是因为附和了格莱斯顿的意见。虽然他刚刚像传教士那样到处宣扬不干涉意大利的福音，却像维也纳大会的传声筒一样四处鼓吹干预美国内战。10月13日，他呼吁召开内阁会议，讨论“欧洲有责任，以最友善和温和的方式要求美国南北方同意停战协议”。当其时，弗朗西斯·亚当斯公使虽然深感不安和极度焦虑，却没有流露出一丝惊慌，并且有意延迟要求对方予以解释的行动。对格莱斯顿愤怒之声日益高涨，因为人人都明白，内阁将于10月23日开会，到时候一定会形成对美国政策的决议。里昂勋爵将赴美行程延期至10月25日，显然是为了等待即将于10月23日形成的决议。当弗朗西斯·亚当斯公使终于要求照面，罗素将时间约在10月23日。直到最后一刻，罗素每一个行为都还在表明，在他看来，对于是否干预仍然处于疑虑中。

在会谈中，亚当斯公使暗示自己需要得到一个说法，他平静地看着罗素，此次会谈纪要这样写道：

罗素勋爵很快领会了我的暗示，虽然表露出了一丝尴尬。他说，格莱斯顿明显受到人们很深的误解，我一定在报纸上看到了他事后予以澄清的那些信函。像所有英国人一样，他对关于美国内战性质这类的公共事务有自己的见解和看法，这很正常。公众人物在他们的公开演讲中表达看法在英国也颇为流行，但是，就格莱斯顿的所作所为，他也不便予以否认。然而，罗素勋爵根本没有意识到他的这些言辞，已经非常明显地意在为干涉美国事务寻找合适的借口，从他的言辞中也可以看出，英国政府现在有意要采取新政策……

一个试图学习自由政府中政治如何运作的学生禁不住长时间地琢磨，他可以从罗素勋爵为格莱斯顿先生所做的“说法”中得出什么道德准则。政治生活中的首要课程就是能否相信或信任任何政治家。在抄录1862年10月24日的急件时，私人秘书自问，父亲是否相信或应该相信罗素表露出的所谓“尴尬”。“真理”三十年后才揭晓，但是，结果似乎与罗素勋爵的言辞恰好相反。格莱斯顿的演说正是源自罗素本人的干涉政策，其演说别无他意，正是为了宣扬“政府有意采取新政策”。罗素勋爵从来没有否认过格莱斯顿，尽管帕默斯顿勋爵、乔治·路易斯子爵立刻予以了驳斥。这位好奇的学生对这个谜一样的事件所能得出的结论就是，格莱斯顿正好说出了罗素的心声。

作为政治教育，这一课将会非常关键，将决定政治生活的规则。所有这些绅士都有无以伦比的体面尊严，如果不能信任他们，政治的真理也许可以被视为谬误而忽略不计。因此，这个学生感到必须要想出个所以然，让这个事件可以符合常理。亚当斯公使也有这样的感觉，他直截了当地告诉罗素，虽然他也“愿意不追究”格莱斯顿“有任何主观故意的恶劣后果”，但他必须指出的是，格莱斯顿的言行完全无误地表现出了主观恶意。这一指责更是直接尖锐地击中了罗素的隐秘政策，自然也谴责了格莱斯顿对这一政策的公开支持。对此，罗素的回应可谓尽善尽美：

> ……勋爵尽可能谨慎地回答说，帕默斯顿和其他内阁成员对格莱斯顿的演说表示遗憾，格莱斯顿本人并非无意尽自己所能对由此产生的误解予以纠正。内阁成员仍然倾向于坚持完全中立的原则，让美国的此次冲突顺其自然地结束而不加任何形式直接或间接地干涉。但是，随着时间一月又一月的推移，他也说不好未来形势会发生什么变化。我认为他提及的中立政策是令人满意的，由此问道，我能否把他的话理解成目前还没有改变中立政策的任何动议。他给出了肯定的回答……

除此之外，亚当斯公使根本一无所知。他保持自己的观点，认为可以信赖罗素，但不能信赖帕默斯顿。这是一个外交传统，俄罗斯的外交官尤其对此深信不疑。也许它是对的，但是，它对私人秘书没有任何教育意义可言。与泰然自若、由来已久、开诚布公的道德败坏相比，像猫爪般受人利用而火中取栗的愚蠢至极也好不到哪里去，哪一种都没什么道理可言。

没有人会告诉公使，仅仅几个小时之前，罗素勋爵已经要求内阁干涉美国内战，而内阁也已经拒绝了他的要求。公使受到误导，以为内阁会议并没有召开，决议也是非正式的。罗素的传记作者写道：“根据（罗素10月13日的）这份工作备忘录，10月23日将召集全国各地的内阁成员开会。但是……内阁大臣们质疑是否应采取行动，或者当时就立刻采取行动。”纽卡斯尔公爵和乔治·格雷子爵与格兰维尔一起表示反对。就目前所知，罗素和格莱斯顿完全处于孤立，“这些因素阻止了事情的进一步发展。”

到此时为止，仍然没有人断言这个决定是正式的。也许，内阁的一致反对使正式的内阁决定成为不必要的行为，但有一点可以肯定，在这个决定做出的一两个小时之前或之后，“勋爵（对美国公使）说政府的政策就是严格秉持中立立场，静候事态发展。”但亚当斯公使对这样一个肯定性的保证并不感到满意，进一步追问：“我问他：‘我是否可以理解为英国对美国的政策至少目前不会发生变化？’他回答说：‘可以！’”

四十年后，约翰·莫利在《格莱斯顿生平》中关于此事的评价也许能让公使和私人秘书都兴趣倍增，“如果保持中立的说法是准确的，”莫利在谈到当时的一种正式的、从未被质疑的官方说法时这样说道，“那么，外交大臣罗素并没有执行严格的中立政策，因为他没有放弃外交官所谓的‘斡旋’”。作为政治中的重要一课，罗素关于何为中立的言辞并不是这个学生所关注的，他只是关心罗素的动机何在，只关心他所谓的中立政策除了旨在欺骗美国公使，是否还有其他什么企图。

在坟墓中，一个人可以尽情而慷慨地大发善心，也许罗素就能非常诚实地想让他的私人朋友亚当斯先生放宽心，但是，对于一位仍然活在世上却不谙世事的人而言，这仍让他疑云重重。不管他对公使做了怎样的事情，罗素彻底欺骗了这位私人秘书。放弃干涉政策并不是10月23号确定的，仅在次日，即10月24日，格莱斯顿就致信给乔治·路易斯，坚持英国、法国和俄国有介入之职责，应以“道德权威和实力，表达出文明世界对美国内战当前状态的意见”，一切都悬而未决。通过一些手段，法国皇帝并非偶然地认为，自己的影响力也许可以扭转形势。在罗素做出“可以”保证仅仅十天之后，法国皇帝就正式邀请他说“不可以”。罗素也早就想这样做了。11月11号，英国再次召开了内阁会议，这一次，格莱斯顿本人通报了辩论情况：

11月11号。我们今天召开了内阁会议，明天继续开会。我担心我们应尽量少插手或根本不插手美国事务，但我要明确地告诉诸位，帕默斯顿和罗素勋爵是对的。

11月12号。美国事务已了结，但没处理好。罗素勋爵临战而逃，没有奋力一搏就退出了。虽然我们目前拒绝进行干涉，但还是有一些缘由和条件让美国事务的处理方法在未来有很大的活动空间。

11月13号。我觉得法国人可能会把我们就美国事务的拒绝答复公诸于众，至少有这种可能性。但是，我希望他们不会把这个答复视为一种绝对性拒绝，他们无论如何也不要认为可以自作主张。有一点将会显而易见，那就是，我们与他们的意见是一样：战争应该平息。帕默斯顿对罗素的提议只是给予了微弱而半心半意的支持。

这位私人秘书一直关注此事，四十年之后，当所有当事人都已不在人世，只有他一个人活着的时候，这位1862年担任私人秘书一职的人看上述文字记载看到几乎麻木，并急忙与约翰·海依讨论，后者比他还要震惊。当时，人人都有着不同的前进方向，人人都误判了当时的形势，选择了错误的道路，得出了错误的结论，谁都不了解事实真相。如果当时不做任何一个结论，可能还更好些，外交教育是一个费时长久的错误。

对这位1862年学习外交事务的学生而言，这个独特的问题当时呈现出的一系列进展如下：9月14日，帕默斯顿以为总统将被赶出华盛顿，波托马克的军队将被解散，因此，向罗素建议，鉴于这种情形，干涉也许是可行的。罗素立即回答说，无论在何种情况下，他都赞同干涉并应为此召开一次内阁会议。帕默斯顿犹豫，罗素坚持，格兰维尔抗议。与此同时，叛军于9月17日在安提塔姆被击溃并被赶出马里兰州。接着，10月7日，格莱斯顿试图迫使帕默斯顿接受干预已经成为“既成事实”，以此束缚其手脚。罗素表示赞同，但帕默斯顿推出乔治·路易斯爵士抗衡格莱斯顿，并利用媒体大肆抨击格莱斯顿。恰在此时，罗素试图召集内阁会议以便将格莱斯顿的主张变为现实。10月23日，罗素向亚当斯公使保证，现在还没有改变政策的提议。同日，他提出了改变政策的动议，但立刻被否决了。拿破仑三世随即以罗素和格莱斯顿同盟者的身份出现，但他的提议没有任何意义，只是送给帕默斯顿的一个贿赂：恢复美国在世界范围内对欧洲由来已久的依赖，恢复英国的海上霸主地位，只要帕默斯顿能够在墨西哥支持法国。这位学习外交事务的年轻学生了解帕默斯顿，想当然地以为帕默斯顿会鼓动并支持法国皇帝的提议。他也了解罗素和他与辉格党的一些旧事，认为罗素一定会予以反对。他了解格莱斯顿及其高尚的原则，他毫不怀疑地以为格莱斯顿会予以强烈谴责。如果教育有丝毫的成效，那么，这就是一位训练有素的学生实际上可以想到的关于这些人物的唯一解读，而历史上，十之八九的人都会这样想。事实上，每一种评估都是错误的。帕默斯顿从来没有表示过欣赏这个提议，只给出“无力和半心半意的支持”。罗素没有“奋力一搏就退出了”，唯一坚毅、狂热和顽强斗争的，能够代表罗素、拿破仑和杰弗逊·戴维斯的人就是格莱斯顿。

别人可以嘲笑一个年轻人的过错，但对他而言，如果错误地理解了这一课，那他一生中最美好的那段时光就虚度了。亨利·詹姆斯还没有教会世人，阅读就是要在类似取火镜的聚光作用下，看出同一个人物的各个侧面发出不同光芒，这才是乐趣所在。当时的心理学研究还很粗浅，不管是最糟还是最好的时候，英国人的性格从来都不是细腻纤巧的。当然没人会认为，这位研究帕默斯顿、罗素和格莱斯顿的学生感到困惑是因为其复杂性。在非常强烈的光线下，人性看起来总是十分复杂，而且充满矛盾。但是，英国的政治家总体而言似乎是最不复杂的一群人。

这些绅士并不复杂。相比之下，也许只有迪斯雷利这个人可谓复杂，但是，帕默斯顿、罗素和格莱斯顿的欺骗性只是在于其简单直接。罗素让一位年轻人最感兴趣，因为他的举止似乎最像政治家。从1861年4月到1862年11月期间，罗素的每一个行为都显示了其分裂美国联邦政府的坚定决心。在罗素的品性中，这位学生唯一不会产生怀疑的就是他缺乏诚意。他是完全彻底的不诚实，但很顽强。罗素总是说一套做一套，即使他的那些敌手总是会习惯性地用强烈的言辞对他的自相矛盾直言不讳，他似乎仍然意识不到自己言行不一。这位学生在观察他是如何处理涉美事务时发现，罗素一个人表现出了坚定甚至是顽固的决心，一定要做成他想做的事，好像必须如此行事一样，方法就是惯用的那套彻头彻尾的欺瞒和虚伪。这位年轻人并不抱怨这样的欺瞒和虚伪，相反，他自己是没有分辨欺骗和虚伪的洞察力的。但是，一想到罗素本人还自诩真诚，他就会感到极不舒服。

年轻的亨利·亚当斯认为，罗素勋爵是老派政客，熟知自己的目的，为达目的而不择手段，不诚实而又很顽固。罗素坚称自己没有目的，称自己也许软弱无能但却真诚可信。公使亚当斯本人对罗素存有好感，觉得他是个志诚君子，但在正式场合下，在工作中，却视他为虚假之人。1862年以前，庞奇通常把罗素看成一个喜欢撒谎的小学生，之后，就把他看成一个年届七十的老朽。教育就此结束，英国内外再也没有人更理智地评价过罗素勋爵。

帕默斯顿可谓简单，简单至完全误导了这位学生，但这种简单不是一以贯之的。全世界的人都认为他是一个积极、莽撞而有决心的人，相关记载却证明他是一位谨慎小心、犹豫不决的人。亚当斯公使认为他好斗，喜欢争辩。《罗素、格莱斯顿和格兰维尔传》表明，他是一个性情温和、折中调和、避免争吵的人。他拒绝继续抨击巴特勒将军，这使公使十分惊讶。他遏制罗素，谴责格莱斯顿，劝阻拿破仑三世。涉美事务上，除了迪斯雷利，英国政治家中没有谁比他更谨小慎微。帕默斯顿从不欺骗和虚伪，亦从来不公开表白或隐瞒什么意见，也没有人发现他有何伪善之行。在亨利·亚当斯漫长的教育过程中，最大的一次失误就是在对帕默斯顿长达四十年的厌恶、不信任和贬低之后，他终于被迫承认自己是错误的，而且在精神上很愿意乞求对方的原谅，可惜那时候，他跟当年的很多当事人一样，很快将不久于人世了。

格莱斯顿则又是另一回事，但是，这位学生试图了解他时却不会遇到多少困难，因为全世界的人包括格莱斯顿本人在内，对格莱斯顿的看法是一致的：他是个矛盾重重的人。在分析这个人物时，这个年轻人得出的最后结论是此人荒谬无稽。但是，虽然这位年轻人在1862年认为此人荒谬，其程度还是比不上格莱斯顿在1896年忏悔时承认、坦白和公之于众的那段话所显示出的荒谬至极，它让所有的逻辑推理和所有的教育意义全部停滞：

我还是要记下一个不容置疑的错误，也许这可以说是我所犯的所有错误中最奇特、最明显、最不可原谅的一个错误，特别是我在犯下这个错误之时，已经差不多活过了半个世纪，最后竟在1862年……我在美国内战如火如荼之际宣布，杰弗逊·戴维斯已经缔造了一个国家……说来奇怪，这种宣言是一位皇室大臣在其职权范围内本没有权力做出的，它并非出于对南方的任何党派的感情，也并非出于对北方的任何敌意……虽然很奇怪，但我当时真的认为，认识到战争基本上已经结束是对所有美国人友好的一种行为……我的意见只是建立在对事实的错误估计上，这一点是我所犯错误中最轻的部分。我没有感觉到，作为内阁大臣，我的这种言论有严重不当之处，我的政府与美国有感情和语言上的联系，一定会保持具有皇家风范的中立。这件事情之所以更加严重，是因为我们事实上已经处在舆论的控诉之下，因为我们在巡洋舰事件上没有信守承诺，严格地秉持中立。我的过失的确是一个错误，极其严重，冒犯了很多人，引起了很大惊慌，我因此遭到了始料未及的最严厉的批判。这生动地说明，我的头脑一直以来都缺乏全面考虑问题的洞察力，也许目前仍是如此……

四十年后，在他的学习生涯已处于日薄西山之时，这位私人秘书还是再三耐心地，更是充满同情地阅读和思考此番忏悔之词。之后，看起来，他当时所理解的事物没有一样是自己真正明白了的。他的阴谋理论、政策理论、逻辑推理和人事联系，统统成了“始料未及的错误”。他心中并没有什么怨恨，因为他是那次游戏的赢家；他选择原谅，因为他一定认为“缺乏全面考虑问题的洞察力”当初几乎要了他的命，差点毁了他的未来，他甚至愿意相信此人说的话。他注意到，格莱斯顿先生在他长长的忏悔中并没有提及罗素、帕默斯顿和他相互之间的惺惺相惜，他并不为此感到愤怒。格莱斯顿甚至绝口不提他那“始料未及的”行为，就是他曾狂热地支持拿破仑三世的提议，甚至连帕默斯顿和罗素都只是半心半意而非大力地支持过这个提议。所有这些都无所谓了，虽然与客观事实不符，但就算格莱斯顿并没有制订参与美国联邦政府分裂的计划，他也并非任何一个阴谋集团的成员，没有看清自己的行为所造成的、显而易见的后果，简言之，就算英国人似乎最后也都认定格莱斯顿当时不很理智，罗素年迈昏聩，帕默斯顿过于慌乱，就算以上假设全部成立，那么，其结果又能产生什么样的教育意义呢？它又会如何影响一个人对未来的看法和行为？

政治不可能停下来转头去研究心理学。政治方法是粗略的，它的判断更为粗糙，所有这些知识都不会影响到身处1862年的公使和他的儿子。在这位年轻人来看，所有这些人和事不过是殊途同归，出于同一种意愿，只有同一个意图，那就是让联邦政府分裂，“使一个危险的力量降低到最低水平”。这位公使可能仍然会觉得，罗素很友好，而帕默斯顿却充满敌意。无论是个人还是群体，都是相互一致的。问题还是存在，答案也同样模糊不清。跟这位私人秘书一样，每个学生都只能自己为自己找寻答案。

The Education of Henry Adams

第十一章

攻城车之战（1863）

如果没有亲眼看见别人做出敌对的行为，公使亚当斯一般是不会庸人自扰的，而他的儿子，像是神经紧张的动物，明白了太多的东西，因此使自己的生活成了一场噩梦。公使亚当斯兵来将挡，水来土掩，而且很少认为对手比自己高明。他喜欢罗素伯爵，也许是某种个人之间的意气相投把他们联系在一起，的确，亨利·亚当斯每次看到罗素的时候，都会被他跟约翰·昆西·亚当斯的离奇相似而逗乐。除了这种模糊的私人关联，公使在外交上的策略无疑是正确的——和一名外交大臣交朋友，有百利而无一害，罗素的诚意是真是假也无关紧要，因为无论真假，美国公使馆都只能按照他是假意来行事。倘若公使知道罗素在1862年10月的时候决意要背叛并毁掉他，那么，他当时的措辞也不大可能会比他在1863年时的措辞更为强硬。虽然对罗伯特·科利尔爵士暗示自己在“阿拉巴马号”事件中与叛军勾结一事一定大光其火，但罗素却让自己若无其事地听着美国公使馆发来的所有信函中都反复出现的含沙射影的语言。随着时间的推移，罗素被迫认真对待这位美国公使了，尽管这一变化是缓慢出现的。于是他什么都不承认，虽然他本不想否认，因为他顽固地认为，华盛顿政府效率低下，昏庸无能，但是，1862年11月12日，他希望参与干涉的最后一次努力失败之后，仅仅过了一个星期他就接到了亚当斯公使的一份来函，信中重申了他对阿拉巴马事件的指控，并用清楚明了的语言要求得到补偿。在理解突然袭击所产生的作用力方面，也许罗素的思考速度天生就慢，也许是他的高龄使然。虽然个中原因是这名学生很感兴趣的要点之一，但是，年轻人都倾向于认为自己的长辈年老糊涂，亨利·亚当斯的这个判断在这里只是得到了部分印证，因为他注意到，罗素的那一代人大部分都从年轻时就呈现出老态。他们从未超越1815年，帕默斯顿和罗素都是如此。他们的老态是先天的，就像格莱斯顿的牛津教育和高教会派的幻想一样，使他的判断力出现了极大的反常。罗素无法想象，他从一开始便误解和错待了公使亚当斯，11月12日，他发现自己处于守势，公使亚当斯的语气一天比一天强硬，而此时，他却只显示出困惑和无助。

因此，不论其缘由何在，外交上的行动必须都是一样的。亚当斯公使被迫暗示，罗素与叛乱者之间存在勾结行为，他的问题甚至都不能止于过失犯罪。倘若亚当斯公使出于礼节，足够有礼貌地承认，阿拉巴马号的叛逃是由过失犯罪造成的，但对于领主们正在建造装甲“攻城车”一事，他绝不能姑息。没有人头脑简单到去相信，在双方没有持续主动勾结的情况下，他们会公开建造两艘装甲战舰，并且就发生在政府的眼皮底下，还像阿拉巴马号一样开上了海面。罗素伯爵假装毫不知情，他越是长时间地戴着面具，亚当斯公使最后越会毫不留情地撕掉那个面具。不管公使个人如何看待罗素伯爵，如果出现危机，他一定还是会最大程度地动用自己的外交豁免权。

1863年春天临近，广阔的战场已经自行清理干净，随时准备发生战斗。亨利·亚当斯一直以来就不曾遇见一场更加漂亮的战斗以供他思考学习——

这样的战斗更适合训练一个求知若渴的年轻人的思维——直到他占据了可以居高临下、俯瞰一切的位置。渐渐地，实际上在经历了两年的独处生活之后，他开始慢慢感觉到崇高的新生命带给他的第一次淡淡的喜悦之情。此时，他已经二十五岁了，一直想着获得这个年纪该拥有的一切，他的某些朋友的领口上已经带了几颗星，还有一些朋友赢得了荣誉更加持久的星徽。有时候，他的呼吸会加快。人们开始幻想掌握无限权力的快感，这样的感觉到来时，就像眩晕一样，片刻就消失了，然后大脑就会有些恍惚、疑虑和羞愧。人们的眼睛紧盯住战场上的大军，其紧张程度远胜莎士比亚的任何一部戏剧。起初对于局势的预测只是些虚无的可能性，如果事情能做得对，但一点一点地，他开始感觉到，在华盛顿那一片混乱的背后，一种力量正在形成，这种力量史无前例地被联合起来并予以了引导。大家好像明白了自己的职责所在，为此他们也付出了足以毁灭自己的代价，而且似乎明白得太晚了。一位私人秘书与大部分人相比，更了解新生力量会在多大程度上在伦敦被施展开来，而且差不多知道什么时候会开始，但是，外交行动必须要等待军事行动的引导，这个学生只能学习。

人的生命只可能有一次这样的高潮，而这样的高潮使教育达到了极限。第一次大的袭击即将来临的时候，他在静寂的黑夜里蜷缩在床上，抱着半信半疑的希望倾听着。当大规模的军队接连用命中率极高的武器向敌军发起进攻时，整个世界为之颤抖，其军事力量形成之迅猛闻所未闻，顽强抵抗和突然撤退使悬念进一步加剧。在七月的日子里，伦敦人都因为难以置信而显出愚钝的样子——他们从美国佬那里学习到了如何作战。

转瞬之间，一个美国人明白了这一切对英国意味着什么，因为人们的思想正在随着国内机器的加速运转同步运行，但是，在明白自己所犯的错误方面，英国人的反应速度就慢多了。人们有极其充足的时间观察这个过程，甚至还有一点点时间为旧日恩怨得以偿还而幸灾乐祸。在一个星期天的下午，维克斯堡之战和盖茨堡之战的消息传到伦敦，碰巧亨利·亚当斯当天晚上就接到邀请，去蒙克顿·米尔恩家里参加一次小型招待会。他早早到了那里，为的是在房间挤满人之前相互庆祝一下，结果到了才发现只有一些女士在休息室里，男士们都还坐在外面喝酒。很快他们就进了屋，碰巧《泰晤士报》的德里纳走在最前面。米尔恩看见了这位年轻的美国朋友，发出胜利的高呼，张开双臂抱住他的脖子，亲吻着他的双颊。年纪稍小些的人涉世不深，很难理解1863年他们见面时的这种热烈感情——这样的感情有1813年的热情作为支撑，1763年的热情使之强化，他们可能会认为，这样的关注会使一位私人秘书难堪，因为他是波士顿人，自称十分腼腆，但是，那天晚上，他生平第一次碰巧没有把注意力放在自己身上。就在米尔恩拥抱他的时候，他在思考德里纳的事情，而德里纳的眼神与他的眼神交汇在了一起。德里纳也许认为那是米尔恩愚蠢行为的一部分。他从来都没有听说过小亚当斯，而且也绝不会想到小亚当斯会因为在《泰晤士报》受到过奚落而心怀不满，他也不会怀疑这位美国公使的儿子的脑海里正浮现出什么想法，因为英国人的头脑是全世界反映最慢的，这是《泰晤士报》的文件已经证实了的，而维克斯堡的占领并没有穿透德里纳存留固执想法的厚厚的大脑皮层。即便他能读懂亨利·亚当斯的思想，他也只会产生对在学校里没教的所有东西都会有的那种被逗乐的英国式蔑视，《泰晤士报》要想达到米尔恩的思想境界需要整整一代人的努力。

假如这位公使的儿子将自己的想法付诸实施了，他一定会当场要求被介绍给德里纳，并让德里纳相信，他已经让自己与《泰晤士报》的私怨一笔勾销，当时当地完全解决，因为他父亲已经替他承担了，并准备亲自对付这位德里纳先生。“下一个就是你！”这句话将会成为对他的友好警告。在差不多一年时间里，这位私人秘书看到决策层已经准备好在公使馆与德里纳之间发生一场交锋，而德里纳就站在帕默斯顿部长的后面。为了最后斗争的胜利，华盛顿一直都坚定地支持和增援亚当斯公使。自从特伦特事件之后，形势已经发生了很大的变化，政府工作效率提高了，组织也相当完备。毫无疑问，公使馆自身人员不足，其配备之贫乏无异于危地马拉或葡萄牙的公使馆。美国国会一直对外交机构心怀猜忌，对外关系委员会主席又不太可能施加压力以援助驻英公使。政府没有为公使馆再添一名职员，公使馆也没有做出此类要求，使馆秘书、助理秘书和私人秘书要完成所有公使没有完成的事情。虽然一周花五美元雇来的办事员也可以把这样的工作做好，甚至做得更好，但是，公使并不信任任何办事员，如果没有经过明确授权，他无权容许任何人进入公使馆，让自己的儿子进来已算是开了一个大口子了。国会及其各个委员会最善于判断什么东西对这个公共服务部门最有利，如果这个安排看起来对这个部门有利的话，那么也一定是让这位私人秘书满意的，因为他可以从中获得比他们更多的利益。如果人员太多，一定会使他的重要性受到压制。整个公使馆就像某种临时性的志愿服务机构，他跟其他人一样，是一名志愿工作者。他比其他人要好得多，因为他不引人注目，不为人所知。不管好坏，他都和别人一起工作，在各位秘书对国会做任何评论时，他们不会有任何抱怨，因为他们知道，自己不会受到哪怕一刻的关注。

即便他们不满意国会，但对于国务卿西沃德却是很满意的。他没有为公使馆的日常工作拨款，却为支持公使馆做了很多事儿。即便公使没有秘书，他会有一大帮积极的领事；他有一个组织良好的媒体，高效的司法支持，还有分布于社会各阶层的一大群支持者。他需要的只是在战场上获得胜利，而陆军部长史丹顿就承担了一部分外交工作。维克斯堡之战和盖茨堡之战清理好了场地，1863年7月底，公使亚当斯准备好了对付罗素伯爵、帕默斯顿勋爵、格莱斯顿先生或德里纳先生以及所有那些挡在他路上的人，而且，由于形势的需要，他必须在短期内解决掉所有这些人。

事实上，在维克斯堡和盖茨堡的军事高潮到来之前，公使就已经被迫开始攻击了，但这是历史，与教育没有任何关系。这位私人秘书把信函抄进自己的笔记中，除了私下讨论，摘抄记录就是他在整个事件中参与的全部内容。

公使馆再也不需要志愿者的工作了，志愿者以某种方式已经被送到后方。形势太严峻了，已经不适合小规模战斗。一个私人秘书在这样的事件中所希望得到的仅仅是政治方面的经验与知识，他有机会衡量人们的动机，探知他们的性格品质，了解他们的前瞻力以及对目标的执著。

在公使馆里，人们对阻止那些“攻城车”的建造没有多大信心。不管理由如何，罗素看来都是不可动摇的。假如他1862年想介入美国事务的努力在1863年9月被公使馆知道了的话，公使一定会承认，罗素从最初就有意在他的同事身上强加干涉计划了。自1861年4月以后，他的每一个独立计划都导致了这最后的高压政治。尽管罗素在1862年时的敌对活动至今仍然是个秘密，掩盖了差不多二十五年时间，但是，他坚持拒绝制止叛乱武装的行为，其意图由此昭然若揭。亚当斯公使逐渐失去了希望，随着希望逐渐丧失，他的语调也越来越高亢了，直到最后，揭开罗素的每一个辩护和借口的碎片之后，他让罗素背负上默许叛乱分子武装的罪名，最后还留下一句名言："根本不需要让我给阁下指出来：这是战争行为！"

这位公使通过这句话想要传达什么意思，那是他自己的事情；这位私人秘书从这话里听出来的意思是什么，那是他教育的一部分。假如他父亲命令他对此写一段解释，以扩充他所理解的意思，那么他会这样写道：

"其一，这是不必要的。因为罗素伯爵不仅仅早已知道这一点，而且从一开始他就打算这样做。其次，因为这是他一贯行动造成的唯一一个合乎逻辑的必然结果。其三，因为亚当斯先生并不是向他指出'这是战争行为'，而是向全世界指出了这一点。结束。"

这会是一种实事求是的精神，本着这种精神，这位私人秘书把这句实事求是的话抄进了笔记本里，用这样一句不夹杂任何热烈和兴奋之情的话，公使宣布存在着一种战争状态。在他这双作为文员抄抄写写的眼睛看来，这话虽然处在外交礼仪最极端的边缘上，但却只陈述了一项事实，没有任何新奇之处、花哨之处，或文辞修饰。为了明确争论的问题，必须把事实表述出来。那场战争是罗素的战争，亚当斯公使只不过是承认其存在而已。

罗素对9月5日的函件所做出的回复于9月8日到达公使馆，终于向忧心忡忡的秘书们宣布："已经发出指令，阻止两艘装甲战舰离开利物浦港。"谨小慎微的公使在波特兰大街上接受了这份回函，就如同格兰特将军在维克斯堡接受投降书一样。私人秘书亨利认为，正如陆军部长史丹顿以绝对的优势打击并摧毁了在密西西比河上的残余叛乱分子一样，国务卿西沃德也在英国打击并摧毁了英格兰的叛乱者，而且他从来都不曾怀疑那场战斗的性质。虽然公使亚当斯一直在任，直到九十岁为止，但他再没有打过这样一场生死之战。虽然这位私人秘书追求并且获得了总统或人民赋予的每一项公职，但是，他找不到哪次教育能与在伦敦两年半的战斗中的生死抉择相提并论，因为在这场战斗不停变化的各个阶段，他感觉受到了拉肢与夹拇指一样的酷刑；但是，其作为教育的实际价值却取决于他在衡量人和其作用力时的正确性。他对罗素充满敬畏，正如他同样敬畏帕默斯顿一样，因为他们代表传统的英格兰和英国的政策，这些本身都是值得人敬畏的，但是，亚当斯家族连续四代人，每一代都把它们作为其政治命运的主要来源而战斗，并屡建功勋。就他的理解来说，罗素也稳定地执行了这样的政策，他有能力，有热情，一直将这样的政策执行到可以实施的阶段。然后，他遭遇了比自己意愿还要顽强的对抗意志，而坚守到最后一刻，还是被击溃了，诺斯勋爵和乔治·坎宁都曾有过类似的经历。这只是一个年轻人的想法，但是，就他所知，那也是他所属政府的想法。

第一次，这位自愿秘书对政府是满意的。一般来说，一位秘书，无论是公共秘书还是私人秘书，他的自尊都取决于他对于时事批评的苛刻程度，并与这种苛刻程度成正比，然而，在他看来，在英国的这场外交战役给美国国务院带来的荣誉，可以与维克斯堡战斗给陆军部带来的荣誉相媲美，而且更为关键。这次战役计划周密，准备充分，执行得力，他无法在其中找到任何过失。出于个人喜好他也许会有失偏颇，但他相信自己判断力的主要原因是他觉得自己是了解其中缘由的几个人之一。当别人批评西沃德先生的时候，他对那些人的意见不以为然，因为他认为他们根本不知道自己在说什么，如果不在1862年的伦敦生活一回是教都教不会的。对他来说，国务卿西沃德在领导能力上似乎极其强大和稳定，但是，这样说并不是要贬低罗素、帕默斯顿或格莱斯顿，他们在实现自己的目的时也表现出了力量、耐心和稳定性。他们坚持了两年半时间，贯彻自己分裂联邦的计划，但只是因为可能会引发战争而最终放弃了。经过长期命悬一线的斗争，美国公使击败了他们最好的王牌，最终赢得了那场牌局。

在以后的生活中，他一再回顾当时的情景，想看看是否能够发现双方犯下了什么过失，但什么都没有找到。在每一个阶段，所有举措都是可能成功并得以证实的。他越发感到不安，因为直到死的那一天，罗素都还在义愤填膺地，而且越加努力否认和憎恶亚当斯整个论点的原理，即罗素从一开始就是要分裂联邦政府的。罗素确信，他绝对没有想到要做那些事情，也没有任何意图，他本来想做一件正确的事，认为自己并不知道公使到底是什么意思。他做了一个接一个的抗辩，最后，跟格莱斯顿一样，什么抗辩都没有了，便认了罪。他把能够隐藏起来的一切都隐藏起来了，把1862年秋季分裂联邦的企图深深地掩埋起来，而更高声地宣扬自己完全出于善意。在这位私人秘书看来更糟糕的事情，作为实践、经验和理论综合起来的最终产物，罗素就是一个例证，这极大地讽刺并毁灭了他一生寻求教育之本的努力。

亨利·亚当斯觉得，罗素给自己带来太多的痛苦，以至于他无法让自己自圆其说，但是，他慢慢开始怀疑，即便认可了那些辩解，又是否会真的有益于自己的教育之旅。罗素伯爵过世后不久，这个问题就被重新提出来。罗素于1866年辞去公职，卒于1878年，他的传记于1889年出版。在阿拉巴马号争端与1872年的日内瓦会议期间，他曾作为外交大臣的行动路线受到严厉批评，被迫眼看着英国为他的错误支付了三百多万英镑的罚款。另外一方面，他也拿出了一些证据，或是他的传记作者，想要证明他并不是有意不诚实，在美国的反政府叛军一事上，他并没有参与勾结、安排、设计或策划等行动，尽管表面上看起来很像参与了。他一直都是独自行事的，那是他的天性，就跟格莱斯顿一样，罗素也一直觉得自己是正确的。

到最后，罗素让自己纠缠在无休止的供认、否认、矛盾和怨恨之中，就连他的老同事也停止了为他辩护，就如同他们停止了为格莱斯顿辩护一样。然而，对于学习外交，并且形成了自己的一套人生法则的学生来说，这还不够，他希望让罗素自己驳倒自己，以表明他有自己未曾察觉到的远见卓识和锲而不舍。1889年，罗素的传记公布了一些资料，推翻了亨利·亚当斯臆想中的所有外交教育，他的努力又成了徒劳，但是，六十岁后，他再次坐了下来，看看自己能否把那团乱麻解开。

关于罗素促成武装干涉的顽固想法，在1862年9月17日罗素由哥达寄给帕默斯顿的信件中标记出的那几行文字可见一斑，一切不言自明，尽管格莱斯顿还说出各种托词以辩解其为追求同样的武装干涉目的而做的演讲，他的申辩理由包括“最奇怪和最明显的错误”、“最不可原谅的”、“一个拙劣到了难以置信程度的错误”，这些辩词都是无法为其辩护的，然而，当格莱斯顿因为那次演讲让自己听凭公众发落时，他没有试图为罗素伯爵寻找借口，因为正是罗素伯爵引导他犯下了公布外交大臣的意图这样一个“不可原谅的拙劣错误”。格莱斯顿的错误“奇怪而且明显”，不单单指那次演讲，而且还指其成因，也就是促使他发表那次演讲的指导方针：“我牵强地假定……虽然很是奇怪，但我真的相信，那是一种友好行为。”无论格莱斯顿做了何等荒唐的假定，罗素却并没有做出类似的假定。他或帕默斯顿都没有“莫名其妙地相信”任何如此显而易见的荒唐假设，正如拿破仑没有自欺欺人地让自己相信什么仁爱慈善一样。格莱斯顿即便在忏悔中也混淆了政策、演讲、动机与人物，好像他在试图把人弄糊涂，主要是为了让自己糊涂一样。

格莱斯顿的行动似乎到此为止，他再没有出现在“攻城车”事件中。叛军的影响力在1863年减弱了，据了解，这种影响力只作用于罗素伯爵一人，他于9月1日写道，他不能以任何方式干涉叛乱战舰事件，于是一手导致亚当斯公使于9月5号发出战争宣言。学生亨利认为，罗素的这次拒绝行为不仅是在贯彻他于1862年9月制定的政策，也是在贯彻自1861年以来指导其每一步行动的政策。

然而，这名学生错了。罗素证明，他身体一直很差，胆小怕事，常被误解，年老力衰，但从来没有做过不诚实的事情。这一证据是有说服力的。领主们建造这些战舰，是因为他们预先了解了检察官们的建议，即在这个案例中，成文法不适用，陪审团因而也不会定罪。亚当斯公使回答说，在本案中，成文法应该予以修订，否则，建造战舰一事应该通过实施政治权力予以制止。巴瑟尔反驳道，这么做会违反中立原则，必须保持现状。罗素私下里与领主们密谋，而且，假如他有意要干涉的话，一定会警告领主们，说成文法的缺陷再也保护不了他，但他允许领主们继续建造下去，直到船只建造完毕可以下海为止。接着，9月3日，也就是亚当斯先生的那封“不必要的”信件寄出的前两天，罗素写信给帕默斯顿勋爵，请求得到他的帮助，“在伯肯黑德获得建造战舰合同的那些绅士们的行为是相当可疑的”——信的开头这样写道，他写这些话给自己的上司帕默斯顿勋爵确实是本着诚意，而且是在倾吐肺腑之言，他称那些叛军的代理人的“行为”是“可疑的”，而当时，欧洲和美国没有任何人对此产生过什么怀疑，因为整个问题已经不再是围绕“攻城车”的建造，而主要针对“对外征募法案”的法律适用范畴，“我认为有必要下命令扣留这些装甲战舰”，当然这样做不是依据成文法，而是依据公使亚当斯所申明的立场，即这样做是高于成文法的国际责任所要求的，“我已征求过副检察长的意见，他同意这样的处理方法可以作为一种政策，虽然并不属于严格的法律范畴。因此，我们应该对该法进行检验，如果我们必须为此承担损失，那我们会使在这里和美国都出于压倒性优势的舆论观点得以满足，即诸如此类的中立立场下的敌对行为再也不能够继续下去了，我们必须想办法予以终止”。

这样的天真即便在一位没有薪水可领的公使馆随从人员看来也是极不正常的，进行了历时两年半的顽固分裂行动之后，罗素从自己的立场一下子跳到对方的立场上去，这本会使帕默斯顿发出无情的嘲讽，但是，帕默斯顿并没有嘲笑罗素，而是积极地接受了罗素这种前后矛盾、言行不一的行为，以极大的忠诚满足了罗素的请求。“咨询过一些检察官的意见后，他发现，并不存在干预这些战舰的法律基础”，或者，用非专业的语言说，他既不能相信检察官，也不能相信利物浦的陪审团，因此，他建议为英国海军购买这些战舰。作为过去的“过失犯罪”的证明，这个建议看来是有决定意义的，但是，罗素到此时已经被其他渎职行为带来的麻烦弄得不知所措了，因为他忽略了通知美国公使。他本应该立即通知公使，就在9月3日当天。反过来，他等到了9月4日，也就是说，事情已经被给予“认真和紧急的考虑”。这份公函直到9月5日下午三点才到达美国公使馆，但已经是在美国公使发出了“不必要的”战争宣言之后。因此，罗素伯爵牺牲了那些领主，使英国外交部支付了两艘战舰的费用，加上阿拉巴马号的赔偿，大约有两千万美元，而且把自己置于仅仅由于美方发动战争的威胁才屈服的被动处境。最后，他给海军部写了一封信，从美国人的角度看，这封信听起来像伊顿公学中学生的口吻一样幼稚：

1863年9月14日

亲爱的公爵：

正在伯肯黑德建造的装甲战舰不能进入美国冲破封锁线，此事极其重要且十分紧急。这些装甲战舰属于巴黎的布累维先生。如果您以海军部的名义提出购买这些战舰，而他也接受您的报盘，那这笔交易还是物有所值的；如果他不接受，那么便可以推定这些装甲战舰已经被南部邦联买走了。本人应该说明，虽然我们已经向土耳其政府提出过购买这些装甲战舰的建议，但您会轻松地与土耳其人摆平此事……

假如波特兰大街的秘书们得知此信内容，并意识到罗素伯爵在美国公使的推动下已经陷入混乱的困境之中，他们一定会欣喜若狂，大声欢呼，然而，四十年之前这位私人秘书就以为这一事件早已经完结，而现在这些信件把他当初在外交教育上得出的那些结论从头到尾全部推翻了。它们构成了一幅与他当初所想象的完全不同的图景，这使他艰苦得来的外交经验一文不值。

六十岁以后，重构任何一种有实际价值的教育在可行性上没有任何问题，但亨利·亚当斯觉得，对此经验进行攻击，说它不过是空洞的理论，这样做没有任何用处。他再也不在乎自己是否明白了人性，只按自己的需要去理解人性，但是，在《格莱斯顿传》中，一句反复出现的话使他产生了奇怪的想法。“我一向认为，”格莱斯顿先生说，“政治家从来就是那些最难理解的人，”他还补充并强化了自己的观点，“就我自己而言，除了一两个人以外，我从未理解任何人，或者自以为理解了。”

罗素伯爵显然不是这一两个人里面的一个。

亨利·亚当斯觉得，他也理解一两个人，但是，他对于典型的美国人更熟悉一些。也许这是他所受到的外交教育的必然结果，看起来这就是全部的收获了。

The Education of
Henry Adams

第十二章

古怪离奇（1863）

对人性的认识是政治教育的起源和目的，但是，在威斯敏斯特周边区域数年执著的学习生活却让亨利·亚当斯认为，如果离开英国本土，对英国人性的认识就没有价值，或价值极少。在巴黎，这样的习性是前进的障碍，而在美国，它会激起天生嫉妒的本能。英国人的头脑颇为片面，古怪离奇，堪称不成系统的系统，不合逻辑的逻辑，对英国人的了解越少越好。

对于一个波士顿人来说，这样的异端邪说本是很难接受的，人们大都会认为这是相当愚蠢的夸大其词，而本能地加以排斥，但是，这个观点基于亨利·亚当斯的亲身经历，他本人觉得完全有权严肃认真地把它视为经验之谈。

他从来都不认为这样的经验对别人会是结论性判断，因为他没有想过要去教育任何人。对他而言，仅仅对他自身而言，接受的英国教育越少越好！

几年来，他饶有兴趣并耐心细致地观察英国人的思维，看它如何看待自身和其他国家。英国人对美国思维的看法尤其有趣，因为欧洲总是热衷于谈论美国思维的局限和缺点。老派的观念认为，美国人没有思维，不过是一台只考虑经济利益的机器，只会进行固定的流水线作业。美国人被欧洲人激怒，就像一个嗡嗡作响的锯齿被一大片松林所激怒一样。英国人亦不喜欢法国思维，因为它对抗性强，不合情理，甚至带有敌意，但至少认为它还算得上一种思维。美国思维完全算不上一种思维，不过是一个习俗，浅薄至极、肤浅无知，不过是一种切削工具，实用性强，讲求利益，锋利而直接。

英国人很少想到自身的思维也是讲求利益、锋利而直接的，但它最容易让美国人感到震惊的缺点就是因为古怪离奇而造成巨大浪费。美国人需要并利用全部的精力，致力于发展闭关自守、自给自足的经济，而英国社会的古怪离奇不仅是合法的，而且是刻意追求、为了古怪而古怪的。

在英国，俱乐部或晚餐中最常见的话就是某某人“疯得不轻”。这样的话对某某人毫无冒犯之意，也根本不会使某某人与其他人有何不同之处。如果用类似的话评论一位公众人物，比如格莱斯顿，本质上倒是很贴切，很有说服力的。在英国，古怪离奇是一种普遍的现象，甚至成为英国代代相传的标志性特点，它成为英国社会最迷人之处和最谬误之处。

美国人很喜欢讽刺作家萨克雷的作品，但是，萨克雷相当公正地认为自己根本不是什么讽刺家，他对英国社会的描绘是准确而善意的。美国人不相信萨克雷，转头去看狄更斯。狄更斯作品的瑕疵在于，他任何时候都喜欢夸大其词，甚至到了荒唐无稽的程度，但是，他的英国读者却认为，狄更斯的夸大其词只是体现在行事和思维的方式上，而不是在人物类型上。格莱斯顿本人去观看萨森出演的《络腮胡邓德里雷》，大笑到脸都变形了，不是因为邓德里雷这个角色很夸张，而是太荒唐可笑，很像格莱斯顿在巴尔·摩尔任何一家俱乐部里见过的，或可能见到过的那类人。英国社会到处都是如此夸张的人物，根本容不下其他类型的人。

这样的古怪离奇通常会显得很有力度，也许它确实充满能量，是天之骄子与生俱来的标志。波士顿人是这么认为的，称其为国民性格，是原始活力，强壮，诚实，勇敢。对此，亨利·亚当斯抱着敬而远之的态度。英国人自以为是，有点虚张声势，欠缺含蓄，甚至愚鲁，但是，他认为这比美国北方佬的敏锐和巴黎人的优雅更高贵。也许他是对的，关于品位、观感或传承这些问题，并不需要立刻下定论。人人都有自己的品位尺度，不管游历到何处，都可以自得其乐地用自己的尺子去丈量别人的品位，成就感十足。不管别人怎么想，最聪明的英国人认为，英国的古怪离奇必须予以纠正，并已开始纠正了。针对英国中产阶级，狄更斯辛辣的讽刺和马修·阿诺德文雅的嘲讽都是一种叛逆，因为，在1863年一位美国人的眼中，英国中产阶级并不比邻居们更糟糕，他们甚至还更胜一筹，因为一个人可以迎合取悦他们的兴趣；而一位受过高等教育的人，如格莱斯顿，会置身于争辩之外，一位美国年轻人无法从他们任何一个人那里得到启迪。

这位私人秘书跟其他的波士顿人一样，一开始认为英国人的古怪离奇是一种力量。与英国思维的接触，比如与帕默斯顿、罗素和格莱斯顿的接触却让他迟疑了。他看到了自己的国民类型，比如他父亲，韦德·埃瓦茨，跟英国人打交道时表现出的显然并非弱势，甚至有时更强势。他也许有偏见，但绝不会对力量产生的效果做出错误的判断。虽然职位卑微，但这位私人秘书认为罗素和他的公文都很乏力，他也看不出来，罗素在他的追随者眼里会是一个强者的形象。罗素可能不诚实，也许只是不够圆滑——这一类英国人也许不够含蓄，也许只是愚蠢，但哪种情况下，都缺乏力度，甚至在英国人看来都不够强势。

古怪离奇并不总是力量，美国人对这种古怪离奇是否算作一个弱点很感兴趣。显然，在竞选活动中，或在国会里，在怪人奇事扎堆的地方，古怪离奇不过稀松平常。但是，在私人社交领域，就很难说了。英国社会因其怪诞而格外迷人，这一点任何人都无法否认。英国男性，尤其是英国女性彼此之间会表现出惊人的傲慢和粗野，却很少对外国人如此行事，基于这一点，英国社会比美国社会更加随和，更有包容性。一个人必须做好思想准备，这个星期可能受到最精心的招待，而下个星期就会被忘得一干二净，但这是全球通行的交往之道，而接受教育正是为了学会如何用无意识的冷漠不理睬这些人，就像这些人用无意识的冷漠对待彼此那样。虚荣心受伤的痛苦，对一个常常出入社交场所的年轻人而言，不应持续很长时间，因为他本来就没有多少虚荣值得伤害，就算在自己的国家，他的情形也好不到哪儿去。他没有什么可抱怨的，没有人对他粗野过。相反，他的待遇比在波士顿时更好，更甚于在纽约或华盛顿的时候。如果他所受的待遇在极端礼遇和极度冷漠之间来回变换，他却没有什么感觉，那也只能够证明他已经或者越来越习惯了。他不是因为自身感到失望或痛苦才对这种社交问题予以思考，而是因为，他的教育越来越英国化，越往下走，希望越小。

因为天然的亲密联系，社交中的古怪离奇总是会与政治上的怪异行为不谋而合。英国思维很自然地同情叛逆行为，只要这个叛乱发生在异国，而且它对南方邦联特别有信心，因为南方联邦具有综合属性——有英国血统的异国叛乱，这比波兰人、匈牙利人、意大利人或法国人的叛乱更接近于英国理想中的古怪离奇。英国所有的怪诞之士几乎全都对叛乱者产生同情，只有少数一些保持清醒头脑的人支持北方联邦。支持美国北方的所有英国领导人都不是明显的怪诞之士。威廉·E. 福斯特是一个讲求实际、意志坚定的约克郡人，他最主要的政治理想是在经济实用的基础上形成合理安排。科步登是一个头脑特别清醒的人，他的一生都立场分明，绝不是骑墙派。约翰·布莱特比他们两个人更言辞激烈，但他的自作主张是为了坚守自己的观点，而他的观点都很实际，正如蒙克顿·米尔恩所评价，他不会像格莱斯顿那样把自己的思维加以限定，极度纠结于“每个问题的利与弊”，他完全算得上一个英联邦的老派人物，很保守，很少支持前后不一致的行为。蒙克顿·米尔恩被那些不了解他的人视为一个怪人，但他的幻想和爱好不过是稍稍超越了他所处的时代而已，他的言行有些怪异，但思维却很清醒，任何一个阅读过他诗歌的人都清楚这一点。除米尔恩以外，所有这些人都没有上过大学。作为一个传统，公使馆从来不会因为某些朋友言行不当、荒诞不羁、自相矛盾而烦恼，他们总是小心谨慎，讲究实际，深思熟虑，甚至称得上过于审慎。那些“狂热分子”都很叛逆，这样的人多得令人震惊。位列榜首的也许是布鲁汉姆老勋爵，他在乔·帕克斯的引领下出席公使馆7月4日的接待会，公然声称自己是“麦迪逊先生的首席检察长”。教会也很叛逆，但教会异见人士大都支持联邦政府。大学也很叛逆，但是，获取公众信任的著名学者，比如格兰维尔勋爵、乔治·康·路易斯勋爵、斯坦利勋爵、乔治·格雷爵士，都极力维护其中立立场，因为害怕被说成离奇怪诞。对大多数观察家而言，对《泰晤士报》、《晨报》和《标准报》而言，英国绝大多数人似乎都古怪离奇且很职业化，甚至一些激情的乐善好施者也是如此行事。莎夫茨伯里和卡莱尔勋爵、福韦尔·巴克斯顿和格莱斯顿都同情那些理应反对的一方，他们这么做并没有什么其他缘由，只是为了表明其离奇怪诞，但是，那些“精明的”苏格兰人和约克人却很谨慎。

这样的怪诞并不意味着力量，证据就是在面对叛乱者利益时出现的混乱。毫无疑问，引起麻烦的首个原因正是里奇蒙政府本身。没有人明白，杰弗逊·戴维斯为什么选梅森先生担任驻伦敦代表，但他同时派往巴黎的代表斯利戴尔先生却是极其适合的人选。邦联有很多能人可以派驻伦敦，并且，任何人都比梅森先生更合适。也许梅森有些见识，但他似乎并没有其他本领，伦敦社交圈不过把他的到来视为又多了一个怪诞之人而已。他本来很有机会成为本杰明·福兰克林之类的伟大人物，在所有社会场合出入自如；本可以顺势像狮子一样称雄于英国社交界，让美国公使无路可走，但是，弗朗西斯·亚当斯先生在与敌人交手时一向运气很好，如果他们的朋友不加干涉，这些敌手都会成为亚当斯公使的盟友，梅森便是他最大的外交胜利。亚当斯与帕默斯顿发生过抵触，他把罗素赶出战场，他在哥克伯恩面前大获全胜，他压服了斯利戴尔，但是，他从未动过梅森一手指头，因为梅森成了他的防御堡垒。

也许，杰弗逊·戴维斯和梅森先生的两大缺陷是他们犯下如此严重错误的原因：对世界形势缺乏洞察力，完全没有幽默感。在派梅森去英国的同时，戴维斯总统也派斯利戴尔先生去法国，拉玛尔先生去俄国。大约二十年后，仍在不停地寻找教育却从未有所收获的亨利·亚当斯在华盛顿与时任密西西比州参议员的拉玛尔先生成为了密友，当时拉玛尔已经成为全美国最镇定、最理智和最友善的北方人物，其社交魅力也极不寻常。1860年，他曾是南方最狂热的玩火者，但他的怪诞是环境造成的，不是天生的。除了南方人的怪诞之外，他有自己的风格，有幽默感，也许这就是戴维斯先生派他跟其他人一起去海外，到俄国圣彼得堡去完成一个无用使命的原因所在吧。如果派他取代梅森去伦敦，那他会有更好的表现。伦敦社会一定会高兴有他这样的人在场，他的故事一定会取得很大成功，他的行事方式一定会使他成为深受欢迎的人，他的演讲才能一定会折服所有听众。哪怕蒙克顿·米尔恩也不会总是能抵挡请他参加早餐会的诱惑，他一定会希望让他坐在莎夫茨伯里勋爵与牛津主教之间。

拉玛尔喜欢谈起他在外交上的主要业绩，但从不提梅森的事情。他从来不含沙射影地谈起邦联政府的人事安排，也不批评杰弗逊·戴维斯的执政能力，让他觉得有趣的话题是英国盟友。那个时候，也就是1863年的初夏，身处英国的叛党还是信心百倍的，他们觉得自己坚强有力，足以挑战美国公使，足以显示自己的力量。他们比公使馆更明白自己能够依靠的东西：立法官员和利物浦的海关官员不敢起诉武装船舰，帕默斯顿、罗素和格莱斯顿都准备好了要承认邦联政府，拿破仑皇帝一定会想尽一切办法引诱他们那么做。从某种方式上说，他们已经拥有了利物浦，尤其是正在建造军舰的那些领主公司。领主公司的政治成员是林赛，围绕着他的是由整个反叛利益集团构成的一个网络：攻城车、巡航舰、火药与邦联的贷款，社会上有人引荐，国会里有人策应。领主公司带着某种尊严的口气宣称自己是英国海军的拥护者，而在1863年的夏天，公众舆论一直是有利于他们的。

假如行为奇特是一股力量的话，那么，这股力量还从来没有像现在这样对叛乱者有更大的价值。那些经理们一定是这么想的，他们采纳或者接纳了怪异之中的怪异行为。那是1820年型的怪异行为，是谢菲尔德的布鲁汉姆型的，主要以其判断失误或坏脾气闻名。鲁巴克先生一直都是一位护民官，跟大多数民族的护民官一样，他也在一天一天地呈现老态，一天比一天更愚昧了。北方联邦的朋友认为他是一个相当可笑的人物，这是潘奇最喜欢拿来嘲弄的一个话题，他用词恶毒，他的思想被自我中心主义的政治传染病以超过正常水平的方式所弱化。在全英国，他们都不可能找到一个对手比他更适合临阵脱逃。没有一个美国代理人会注意到他，但是，那些领主们当然最了解自己的事情，他们让鲁巴克做他们的代理，并负责维护他们的利益。

这位私人秘书并不关心鲁巴克都做了些什么事情，但是，1863年6月30号，公使派他去英国下议院告知鲁巴克提出承认南部邦联动议的结果。公使馆并没有感觉到什么焦虑，因为维克斯堡已经在美国人的掌握之中了，而布莱特和福斯特也是这么说的。但是，这位私人秘书去了，被带到左边的位置坐下，带着极大的满足心听着议会的辩论，那个时候，约翰·布莱特以令人惊讶的强硬口吻讲着，抨击和折磨了鲁巴克，如同一只巴斯迪夫大驯犬摇动一只身体状况不好、没有牙齿、脾气暴躁的约克郡小狗。这位私人秘书感觉到，他与鲁巴克之间有一种艺术上的同感，因为，出自习惯的原因，布莱特也时不时以友好的方式经常给自己带来某种震撼，他也明白事情是怎么完成的。一个人的态度比一个人的话语更重要，那个场景是有趣的，但其结果却不容怀疑。

到了1879年的末尾，他变得越来越激动了，当时，他在华盛顿，听着拉玛尔在餐后开始讲一个故事，整个故事一步一步戏剧化起来，让人想起下议院的那个情景。就一个人的记忆所及，那个故事是这么开始的：拉玛尔自己根本就没有到达圣彼得堡，他后来一直留在巴黎等待进一步的指令。承认南部邦联的动议就要提出了，林赛先生预见到将会产生的辩论，因此召集一班人到了他在泰晤士河的庄园，使叛乱分子跟鲁巴克建立联系。他也请了拉玛尔，拉玛尔也去了。大家就一般性话题进行了很多谈论，就是英国人在星期天聚会时谈论的平常话题，之后，他发现自己一个人跟鲁巴克在一起。拉玛尔自己想到了约翰·布莱特，因此，为了表现出兴趣，他询问鲁巴克，是否认为布莱特也会参与辩论。“不，先生！”鲁巴克说，语气很是简洁，“我和布莱特见过面。那是一个老故事，是旗鱼跟鲸鱼的故事！不，先生！布莱特先生再也不会与我争论了！”

拉玛尔得到了这样的确认，因此在约好的那个晚上更加自信地去了议会，并被带到了右边的那排座位，在那里听鲁巴克发言，并带着十分欢乐的心情听大家展开辩论，就是经验丰富的辩论者在类似的竞争场合上感觉到的那种轻松心情。如他所说，他一直听着，直到自己意识到，已经有一个嗓音特别洪亮，态度十分明显的人走上了讲台，并且在以自己从未见过的激烈方式抨击鲁巴克。“到最后，”拉玛尔总结说，“我突然想到，旗鱼已经处在下风了。”

拉玛尔是以嘲讽自己的玩笑口吻讲述这个故事的，根本没有贬低鲁巴克的意思，但是，这样的玩笑常常让叛乱分子们痛苦不已。他们的周围全都是些脾气古怪的英国人，扭曲天性的离奇古怪让判断出现本末倒置的错误。鲁巴克也许是个极端的例子，因为他实际上已处于年老昏聩的状态，但是，这并不妨碍领主公司的那些经理们接受他的引导，也不能够妨碍下议院拿他当回事。在英国，极端的怪异并非什么障碍之物，阻挡不住极端的信心。有时候，它似乎是一种举荐，除非引起经济上的损失，否则，它会有助于知名度的提高。

英国人的怪异是否是一股力量，这个问题在教育的平衡中有相当大的分量。鲁巴克竟然会在如此奇怪的一个关键时刻以像布莱特一样的勇气误导叛乱分子，这是极有特征意义的事情，因为南方人本身就具备这种粗野的弱点，他们会把勇气的缺乏归因于敌方，而把自己的毁灭归因于对世界形势的无知。布莱特的勇气几乎跟叛乱分子自身的勇气一样缺乏理智，人人都明白，他有一种职业拳击手的勇气，只要够得着，他一个接一个地打击了英国差不多所有的人，如果他的打击够不着单个的人，他就会去打击那个阶层的人，或者如果这个阶层的人数太少，他就会去打击所有的英国人。有时候，他将全国的人扛在自己的背上。他无法自卫，他的思想只需要攻击。哪怕是在同一餐桌的朋友当中，他谈话的态度也像是要贬低别人，或者要攻击发表意见的某个人。他会衡量自己的用词，构筑好自己的话语，使其效果达到最高水平，会抨击自己的对手，有时候是在现实当中，有时候是在想象当中。他的幽默发出热光，就如同处在闷热中的一块铁。他的打击是最基本的，就如同一条鲸鱼的扑打。

1863年3月26日，正值初春，公使让私人秘书参加在圣詹姆斯大厦召开的一次贸易联盟大会，那是因为比斯利教授的不懈努力，他希望布莱特和贸易联盟在美国问题上统一起来。私人秘书去参加会议并做了一个报告，这份报告自然无关痛痒，至今仍存放在国务院的文件袋里。但是，报告里没有涉及青年亚当斯很感兴趣的一个问题，即布莱特的心理。布莱特有奇特的技巧和演讲才能，他精心构思，一开始演讲就侮辱或激怒了英国每一个阶层，而这些人通常十分受人尊敬。而且，为了防止漏掉哪个人，他还用不同的称呼前后呼应，反复羞辱这些人，其演讲效果令人震撼。

权贵们以为这场堪称竞赛的美国内战事关重大，他以洪亮的嗓音和审慎的口气开始演讲，"每天早晨，权贵们在街上穿行，以甚嚣尘上的口气咒骂美国人的共和国。他们痛苦地看到了多年来避免目睹的情景，看到了三千万快乐、兴旺的人群，没有皇帝，也没有国王（掌声），没有宫廷的繁文缛节（再次掌声），也没有贵族，只有集智慧与美德于一身的仁人志士能称得上尊贵，没有干涉国政的主教和传教士，那些充满爱心的小人物们旨在自我救赎（掌声），没有庞大的陆军和海军，没有巨额债务和赋税，权贵们不禁战栗地设想，如果这场伟大的实验大获成功，古老的欧洲可能面临的挑战。

一个天生聪慧的人，如果也有创新精神，可能会想办法用同样多的字眼激怒更多的英国人，比布莱特上述这些句子更伤人，但是，他也一定会暴露自己的伎俩并损害演讲效果。听众们热烈地欢呼着，这位私人秘书容易受到困扰的心情此刻却很平静，因为他知道，如果看见布莱特在贸易联盟面前大谈共和原则，内阁将会非常小心谨慎。但是，与鲁巴克一样，他没有理由怀疑这个人的勇气，一个与贸易联盟发生争执后又与贸易联盟之外的整个世界发生争执的人。他的确不知如何定义布莱特，不确定他是很古怪还是很传统。人人都说布莱特"不像英国人"，无论是帕默斯顿勋爵还是威廉·福斯特，都这样认为。但是，对一位美国人而言，布莱特似乎比所有批评他的英国人都更像英国人。他是一个自由随性的人，想不喜欢谁就不喜欢谁，对于不喜欢的东西，他会以弥尔顿的方式加以辱骂，从不畏惧任何人。也许，他是英国或欧洲唯一一个不喜欢也不害怕帕默斯顿的人。他不怕帕默斯顿背后的媒体，不怕宗教，不怕俱乐部势力，也不怕法官，厌恶假宗教、假皇族、假贵族和假社会主义等事物。他只相信自己和自己的传统，这是英国人的一个弱点。假如一个美国人对这些言行有一定辨别能力的话，他就会发现，这种离奇古怪是整个英国民族的特质，而非个体特征。布莱特举止相当稳重，但他的语言却异常尖锐。

很久之后的1880年，亨利·亚当斯恰好又在伦敦度过了四个月，当时，詹姆斯·罗素·罗威尔已调往伦敦担任公使，而亚当斯与罗威尔关系密切，随着岁月的流逝，两个人之间的感情愈加深厚，他希望这位新任公使结识他的一些老朋友。布莱特当时还在内阁里面，已不再是最激进的一位内阁成员，但仍然是社交中一个罕见的人物。他与弗朗西斯·道尔爵士和罗伯特·康里弗爵士一起参加晚餐，一如既往地参与了所有的谈话，他谈到的事情也一如既往地出于自己的想象。显然，一定是法官们都反对的刑法改革刺激了他，所以，晚餐即将结束时，大家喝着葡萄酒，他以固有的方式掌控了所有就餐的人，痛斥法院，侃侃而谈，气势恢弘，他的每一个词语都好像一把锤子，直接击打着目标：

在两百多年时间里，英国的法官们在法院里高高在上，把一些偷窃了只值五先令财产的男人、女人和儿童判入死牢，那时候，没有一位法官谴责如此不公的法律。我们英国是一个残忍的民族，应该被彻底铲除，一个人都不剩。

所有人从餐桌转向客厅，亨利·亚当斯对罗威尔说，布莱特是个非常优秀的人。“是的！”罗威尔接话，“但太偏激了！”

这正是亨利·亚当斯怀疑之处。布莱特比罗威尔更了解英国人，比英国更了解英国人。他知道要使用多么激烈的语言才能让兰开郡或约克郡人明白一个道理，也知道没有什么激烈的语言能够唤醒萨莫塞特郡或威尔特郡的农民。布莱特头脑冷静，他并不激动，也从未表现出激动。至于他对英国法院的抨击，也不过是由来已久的观点，并非他的首创。英国是一个残忍的民族，这一点众人皆知，英国人和所有外国人都承认，但是彻底铲除英国人是不切实际的想法，因为他们不一定比自己的邻居更坏。如果布莱特说，法国人、西班牙人、德国人或俄国人都是野蛮的民族，都应被根除，那么，不会有人认为他说得不对。根据上帝的意见，整个人类因其残忍野蛮而被彻底清除过，只有彩虹才能避免人类重蹈覆辙。让罗威尔震惊的是，布莱特竟然会诅咒自己的民族。

亨利·亚当斯并不认为在道义上应该为法官们辩护，就他所知，整个社会里，只有法官们最会为自己开脱了。但是，他感到奇怪甚至有些焦急的是，作为教育的关键之处，他必须自己判断，布莱特为了达到目的所使用的语言是否太过粗野。他并不这么觉得，也许科步登循循善诱的说理方式更好，但那是另外一回事。当然，英国人有时候也会抱怨，因为总是有人称他们是野蛮人和伪君子，尽管英国人自己也这么说，并大致接受这样的评论，虽然不很情愿。但是，这样的评价总体而言是真实的，这一事实给普通人带来的困扰，远远不及它对纽曼、格莱斯顿、拉斯金、卡莱尔和马修·阿诺德造成的困扰。受到布莱特抨击的人不喜欢他，但并非不信任他。他们从不怀疑他接下来如何行事，就如同他们从不怀疑约翰·罗素、格莱斯顿和迪斯雷利下一步的行动一样。布莱特从不背叛任何人，也从不在实际事务上提前发表任何意见，而这些实际事务通常也并不是那么实际。

对于一位来自美国的旁观者而言，那些打算在智力上与布莱特对着干的英国人似乎是一些最软弱和最奇怪的人，这些人包括一些骑墙派，一些政治经济学家，一些从纯理论角度反对奴隶制的人，一些德·托克维尔和约翰·斯图亚特·密尔的跟随者。他们很胆怯，却理直气壮，虽然胆怯是哲学中的高深智慧，却让他们在将理论付诸实践时显得苍白无力。他们中的很多人经常出入伦敦社交界，都倾向于自由思想，但从不在思想自由方面冒多大风险。跟四五十年代那些反对奴隶制的纯理论家们一样，他们在奴隶制的迎头痛击中变得销声匿迹，或一无所用。这类怪杰中，从文学的角度而言，亨利·里弗可谓典型代表，至少值得一书。他是社交圈的一个重量级人物，很友善，脾气好，很温驯，也有所作为，差不多与米尔恩一样无处不在，但更忙碌。作为《爱丁堡评论》的编辑，他有权威和能力，尽管正如法国人所说，那份评论和整个辉格党的说教派已经开始过时了。当然，只要听到里弗的名字,1867年的文学和艺术界的狙击手们就立刻义愤填膺，四分之三的愤怒是针对他拖沓庸常的办事方式。伦敦社交圈大肆利用其批评权利，每一位过于显眼的人物都被冠以固定的某个词或短语，走到哪里都摆脱不了。大家都听说过格诺特夫人，说她是“令人惊骇一词的最佳诠释者”。在听到里弗接近格诺特夫人的逸事时，大家都会捧腹大笑。当时，他以惯有的忸怩作态，文艺范十足地问起格诺特夫人那位身为历史学家的丈夫：“敢问那位学术渊博的格诺特修斯近况如何？”“不错。谢谢您，蓬蓬头教授！”人们对这个称谓避之不及，好像它是一个街头卖艺者的一张素描。

如果说里弗缺乏道德勇气，没有人会比里弗本人更震惊。后来，他冒着惹女王生气的风险发表了《格兰维尔回忆录》，证明了自己的勇气，但是，《爱丁堡评论》及其编辑都避免表明任何一个立场上的风险，除非这个立场已经广为接受。标榜自由的《爱丁堡评论》认为，有美国主义的立场是很糟糕的。即使对一位苏格兰人而言，这似乎也很怪异，何况里弗是撒克逊人中的撒克逊人。对一位美国人而言，这种摇摆不定的保守态度似乎比布鲁汉姆或卡莱尔明目张胆的敌意更奇怪、更有害，因为他无法肯定这会鼓励何种荒谬的世俗观点。

总结1863年的这些经历就会得出一个结论：离奇古怪是一种弱点。这位采纳英国思想的美国年轻人对此感到失落。就事实而言，这个结论是正确的，但是，通常而言，这个结论是错误的。帕默斯顿最后一次主持的内阁即1859至1865年的那届内阁显然处于一个休战期，一个受束缚的发展期。英国社会制度跟法国社会制度一样处于最后的解体阶段，英国思想从未表现出这般缺乏条理，涣散不已，如同在历史之船遭遇海难后残存的碎片。古怪离奇自有其用武之地，国会与教会中到处是重重矛盾，英国花了三十年时间才勉强清除掉了少数残渣。一位年轻美国人在1863年无法预见到这样的未来，他也许会梦想，但无法预言，不知道古老的欧洲，不知道在古老欧洲遗迹上的英国会以何种突然的方式在1870年消失。他处在死水中，那些充满幻想的怪人就在他的船旁游动，好像他是古代的水手，而他们就像原始蜥蜴类动物。

The Education of
Henry Adams

第十三章

人类社会的完美典范（1864）

亚当斯公使成功地阻止了叛军装甲舰，从而一劳永逸地稳固了他在英国社会的地位。从那一刻起，他可以放弃外交官的角色，获得相对于一位美国驻伦敦公使来说绝无仅有的外交优势，具有一种等同于美国世袭贵族的身份。英国人做事从来都不虎头蛇尾，一旦确认一个人有权利享受社会特权，他们就会接受这个人，把他视作他们中的一员。正如德贝勋爵和迪斯雷利先生被视为女王陛下在英国的反对党领袖一样，公使亚当斯也有着属于自己的地位，那就是女王陛下的美国反对派领袖，就连《泰晤士报》也承认这一点。艰难的年月已经过去了，亚当斯公使很快取得了足以让他的父亲和祖父都难以置信并羡慕得目瞪口呆的社会地位。

英美之间的这一外交形式主要是非外交性质的，而且这种外交形式产生了一种异常古怪的效果，其在传授一种在伦敦以外的其他任何地方都毫无用处甚至是恶意破坏的外交惯例，世界上没有其他任何地方像伦敦一样可以让人如此不专业地去担当一种角色。这位年轻人再也不知道自己承担的是什么角色了，早晨是私人秘书，下午是儿子，晚上是一位在城里闲逛的年轻人，他唯一没有担当的角色就是外交官，除非他需要一张名片去参加重大活动。他的外交教育终结了，他很少跟外交官见面，从来没有跟哪一位外交官打过交道；他对他们没有用处，他们对他也是一样，但是，他不可避免地进入了社交圈，而且，不管做什么，他的下一次教育一定是有关英国社交生活的教育。他被接连不断的困境折磨得狼狈不堪，在还没有能力依靠从事任何一门职业挣得五美元的情况下，他的二十六岁生日便来到了。虽然在军队里的朋友也几乎和他一样穷困潦倒，但即便是军队里的生活也不像伦敦社会对年轻人的损害那么致命。如果他富有，这种毁灭的形式可能不值一提，但是，1865年的这位年轻人根本就不属于富人之列。所有人都要谋生，他们都在军营和宫廷谋得了高位和权力，却没为自己挣得一美元，而职位也是朝不保夕。

亨利·亚当斯没能够获取任何一种有用的教育，但至少他应该已经获取了一些社交经验。奇怪的是，他在社交上也很失败。从欧洲人或者从英国人的角度看，他毫无社交经验可言，而且也从未获得过什么社交经验。公使亚当斯由于帕默斯顿勋爵在1860年至1865年之间的个人影响，恰好赶上了一个政治停顿期，但是，这样的政治停顿远没有同时期的社会停顿有特色。女王的丈夫去世了，女王退位了，而威尔士亲王还是个孩子。即便在鼎盛时期，维多利亚社会也从来没“时髦过”。40年代，在路易斯·菲利普的影响下，英国宫廷装出简朴、严谨和中产阶级的风格，而且装得很成功。除了维多利亚女王以外，路易斯·菲利普的品位之鄙俗可以超越其他人的任何品位。涂了粉的仆役跟在黄色的二轮车后面，女王的风格仍留存在这样的背景之中，但从社交的角度来说，除了继承的东西外，女王毫无风格可言。条纹呢制衬裙竟是代表了王室品位的服装，让人难以置信。宫廷里的装扮除非是按照正常的方式穿戴，否则没有什么比那更糟糕的了。人们可能会因为衣服上面的珠宝饰物而眼花缭乱，但那些都是些传家宝，如果有哪位女士看上去穿着合适，她要么是外国人，要么是个“随意的人”。时尚到了伦敦就不时尚了，只有美国人和犹太人可以随便穿戴。1864年，伦敦各处的装扮风格都很怪异，就像蒙克顿·米尔恩在劳罗顿时的骑马装。

虽然这样的社会也许多少适合一个正在编辑莎士比亚或者斯威夫特作品的年轻人，但这个社会与1870年的社会没什么关联，与1900年的社会更毫无关系。由于其他一些原因，年轻的亨利·亚当斯从来都没有能够得到这种现今仍然存在的社交风格的完整训练。最开始的几个季节中他觉得很尴尬，这摧毁了他的社交生活。由于缺乏社交经验，他没有请人把自己引荐给那些统治社交圈的女士；由于缺少朋友，他无法知道这些女士都是谁；如果自告奋勇，他极有可能遭人白眼。然而，这样的感性早已被英国社会所摒弃，男男女女应对彼此之间的主动搭讪比对外国人要粗暴得多，但是，年轻的亚当斯是儿子，同时也是一位私人秘书，他不能像英国人一样厚脸皮。当然，也并不是他一人如此，每一位年轻的外交官，和多数年长的外交官一样，都会在英国人的家里感到尴尬，因为他们很清楚自己在那里实际上是可有可无的，同时也清楚很可能会有人这样告知他们。

在那些日子里，如果英格兰有哪处乡间处所可以自称视野宽广，品位高雅，那就是约克郡的布林顿，如果有哪位女主人可以自认为时尚迷人，那一定就是玛格丽特·博蒙特夫人，然而，有一天早晨，亨利·亚当斯坐在她的旁边进餐——这并非因为他自己有什么优点，听到她慢条斯理地用圆润的嗓音若有所思地看着自己的茶杯自言自语道：“我觉得自己并不喜欢外国人！”这位年轻人被吓坏了，这样的恐惧与其说是出于自身的原因，倒不如说是为她担心，于是他只能强作欢颜，说：“可是，玛格丽特夫人，请把我当作一个小小的例外吧。”当然，她很明确地回答说他并不是她所谓的外国人，而且她和蔼可亲的爱尔兰式的魅力使她的失言成为令人开心的恭维，但是，她还是非常清楚，除了这位年轻人刚才简短的自我介绍，他实际上还是一个外国人，她想象不到任何理由去喜欢他，或者喜欢其他任何外国人，除非她被本国人弄得很厌倦。她似乎感觉她的冷漠需要用自己的双眼为其辩解，于是她流露出了爱尔兰人天性里的下意识的同情，而这样的同情就是在英格兰也从未被完美而自然地展现过——玛格丽特夫人身上也有个非英国化的蒙胧幻影。

由于一直能感受到这层障碍的存在，在战争持续期间，这位私人秘书一直把自己隐藏在外国人群中，直到发现他的社会关系已经固定下来而且很难改变。他从未感觉自己处于社交圈，从未弄清楚社交圈里的人们所谓的“社交圈”该作何解释。他的视野足够宽广，注意到了有十几个彼此似乎相对独立的社交圈，最时髦的就是最小的那些圈子，而对他而言，那些圈子几乎是完全陌生的。最大的圈子是体育界，除了听到熟人谈到过以外，他也是一无所知。在这些圈子之间和以外的地方，还有一些难以定性的社交圈。他的律师朋友埃瓦茨，经常去一些法律圈子，大家还是坐在那里喝酒，讲一些法律界的逸闻趣事，但是，除了那次父亲带他去拜访老林德赫斯特勋爵以外，在那里见到了老坎贝尔勋爵，当时两个人都在辱骂布鲁汉姆勋爵，此后他本人从未亲眼见到过法官。教会和主教们也组成了几个社交圈子，除了冒失闯进去的人外，没有哪位秘书看到过这样的社交圈。陆军、海军、印度事务局、内外科医生、市民、艺术家、乡绅贵族、苏格兰人，还有无可计数的进一步细化的社交圈，但这些圈子彼此陌生，就像亨利·亚当斯对这些圈子都很陌生一样。在伦敦社交圈混迹了八个或十个季节后，他坦承，和在1861年5月他第一次出现在柏迪特·古茨小姐家里的时候相比，自己越来越不了解这个圈子了，甚至不知道如何进入这些圈子。

每一个年轻人迟早都会落入某个团体或圈子，他会经常去少数几家愿意接待他们的地方。一位美国人，既不打猎也不参加任何竞技比赛，既不射击也不钓鱼抑或赌博，而且也不适合成为结婚对象，一般来说他也就没有必要去想什么社交的事情了。百分之九十九的聚会对他来说毫无用处，与其说他让别人觉得无聊，倒不如说那些人让他更感无趣。因此，究竟该融入还是该摆脱社交圈，这个问题让年轻的外国人觉得非常困扰，在经过三四年的痛苦揣度之后，这个问题竟自行解决了。社交圈没有团结而言，人们如同蛆虫一样在奶酪里面游荡；社交圈也不是双轮马车，可以供人在晚餐时间钻进或钻出。

因此，他一直都承认自己对社交很无知，从来也不知道自己曾经是否融入过社交圈，但根据他后来一些朋友的叙述，比如迪克·泰勒将军或乔治·斯莫利，还有在70年代主宰社交圈的形形色色女士们的叙述，他越来越认为自己对社交圈一无所知。他当然去过一些大型聚会，也出席过一些重大活动，就跟任何能够拿到入场券的人一样，但是，即便在这些活动中，能让他保持兴趣，或有助于他的教育的社交也是屈指可数。在七年的时间里，他只记得有两次社交活动似乎于他有点意义，但却不知道其意义到底是什么。那两次聚会都不是正式的，关注的焦点也都不是和英国相关的，两次聚会对于这位哲人来说简直是个耻辱，对于那些深谙世事的人也没有什么启发性。

其中一次聚会是在“德温夏尔之家”，那是一次并未经过精心准备的普通晚宴，当然，接到邀请的每个人都出席了。那天晚上，房子里挤满了亨利·亚当斯常见的那些人。这位私人秘书站在人群中，不一会儿，第二帝国著名的美人德·卡斯汀格琳小姐进来了。亚当斯从来都不曾意识到她有多么漂亮，或者说，她属于哪一种美，可在场的人立刻形成了一个通道，大家列队盯着她看，后排的人站在椅子上，越过前面的人头看过去，这群人可都属于世界上最有修养的贵族社会啊！于是，那位女士从这样一群礼貌的乌合之众中走过，受宠若惊，立即逃离了那栋房子。情况就是这样！

另一次怪诞的情景出现在1864年4月13日的“斯坦福之家”，那次社交活动被安排在一个回顾保罗·韦罗内赛的基督圣迹画的皇宫画廊里，加里波第在红色衬衫外面披着灰白色斗篷，接待了全伦敦的人，有三位公爵夫人差一点儿就拜倒在他脚下。在这里，不论怎样，这位私人秘书一定接触到了最后一次也是规格最高的社交经验，但是，其含义——即对于一位寻求真理的人而言，这样的社交经验是否说明了他在社交、品质或者智力上获得了进步——却不是《早报》的一篇社论，甚或不是威斯敏斯特大教堂的一次布道能完全解决的问题。德·卡斯汀格琳小姐和加里波第两者之间相去甚远，很难做简单的测量，他们的弧线太复杂了，仅仅靠演算是不够的。用有序的社会体系让两者产生某种联系，不管是在伦敦还是在其他任何地方，都是只有阿杰诺·斯温伯恩或维克托·雨果才适合去解决的难题，就亨利·亚当斯的教育所达到的水平来说，这远远在他的能力范围之外，因为即便在当时，对于那两次虽然有趣但却令人困惑的场景，不管从表面还是从超自然的角度来说，他都很可能会排斥跟他在一起目睹那一切的所有人的看法。

仅仅作为一位私人秘书，想要从宫廷或者宫廷的社交圈得到能够有助于他人生道路的东西，必将一无所获，或几近于一无所获。王室暂时置空，在1860—1865那几年，他倾向于认为，最一流的社交圈与次一等的社交圈之间最细微的差别在于对王室的态度。圈子里的人们觉得王室让人厌烦，或者回避王室，或者悄悄地说，女王从来都没有参与过社交。他们对于近半数贵族的评价也是一样的，而对于余下的另一半贵族，亨利·亚当斯甚至从来不知道他们的名字是什么。他与王室的任何一位成员交谈都不超过十个字，在那些年里，他认识的人中没有一个对王室感兴趣，也不认识谁会为了就任何话题了解王室成员的观点而愿意付出五先令，更没有人愿意现身有王室或者贵族出现的场合，除非有人煞费苦心把聚会办得非常吸引人，就像其他没有贵族头衔存在的国家必然会做的那样。毫无疑问，涌动在人群中，亨利·亚当斯多少认识些形形色色的纨绔子弟，他们时常光顾舞会，跳着最时髦的舞，似乎并不在乎什么等级；他们最关注的事只是想知道午夜之前去哪里找到最好的伙伴，午夜之后去哪里找到最好的晚餐。对美国人来说，就如同对亚瑟·彭德尼斯或巴恩斯·纽卡姆一样，社会地位与社会知识的重要性非常明显，对于这一重要性，他的尊重程度远远超过了其对他的价值，但是，这种重要性影影绰绰，似乎每拐一个街角都会发生变化，它的标准不断改变，没有人可以完全地把握。他那个时代出现的几个社交圈的领袖人物和美人，都是大名鼎鼎，时尚之极，但却有着最糟糕的婚姻和最不值得炫耀的事业。

亨利·亚当斯早已厌倦了作为旁观者审视社交圈，渐渐地开始讨厌看到有人穿宫廷服装，听到有人宣布宫廷舞会就会唉声叹气，也害怕所有正式的晚宴邀请。参加盛大的社交场合还不及花上十先令去歌剧院听帕蒂演唱《天使曲》或《葛蕾珍》给他带来快乐的一半，要说教育意义，连后者的四分之一都赶不上。然而，最好的评论者可不这样认为。洛斯罗普·莫特雷就是最好的评论者之一，在最初亨利·亚当斯跟着他初涉英国社交圈时，他就对亚当斯说过，伦敦的晚宴和英国的乡村宅邸是人类社会的完美典范。这位年轻人就此思考了很久，还是不得要领。莫特雷不可能觉得晚餐本身那么完美，因为当时在伦敦，还没有好厨师或共进晚餐的好同伴，除了几位银行家或外国人以外，莫特雷所指的晚餐，十有八九都是冈特式的，所有的晚餐都差不多。人人都在抱怨，尤其是年轻人，他们喜欢抱怨英国人即便在享受美餐时也不知道自己吃的是美餐，就算完全授权给他们，他们也点不出好菜来。亨利·亚当斯并不是一个评论家，知道的也不比他们多，但是，他听到了人们在抱怨，因而他认为莫特雷不可能是在赞扬英国的菜肴。

同样，莫特雷的意思，也不大可能是那些晚宴看上去不错。没有什么比那些装扮更糟糕的了，也没有什么比那些人的形象更缺少艺术性的了。人们可能会被那些家传珠宝弄得头晕目眩，然而，如果有一位美国女人在场，她肯定会对那种佩戴珠宝的方式大加议论。如果桌上有一个穿着得体的女士，要么是美国人，要么是一个“随意的人”，会像在舞台上一样吸引很多人的注意——不会有人欣赏英国人的餐桌。

莫特雷最不可能认为那些人的品位或举止是完美的。英国社交圈的举止已是臭名昭著，而其品位则更是有过之而无不及。任何一个美国妇女都会奋起抵抗英国的礼仪，无一例外。事实上，让美国人印象最为深刻的伦敦魅力，正在于其鲜明的对比——最差之中的极差，构成了一个背景，用来反衬少数人的杰出、教养与智慧，正如少数非常漂亮的女人在一群凡夫俗子中更显娇美一样，其结果就是让人感受到了一种中世纪风格，有趣而好笑，有时粗鄙之极，到了让码头工人都为之震撼的程度，有时却礼貌周到，让人想起亚瑟王的圆桌会议，但是，这样颇具艺术性的对比肯定不是莫特雷脑海中的完美典范。他所指的是某种学术上的东西，世俗的东西，现代的东西，他想到的是他自己的品位。

也许他是指他自己最喜欢的那些聚会，气氛融洽，交谈愉快，学术水平很高。即便在那种场合，他也会强迫自己斟酌自己的修饰语。德国人肯定不会承认英国的学术水平很高，甚至认为那算不上什么学术，或者认为在英格兰不会有人希望有学术存在。这里不需要任何可能散发出学术研讨会或演讲厅气息的东西，人们不妨在伦敦主教的桌旁谈起勒南的基督，就好比在一位牛津大学老师的餐桌旁大谈德国哲学一样。如果一个小小的文学界可以称为一个社交圈的话,那么,社交圈里的人就需要以旧的方式得到娱乐。悉尼·史密斯曾经很让人开心，但他已经死了；麦考莱也死了，他在世的时候，不是逗人开心，就是给人以教诲；撒克里于1863年圣诞节去世了；狄更斯在社交场合从来没自在过，因此也很少出现；布尔沃・利顿的精力不够充沛；丁尼生不喜欢陌生人；卡莱尔是社交圈子最讨厌的人；达尔文从来不进城，莫特雷心中想着的一定是他在霍顿勋爵家的早餐上见过的那些人——格诺特、乔伊特、米尔曼或弗鲁德，布朗宁、马修・阿诺德或斯温伯恩，威尔伯福斯主教、维纳布斯或海沃德，或许是格莱斯顿、罗伯特・罗尼尔或格兰维尔勋爵。这是相对较小的一个圈子，通常很孤立，很封闭，在伦敦的常规晚宴中一般看不到这些人的身影，但这样的一些圈子对一位私人秘书而言相当常见。对于文学界的美国人来说，那看起来很可能相当完美，因为在美国是找不到这类社交圈的。在这个狭小社交圈中，美国公使团感到很放松，也许有十几个这样的社交聚会，都是自由开明的，也都是文学性质的，但如果说完美，也只有哈佛学院的历史学家会这样认为。他们所教授的东西很少有值得一学的，因为他们的品位陈旧，他们的知识对下一代人来说是愚昧的。相对于这位年轻美国人的未来目的来说，显然是致命的，因为他们只属于英国。

通过这样的媒介习得的社交教育在其他环境下必定毫无用处，但亨利・亚当斯必须坚持到底。对一位私人秘书来说，必须要掌握的一点是，他不仅仅应该看起来应对自如，而且要真正做到这点。他认真地学习，痛苦地实践那些看起来是社交圈的人最希望得到的成就。也许他过于紧张的神经误导了他，也许他把自己臆想出来的样子当作别人眼中的典范，但是，他认为人类社会的完美典范所要求的就是：一个人进入会客室，虽然在那里自己完全是个陌生人，也应站在炉前的地毯上，背对着炉火，带着可以预期的慈爱神情，没有任何新奇感，就跟他参加慈善音乐会一样，和善地准备为表演者鼓掌，忽视表演者的不足。这样的理想状态在年轻时并没有实现，接近三十岁的时候，这种理想状态表现为掩饰之下的傲慢和让人反感的赞助者的姿态，但是，到了约六十岁的时候，这种理想状态演变成了谦恭有礼，和蔼可亲，甚至是对年轻人的尊敬，这样的状态在男人和女人眼里都格外有魅力。不幸的是，亚当斯不能等到六十岁才去接受这样的教育，他得谋生，凭着一副英国式的赞助者的姿态，但这在英国以外的任何一个地方都不能为他赚来一分钱的收入。

经过了五六年的不断实践之后，任何人都能够养成这样一个习惯，在不需要过多考虑自己或别人的情况下，可以从一个陌生的圈子走进另一个陌生的圈子，就好像在一边静静地思考“在这个都是昆虫的世界里，没有哪一只昆虫是异类；也许从某些方面而言，它们还属于人类”。然而，处于人群之中反而有一种身单影只的感觉，他因此养成了喜欢空想的思维习惯，但除了在伦敦，这种习惯对于社交上的成功毫无用处，在其他任何地方，只会是一种伤害。英国是一个社交的王国，但代表其社交资本的货币在别的地方并不能流通。

从教育的角度来看,英国女人只有接近四十岁时才能提供有价值的东西。到了那个年龄，她们会变得很有趣，很有魅力——尤其是对五十岁的男人来说。年轻的美国人并不值得英国的年轻女子去注意，也从来没有得到过她们的注意，他们彼此都无法相互理解。只有在家庭聚会当中，在乡间——从未发生在广义的社交圈中，一位年轻美国人才可能偶然地和与自己年龄相仿的英国女子交上朋友，但是，这样的事情从来没有发生在亨利·亚当斯的身上。他生性敏感，只有任由美国姑娘摆布的份儿了，但只要有外交工作做支撑，这种任人摆布与其说是教育，莫不如说是职责。

因此，他发现自己被扔进了一片从不想去航行的水域，并且顺流而下，远离了他的港口。在伦敦社交圈的第三个季度，他在外交方面的教育结束了，在英格兰开始了属于年轻人的社交生活，他感觉舒适自在，比在任何其他地方都还要惬意。这样的感觉与他养成了参加花园聚会、晚宴、招待会和舞会的习惯没有任何关系，一个人也许会参加数十种社交活动依然没有任何宾至如归的感觉。人们也许可以一直待在乡间聚会的房子里，但仍无法忘记自己除了是个彻底的陌生人外，什么都不是。人们可以向英国半数的公爵和公爵夫人鞠躬，但只会觉得愈加陌生。数以百计的人可能会在经过对方时点头致意，但永远不会走得更近。在像伦敦这样的一个地方，亲密关系就跟化学亲和力一样是个私人秘密。数以千计的人从身边走过，一个人会从人群中脱离出来向另一个人靠近，于是渐渐地形成另一个团体。

1863年4月27日早晨，他应邀跟亨利·霍兰德爵士共进早餐，这位爵士是王室的老医生，认识自爱德华·埃维瑞特以来的所有美国公使，是一位极有价值的社交盟友，有着试图让自己对每个人都有用的勇气。曾经有一天，在邀请这位私人秘书吃早餐时，他非常谨慎地没有让对方看出来他前一天早上在餐桌上就已经得知了叛军的所作所为。他不顾社交圈的反对，一直与公使团交好，而且到现在为止仍然饱受社会舆论的压力，因此，年轻的亨利·亚当斯不能够拒绝他的邀请，尽管这样的邀请使他不得不在早晨九点在布鲁克大街和詹姆斯·M. 梅森先生轮流去与他共进早餐。霍兰德老医生本人像鹰隼一样精神矍铄，整天光着头在伦敦各处驾车闲逛，每晚睡觉前都要吃些威尔士点心，他觉得，每位年轻人应该都会很高兴在布鲁克大街吃到他早间的松饼，并提供零星的战争新闻，供那些身份显赫的病人们评论之用。这位年轻的私人秘书接到传唤后，便乖乖地去了，那个早晨他刚到正门，便发现那儿另有一位年轻人在拍门环。他们一起进了餐厅，并在那里被引荐给对方。亨利·亚当斯得知，另一位客人是剑桥大学的学生，叫查尔斯·米尔恩·加斯克尔，是詹姆斯·米尔恩·加斯克尔的儿子，温洛克的成员，是另一位约克郡的米尔恩，来自韦克菲尔德附近的索恩斯。命运把亚当斯和约克郡紧紧绑在一起，由于另一个偶然，小米尔恩·加斯克尔在剑桥恰好和威廉·埃维瑞特关系非常密切，威廉·埃维瑞特也准备在那里拿到学位。第三次机缘促使埃瓦茨先生产生了参观剑桥的想法，这使得威廉·埃维瑞特有机会尽了地主之谊。亨利·亚当斯为埃瓦茨先生做向导，在五月底，他们就去剑桥住了几天，当时，威廉·埃维瑞特的确尽到了地主之宜，热情好客，悉心照料，从而使他的表兄立即意识到了自己在社交上的缺点。剑桥很漂亮，老师们也和蔼可亲。埃瓦茨先生觉得不枉此行，可这不过是这位私人秘书日常工作的一部分。然而，影响了他一生的事件，却是从那时开始和米尔恩·加斯克尔以及他的大学朋友之间的亲密关系。

知己都是前世注定的。亨利·亚当斯在英国见到了上千人，有大人物，有小人物；他碰到过各个等级的人，从王子到杜松子酒店里的懒汉；他参加过数不清的官方活动和私人聚会，到访过英联邦的每个地区，对于巴黎与罗马的公使团而言，他也算不上陌生人；他熟知某些乡间处所的社交圈，也习惯了每个周日下午都会受到邀请；但是，所有这一切还是让他觉得无所事事，浪费生命。对他来说，陪同一些美国女士进入会客室，陪同一些美国绅士到圣詹姆斯宫的早朝，或者在宫廷舞会上向一些声名显赫的大人物鞠躬行礼，甚至在花园聚会上与一些皇宫贵族摩肩接踵，他都无法从中获得任何东西。所有这些都是为政府做的，林肯总统或西沃德国务卿对自己的工作都没有足够的了解，因此不会因为亨利·亚当斯做了他们自己的部下都未必做得好的事情而感谢亚当斯，而对于亨利·亚当斯自身，而不是作为私人秘书来说，所有被这些职责占用的时间都是荒废了的时间。与此同时，只有少数几位密友与他本人有关系，而几乎使他成为一名约克郡人的机缘一定是从七国时代就开始了。

约克郡和英国的其他任何一个郡比起来，更多地保留了一种脱离伦敦的社会独立性。苏格兰本身几乎没有更多特别的地方，约克郡人一直都有着最鲜明的不列颠个性；挪威人和丹麦人是与撒克逊不同的民族，即便是兰开夏郡也没有西约克郡的人口数量和教化水平。伦敦从来都没有把约克郡完全同化，相反，约克郡人不大喜欢伦敦，而且对此毫不掩饰。在某种程度上，约克郡人也许愿意这样描述：约克郡不是英国的，或者说约克郡就是整个英格兰，对此他们心照不宣，这一定是年轻的亚当斯被约克郡而不是别处深深吸引的原因。只有蒙克顿·米尔恩不嫌麻烦地吸引了他，也许米尔恩是唯一一位让亨利·亚当斯当时有机会在其面前可以不强迫自己入乡随俗的人。无论在牛津、剑桥还是亨伯河以南的任何一个地区，没有哪个大型聚会愿意把一位年轻的美国人当朋友来邀请，另类古怪一词并不能解释其中缘由。蒙克顿·米尔恩是很特别的一类人，但是，他的远亲詹姆斯·米尔恩·加斯克尔，也是与之截然不同的另一类特别的人，两者同样与众不同，一眼可见。米尔恩看上去似乎永不停歇，米尔恩·加斯克尔看上去则从不想动。年轻时，他曾是一个非常有名的团体的成员——亚瑟·哈勒姆、丁尼生、曼宁、格莱斯顿、弗朗西斯·道尔——并被认为是最有前途的成员之一。他是乔治·坎宁的崇拜者，成年之后便一直在议会工作，与威恩斯德庄园的温恩家族联姻，从而建立了强大的社会关系，按约克郡的标准来说称得上殷实富足，跟他的政治领袖们关系密切。如许多英国人一样，他拒绝公职，而不是费尽心力生怕失去公职，他们需要权力仅仅是因为有了公职，才能有所谓的懒惰。他是个求知若渴的读者，也是一位令人钦佩的评论家，他熟知四十年的议会传统；他健谈，也善于倾听；他喜欢自己的晚餐，而且，不管乔治·坎宁作何看法，他仍喜欢干香槟；他喜欢诙谐幽默和逸闻趣事；然而，他却属于1830年代，那一代人无法幸免于电报与铁路，就连约克郡也很难再造就出这样的一代了。对一个美国人来说，他是一位比他的远亲霍顿勋爵更与众不同而且更让人着迷的人物。

米尔恩·加斯克尔先生对儿子带进家的这位年轻的美国人很友好，米尔恩·加斯克尔夫人还要更友好，因为她觉得，和一些英国人相比，这位美国人对他的儿子来说，是个危险性要少一些的朋友，她很可能是对的。这位美国人能够感知到她本人是英格兰最聪颖和最可爱的女人，她的妹妹夏洛特·温恩小姐也是这样的一个人。两个人的年龄和社会地位让人觉得和她们结下友谊是一种荣耀，也是一种愉快。有了她们的赞同和认可，一切问题都可以迎刃而解了。在英国，家庭是件严肃的事，一旦被一个家庭接受，你一生都会属于那里。伦敦也许会从他的视野中完全消失，但是，只要生命不息，约克郡就会因为那里的朋友而一直活在他的脑海中。

詹姆斯·米尔恩·加斯克尔先生代表什洛普郡的温洛克区做了三十年的议会成员，1857年，他购买了温洛克修道院及其地产，包括修道院的老房子。这件新买的旧玩具让米尔恩·加斯克尔夫人非常高兴，修道院长的房子是15世纪迷人的建筑样式，很久以来都被当作农舍闲置在那里，任其慢慢腐朽。

她把房子重新整修好，在1864年的秋天去那里小住了一阵儿。年轻的亨利·亚当斯是她最早的一批客人之一，还与她一起游历了温洛克周边和莱津一带，了解了这个美妙乡村的可爱之处和那里的古董商店。那是一种新奇而迷人的生活，是让人极为艳羡的经历——完美的所在和莎士比亚式的乡间宁静。他只需要在那里生活几年就可能完成他的教育，并使他准备好在生活中做一个相当有用的英国人，一个担当神职的现代乔叟。

The Education of Henry Adams

第十四章

艺苑漫步（1865—1866）

1864年的那场运动和林肯总统11月的成功连任让这位美国公使有了十足的底气，他能相当自信地看出来，自己着急上火的日子已然结束，而罗素勋爵和拿破仑皇帝的麻烦却刚刚开始。几个月后，他的四年任期将满，即使正在与英国进行的一些磋商可能延误归期，但他极有把握能在1865年回国。他的儿子也不再烦躁，参军入伍的时机已被错过，如果他想有用武之地、有所作为，也一定是以一个儿子的身份，因为作为儿子，他一直得到了最大程度的宽纵和信任。亨利·亚当斯知道，留在伦敦对自己毫无益处，但是到目前为止的生命历程中，他留在其他任何地方也同样毫无益处，他在二十七岁生日之时，依然没有朝着自己二十一岁时预设的目标前进哪怕一步。

绝大多数情况下，他的朋友们比他更糟糕。战争即将结束，他们会骤然发现自己置身于一个十分陌生的世界。

此时，好像要切断最后一丝联系那样，他的伦敦生活突然得到了六个月的逃避期。因为伦敦的气候影响了一些公使团成员的健康，医生开出的方子就是去意大利过冬。作为随从人员，这位私人秘书当然也一同前往，这也属于他的工作职责之一。他在意大利度过了六个月，这期间，内战也结束了，至于意大利之行的教育，他是一无所获，但他感到很开心。花别人的钱实现一个舒适奢华之旅，尽享外交上的特权和地位，这种旅行他以前从未尝试过。意大利四轮马车上的檐条很漂亮，冬季的苏莲托有山可爬，有洞穴可探索，那不勒斯也近在咫尺。复活节的罗马对每一位训练有素的私人秘书而言，都是必不可少的教育经历。坐四轮马车经过帕鲁查和西恩那向北旅行是一个梦想，斯布鲁更山口就算不能跟斯特尔维奥相比，至少也值得一看。巴黎总是有一些最新潮的事物，随机性教育的机会不像从前那样多，因为一个人的历练范围已经极大地得以扩展。但是，巴登巴登温泉此时正处于最热闹的时节，也许去那里消磨一季会有些受教育的机会，哪怕只是亲眼目睹最时尚的欧洲人和美国人在赛马场上冷眼旁观汉密尔顿公爵是如何通过与珂拉·波尔搭上话而提高自己的社会地位，也就不枉此行了。

得知林肯总统遇刺的消息时，他们还在罗马，这个消息与这样一个谋杀者与被谋杀者最容易出现的城市而言，倒极其相配，似乎美国也在接受教育。站在阿拉卡里的圣母玛利亚的台阶上，他再次陷入沉思，但所思所获似乎与以前一样肤浅，一切照旧。他们几个旅行者并没有改变计划或活动项目，公使也没有把他们召回伦敦。等他们回去的时候，这一季已经结束了。这位私人秘书再次坐在波特兰广场的办公桌前，看着一大堆久未处理的公文，感到自己面对的是一个无法辨认的世界，与过去毫无牵连。他的身份倒还存在，假如人们可以把一堆毫无任何关联的回忆称为身份的话。他好比是一只蜘蛛，必须在一个新地方，找到一个新附着物，织就一张新网。

在美国，他所有在战争中幸存的朋友和同龄人在退去一身戎装之后似乎都特别平凡普通，急着成家立业，不惜跑遍偏僻的街道和郊区，只要能找到一份工作。公使亚当斯也准备于“来年秋季”回国，私人秘书准备于“次年春季”回国。春季之时，安德鲁·约翰逊总统与参议院发生不和，认为最好让一切保持原样。国家公职人员通常会养成听从命令和无个人意志可言的习惯，因此，驻伦敦的公使团成员们继续留在英国，处理日常工作。养成的习惯很可能变成恶习，假如亨利·亚当斯与他那个时代的英国年轻人有一丝共享的品位，那他一定非常失落，每天坐在马车上来往穿行在劳罗顿路上，根本算不得什么品位，虽然这是他与他们唯一相同的消遣方式。显然，他必须着手工作，必须获得新的教育，必须开始自己的职业生涯。

但是，说起来容易做起来难，甚至连他父亲也承认，有两项职业完全不适合他。就法律界而言，外交人员的身份使他不合适去从事，而外交又是他了解太多的一个行业。在美国外交史上最困难的四年时间里，任何一位在核心地区工作过，并亲手抚摸过权力杠杆的人，都不可能请求去维也纳或马德里担任秘书而一事无成地混下去，直到下一届总统上任后才有崭露头角的希望。所有出言献策的人都认为，外交界不适合他。

在任何一个普通的制度下，他应该被召回国务院任职，但夹在总统与参议院之间，怎么努力行事都是枉费时间。职业生涯的抉择比毫无实际意义的教育更具挑战，亨利·亚当斯看不到出路，事实上也没有出路，他所有的朋友都在尝试这条或那条路，但是，没有哪一条路是适合他走的。约翰·海依依结束了伦敦的工作之后，又在二流公使团里混迹了几年，然后回国，加入怀特罗·里德和乔治·斯莫利的《论坛报》。弗兰克·巴罗和弗兰克·巴特莱特拿着陆军少将的委任书开办了一家规模不大的法律事务所，迈尔斯留在部队里。亨利·希金森绝望地挣扎了一番，最后被迫回到了议会大街。查尔斯·亚当斯则四处游荡，到处找工作，哪怕顶着荣誉准将的头衔。还有十几个人也在不断尝试创业，但基本都没成功。亨利·亚当斯明白，犯下一百个错误的道路容易找，而合法合理的成功之路却寻不到。事情就是这样了，他所谓的教育哪儿都不需要。

只有一种职业似乎有点可能性——新闻媒体。如果是在1860年，他可以声称自己天生就是做编辑的料，至少可以抱着这样的理念，像一千名年轻的美国大学毕业生一样投身报业。现在是1866年，情况发生了很大变化。如果想取得成功，必须拥有一倍以上的金钱，而如果想挣到钱，必须拿出一倍以上的精力。美国的规模已经增大了不止一倍，但是，对于一个受过教育的穷人而言，如果他成不了艺术家，又不愿意去当家庭教师，那么，报纸仍然是最后的一个选择——任何一个不适合干任何别的事情的人都能写出一篇社论或批评文章。十年游荡生活中积累了大量以讹传讹的资讯，总可以骗得过那些无助的公众，只要内容拿捏恰当，只要在一家报纸的办公室角落里找到一张办公桌便足矣。报纸是稍逊一筹的讲坛，是隐姓埋名的小学校长，是物美价廉的寄宿学校，但对一个真实地经历了海难般教育历程的幸存者而言，新闻媒体不失为一个捷径，因此，亨利·亚当斯决心调整自己以适应媒体工作，因为无法回国实践，他在伦敦就着手准备。

与《纽约先驱报》的任何一位记者一样，他知道这并不是美国人白手起家的方式，还清楚记者们不知道的其他不利因素。无论他做什么，都只能在英国人的行事方法与思想氛围中喘息，也无法吸入别的空气。他母亲本应是一位合格的裁判，因为母亲在英国的成功与受欢迎程度远胜于父亲。她断言，在英国生活过一段时间的任何一位女性不管如何纠结，还是会养成英国女性穿着打扮的习惯。亨利·亚当斯感觉自己的心态和思想过程都是英国式的，他的内心对此却比任何时候都更厌烦。似乎为了让他更无助、生活得更别扭，英国在他眼中越来越讨人喜欢，越来越让人开心。1866年，亚当斯公使在伦敦几乎成为一块历史丰碑，他完全树立了一个只属于他自己的地位。他的对手消失了，帕默斯顿勋爵于1865年10月去世，罗素勋爵在勉强支撑六个月后退出权力中心。1866年7月，保守党重掌大权。从传统上看，托利党总是比辉格党更容易对付一些，亚当斯公使没理由为这样的改变感到遗憾。他的私人关系网极好，他的个人影响力逐年提高。从这个角度而言，这位私人秘书应该无忧无虑，没有多少烦恼。他自己的职位虽然不起眼，但也足够了，他生活得很愉快，他的朋友就是他需要的一切，虽然受到政治形势的影响，但他感觉相当闲适。日常生活中，他唯一需要发愁的是有那么多的早餐，那么多的晚餐，那么多的招待会，那么多的舞会，那么多的戏院和乡村联欢会，那么多的名片要留下来，那么多的美国人需要他的陪同。这是在公使馆工作的每一位年轻美国人的日常事务，总的来说，这些事务都毫无价值可言，因为，哪怕这些事情属于他的职责——其实不是，那也不过是例行公事，不过是单一、连贯、不曾中断的行为而已，除了波特兰广场和坟墓，他一无所终。

如果他有所收获，那就是英式的思维习惯，而这样的思维方式日盛一日地稳固下来。英国人的思想就跟伦敦的客厅一样，很舒适，很安逸，里面有大大小小的家具，彼此互不协调，因为本就无意按照协调的原则摆放，那些杂七杂八的东西怎样摆放也不会构成一个整体，除非在一个四四方方的房间里。哲学可能会就天生的思想展开争辩，直至星星都不复存在，但是，就天生的品位而言，除了一条牧羊狗，也许没有人有权表示怀疑，而英国人最没有怀疑品位的权利，因为他的品位就是他的存在。他不知不觉、漫无边际地跟随自己的品位，如同蜂王追逐花蕊一样。而且，在英格兰，人人必须跟从同样的品位。大多数年轻英国人都去看赛马，或去郊外，或去狩猎场，少数人看书，另有一两个人研究科学，还有一些人去从事一项因没有更合适的名称而暂且称之为艺术的事业。年轻的亨利·亚当斯从父亲那里继承了这种对某种品位的追求，而他父亲对此却不以为然，他看不出儿子能从特纳的油画里体会到什么东西，虽然他儿子自以为有所领悟。而另一方面，这位公使自己对美学也不过是一知半解，他认为那不过是自娱自乐，从未称之为艺术，所以，他会在周日沿街漫步，只要是克里斯托法·伦恩爵士建的教堂，他都要逐一进去礼拜。他也会时不时地溜出公使馆，跑到索斯比行去看那里的钱币市场，他的儿子也时常去那边看别人卖素描、雕刻品或水彩画。两个人对彼此品位的欣赏都达不到大谈一番的程度，但他们之间唯一的差别只是方向略有不同。公使的画作与他的头脑一样，展示对线条与形式的准确把握，如果能继承父亲的这一点，儿子一定会很开心。

在传闻中的很多英式品位里，最诱人也不靠谱的就是对艺术的鉴赏力。一旦养成这样的习气，想要摆脱就很不容易，因为这样的习气没有中心和边界，没有开始、中间和结尾，也没有起源和目的，更没有任何可预见的教育意义。在伦敦，没有人能够矫正这种习气。唯一有如此教化能力的美国人是威廉·汉特，他碰巧路经伦敦，停下来为公使画了幅肖像，而这幅画至今仍陈列在哈佛学院亚当斯家族系列人物展厅里。汉特时常说话，后来果真成为一位著名的教育家，但亨利·亚当斯当时听不懂他的话。也许像所有年轻人一样，他继承或者说吸取了太多品位，只能有待时间，自己慢慢消化稀释。汉特没时间清除亚当斯脑子里的垃圾，肖像完成后，他就走了。

亚当斯一有时间就去巴黎晒太阳，也常常去轮渡街理查森家的顶楼上或他居住的其他地方找他。他们一起去皇族宫进餐，谈论“高尚艺术”爱好者都会感兴趣的任何话题。理查森也很有想法，但那个时候仍没有找到自己的风格，亨利·亚当斯不太明白他心里到底在想什么，因为，在亚当斯看来，除了餐饮业，法国的任何东西都不怎么样，在英国生活的这几年使他认为法国艺术似乎是最差的。这并不能证明1866年的英国艺术就有多么好，远非如此，但是，按照英国的方式，所有艺术都是小摆设、小玩意儿。

不是在公使团，也不是在伦敦，而是在约克郡的索恩斯，亨利·亚当斯遇到了让他在这座天生杂乱的、名为鉴赏力的英式花园里获得终极体验的那个人。米尔恩·加斯克尔家的大女儿跟弗朗西斯·特纳·帕尔格雷夫成婚，没有美国人会在意是否有谁曾描述过帕尔格雷夫这个姓氏，但在当时的英国，这是一个最值得大书特书的家族。身为父亲的老弗朗西斯爵士是英国早期历史学界里一位最伟大的历史学家，也是唯一一位非英国本土人士。他本姓科恩，足以显示其不凡，他的思想也是科恩式的，至少不是英国式的。他改姓帕尔格雷夫，是为了让妻子高兴。他们生养了好些出类拔萃的儿子：弗朗西斯·特纳、吉弗德、雷金诺尔德、英格利斯，各个卓然不群，成绩斐然。其中，吉弗德也许是最古怪的一个儿子，但是，他的《阿拉伯之旅》非常出名，即使在当时，也是同类游记中的精品之作。弗朗西斯·特纳，人们一般称他为弗兰克·帕尔格雷夫，无法像吉弗德那样在旅行中乐而忘忧，而又在教育部气氛中感到窒息，因此就成了一位批评家。他的艺术批评让《星期六评论》成为英国艺术家最惧怕的刊物，他的文学品位浓缩成《金库》，对亚当斯的文学教育意义远胜于亚当斯本人的任何一种品位。帕尔格雷夫也是一位相当有名的诗人，其赞美诗曾流行一时。作为一位艺术批评家，他因言辞犀利而无法讨人喜欢，甚至霍尔曼·汉特也觉得他本性幽默。在众多的敌手中，虽然颇具争议，他也许最有权宣称自己是当之无愧的“全伦敦最不受欢迎的人”，而他喜欢教育别人，只是希望找到一个温顺的学生。亨利·亚当斯相当温顺，因为他什么也不懂，却很喜欢听别人发表意见。确实，他也只有听的份儿，不管喜欢与否。因为帕尔格雷夫嗓音激昂，势不可当。文学、绘画、雕塑、建筑，统统都是他随时会予以点评的方面，虽然并不总是善意之词，却总是颇有见地。如果这些都没得可说了，他就随时准备好点评更小的方面。约翰·理查德·格林正好与帕尔格雷夫恰恰相反，他爱尔兰式的触觉和幽默散发出无限魅力，令他免遭大部分抨击。他时常带着愉快的心情讲述他刚搬进肯辛顿广场的新家后，帕尔格雷夫前来造访的逸事：“帕尔格雷夫昨天还来过，一张口就是：‘刚路过你家前门，我就发现了三件不合潮流之物。’”

另一位无情的批评家是托马斯·沃尔纳，他也是一位诗人。在一个大肆张扬的社会里，他比帕尔格雷夫更张狂。沃尔纳的雕像没有表现出丝毫沃尔纳式的大刀阔斧，如果没有超自然的力量施加影响，沃尔纳就无法彬彬有礼，但他创作的半身像却很出色。整体而言，他的作品，借用帕尔格雷夫毫不含蓄的评价，是“这个时代最好的”。他对英国艺术或英国缺乏艺术之类的问题很郑重其事，甚至有些走火入魔，总是哀叹悲鸣，不停地折磨自己。当他发出控诉谴责之时，那种无政府主义式的愤怒让人不寒而栗。亨利·亚当斯并不觉得自己对英国艺术负有任何责任，也没有一种美国艺术可以当作牺牲品贡献出来，他很开心地听着这些卡莱尔式语言，毫无内疚地予以接受。另一方面，这个批评家小群体的第三位成员斯福德·布鲁克，他感觉与自己更意气相投些，因为他们的品位大致相当，斯托普的言行也像神职人员那般举止得体。与这几个人在一起，他在一些教育的路径上游荡闲逛，而这些路径太曲折，对一个美国人而言，一不小心就会滑倒。假如要谋取一个职业，他在这些路径上的收获还比不上在赛马场赛道上的收获。

幸运的是，他知之不多，做不了艺术批评家，更当不了艺术家。对某些事情来说，无知是福，无知比了解好，艺术就是其中之一。他明白他无法了解，他没有一双受过训练的锐利眼睛，也没有游刃有余的敏感直觉，但他很好奇，以至于想了解别人都知道些什么。帕尔格雷夫就伦勃朗或米开朗琪罗的作品发表的评论，他认为就是最终定论，沃尔纳不事声张地对特纳的作品予以评论，他也深信不疑。然而，如果他把这两个人的权威评论告诉任何一位艺术品交易商，他们总是嗤之以鼻，说这样的权威在业内并无分量。如果他在索斯比或克里斯迪拍卖行观看某些画作或油画的拍卖，一个小时后，他会看到一模一样的艺术品交易商都在那儿观察帕尔格雷夫或沃尔纳的一举一动，等他们叫价后再加价，他很少发现两个交易商判断一致。他曾经从一位画家的画室中买走这位画家本人的一幅水彩画，一个小时后，当他拿到一位交易商那里装裱时，这位交易商怀疑这幅画是否是那位画家的真品。他不得不承认，他无法证明这幅画的真伪，从画室里拿出的也不一定是真迹。

1867年7月初的一天早晨，帕尔格雷夫在前往闹市区的途中，到波特兰广场的公使馆停留了一阵子，主动提出要带亨利·亚当斯一起去索斯比，那里有一小批旧油画要拍卖。那些展品令人好奇，据说是安东尼·韦斯特康姆爵士的藏品，从利物浦运来的，完好地保存了一个世纪，但却没有什么特别的珍品。也许，只有收藏家和一些专家仔细观看过那些展品。总是有约十二三个收藏家和专家在现场跟踪每场交易，他们当中有些人是刻意收藏旧画的，因为这样的旧画越来越少。帕尔格雷夫快速地浏览这些旧画的编号，在其中一个包含多张小画的编号前停了下来，其中一张画标注为伦勃朗，另一张标注为拉斐尔。他仔细看过之后，指着标注为拉斐尔的那张画，“我应该买这一幅，”他说，“这幅画在我看来会一天一个价，今天卖五先令，明天就能卖五十英镑。”亨利·亚当斯在上面做了记号以备投标之用，第二天一早就来到拍卖行。按编号进行拍卖的进度很慢，到中午时分，他觉得自己可以放心地先去吃午餐。半小时之后回来，他便发现，那幅画已经不见了。他为自己的愚蠢而懊悔，因为帕尔格雷夫已经明确地说过，如果不是从某种意义上说已经先给了亚当斯，他本人倒想买下来。这位犯了错的人一直等到拍卖结束，然后向工作人员询问买主的姓名。买主是艺术品交易商霍洛韦，住在卡文特花园附近，他和此人略有交往。他立即赶到店里，一直等到年轻的霍洛韦出现，胳膊里夹着刚买来的东西。亚当斯没有寒暄就直接说："霍洛韦先生，你今天买的这个编号的画作，我也想要的，你能把它卖给我吗？"霍洛韦拿出那些画看了看，说他是因为伦勃朗的这幅画才买下这个编号的全套作品，他觉得这件东西有可能是真的。除了这件，亚当斯可以用他购买全套作品的价格即十二先令买走其余的画。

这样，截止那时，伦敦的每一位专家也许都看过这些画。其中两位——只有两位觉得那些画值得以任何价格购买，而这两个人也不一致，帕尔格雷夫选择了标注为拉斐尔的那幅画，霍洛韦选择了标注为伦勃朗的这幅画。亨利·亚当斯买了拉斐尔的画，他对这个课题一窍不通，但觉得自己能得到这样的教育，就值得付出十二先令，哪怕这些画一文不值，艺术教育的费用总是不菲。

他把画拿去给帕尔格雷夫看，那幅画被装裱在一个很薄的旧相框里，是纸版框，举起来到窗户前观看时可以看到反面的线条。"把它拿给大英博物馆的里德，"他说，"他是画廊的主管，如果你请教他，他会把它从装裱上取下来的。"亨利·亚当斯自娱自乐地用一两天时间查询拉斐尔的作品，看看这幅画里的人物是谁，最终他在帕那索发现，里面的人物是霍拉斯。事实上，亚当斯本人并不知道，大英博物馆里馆藏的霍拉斯画像更精致。最终，他把那幅脏兮兮和未完成的红色粉笔小画拿去给里德看。他在馆长室见到了里德，发现馆长室的墙上都是拉斐尔的精品画作。"是的！"里德先生说，"我在拍卖行注意到了这幅作品，但是，这并不是拉斐尔的作品！"亚当斯感觉自己没有能力探讨真伪，就把结果告诉了帕尔格雷夫，帕尔格雷夫说，里德对这幅画并不了解，这句话同样也是亚当斯无法理解的，但是，亚当斯说，里德受雇于大英博物馆，是世界上最好或者是接近最好藏品的负责人，尤其是在拉斐尔的作品方面，他还为大英博物馆购买艺术品。作为专家，他只看了一眼，就说这些标注为拉斐尔的这些作品都不是真品，等再次请他仔细观看时，他又一次断言不是真品。

一周之后，亚当斯又回去取画，里德先生从抽屉里取出画并给了他，有点怀疑而且犹豫不决地说："我应该告诉你，这幅画纸上的水印，与我在马克·安东尼奥的画作中发现的水印是一样的。"这种研究艺术品的方法令他略吃一惊，这种方法是拉斐尔本人也是一个贫穷无知的美国人都可能加以利用的。亚当斯问了一句很蠢的话："那么，您认为这是真品吗？""有可能！"里德回答说，"但是，太夸张了。"

这是专家经过第二次修正后的意见，而这第二次修正是借助水印才得以完成的！亨利·亚当斯认为，这件事本身就值得他再付出十二先令的教育费，但是，事情并没有就此完结，里德继续说："背后的线条看来好像是一些字，但我认不出来，如果你拿到手稿室去，他们会为你读出来的。"

亨利·亚当斯将这张画拿给手稿室的人看，恳请他读出里面的内容。手稿室的人看了几分钟后才很勉强地说读不出来，"这是画家用蜡笔涂写的，速度极快，有很多不常用的缩写词和旧体字。如果欧洲有谁能够读出来，那也只有那个年迈的利伯里有这个能力，找他看看吧！"

这位专家能把字母表拆开来读，却不能够认出一个手稿，但是，亨利·亚当斯没有权利抱怨，因为他拿不出任何东西作为回报，甚至连十二先令都没有，虽然他觉得这些专家的水平远不止这个价，至少，对他的教育而言，不止这个价。没办法，他又拿着这幅画去找利伯里。对他来说，利伯里完全是个陌生人，他只好尽量卑躬屈膝地请这位老人帮忙，请他告诉自己这些线条是否有什么意义。假如亨利·亚当斯不是一个完全无知的人，他也许早就明白了利伯里的一切，但是，他的无知无边无际，也许这样也正好。利伯里看了看这幅画，看看画纸，然后再看一次，最终让他坐下来等着。半个小时后，他把亨利·亚当斯叫回来，让他看了下面的这几行字：

Or questo credo ben che una elleria

Te offende tanto che te offese il core.

Perche sei grand nol sei in tua volia;

Tu vedi e gia non credi il tuo valore;

Passate gia son tutte gelosie;

Tu sei di sasso; non hai piu dolore.

就亚当斯回来后所能忆及的，这就是利伯里解读出来的内容，但是，他补充说，里面的缩写词太多，很不常见，里面的书写体非常古老，而他在第一行里面读到的“elleria”这个字根本就不是意大利语。

此时此刻，他已经竭尽所能，无法继续走下去了。如果利伯里看不懂意大利语，很明显，亚当斯最好也不要主动帮助他。他拿走画，对所有人都心存感激，因为他让大英博物馆的专家们进行了好一番折腾。之后，他搭车去了沃尔纳的画室，展示了画里的人物，复述了里德的看法。沃尔纳不屑一顾地说道：“里德是个傻瓜！他一点也不明白这幅画，也许里面有一两句话讲不通，但画本身没有任何问题。”

在以后的四十多年时间里，亨利·亚当斯一直保存着这画幅，把它放在壁炉上方，一部分是因为这幅画本身有些意思，但更主要的还是因为好奇，想看看有没有哪位评论家或艺术家驻足看看这幅画。没有任何人驻足品评，只有他一个人清楚个中缘由。他拒绝再去寻找任何人鉴别，再不想费心思了解这画到底是不是拉斐尔的作品，里面涂写的那几行字迹是不是拉斐尔的，也不想知道里面的水印是不是拉斐尔的。那些专家——其中很多是大英博物馆的专家，确认这幅画的价值在十二先令的一半左右。到此时，亨利·亚当斯无法发表任何意见，但是，他很清楚，他因此得到的教育至少值这个价，而且得到的娱乐价值更多。

艺术是教育的绝佳领域，但是，每到一个紧要关头，他总是遇到同一个年迈的人物，像一块饱经风霜、无法识别的路标，这样的路标本应引导他到达下一站，结果从未成功，没有下一站。上千年，或说上万年的所有艺术，已经让英国成为帕尔格雷夫和沃尔纳在他们的研钵里不断研磨、嘶嘶做响的东西，是他们嘲弄，撕成碎片，嚎叫，咆哮，用文学语言无法描述的方法滥加处置的东西。惠斯勒此时尚未在伦敦露面，但是，其他人也毫不逊色。有一次，回伦敦之后，与斯托福德·布鲁克一起吃晚饭时，有人问亨利·亚当斯说，皇家科学院的展览给他留下了什么印象。他稍作迟疑后说，与其说是端正文雅，毋宁说是一团喧嚣。但是，斯托福德·布鲁克听后突然问，一团喧嚣是不是比一团死水更好。的确，这个问题是值得讨论的。就他本人而言，亚当斯倾向于认为，对于寻求知识的他来说，一团喧嚣和一团死水都不是目标，美国的时尚也不会是他的目标，两者都不可能带给他一项事业，却都可能引导他远离自己的目标，让他迷上英国人对破纸碎片的嗜好，而这些碎裂片只有墙纸才能够使它们形成一种秩序。也许，英国人的品位比英国人的学术水平更致命，即使这个问题也值得进一步的探讨。亚当斯去了拍卖会，听别人的意见购买了一幅画，一会儿是拉斐尔或鲁本斯的古典油画，一会儿又是格丁或柯特曼的水彩画，如果有可能，最好是尚未完成的画，因为那更可能是一幅写生画。他购买那些画不是因为它们彼此很协调，相反，它们挂在墙上看起来很别扭，正如他一想起来就感觉很别扭一样。他购买那些画是因为他只能买得起那些画，而不是别的画。十英镑对于购买一幅米开朗琪罗的画来说也许远远不够，但对于一位私人秘书来说却是很大的一笔钱。效果自然是参差不齐、支离破碎的没有什么价值，更甚者是，英国人以这样的方式构筑他们的思想，并以此为豪，认为这不仅是可靠的方法，亦是真正的哲学。

更糟糕的是，谁也没有权利因此贬低英国人，指责他们有错。从艺术上看，英国人的头脑散乱无章、毫无连贯，人人都知道这一点，但是，也许思维、历史和自然本来就是散乱无章的，就应该以不连贯的方式加以研究。从英国艺术到英国文学，人们都会遇到同样的危险。史学界是一个布满陷阱和沼泽的玩耍之地，而最致命的就是一个人陷入历史的深渊——古物研究中。对于一个生来就对历史完全缺乏抵抗力的人而言，整个19世纪的英国文学都是一种古物研究，或者是逸闻研究，因为除了巴克尔，没有人试图努力将文学与思想联系起来，而一般观点认为，巴克尔在这一点上也没有获得成功。麦考莱是一位英国史学家，亨利·亚当斯对他充满敬意，他觉得如果有谁试图模仿麦考莱，哪怕是最轻微的模仿，也会在自卑中死去，人们不妨模仿莎士比亚。但是，这里有一个很明显的错误，因为诗人和史学家应该有不同的方法，如果麦考莱的方法是可靠的，那么就可以被模仿。然而，这个方法比风格更让人怀疑。他是一位戏剧家，一位画家，一位诗人，就跟卡莱尔一样，这就是英式的思想、方法、天才，无所谓具体称谓。但是，人们无法确定，令弗鲁德和金雷克有所结果的方法对美国也是极好的，因为在美国，爱好与诗歌都是稀奇古怪之物。如果在餐桌上遇到弗鲁德和金雷克，会发现他们两个人都很平易近人，聪明睿智。也许英式方法是正确的，艺术从本质上而言是支离破碎的。跟其他任何东西一样，历史也许也是一个散乱零碎的场所，就像斯塔福德郡铸铁炉旁的废料堆。站在英国金光闪闪的废料堆之上，一个人自然会感觉一丝犹豫，无法像西拉斯·韦格那样下沉和堕落。但是，如果必须如此，至少要拿到一张牛津大学的学位并受到文学俱乐部的尊敬。

战争结束以后，很多人四处游荡，许多美国老朋友都到海外度假，其中就有帕尔弗里博士，他一直忙于撰写《新英格兰史》。在童年残缺不全的记忆里，帕尔弗里博士是一个最能令他同情和引发共鸣的伙伴，现在更是如此，因为他也漫游到古物研究的可爱领地里来了。他研究新英格兰的清教徒，忘却了眼前的世界。虽然美国似乎对清教徒越来越冷漠，只是视它为一种浮华夸张的装饰物，但帕尔弗里博士认为，波斯湾蒙克巴恩斯的清教徒作为研究对象，令人兴趣倍增。他很拿自己当回事，他所受的牧师教育要求他如此行事。他的工作好比古希腊的辩解书，为上帝对待人类的方式进行辩解，或为清教徒对待其他人的方式进行辩解，两者其实别无二致。然而，辩解工作非常繁重，要时不时地放松一下，通过对比或找替罪羊的方式。当帕尔弗里博士碰巧看到约翰·史密斯上尉这个多姿多彩但又不是清教徒的人物时，他觉得根本不需要美化史密斯的形象，也不用为他的道德唱赞歌。他变成了一位不偏不袒而富有洞察力的学者，波卡洪塔丝的著名故事引发了他潜伏已久的新英格兰怀疑主义。亨利·亚当斯想为自己谋得一席之地，于是他向亚当斯建议说，如果亚当斯能在《北美评论》上发表一篇有关约翰·史密斯上尉与波卡洪塔丝相互交往的重磅文章，定能引发人们极大的兴趣，或许亚当斯，作为一名新手，可以因此一炮而红，亚当斯也拿不出更好的建议，而这件事似乎真的极有可能引起人们的兴趣。如此这般，亚当斯就一头扎进大英博物馆里埋头苦干，耐下性子收罗所有能够找到的素材，经过三四个月的劳作，终于写就一篇文章，随后寄给了《北美评论》的编辑查尔斯·诺顿，诺顿先生礼貌而友善地接受了稿件，于1867年1月刊发此文。

当然，这是值得好好考虑一番的一件事情，是朝教育之路上迈出的一步，是可以让一个怀疑论者惊惶失措的东西。尽管有违个人意愿，尽管有违很多人的意图和偏见，尽管当时有文官之间的争斗和外交上的教育，尽管曾经下定决心要做一个脚踏实地和贴近现实的人，但是，亨利・亚当斯还是发现自己在二十八岁的时候仍然徘徊在英国社会里，一方面被英国的业余爱好所牵扯，而英国的业余爱好恰好又是他认为最没有用处的一种习惯，而另外一方面，他又被美国的古物研究所吸引，但他又认为美国的古物研究是所有古物研究当中最愚蠢的一种研究。这就是在伦敦生活五年的后果，哪怕在当时，他也明白这是相当错误的一个开始，他完全迷失了自己的方向。如果他将来会有什么出息的话，就必须开始一项新的教育，在新的地方开始，怀着一个新的目的。

The Education of Henry Adams

第十五章

达尔文学说（1867—1868）

政治、外交、法律、艺术和历史都没有为未来的发展或努力的方向打开出口，但是，人总得做点什么，即便是在波特兰大街上的人，那里的冬季阴郁，夜晚特别长。就在那个时候，达尔文在社会上赫赫有名。查尔斯·莱耶尔爵士是达尔文地质学上的拥护者，而莱耶尔爵士一家跟公使团交往甚密。查尔斯爵士经常谈起达尔文，就如同帕尔格雷夫经常谈起丁尼生一样，他曾说，只要达尔文一进城，亨利·亚当斯一定会接到通知去会见他，但是，他们两个人都没有进城，而且对于会见一个年轻的美国人也丝毫不在意，而亨利·亚当斯又不能去造访他们，因为据说这两个人都不喜欢被别人打扰。唯一不被允许去打扰他们的一批人，恰好就是公使团里的那五六个人。能够看达尔文的著作，尤其是《物种起源》和《猎犬号之旅》，亨利·亚当斯就感到很满足了。在那封信发表之前，他就已经是一名达尔文主义者了，他是这股潮流命中注定的追随者，但是，他所接受的教育不足以探究达尔文的论据。英国人的思想也许是片断式的，但是，在那个时代，英国人正在以非英国化的方式从事很多工作，他们在极其狭窄的基础上建立起如此广博的各种学说，令保守派震惊，令肤浅者欣喜。原子理论、能量相关性与能量守恒定律、宇宙机械论、气体动力学说，还有达尔文的自然选择学说，都是一个年轻人无须证明而必须全盘接受的学说。他和其他任何人都没有掌握足够多的知识去检验这些理论，他不懂数学，因此尤其不知道该如何论证，但这并不妨碍他对这些理论的接受。那些思想很新鲜，似乎通向某个地方，能够形成某个伟大的结论，从而终结一个人接受教育的强烈诉求。没有人会期待一个初学者会理解一切，或者相信所有这些学说，更不用说要他们准确理解了。亨利·亚当斯是一位达尔文主义的信徒，由于他的无知超过了信仰的水平，所以信比不信更容易做到，而且，一个人即便是要去反驳诸如廷德尔或赫胥黎那些不务正业的人，也得首先知道些什么。

按理说，他也应该是一名马克思主义者，但是，新英格兰人的品性当中，有一种狭隘的个性，似乎会损害社会主义，因此，他想皈依社会主义的努力也不过是徒劳。于是，他退而求其次，成了一名康德主义者，这也在进化论的范围以内，只要不就此沉默就好，就好像那个时代的世界还不够混乱一样，他急于想看到这个世界更乱一些。他的这个愿望实现了，但是，在他试图理解一切变化的时候，变化的结果却不在他的掌握之中。

他从来都没有试图去理解达尔文，但是，他仍然幻想自己有可能通过学习相对容易的地质学来理解达尔文学说中的精华部分，当时，地质学就好像历史学一样很适合那些无所事事的人。伦敦的每位教区牧师都在涉猎地质学，都在寻找创世的遗迹。达尔文只寻找自然选择的遗迹，亚当斯紧随其后，尽管他并不关心自然选择，也许自己是想着通过让那些教区牧师们恼怒而获得乐趣。他跟百分之九十的人一样，对进化论有一种出于本能的信仰，虽然他如饥似渴地拜读了查尔斯·莱耶尔爵士于1863年出版的最新版《古代人类》——这本书通过毁灭伊甸园来支持达尔文，但他对自然选择的关心并不会超过对非自然选择的关心程度。查尔斯爵士于1866年接着又出版了最新的《原理》，当时是地质学最高等的教科书，而在这里，达尔文学说又被推进了一步。由自然选择往回推导，得出了自然进化，最终会导向自然同一性，由此该学说向前迈进了一大步。在同一性的前提下发生的不间断的进化过程，让每个人都感到欣喜——除了教区牧师和主教以外，这是替代宗教的最好选择，它安全、保守、实用，是完全符合共同规律的上帝。这样一个有关宇宙的运行体系正适合一位年轻人的需求，他刚刚协助美国政府浪费了五百亿或一千亿美元，还有一百万人的生命，似乎就是为了把统一和一致性强加在那些反对它们的人身上，这个观点太完美了，因此极具诱惑力，它包含着艺术的魅力。统一与一致性，那是哲学的全部动机，如果达尔文像真正的英国人一样喜欢追溯同一性——把上帝作为后验，而不是像斯宾诺莎一样把同一性作为起点，那么，这种方法上的差别只会告诉人们这一点：达成一致的最佳办法是统一，任何通向目的地的路都是好的。

生命取决于同一性。从一开始起，人就被四处拉扯，好像牵在绳子上的一条法国狮子狗，永远只听从最强有力的扯动，不是一种形式的统一就是另一种形式的集中化，这充分证明了人是因为遵循了自然最原始的习惯而做出了明智举动，这样的结论让人类的自尊心得到了极大的满足。从较低级向更高级的稳定、统一和不间断的进化看起来很简单，因此，有一天，查尔斯爵士来到公使馆，询问能否让他的《原理》在美国得到适当的关注时，年轻的亨利·亚当斯只能暗示，假如查尔斯爵士能告诉他该怎么去说，他本人就能够做到，除此以外，他找不到更简单的办法。年轻人在屈服于宇宙之前冒险与之对抗一次，但是，就连他本人也十分惊讶地发现，查尔斯爵士欣然接受了他的建议，更让他惊讶的是，经过半个小时的谈话，他自己竟然坐了下来，开始清理美国地质学家关于他们的职业原则的思想了。事情进展太快了，就连亚瑟·彭德尼斯也未曾做到过。

地质学家是一群立场坚定的人，不太可能为亨利·亚当斯的学识所伤害，亚当斯也不会在他们身上浪费太多的精力。他之所以这样做，主要是为了教育自己，而不是要教育他们，如果艾萨克·牛顿勋爵像查尔斯·莱尔勋爵一样，请亚当斯向美国人介绍他的最新版《基本原理》的话，亚当斯一定也会抓住这样的机会。不幸的是，仅仅为了娱乐而看这些著作，与为了批评而读这些作品完全是两码事情。无知一定始于最开始处，亚当斯一定会不可避免地在开始就问艾萨克勋爵，苹果为什么落到地上的合理解释，他掌握的知识还不足以解释苹果为什么会落到地上这一事实。万有引力法则如此这般等等，但万有引力到底是什么？如果艾萨克勋爵说他也不知道，那么亚当斯就彻底失去了理论基础。

从最开始起，亚当斯就碰上了查尔斯爵士的冰川学说或理论，他无知到了认为冰川时代看起来就是他与一个均变论世界之间的一道裂缝。如果冰川期是不变的，那么，大裂变又是什么呢？在他看来，查尔斯先生所暗示或借用来解释冰川时期的两三种煞费苦心的猜测不能证明任何事情，作为像地质均变论这样规模巨大的一个超结构的论据，这些猜测是相当不可靠的。如果人们能像在神学研究当中一样，在科学研究当中也随随便便，态度并不严谨，并且从一开始就假定有统一性存在，那么，人们不妨这样去说，就跟教会一样，科学研究也不会因为看上去缺少证据而遭受攻击。当然，一个年轻人即便再无知，也不能对查尔斯·莱尔勋爵或艾萨克·牛顿勋爵说这些话，但他还是不得不重申查尔斯勋爵的观点，因为他觉得这样的观点作为假说是无力的，作为证据也是没有价值的，查尔斯勋爵自己对于这些证据似乎也有些信心不足。亨利·亚当斯暗示了自己与之不同的观点，但还是徒劳无功。最后，他只好诉诸一个大胆的尝试，在文本中插入了一句话意在请人指正："（路易斯·阿加西）介绍了这种新的地质动因，但是，初次接触这个介绍，会觉得与查尔斯勋爵的论点不符，这迫使他做出这样的判断，即地球上事实上早已经存在着一些动因，这些动因能够促成比我们这个时代可能看到的更为巨大的地质变化。"这个暗示并没有产生效果，查尔斯勋爵一句话也没说，他就让那个段落留在那里，而亨利·亚当斯从来也不知道，那位伟大的地质均变论者的理念究竟是严谨的还是松散的，对此他是很怀疑的。

对一个人来说是致命的反对意见，对另一个人却可能一无是处，就那篇文章来说，虽然在这个年轻人的进化论中，冰川时代仍是模糊不清的领域，但一切也就到此为止了。如果只有这一处不清楚，他本也不必如此烦恼的，但是，均变论经常会产生奇怪的作用，有时候完全不是作为自然选择发挥作用的。亨利·亚当斯发现自己完全迷失了，无法找到一个可以证明自然选择规律的证据，于是请教查尔斯勋爵，请他拿出已经记录在案的阐释均变论的最简单的例子。让他吃惊的是，查尔斯勋爵告诉他说，某些物体的形式，比如穿孔贝类（Terebratula），在地质年代从头到尾都是一成不变的。由于这里面涉及的均质太多，因此选择意义太小，于是亚当斯放弃了从最开始处着手的尝试，转而决定从末尾开始，那就是他本人。他想当然地认为脊椎动物在这方面会有所帮助，因此请查尔斯勋爵介绍了他所了解的最初的脊椎动物。让他十分困惑的是，查尔斯勋爵告诉他说，最初的脊椎动物是一种特别值得尊敬的鱼类，那是所有化石中最古老的一种，当初它是有生命的，其骨骼现在仍然存在，就在亚当斯自己最喜欢的温洛克修道院下面。

到此时，已是1867年，亚当斯已经相当熟悉什洛普郡了，那是外交教育中他最喜欢的一部分。像《诺桑杰修道院》中的凯瑟琳·奥尔尼一样，他也别无所求，只渴望能在一所13世纪的修道院里自由自在地生活，或者造访15世纪的修道院长的房舍，这两种乐趣在温洛克修道院他都能找到。不管有没有同伴，他都乐此不疲。不管是骑马在莱津附近闲逛，或者走访从鲁德娄堡和斯道克塞到波斯柯贝尔和尤里康尼亚姆的历史遗迹，或者沿罗马古道行进，或者走过修道院的废墟，一切都让人愉快，都有着罗马平原的风情，也许他最喜欢夏天的晌午在边境一带散步，越过边界地区遥望威尔士的群山。那样的风景有特别的韵味，这与进化的缺席有些联系，这种韵味在埃及更为明显：在时间顺序可变换的任何地方都可以感受到。人会出于直觉地厌恶时间。当一个人躺在边境的斜坡上，透过夏天的薄雾，睡意蒙眬地朝舒兹伯利郡、凯达伊德里斯、凯亚卡拉多克或尤里康尼亚姆方向望去的时候，没有任何东西表明秩序的存在。罗马古道与铁道极为相似，古罗马城市尤里康尼亚姆跟舒兹伯利郡有着同样的价值，温洛克和彼尔德沃茨比布里奇诺斯要好得多。卡拉克塔库斯或奥法的牧人，或者是彼尔德沃茨的修道士们，假如他们走近他躺下去的草地的话，一定会拿他当作另一名威尔士的盗贼，只不过这个盗贼更温顺一些而已。除了远处铁路上的蒸汽以外，他们在那一片现代的风景里不会发现任何让他们惊讶的东西。人们不妨按自己喜欢的方式混淆那些时间术语，或者把现在随意地塞进任何一个过去的时间段里，用福斯塔夫的舒兹伯利钟测量时间，而不必担心会引起太大的时间误差，就如同人们在太平洋上使用这样的计时工具一样。但最令人欢喜的是沿着边境朝南看，远眺人类最初的祖先和有着最近亲缘关系的生物的栖居地，硬鳞鱼，根据赫胥黎教授的意见，它的名字是Pteraspis（鳍甲鱼属），是鲟鱼的近亲，根据罗德里克·默奇森爵士的看法，这一科的鱼类称为志留纪鱼类。生命从那里开始，也在那里结束。在那个地平线的背后，就只有寒武纪层的生物了，除了少数甲壳类动物以外，没有其他任何形式的有机物存在，也没有脊椎动物。在寒武纪层更远的边缘上，晶质岩突兀而起，所有证明有机物存在的蛛丝马迹都已消逝了。

就在这里，按温洛克边境的时间，一位仅仅在寻求轻浮乐趣的年轻美国人竟然发现了一条合理的亲缘关系，这一关系之现代性就好像刚刚在脚底下的塞文河里捕捉到的一样，这令他大为震惊，就好像自己发现了进化论一般。用进化论的尺度来衡量，一个脊椎动物与另一个脊椎动物之间并无差别。就他或别的任何一个人了解的范围来说，在进化过程当中，有千分之九百九十九的部分属于鳍甲鱼属之后或之下的东西。对于一位正在追寻祖先的美国人来说，这位祖先是否用肺呼吸，是用鳍还是用脚行走，并不重要。思想的进化完全是另一回事，而且属于不同的科学，而对于一个人是从鲨鱼还是从狼族追溯血统，即便在道德范畴上也是微不足道的。这件事已经讨论过好多年了，却没有得出任何科学的结论。拉封丹和其他一些寓言家认为，即便从道德上讲，狼的立足点也要高于人类，而且鉴于刚刚过去的内战，亨利·亚当斯在道德进化的事实上也有自己的疑虑：

一切都很好地斟酌过，总之我支持你，
以恶治恶，最好当狼而不是人。

极有可能是这样的！不管怎么说，这一问题不关涉到鳍甲鱼，因为可以相当肯定地说，还没有充分的证据说明自然选择发生在鳍甲鱼的年代，而在鳍甲鱼出现以前，一切都是永恒的虚无。在那里没有找到任何一种脊椎骨动物的痕迹，只有海星、甲壳类动物、水螅或三叶虫，在他还是小孩子的时候，在昆西湾的岸边上，他曾与这些生物友好的后代一起沐浴于水中。

如果说鳍甲鱼和鲨鱼就是他的表亲、曾叔父或曾祖父，并不会让他觉得烦恼，但是，如果说其中任何一方或者双方都早于进化过程，却会让他困惑不解。假如他可以把问题简单化，突然之间翻个跟斗回到昆西湾，寻找他称为“马蹄”的那种让人惊奇的生物，它有着巨大的顶盖和尖尖的尾刺，小时候常让他觉得十分害怕，但他不可能回去。他明白，在志留纪学说中，罗德里克·默奇森爵士称那种马蹄为鲎鱼（Limulus），这对他来说没什么帮助。相对于鲎鱼属，穿孔贝属或虎鲨属，人们更倾向于认为鳍甲鱼是祖先，但是，如果人们一定认为鳍甲鱼就是祖先的话，选择也就无关紧要了。亲缘关系虽有定制，但却没有人能够考其详情。脊椎动物在志留纪消失的时候，便瞬时永久地消失了。椎骨、鳞片或爬痕都不再可见，也没有出现向更低级类型的攀升或退化的迹象。脊椎动物从鲁德娄页岩开始，和处在有机进化柱最顶层的亚当斯本人一样完整，在某些方面可能比亚当斯还要更完整，而地质学的研究成果也拿不出任何一份证据来说明他曾经是别的任何一种生物。他尽可以思考此事，但在查尔斯勋爵的学说中除了一些纯粹的推论他看不出任何东西，这种推论和帕雷的推论如出一辙，即如果有人找到一只表，他一定会推断出有一个制表匠。他在自鳍甲类以来的生命中能够找到的进化证据，绝不会多于他在温洛克修道院初建之时的建筑中所找到的进化证据。他能够证明的一切只有变化，仅煤炭动力这一事实就足以成为进化的例证，这是能量的进化，只有通过暴力行为才能够确定类型的选择。

对于真正的达尔文主义者来说，这似乎是微不足道的事情，而对查尔斯勋爵来说，那只是地质学记录上的一个小小缺陷。查尔斯爵士费尽心力，仅仅只是堆积了一些进化的证据，他搜集这些证据直到其数量庞大到不可抵抗的程度为止。带着这样一个目的，亨利·亚当斯十分高兴地研究并努力帮助查尔斯勋爵，但是，经过那天的教训之后，他很清醒地认识到，地质学，如同神学一样，他能够证明的只是不会进化的进化论，是没有统一性可言的统一，是没有选择过的选择。对于其他的达尔文主义者来说，除了达尔文本人以外，自然选择看来只是一个教条，这个教条是用来替代圣阿瑟内修斯教条的，那是宗教希望的一种形式，它承诺了一种终极的完美。但对此，亚当斯可不抱有太多的期望，他热心地同情，理解这样的目标，然而，当他问自己到底在想什么的时候，反倒觉得自己没有了信仰，因为一旦有人提出新的研究兴趣，他一定会跳出达尔文主义，就像一只猴子从树枝上跳下来一样。一种形式，一种法则，一个秩序或一个序列的想法，对他来说其价值还不如什么都没有的好，他最重视的是动态，而且能够吸引他思想的也只有变化。

心理学对他来说是一门新学问，也是教育中的一个盲点。他躺在温洛克边境的草坡上，羊儿在身边啃草，跟它们的祖先或更高级的动物一样啃着草或啃着任何可以啃的东西。在志留纪的鳍甲鱼属王国里，他似乎已经进化到了比鱼类奇妙得多的程度。他不喜欢这样的状态，他不能够解释这样的事情，他决定终止这一切。自从他的鲨鱼属祖先以来，还从来没有任何一位祖先这样去想。他们的思想模式也许林林总总，但思想却只有一个。在他数以亿万计的祖先中，一直回溯到志留纪的软体动物，每位祖先都在并不会让其欣喜的真理的幻觉中生生死死，一如既往，从未改变。在世世代代无休止的延续中，亨利·亚当斯也许是第一位发现并且坦承自己并不关心真理到底真不真实的人，他甚至不在乎是否有必要证明其真实性，除非这个过程是新的，令人愉快的——他是一位为了寻求开心的达尔文主义者。

有史以来，这样的态度就被打上了罪犯的烙印，甚至比犯罪还要严重，那是亵渎神圣！社会出于自卫对此种行为施以严厉且公正的惩罚。做父亲的亚当斯先生认为这是一种道德上的软弱，儿子的这种态度让他很气恼，但儿子对此的气恼程度比父亲更甚，因为他不需要从哈姆雷特那里了解不论大事小事苍白无力的思想所造成的致命后果，他无意让自己的行动趋势被这种形式的良知逆转方向。对他来说，他这个时代的潮流就是他的潮流，他将随波逐流。他将心理学封存起来，坚持维护自己的绝对标准，坚持追求终极的统一。他有着要去处理每个问题所有方面的冲动，要去探视每一个窗口，要打开每一扇门，这样的偏执对其能否在社会中发挥实际用处这一点来说是致命的，蓝胡子也是这样颇有见解地告诫他的妻子们的。一个人不能停下来，然后像追赶野兔一样去追逐疑惑。即便自然选择规律在外表上已经千疮百孔，糜烂腐败，但他并没有时间将其粉饰抹平。对于生活在1867年和1900年的年轻人来说，自然选择规律应该是从低级到高级的进化过程，是大量原子的堆积，把多样性统合为一致性，压制混乱状态使之井然有序，不管这样的进化指向哪里，他都会强迫自己追寻下去，即便需要再牺牲五百亿美元和一百多万条生命。

随着这条路引导人们走向最终的方向，这一选择所牺牲的东西远不止这些，但在当时，他觉得自己所说的代价已经足够高了，他无法预见到，科学和社会在付出这样的代价时竟然背离了他的预期，但他至少还真诚地作为达尔文主义者接受过教育。教堂没有了，职责变得模糊不清，但自由意志会取而代之，并深深植根于利益和法律之中。这是在英格兰度过的五六年的成果，这个成果具有如此明显的英国特征，几乎等同于牛津大学的文凭了。

他对此非常认真，并且立即着手工作。对于地质学，亨利·亚当斯的思想处在一片混乱之中，但显而易见他的思想却让查尔斯勋爵非常满意，因为查尔斯勋爵把自己在野外用的指南针都留给了他，以此表示对亚当斯的赏识。尽管如此，他还是毅然决然地转向实务，并立即着手解决迫在眉睫的现金支付问题。他的原则使他确信，重新恢复支付的诚实办法是施行通货紧缩。他觉得，继英国在1797—1821年间施行了经典的暂停现金支付的措施之后，只要告诉美国国内的金融家和政治家英国在那个时期是怎样限制货币支付的，自己也许就会在他们的圈子里声名鹊起。于是他为自己确定了一个目标，去研究这个让人困惑的经济时期，他在卷帙浩繁的册子和辩论集中艰难跋涉，直到自己困惑地发现，英格兰银行和英国最好的财经作家都认为，限制货币支付是一个致命的错误，他发现对于贬值货币的最佳处理办法是任其发展，就如英格兰银行实际所做的那样，时间和耐心才是最好的补救办法。

这一发现对他的金融原则产生了极大的震撼，比穿孔贝类和鳍甲鱼类对地质学原理造成的影响还要严重。进化论上的一个错误并不会致命，关于现金支付的错误却会永久性地毁灭议会大街最后的就业希望。如果他不发表研究结果，那么六个月的辛苦劳作就会白白浪费，同时，他作为务实的商业人士的全部计划也会就此落空。如果他真的发表自己的研究成果，他又如何告诉议会大街的那些正直的银行家那些抽象真理所包含的道德和绝对原则与此事没有任何关系，建议他们最好也听之任之？很自然，地质学家属于一个谦卑无助的阶层，也许不会还击那些针对他们学科的傲慢态度，但如果换作资本家，他们却是从来都不会忘记也不会原谅任何攻击过他们的人的。

他花费了很多心力，小心谨慎地写了一篇关于1816年英国金融的文章，另外又写了一篇文章评论1797—1821年英国银行的限制政策，他将这两篇文章放在一起寄到《北美评论》杂志以供其选择。他明白，就这样把两篇厚重和技术性很强的金融研究文章丢给一位编辑，最后很可能会返还给作者，使其信心遭受重创，但是，年轻人的大胆进取——在用得恰到好处的时候，往往比他的无知更容易获得支持——两篇文章都被编辑采用了。

邮差送来这封信的时候，亨利·亚当斯看着信件，好像自己是个请求延期还款的债务人。读信的时候他像债务人一样松了一口气，倘若那封信真的给他带来了一笔贷款的话。这封信给予了这位新作家在文学界的地位，从此之后，他有了出入新闻界的自由了。这些文章，继那些关于波卡洪塔丝及莱耶尔的文章之后，使他被列在了《北美评论》终身撰稿人的名单上。这个地位到底有多大价值，没有人能够作答，然而，在五十年的时间里，《北美评论》一直都是一驾四轮马车，载着波士顿的文人们获得了各种殊荣。很少有作家的观点值得用三十页来阐释，但是，如果他们真有这样的思想，只有《北美评论》一家愿意提供这么大的篇幅。一篇文章所占的篇幅很小，但要求做至少三个月的工作，而且每页的稿酬最高只有五美元。即便在英国和法国也没有多少人能够写出一篇长达三十页的好文章，而事实上在美国没有人会去看这样的文章，但是，还是会有一些人，主要是为了搜寻可剽窃的信息，会浏览文章，从中抽出一个想法或一项事实，这是一种无规则的游戏——就像一条竹荚鱼或一只水鸭，在任何地方价值都在五十美分到五美元之间。报纸作家总盯着季刊选编，《北美评论》的发行量从来都没有超过三四百本，也从来没有捞回过极大的成本。然而，《北美评论》还是站在美国文学期刊的最高峰，是为底层工人提供建议的园地，它深深地渗透到原本还不知道它的存在的社会各阶层，是一份值得利用的刊物。在亨利・亚当斯的想象中，在不远的将来，它会发展成为一份纽约的日报。

他看着编辑来信，自问自己还有哪些部分本可以做得更好。从整体来说，考虑到自己是孤军奋战，亚当斯觉得自己已经跟家里的那些邻居做得一样好了。没有人能够猜测得出，在他的同代人当中，哪个人最有可能在这个伟大的世界里一显身手。华尔街上的一位精明的预言家也许已经在彼尔庞特・摩根的身上做了记号，但这位预言家却不大可能预测到洛克菲勒、威廉・惠特尼或怀特罗・里德的成功，也不会有人选择威廉・麦金利、约翰・海依或马克・汉纳当政治家，波士顿对亚历山大・阿加西和亨利・希金森正要起步的事业同样一无所知。菲利普斯・布鲁克斯还是无人知晓，亨利・亚当斯的名字也没有人听说过，豪威尔斯是个新人，理查森和拉法吉正在为事业的起飞努力奋斗。在任意一系列名声能够延续到下一个世纪的人当中，这位已经年近三十的人，刚刚在1867年开启自己的事业，迄今为止还不能预先拿出任何东西可以确保他事业顺利。参军的人大多去追求军衔，即便亨利・亚当斯能够预先准确地预见未来，他也不会做出更明智的选择，也不可能选择更好的道路。

这么看来，在英国的最后一年反倒是他最快乐的日子。他在伦敦的社交圈已经驾轻就熟，而且已经属于志留纪地平线上的人物。威尔士王子已经来了，迪斯雷利先生、斯坦利勋爵和未来的索尔兹伯里勋爵都已经将对帕默斯顿和罗素的回忆抛到幕后去了。欧洲正在发生迅速的变化，英国人在美国内战期间的行为是他们最不愿意回忆的一件事。1861年以来的革命已经接近尾声，在人类历史上，美国人第一次感觉自己几乎和英国人一样强大，但他们还有三十年要等待，三十年之后，他们会变得更强大。这时，就连一位私人秘书也能够高兴起来了。他的老式教育已经完成，他的新式教育还没有开始，他又虚度了一年，在那次漫长和令人焦急的旅行中，他经历了风风雨雨，但最终还是成功地完成了旅行，之后便是另外一次旅行，但要跨越一片夏天的海洋。

能够利用的他都用上了。1868年2月，他跟朋友米尔恩·加斯克尔一起回到罗马，他花了一个季节的时间，骑马穿过罗马的草原，或步行走过中世纪的罗马，再次坐在阿拉卡里的石级上，这已经成为他几近迷信的习惯，就如同特雷维的喷泉之水。罗马依然跟过去一样充满了凄凉悲壮的气氛，这里有着带有中世纪气息的社交，有艺术的、文学的和宗教的，这些社交圈对自己的存在非常严肃，就如同拜伦和雪莱的时代一样认真。在那个地方，长达十年的偶然教育对他没产生任何影响。他在1868年所知道的东西，并不比1858年时知道的多。他没学到任何有助于他理解罗马的东西，也没有学到使生活更容易掌控的手段。回到伦敦，在那儿度过最后一个季节后，他依旧没有任何长进——伦敦已经成为他的恶癖。他喜欢自己经常去的地方，喜欢他的社交场所，他的习惯，甚至是他的马车。他喜欢跟英国人一样怒吼，喜欢去一个人都不认识的社交场合，而且对此毫不在意。他深切地了解了朋友们的生活、爱恨和失望。当他发现自己再次回到利物浦以后，他的心因为离别而痛苦，他只是机械地离开，魂不守舍，但是，与他在1858年11月踏上阿德尔菲旅馆石级的时候相比，他并没有得到更多的教育，只看得见自己发生了一个巨大变化，而这个变化完全是在多年里形成的。伊顿大厦不再能给他留下什么深刻的印象了，甚至切斯特的建筑，即便引起了他的兴趣，也只是让他昏昏欲睡。在英国贵族阶级的氛围中，他毫无感觉，但他主要还是对经常去乡间别墅的那些人产生了习惯性的厌恶，他已经英国化了，到了能够了解其小小的社会分支的程度，到了彼此厌恶和产生偏见的程度，他对英国不再抱有年轻美国人的敬畏感，而是养成了穿破旧衣服的习惯。就他所知，这就是英国人所谓的社会教育的全部内容，但是，无论怎样，这也就是他在伦敦七年得到的全部教育。

The Education of Henry Adams

第十六章

媒体（1868）

七月的一个夜晚，十点钟左右，天气异常炎热，几乎能让热带雨林的雨水沸腾起来，亨利·亚当斯和莫特雷一家从库纳德汽轮的船舷上下来，登上了一艘政府部门的拖船，最后在一片漆黑之下在一个叫北河码头的地方上了岸。如果他们是公元前1000年前的提尔商人，刚刚从直布罗陀开来的狭长划船上登陆，也不会像现在这样感觉自己是个陌生人，进入了一个经历了沧海桑田般变化的新世界，与十年前不可同日而语。那位研究荷兰史的历史学家不再是历史学家，而是一位外交家了，他和这位已是普通公民的私人秘书一起，走进一条不为人知的街道，寻找车辆以将这两家人送到布里沃特大厦。费了一番工夫，总算找到了。午夜时分，他们又一次在故土找到栖身之所。

这片土地已经或正在发生什么样的变化，他们并不能完全知道，只是有些蒙胧的感觉。对此，一直生活在这片土地上的人们也知之不多。美国社会总是像蚯蚓一般盲目，努力了解和看清自身，努力追赶自我思考的速度，努力扭曲身体以找出个中原委。社会看上去像是一个漫长的车队，松散地朝草原行进，少数几位领头人遥遥领先，上百万的移民、黑人、印第安人，都远远地落在车队的最后面，好像还停留在洪荒时代一般。美国社会似乎是在朝一个方向前行，比欧洲略胜一筹，因为当时的欧洲试图朝多个自相矛盾的方向挣扎前进。但是，每一次欧洲或亚洲达成一致或整合到同一个方向时，美国就很容易失去领导地位。同时，任何一个初来乍到者都需要悄悄地在车队的最前方谋得一席之地，而且最需要知道在何处找到领头人。

人们可以相当准确地感觉到这股力量在哪里，因为过去十年，巨大的机械能量，包括煤炭、铁、蒸汽，已经居于首位，优越性远高于旧有的产业元素，如农业、手工业和教育。但是，这种能量革命给50年代的一位幸存者造成的结果，就是让他像一条蚯蚓那样，徒劳地扭动着身体，试图找回自己的起点。他看不清自己的足迹，已经迷了路，好像海难后漂浮的残骸之物，一个姗姗来迟的买醉之人，一个马修·阿诺德式的吉普赛学究，他的世界已经死灭。他不是一个刚刚从华沙或克拉考来美国的波兰犹太人，也不是散发着贫民窟气息，用一口怪异的意第绪语对一名海关官员吼个不停的雅可布或艾萨克逃亡者。他有更敏锐的本能，更醇厚的能量，更灵活的双手，他是美国人中的美国人，他的身后有数不清的清教徒和爱国者，他接受教育的代价是一场内战。他从不抱怨，也从不挑剔自身所处的时代。与那些被同胞从种族的遗产中排挤出去的印第安人或被自己的族群赶走的水牛相比，他的境况也不是更加糟糕，但他坚持认为自己并没有错。失败不是他造成的，也不是由于他的敌手更强大。他被不公平地挤出跑道，因此他必须尽最大努力重回跑道。

有一种快乐是他可以尽情享受的。他可能完全不适合从事摆在面前的这份工作，但是，只要看看他父亲和莫特雷就能明白，比他更不适合的大有人在。所有人都是来自40年代的幸存者，同属于路易斯·菲利普的时代。他们是一些设计师，一些教条主义者，属于殖民时代的一些或多或少的装饰之物，但他们在德布诺斯大街或第五大街上并没有多大价值。在任何一个现代产业中，他们一天的工资不会超过五美元。通常，那些获得高报酬的人都不是充点门面的装饰之物，甚至准将范德比尔特和杰依·高尔德也缺乏社交魅力。毫无疑问，这个国家需要一些装饰之物，而且非常需要，但它更需要能量，最最需要的是资本，因为供给与需求失衡已达到一种荒唐的程度。在新的能量范围内，仅仅让这个大陆变成文明人的宜居之地，就需要立即增加开支，就极可能让全世界破产。但目前为止，除了西欧一小部分狭窄的区域外，世界任何地方都还没有条件满足便利、安逸的生活要素。如果让整个大陆道路四通八达，具备体面生活的要素，也会耗尽整个地球的信用资源。这样的预期，让一位热爱自然而生活简朴的得克萨斯议员感到怒火中烧，只要一说起头顶上悬挂了一颗太阳，这条鼻尖挂着一盏灯笼的深海鱼就会感到自尊受到了极大的挑战。自从铺设铁路以来，生活一直处于铺张浪费之中。

这位在一片漆黑里登上德布诺斯街渡口、姗姗来迟的买醉之人发现，仅仅为了看清自己就耗费不少精力。他属于新一代美国人，而新一代美国人就应该创立一个自己的世界，不管自己适不适合，都必须创立属于自己的科学、社会和哲学，建立自己的宇宙，他们还没有找到一条出路，甚至还没有学会如何使用铁锹。他们没有时间思考，除了每天的日常工作，他们已经看到、能够看到的事物并不多。他们对自己身外的大千世界抱着那种深海游鱼的态度，最重要的是，他们天生就强烈地不喜欢那些从历史、哲学或神学等抽象理论中获取思想和方法的人对他们指手画脚，告诉他们应该做什么，应该如何做。他们对自己的世界有充足的了解，知道自己的世界充满了新能量。

对于所有这些，这位新来者很明白，也都接受了，因为他情不自禁，也知道美国与他一样难以自持。但是，他知道的越多，接受的教育就越少，这个事实仍是如此。社会所知道的东西也不过如此，却似乎要有意吹嘘，至少是在政治演说时。但是，工业领袖很少流露出真情实感，不管是否受欢迎，他们毫不犹豫地利用手头上掌握的一切工具。1861年，他们曾被迫偏离道路，耗费大量的精力和能源，解决了一个千百年前就应该得以解决的问题，一个绝不会再重现的问题。他们付出了巨大代价，用纯粹的强力破解阻力，确保权力完好无缺，因为没有其他解决方案，竞争与思想都还谈不上。目前为止，路障已然清除，社会又重新开始运作，开始解决最紧急的问题：道路。土地过于辽阔，根本无法立刻处于掌控之下。除了铁路系统这个小问题，社会放弃了处理其他任何一个问题的想法。虽然这只是相对较轻的一个问题，但任务之繁重仍需要整整一代人的不懈努力，因为需要所有亟待发明的新设备：资本、银行、矿山、熔炉、商店、发电站、技术知识、技术人员，以及重新塑造的社会和政治习惯、思想及制度，以适合新的规模和环境。1865年与1895年之间的那一代人，已经抵押给了铁路，除了这一代人，其他任何人很难明白其中滋味。

不管亨利·亚当斯是否了解此事，他都知道，自己应该做出深谙其道的样子。他再次抵达昆西，准备重新开始。哥哥查尔斯已下定决心在铁路上大干一把，亨利则准备在媒体业一展身手。他们准备做些对彼此有利的事，都很需要彼此，因为他们找不到别的同道中人。在发现所谓的教育全然无用之后，他们将不得不发现，所谓的社会关系也没有多大用处。没有哪一位年轻人比亨利·亚当斯拥有更多的熟人和朋友，但是，他找不到一个可以帮助他的人。他像市场上的货物一样，待价而沽，他的许多朋友也是如此。全世界都知道此事，而且人人都明白，他们身价低廉，只需要花一个技工的价格就能买走。没什么遮遮掩掩，没什么难以启齿，也没什么值得幻想。他和那些朋友们对此也没有什么怨言，不过有时候他会感到一丝惊讶，就他所知，在劳务市场上寻找人手的那些人甚至没有谁想要问一问他们是否称职。年轻人与老年人之间缺乏一致，看来就是美国社会的现象。年轻人被要求按照通行的商业方法展示自己，对长辈们而言，这是必须要做的事情，只有这样，才能逼迫他们把他视为一个投资品而购买。亚当斯感觉，从某种意义上说，他随时准备好接受讹诈。在后来的岁月里，很多年轻人在他面前抱怨说自己也有过类似的感受。他本人上了年岁以后，这也成为一个令人好奇的话题：良好社会的劳务市场组织乏力。

在波士顿，受过教育的劳动力似乎并没有市场。波士顿总是一个奇特的、令人不解的混合物，尽管它在十年里发生了很多变化，但其复杂性没有丝毫消减。不再在两点钟吃饭，不再去封闭的海湾溜冰，即便时常听到人们谈论身价五百万美元的波士顿人，也不再感到稀罕。但是，这个地方似乎仍然很简朴，与之前相比，似乎更加缺乏躁动的思维。亨利・亚当斯选择所追随的路线让他比任何人都需要得到媒体的帮助，但是，这方面的一丝希望之光也转瞬即逝。就波士顿的媒体而言，离它越远越好，所有报业人员都知道这一点，就政治而言，也是如此，离得越远越好。波士顿意味着商业，波士顿人在修建铁路，虽然亨利・亚当斯也想帮着修建铁路，但他没有受过这方面的教育，不适合干这一行。

他就这样过了三四个月，走亲访友，重续交情，研究时局。如果一个人三十岁时仍在研究时局而别无所成，这个人可谓失败，或几近荒废，他从时局中看不出任何有利于自己的信息。他的朋友们从中所得也并不比他更多，他三哥查尔斯当了三年的办公室文员，比他也强不到哪里去，不过是已经结婚，比他更需要钱养家糊口。他二哥约翰已成为一位出色的政治领导人，但总是站错队——没有人能打个漂亮的翻身仗。

他去了纽波特，希望做个时尚达人，但是，即使在1868年的简朴生活里，他也算不上时尚。在伦敦费尽力气学来的所有派头都毫无用处，因为美国有一套不同的标准。纽波特很迷人，但是，它不需要任何教育，也不教育任何人。它给予的东西让人更轻松，更愉快，人们喜欢这座城市。但在这里，友谊是一种社会伙伴关系，就像哈佛学院的那些班级，本身就不是教育，只是教育的课程而已。所有的人都在做同样的事，对未来有同样的疑问，没人能帮上忙。社会似乎建立在这样的规则之上：在纽波特最好环境里最优秀的纽约人拥有一切，只要会跳华尔兹，所有年轻人都能致富。这是新版的《蚂蚁与蚱蜢》。

三个月之后，在与他相遇的数百人中，只有一个人对他说了鼓励的话，或对他所做的事表达了理解之意，他就是爱德华・阿特金森。波士顿人对儿孙辈异常冷漠，不管后辈是不是浪子，都需要加以时日才能下定决心是否帮助他们。而这段时间，是已经三十出头的亨利・亚当斯根本耗不起的。他没有勇气和自信到州立大街去租间办公室，虽然他的很多朋友如此行事。他不敢在租来的办公室里独自一个人打瞌睡，外面风雪交加，里面一片空虚，等待着幸运之神来敲门，或希望发现幸运之神就在电梯里面睡觉，近在咫尺了，或者说是在楼道上睡觉吧，因为当时还没使用电梯呢。这种课程是否为他提供了最佳机会，他无从知晓，在教育实践中，这种时刻需要一个清晰的思维和理解，而他从未能够做到。父母当然希望他能陪伴在自己身旁，希望他能再次翻阅布拉克斯通的著作。但是，他却不是很孝顺，突然间就扯断了存续多年的家庭纽带。也许对他的生活目标而言，灯塔大街跟别的任何大街一样好，也许他最简便和最确切的道路是从灯塔大街到州立大街，然后再循环往复，经年如此。谁又能说得清呢？即使生命不复存在，这样的疑团还是无法解开。

他就这样放弃了自己所继承的一切,走上了一条最初指引他前进的老路。波士顿遍地是兄弟，从儿童时代他就知道，寻求放逐是他与生俱来的特别权利。只要想到要在弗农山大街重新开始生活，他的心跳就会减缓。这是一个关于教育的故事，不仅仅是生活的经历，而且，性情与教育无关，尽管实践中这二者彼此紧密相连。无论从性情还是从教育的角度，他都不适合留在波士顿。他曾浪迹远方，远离身处波士顿的同龄人。没人相信他的性情或受到的教育，他必须离开。

由于没有其他道路显现出来，他坚持要加入媒体的计划并选择华盛顿作为通往纽约的最短路径。但是，1868年间，他在华盛顿的社交圈里并无多少相识，此前没有哪一位波士顿人来过华盛顿。他本人只好宣称自己是一个冒险家，一个求职者，一个缺乏判断力的可怜人，而这些称谓也很符合事实。乐观地说，最后流落街头的风险也不小。对亨利·亚当斯而言，面临的风险更大，因为他并不清楚自己此行究竟要干什么。唯一明确可知的就是他必须重新接受教育，认识全新的东西，必须在一个对他所受的教育充满敌意的氛围里开始学习。他该如何行事，如何从劳罗顿的一个游手好闲者变成首都的一名政治说客，他对此一无所知，也找不到一个人能够教导他。对一名美国青年而言，除非结了婚，否则，钱这个问题很少成为一个严峻的问题。而且，对亚当斯而言，钱从来就不是严峻的问题，至少在这个问题上，他不比其他人更糟。倒不是因为他多有钱，而是因为他没有钱也可以生活下去，像华盛顿的大部分人那样，仅靠砖瓦匠的工钱就能维持生计。但不管有没有钱，他都面临一个困难，来华盛顿是为了进军媒体，他必须找到一家具体的媒体才能施展才能。为了一展宏图，他可以依仗《北美评论》，但这家杂志算不上什么媒体。关于时事评论与报道，他可以依靠《纽约国家报》。然而，他真正需要的是纽约的一家日报，但没有纽约的哪家日报需要他。亨利·J. 雷蒙德的去世让他失去了一次机会，因为政治和个人的原因，霍拉斯·格里雷领导下的《论坛报》不可能录用他，再说，怀特罗·里德已经占据了那个风险极大的职位，而那个职位面临的重重困难也一定会让亨利·亚当斯忙得不可开交。查尔斯·A. 达纳使《太阳报》变成了一份极其成功也极其搞笑的报纸，而如此行事也损害了他本人的社会地位。亨利·亚当斯心中有数，知道不可能同时取悦丹纳和自己。哪怕抱着再良好的意图，他也只能以一个恶棍的形象失败落魄，那个时候，浓厚的恶棍风潮正是《太阳报》的生命所在。至于《纽约先驱报》，那是一个霸气十足的帝国，除了本纳特之类的人，根本容不下其他个性的任何人。如此一来，纽约的日报一时之间没有多少可供他挑选了。威廉·库伦·布莱恩特领导下的作为自由贸易圣地的《晚间邮报》是个选择，此外，就只有高德肯与《国家报》统领下的刚刚崭露头角的《新耶路撒冷报》了。尽管亨利·亚当斯很喜欢高德肯，也像高德肯那样乐意在《晚间邮报》和《国家报》的阴影下匍匐前进，但他很清楚，自己只能拥有与《北美评论》同类的那一批读者群。

前途似乎甚为暗淡，但他只拥有这点希望，而且在华盛顿，除了与时任总检察长并生活在华盛顿的埃瓦茨先生有私人交情以外，他生活在一片孤独之中，很像1861年在伦敦的生活。埃瓦茨做了任何一个波士顿人都不会热衷的事情：他向这位年轻人施以援手。无论波士顿是否与萨勒姆一样，真正地排斥外来者，也不论埃瓦茨在纽约算不算一个例外，他都有一种波士顿人不具备的社交直觉。埃瓦茨天生慷慨，乐善好施，喜欢年轻人，天生洞察世情，随性取舍而无所顾虑，坦然地接受这个世界，即不害怕，也不滥用。他的机智是其社交魅力中最微不足道的部分。他的谈话内容极其广泛，犹如天马行空。能大笑时，他一定大笑。能开玩笑时，他一定开玩笑。他以诚待友，从不发脾气，亦从不心怀恶意。像所有纽约人一样，他绝不是波士顿人，但是，人们不妨称其为像谢尔曼将军的新英格兰人，他是行伍出身的另类者。在他的人生旅途中，在截然不同的国家里，亨利·亚当斯总是对一些人充满感激之情，因为自己并未向他们提出任何请求，也很少能回报恩情。也许，其中五六个人的人情债，他一辈子也还不清，即使随着时光的流逝，“6”也并不是一个小数字。但是，他得到的善意相助很少能比1868年10月的这件事更令人高兴，那就是，埃瓦茨先生带他去了华盛顿。

亨利·亚当斯接受了好客的主人安排的卧铺，满怀感激之情，第一次在卧铺车厢里辗转难眠，让他质疑普氏列车文明的价值，但是，他更感激埃瓦茨先生为他在H大街安排的住处。H大街在第十四大街的拐角处，他很安全，很满意地住在那里，直到他在一个没有房间可言的村庄里找到房间为止。对他而言，那个村庄似乎一点没变。如果不是知道这里发生过一场大战和八年惊心动魄的运动，他一定不会注意到有什么东西发生了变化。与原来一样，房子很少，房间更少，甚至这里的人也还是老样子。似乎没有人留恋习以为常的文明而安逸的生活，亨利·亚当斯很高兴能够得以摆脱，因为他最好的机会仍然留在18世纪。

第一步当然是交结熟人，而他的第一个熟人自然就是总统了，一个立志在媒体大展宏图的青年要向总统正式表达敬意，埃瓦茨立即带他去了白宫并将他引荐给安德鲁·约翰逊总统。会面时间很短，主要是一些君主对臣仆式的普通交谈，这位年轻人看上去比实际年龄更年轻，而这位年轻人自我感觉比他看上去的样子更加年轻。他再也没有见到过总统，从来也没有感觉想再见到总统，因为安德鲁·约翰逊并不是他这种年仅三十岁、接受过两三种外国教育的改革家会热切希望想见到的人。多少年之后，当他把这次会面视为一个教育课题而重新思考时，禁不住回想起总统的样子，其与众不同的特征令他深感惊讶。这位保守的南方参议员和政治家端坐在书桌后的椅上，似乎很有威严和自信。没有人疑惑，所有人都很了不起，但有些人就是比其他人更伟大。所有人都是政治家，所有人都因坚守道德上的正义而获得支持、提拔和激励。对他们而言，宇宙是严肃的，甚至是庄严的，但是，那只是他们的宇宙，只是南方概念中的正义。拉玛尔常说，他从不怀疑南方制度的可靠性，直到有一天发现奴隶制根本经受不起一场战争。奴隶制只是南方制度的一个组成部分，而南方制度的生命力，它的活力，它的诗意，体现在自我道德的笃定。南方人从不疑惑，这样的自信不仅仅让安德鲁·约翰逊有了一个真正的总统模样，还让他成为了总统。回忆此事，亚当斯惊讶地意识到，1868年的政府很强势，也许是他见过的最有力的一届。显然，他再也没有发现自己得到过如此大的满足或享受到如此宾至如归的感觉。

西沃德仍然是国务卿。虽然显露出饱经风霜的模样，但还算不上老态龙钟。八年过去了，西沃德先生似乎没有什么变化，和过去一样，略有一点不同。和亨利·亚当斯不一样的是，他也许终于得到了一种教育，得到了他想要的一切，也许他一切顺其自然。无论如何，虽然他的举止与之前一样算不上友善，谈话也与之前一样随意，但他似乎已经不再与公众接触。他似乎不再关心任何事情，亦即别无所求，无所给予，也不需要任何人相助。他很少谈论自己，也不轻言他人之事，只等着卸任而去。在他的权势和盛名即将结束的那段日子里，亨利·亚当斯很乐意与他待在一起，晚上经常去他家，因为晚上他一定在打惠斯特牌。最后，当西沃德即将离任时的一天晚上，亨利·亚当斯邀请西沃德先生共进晚餐并在家里打惠斯特牌，就像他每天在家里玩的那样，这么做是为了感受这位了不起的人——亚当斯提供过志愿服务的唯一领导，是否承认他与自己存在着某些私人交情。西沃德先生来了，也打了惠斯特牌，亨利·亚当斯大概记得他告别时说的话："这是合情合理的一种消遣！"这是他唯一一次请求西沃德先生，也是西沃德先生唯一一次接受请求。

就这样，身为智慧的师长，在垂范了二十年之后，西沃德先生从亚当斯的生活中隐退了，亚当斯似乎失去了自己最亲密的盟友。实际上，国务院已不再是亚当斯的兴趣所在，财务部已取而代之。财务部部长是一个刚刚从政的新手，胡夫·麦库洛奇，在讲求实效的政治家眼中，胡夫并不是什么重要人物，而报界新成员们认为他有朝一日会成为务实的政治家。然而，大家还是很喜欢胡夫，虽然认为他只是一个临时性的过渡，而不是什么实力派人物。如果他们知道财政部对未来一代人提供了多么巨大的支持，他们一定会花费很长时间，理清自己对麦库洛奇的看法。虽然不甚关心，亨利·亚当斯却注定会目睹很多国务卿的兴衰沉浮，到最后，他认为，麦库洛奇最优秀，尽管他似乎代表着人们最不喜欢的一切。他不是政治家，即没有党派，也没有权势，即不时髦入时，也不装模作样。他是一位银行家，而亚当斯对银行家颇有偏见，就像农奴对监工存有偏见一样。他知道自己必须服从，他知道，无助者通过冷嘲热讽来缓解自己听命于人的事实带来的压力，不过是将自己的无助表露无疑。1865年之后的世界变成了银行家的世界，没有哪一位银行家会信任一个逃离了州立大街、带着说不清的目的或完全可疑的目的来到华盛顿的人，因为这个人无法提供足以从美国任何一家银行借出五千美元的担保。银行家永远不会信任他，他也不会信任银行家。对他而言，银行家的思想十分可恶。带着这样的厌恶之情，他更加惊讶地发现，麦库洛奇是华盛顿心胸最宽广、思想最自由、态度最温和、办事最实际的公众人物。

这一点不容怀疑。当时，财政部面临的压力非常之大，整个金融系统都处于一片混乱，它的每个部分都需要改革，最丰富的经验、策略和技巧都无法让这台机器平稳运转。没有人知道麦库洛奇的高明之处，直到他的继任者接管财政部并试图改变他的方法，人们才明白过来。亨利·亚当斯的知识不足以让他赏析麦库洛奇的专业技术，但麦库洛奇对年轻人的开明和慷慨打动了他。在所有罕见的品行之中，亚当斯认为，这种品行最为罕见。通常而言，官员都害怕干扰。最强势的人往往最讨厌干扰，任何一个愿意就其履行公职情况展开平等讨论的官员都会认为自己的这种行为是一种美德，但几个月或几年之后，他便会感到厌倦，任何一个身居高位的朋友都是一个容易失去的朋友。这个规律几乎是绝对的，从实践中得来，几乎不存在例外，但例外显然存在，麦库洛奇就是一个例外。

早期的政治教育中两个常见的成果就是毫无节制的自私和任意使性的嫉妒，但在麦库洛奇身上却绝无体现。他没有过去，也没有未来，因此可以不理会同行。亨利·亚当斯发现他的周围聚集着国内一群积极向上、聪颖智慧的年轻人，他们充满信念，干劲十足，渴望改革，充满活力，信心十足；他们有能力，学得快，满是斗志，乐于捍卫或攻击，他们是一些无私的甚至可谓诚实的年轻人。他们多半来自部队，富有志愿精神。弗兰克·沃克、弗兰克·巴罗、弗兰克·巴特莱特都是这一类人的典型代表。大部分媒体和公众，尤其是西部的大众，与他们看法一致。没有人否认改革的需求，整个政府从上到下都因为荒废之物而呈现老朽之态，因为急需改善而难以稳固。货币只是一个例子，税率是另一个例子。但是，整个架构都需要重建，如同1789年那样，因为宪法已经成为像北方联盟那样古老的事物。迟早要经历一场动荡，越往后拖就越危险。事实上，内战已经造就了一个新制度，国家机器必须在理论和实践上予以重组。

人们也许可以无限制地讨论究竟哪一个政府部门应实行最紧急的改革，所有政府部门都需要这种改革，但没有人否认，金融机构是一个丑闻，经常遭到大众的唾骂。税率更糟糕，虽然有更多利益的支撑。麦库洛奇怀着极大的善意和心甘情愿的同情面对改革，这是他独特的品格，他处在党派之外，工作之外，讨价还价之外，市政当局之外，任何形式的阴谋之外。这种品格，亨利·亚当斯将不复重见。

混乱带来生机，而秩序滋生习惯。内战激发了活力，军队滋生了勇气。有志愿精神的年轻人并不总是听命于人的温顺之辈，而总是容易陷入争斗，亨利·亚当斯很高兴成为其中一员。他发现自己很喜欢和这样的一些人相处，感到比以往任何时候更加自在，也比以后在财政部的日子更为舒心。他没有强烈的党派热情，感觉自己和朋友们左右了这届政府，而在这届政府逐渐消亡的过程中，除了他们，他既没有朋友，也没有未来。

这些人并不是唯一的同盟军，整届政府的各个部门里都是这类人在掌权。那个时候，最高法院准备接手法定货币的案子，请蔡斯首席大法官就宪法是否赋予政府权力使其在和平时期树立一个人为的价值标准而进行抗辩。埃瓦茨急于确定一个辩论线索，以便有机会抗衡蔡斯首席大法官的观点，但他不知道该如何应对，不知道应该先迈哪一只脚。蔡斯法官是马歇尔学派里最后一名强悍的法官，与其决一雌雄，绝非易事，不能单凭运气。在困惑之中，理清思路的最快办法就是讨论，而埃瓦茨也有意找人论战。一天又一天，开车、吃饭、步行之时，他不停地鼓动亨利·亚当斯来挑战他的立场和观点，他说，他需要一块铁砧来锤炼自己的思想。

亨利·亚当斯因为充当了这块铁砧而受宠若惊，因为无论如何，铁砧总比锤子结实些。他对埃瓦茨的论点没有给予更多的尊敬，因为埃瓦茨本人对此也无过多要求。因此，他十分随便地表达自己的反对意见。跟大多数年轻人一样，他属于纯理论家类型的人，而那个问题与其说是法律问题，倒不如说更具历史或政治意义。通过争论，他可以轻易地得出结论：要求得到的权力一直没有实现，宪法上也没有什么充足的理由赋权政府在不必要的情况下推翻一个价值标准，特别是在和平时期。争论本身对他没有太大意义，哪怕是作为一种教育意义而言，但是，争论使他必须借用首席大法官本人的角度看待问题。亚当斯写给《国家报》的信件和《北美评论》的文章都围绕这一主题展开，他渐渐与这位首席大法官熟识起来，而大法官也是自由土地党中资格最老和意志最坚强的领导人之一，他的主张涉及个人尊严，因为自由土地党人所剩无几。与所有强硬和自信的人一样，蔡斯先生也有一些性格缺憾，他在日常工作中从来都是难以驾驭之人，很难被他人掌控。他很明白什么是错误，也并不总能接受所谓的相对正确。他爱权力，就好像还是一名参议员。他对于法定货币的立场基本站不住脚，作为财政部部长，他一直都是发起人之一，但作为首席大法官，他又成了反对者之一。对一位媒体记者的生活而言，法定货币的问题很难带来多大欢乐或痛苦，但是，它可以成为通讯主题，而首席大法官也很愿意赢得媒体界的一位盟友，按照他的意愿讲他的故事。蔡斯先生的住所很快成为亨利·亚当斯的熟识之地，对于一个在华盛顿报界打拼的冒险者而言，这种同盟关系令人欣慰。不管政治立场或性情如何，蔡斯先生是一位引人注目的人物，一位资深参议员，当然也有一些职业缺憾，但总而言之，他是一位有价值的盟友。

有些事情注定会发生，只不过或早或晚而已。一天，亨利·亚当斯在街上碰到了查尔斯·萨姆纳，立刻驻足问好。似乎八年间中断联系是友谊的必经之路，萨姆纳大感惊喜，立即恢复了一位英雄人物面对一个学童的姿态。亚当斯很高兴地接受了这种关系。他当时三十岁，而萨姆纳已经五十七岁了。他看到的世界已经超出了萨姆纳的想象，但他有一种又欢喜又好奇的感觉，竟希望再次被当成一个小孩子。在最好的情况下，恢复已经中断的联系也不免令人紧张，而此事更为棘手，萨姆纳与亚当斯先生之间的争吵并不是导致联系中断的最微妙的原因，萨姆纳在很多问题上会十分敏感，甚至连波士顿人也很难把这些问题都常记心头。但是，这件事让亨利·亚当斯很感兴趣，他兴奋地把它当作政治人性学中新的研究对象。这位年轻人知道，这次会面迟早会到来并已为此做好了准备，哪怕只是出于新闻报道的需要。然而，对萨姆纳而言，这次会面既如其来也不令人愉悦，与亨利·亚当斯料想的一样。通过观察萨姆纳的举止行为，他学到了某种东西，实践性教育中的观察值得付出努力。他看得出来，许多想法在萨姆纳的脑海里闪过，当然大都是令人不快的回忆，因为他没有问及亨利·亚当斯的任何家人，任何一位朋友或亚当斯一家的海外生活，他只谈及了当下。对他而言，来到华盛顿的亚当斯多少算得上是一位批评家，也许是个间谍，一定是位密谋者或冒险家，这样的人很多。亚当斯可能是一位无党派的政治家，一位没有原则的作家，一位希望得到提携的求职者。从他的角度出发，所有这些猜测倒也都是正确的。亚当斯对他没有用处，反而可能损害他的权力。亚当斯坦然接受了这一切，准备好保持距离，认为这些理由完全合情合理，但他非常惊讶地发现，萨姆纳主动要求重修旧好，他自己几乎完全获得了信任。他不仅收到邀请去参加萨姆纳在拉法耶特广场的家中举办的小规模宴请，还获准进入参议员书房，了解萨姆纳的观点、政策与目的，所有这些有时比难以理解的隔膜或全能力量的消逝更令人惊讶。

总的来说，亨利重拾的这段关系是最为诡异的一种关系。他喜欢萨姆纳，也很崇拜他，但认为萨姆纳的想法是病理学的研究对象。有时候，他总是倾向于认为，萨姆纳先生感受了自己的孤独，在政治的荒野中渴望结识受过教育的社会阶层。但是，这并非全部。萨姆纳的思想已经到了心如止水的境地，接收和反射外来之物，但再不能够吸收它们，里面除了自身之外，别无他物。能够从外部获取的图像，通过感官而机械地感受到目标，不过都是出于礼貌，虽然思维的表层也产生涟漪，但永远无法成为思想。亨利·亚当斯没有唤起他的任何情感，如果他唤起了某种不好的情感，那么在萨姆纳的心中，他也将不复存在。萨姆纳的思想一定会机械地拒绝他，如同曾机械地承认他那样。并不是说萨姆纳比其他议员更加以自我为中心，比如，与康克林恩相比。只能说，就萨姆纳而言，一种疾病已经影响到了他的思想，这是一种绝对的慢性病，而其他大部分参议员患的都是急性病。

也许正因如此，对媒体而言，萨姆纳才是更有价值的一位熟人。亚当斯发现萨姆纳的用处很大，也许他在那些位高权重的人物中最具媒体价值，是一件来自远古时代的古董。几个月或几年之后，这些人物就不存在了。1868年，他们和华盛顿一样，一直处于变化之中，但一直没有变化成形。拉法耶特广场就是整个社会，克拉克·米尔斯先生为安德鲁·杰克逊的坐骑修筑的纪念碑不过几百码之远，人们可以看到所有的熟人，还有宾馆、银行、市场和中央政府。广场之外是一片田野的边缘，没有哪一位富有的人或时髦的人去过那儿。没有文学或科学界的人，也没有画家或不做官也无职业的绅士曾在那里生活。那是一片乡村，一个原始社会，身处里面，很少有人了解大城市的生活。波士顿的埃瓦茨先生、山姆·胡柏先生，还有也许一两位外交家混迹那儿，那个快乐的村庄不知道何为俱乐部。F大街通往国会山的交通工具只是劣等的电车，但也足矣。在宾夕法尼亚车站，每一个春日的早晨，社会各界人士彼此相遇，互相道别，各自踏上那个唯一的快车道。国务院就坐落在第十四大街远处的一个育婴堂里，而穆莱特先生也在白宫旁边修建了一座对自己别有意义的育婴堂。房地产市值自1800年以来就毫无改变，道路也泥泞难行，所有这些都对一个想来这里成名的年轻人颇有益处。二十四小时内，他能认识所有人，而两天时间里，人人都会认识他。

经过七年艰苦却不成功的努力，他仍然没有弄懂伦敦社交圈的入门之法，但华盛顿的社交界却提供了一个便利且令人开心的休息场所。站在埃瓦茨家屋顶安全的阴影之下，他环顾四周，看着将要一起工作的那些人，心里不得不承认，他以往的教育十之八九都毫无用处，而另外的那十分之一也许还是有害的，他可能只好从头开始。他必须学会跟西部的议员们交谈，隐瞒自己以前的经历。这个任务执行起来让人觉得颇为有趣，他看不出有什么会妨碍他乐得如此，他对以前见过的或即将面对的所有人都可以表现出随意的冷漠。议院的休息室构成了一道壮丽的风景，几乎可以说美不胜收。巴黎舞台上很少有人比老山姆·沃德更引人发笑、更具戏剧性，因为他比政府所有部门的所有人更了解社交界，包括参议院和史密森学会。社交界并没有多少可以奉献出来的东西，但它一定会坦然地捧出一切已有之物。有一段时间，政治活动不再打乱社会关系。所有人都混在一起，混在一片平静的潮水中，而政府的状态很像亨利·亚当斯本人在教育中的遭遇：之前的收获一无是处，其中一些可谓糟糕透顶了。

The Education of
Henry Adams

第十七章

格兰特总统（1869）

第一次跳入这个未知世界，这位年轻人便感受到了阵阵难以名状的低落，部分原因是马里兰的秋天那不可抗拒的迷人景致和甜美气息，让这位年轻人觉得难以消受，因为他已经把自己的生活状态调到适应北欧十一月的灰色和棕黄中去了。生活不可能一直这样如此美丽，又如此让人伤感地继续下去。幸运的是，没有其他人感受或者了解到他的情绪。他尽量忍受着，等他重新恢复自我的时候，冬天已经来临，他在单身宿舍里安定下来，这一宿舍跟政府部门职员的住所一样简陋，远在G大街的深处，临近乔治敦，在那里，一位名叫多纳的芬兰人，很久以前跟俄国公使斯托依克尔一起来到这里建造也可能是购买了那栋房子。国会已经开过会了，虽然现任政府的任期还有两三个月，但所有人的兴趣都围绕着新任政府。这个城市开始挤满了寻求公职的人，这位年轻的作家就迷失在这茫茫人海中。他随着人群四处游荡，没有人注意他，他很高兴在这一片混乱的掩护下开始自己的工作。他并不渴求成为一名正式的记者，他明白，对于这样一个需要雄心壮志和无限精力的职业，他是难以成功的，但他结交了一些新闻界的朋友——诺多夫、缪拉·霍尔斯特德、亨利·沃特森、山姆·鲍尔斯，这些人都是改革者，所有人都沉浸在热切期望的情绪里，等待格兰特将军公布任命结果。对此，看来没有人知道多少，哪怕参议员也没什么可说的，他能做的只是记些笔记，并研究金融。

在等待过程中，他尽量自娱自乐。在华盛顿的娱乐活动中，教育不是其中的一个部分，但是，娱乐的简单证明了包括理想、兴趣、思想和知识在内的其他一切事情也都很简单。众所周知，华盛顿不是一个受教育的好地方，年轻的外交官们当然会回避或讨厌华盛顿，但通常情况下，外交官们除了巴黎，不喜欢任何地方，但这个世界只有一个巴黎。他们对伦敦比对华盛顿更加深恶痛绝，对太阳底下的任何一个岗位都没有好感，而且，他们抱怨没有剧院，没有餐馆，没有上流社交圈，没有风流社会，没有大道，没有辉煌壮丽的场面，正如德·斯塔夫夫人经常说的一样，没有“盛大恢弘的气势”，事实上，他们描述的只是他们境况的四分之三。这一切都是真的，华盛顿只是一个政治营地，如同为复兴宗教而开的营地会议一样瞬时短暂，但是，外交官是最没理由抱怨的，因为他们更多是专门为那里挑选的人，不可能去别的任何地方。对年轻人来说，华盛顿从一个方面来说是天堂，因为他们人数少，而又被大量需要。由于亚当斯领略过伦敦社会里年轻的外交官是如何的卑躬屈膝、无足轻重，因而发现自己在华盛顿的地位差不多相当于一位年轻公爵了。他要补回逝去的十年青春，还有饥肠辘辘的胃口。华盛顿是他见过的最容易融入的社会，即便一个波士顿人，在华盛顿春季柔和的氛围中，也会变成一个淳朴善良，几近和蔼可亲的人。没有房子，没有车辆，没有珠宝，没有浴室，没有人行道，没有商店，没有任何盛大的场面，社交一样进行得非常顺利，而且市场上的商品物美价廉。人很难在那里生活一个月之后，还不喜欢那个破旧的城市。华盛顿的姑娘，她们既不富有，穿着也不考究，没有受过很高教育，也不是特别聪明，但她们有独特的魅力，并将这种魅力加以充分利用。根据父亲亚当斯先生的看法，以他个人所见，这种魅力可追溯到门罗政府时期。

因此，由于在政治、金融或报业方面的所有教育过程的幕后作用，华盛顿社会性的一面理所当然地被认为占了它存在方式的四分之三，其细节已经不重要。生活已不再艰辛，这位历经磨难的人为此感谢上帝。政治学和改革成了琐事，华尔兹成为正业。并不是只有亨利·亚当斯一个人如此不务正业。参议员萨姆纳有个年轻的私人秘书，叫作莫菲尔德·斯多来，他就是举事轻率者的危险典型。新任首席检察官E. R. 霍尔从康科德带来了一个儿子，叫山姆·霍尔，他比斯多来有过之而无不及。另一个不知悔悟的人叫杜威，是一位年轻的海军军官。在这样一系列人物里面，亨利·亚当斯远排在后面。他本希望自己能够靠前些，本来可以抛弃那些老掉牙的历史、科学或政治世界，只要能把华尔兹跳得更好些。

他不知道自己懂得的东西少到了什么程度，尤其是对女人的了解，而华盛顿又拿不出可供比较的标准。所有人都无知到了深不可及的程度，就如同儿童对教育一样冷淡，没有人需要知识，华盛顿在没有风格的情况下更让人觉得开心。当然，亨利·亚当斯在没有风格的情况下也更开心，胜过以前任何时候，比任何在这个残酷的世界上艰辛劳作的人所梦想的都要更快乐。虽然那种生活还算得上他所获得的一点点教育背景，但是，那样的生活属于18世纪，无论如何都无法与20世纪的教育产生关联。

在这样的氛围里，人们不用假装努力工作。如果华盛顿这个世界需要有人为其努力工作，那么就必须为此付出报酬，而若不付出酬劳，那么就不能对劳动者品头论足。然而，到目前为止，没有人表示愿意为亨利·亚当斯已经做了或者能够做的任何工作支付酬劳，倘若他真的做了什么，那也是出于社交方面的考虑，而社交的快乐就是他得到的报酬。为此，他愿意继续工作，就如同一位画家，即便没人买他的画，他也会继续画下去一样。画家从一开始就是这么做的，而且还会一直这样做下去，因为他们情不自禁，为从中获得的社交优势而深感自豪，这种自豪感让他们觉得劳有所得。社交圈通常会鼓动他们，助长他们目空一切的态度。迄今为止，华盛顿的社交圈过于简单而且南方化，很难让人产生无政府主义的渴望，这个社交圈里的人们从未看过或读过别处的艺术家创作出来的作品，但却总是不失时机地好心地鼓动华盛顿的艺术家，由于这一弱点他们变得更加自以为是。亨利·亚当斯甚至发现连政府都乐于帮助他，人人都愿意回答他的问题。他勉强算是在工作，并不辛苦，但倘若政府支付给他薪酬的话，按他的工作量计算，也需要每年支付给他九百美元，他的工作不容许他轻浮草率。他从写作中得到的快乐远远要多于世人阅读他的作品所得到的快乐，因为他的作品并不趣味盎然，他自己也是个无趣的人。他不能够去取悦借贷者或投资人，但这个阶层恰恰就是一开始他就有所求的人。他拿出三个月的时间写了一篇论述美国金融的文章，当时，这是一个极需要认真对待的话题，写完之后，他寄给了伦敦的朋友亨利·里弗——《爱丁堡评论》的一位乏味的编辑。里弗也许觉得那篇文章不错，无论怎样，他是这么说的，而且他还在四月的期刊上登了出来。当然，该篇文章在美国得到转载，但在英国，这样的文章仍然是匿名刊载的，而这位作者也一直都无人知晓。

这位作者当时并没有要求进行宣传，也没有要求得到赞誉，他的目标是文学。他希望在《爱丁堡评论》谋得职位，获得麦考莱勋爵的庇护，而在1868年，对于一位美国青年来说，这样级别的工作似乎再好不过。这在文学世界里当属最高的级别，二十五年前就是这个样子的。从二十五年前至今，已是时过境迁，光阴流转，但是，那个地位仍然能够满足很多人的虚荣心，尽管除了每月三十英镑的报酬外——按时间和劳动来换算的话，可能价值一个月五十美元——这份工作不会带来任何其他的美誉和酬劳。

寄给《爱丁堡评论》的文章写完之后，他开始按计划为《北美评论》工作。在英国，罗伯特·塞西尔勋爵为《伦敦季刊》发明了一个年度政治评论活动，称其为“评论会”。亨利·亚当斯把这个想法连同名字一起盗用过来——他觉得在逆境中挣扎的日子里，自己在罗伯特家里待的时间很长，长得足以为自己的这一剽窃行为辩解，然后他开始着手实施这一想法，使之永久性地成为年度政治评论系列，他也会借此及时地使自己成为一位政治评论的权威。有了他的信息来源，还有他在华盛顿一些亲密的社交关系，他必然会一鸣惊人。他掌握了这一领域，要继续下去，放手大干一场。不管新闻界喜不喜欢这个想法，他们都得认真对待，因为这样一种权力一旦确立下来，一定会比任何能被塞进政府刊物里的国会呈递给总统的所有演讲或报告更有效果。

第一次这样的“评论会”是在四月份开始的，但它不可能被压缩到单独一篇文章里，因此只好另作一篇题为“政府机构改革”的文章，在十月以增刊形式发行出来，而事实上两篇文章属于同一篇政治评论，这两篇文章里插入了大量史实。除了新闻界的合作伙伴外，到底有没有其他人读过这些文章，他永远都不知道，也不太想知道。不管文章有五百名还是五十万读者，对于作者自身的影响微乎其微；如果可以挑选那五百个读者，他就可以触及到五十万读者。决定性的1870年就快要到来了，它将标志一个文学时代的结束，到时，季刊将让位于月刊，印刷文字将让位于插图，书卷让位于篇章。这一飞跃光辉夺目，由布雷特·哈特领导，罗伯特·路易斯·史蒂文森紧随其后，盖伊·德·莫泊桑和卢迪亚·吉卜林殿后，这一组合让世人眼花缭乱。虽然和以往一样，亨利·亚当斯发现自己落后于时代五十年，但是，这次有很多迟来的观望者与他为伴，他们在彼此身上产生了这样一种错觉或效果，即他们的观点代表了公众舆论。在行进的过程中，他们四处分散，彼此相距越来越远，但互相还听得见彼此的声音。从表面上看，当时的潮流仍然还是保守的。教会带着明显的权威说话，季刊也订下了一条明确的规则，但没有人可以肯定地说哪里才有真正的权威或真正的规则，科学界对此也不知道。先验的真理坚守自己的立场，不接受纯粹相对的真理。根据罗威尔的看法，真理永远都在绞刑架上，而谬误永远都在王位宝座上，而大多数人仍然觉得自己是相信真理的。亚当斯不是18世纪的唯一遗物，他仍然可以依靠一定数量的听众，这些听众大多数都是值得尊敬的人，还有一些是富有的人。

他从不为缺少听众而烦心，在这一点上他足够幸运，如果障碍仅限于此，那他的所有计划都会成功。在他遭受困难的地方，也是十分之九的冒险家都会犯错误的地方，他失败了。一个人或多或少会相信有组织的力量，但却很难把握人的因素。他属于18世纪，而18世纪扰乱了他的全部计划。目前，美国比他本人更有18世纪的特征，美国回到了石器时代。

作为某种程度的教育，这个故事也许还有一点点价值，尽管他从未看出来其价值何在。人们很难从野马的弓背跳跃中看到太多教育意义，从骡子的后踢腾空中得到的教育意义则更少，其中的教训莫过于不要挡住动物的路，这也是亚当斯自1860年以来在政治中一而再、再而三地汲取到的教训。

至少有五分之四的美国人团结起来了，亨利·亚当斯也在其中，他们选举格兰特将军当了总统，也许他们或多或少被格兰特与华盛顿之间的相似之处所影响。这显而易见，格兰特代表了秩序，他是一位伟大的军人，而军人总是代表了秩序。虽然他也许很愿意做一名党派人士，但是，一位在战场上组织和指挥过五十多万或上百万士兵的将军一定知道该如何管理国家。华盛顿，从教育和经验上看，不过是个穴居人，但即便这样，他也知道如何组织一个政府，而且找到了杰弗逊和汉密尔顿来组织他的各个政府部门。必须让政府恢复正常的工作，必须使政府恢复道德秩序和行政体制，这个任务并不是非常难，只要略施鼓励，其便可以自动运行。毫无疑问，当时事态之混乱，尤其是在古老的蓄奴州和货币方面，程度是相当严重的，但大家的意愿是良好的，这句名言在每个人身上都产生了共鸣："让我们拥有和平。"

虽然在外交上经历过大风大浪，但亨利·亚当斯还年轻，很容易受骗，当然，即便他的年龄再翻一番，他也看不出对格兰特的这种信任有什么不合理之处。假如格兰特是一位国会议员，他也许会提高警惕，因为他知道国会议员都是些什么样的人。人们只期望国会议员能抱有一点良好的意愿和公共精神，就心满意足了。新闻界人士一般来说不会对众议院特别尊敬，而参议员对众议院就更不尊敬了，内阁成员对众议院是一点儿都不尊敬。的确，有一天，亨利·亚当斯请求一名内阁官员对众议院议员多些耐心并多用一些策略的时候，那位长官突然不耐烦地大声说道："对付众议员没有策略可言！众议员就是猪！你必须抄起棍棒来敲打它的猪鼻子！"跟那位部长比较起来，亚当斯知道的太少了，因此不可能提出反对意见，不过，他觉得这句话太刺耳了，即便是用在1869年的普通国会议员身上也言过其实了——他很少或根本就没见过那些众议员，但他知道一个更简洁的办法可以停止他的指责，他只需要问：“如果国会众议员是猪，那参议员是什么？”这是个天真的问题，是本着坦率的精神提出来的，但这个问题会让任何一位在自己的办公室里坐满一个星期的行政长官哑口无言。哪怕亚当斯也承认，参议员是不能让人相信的，他们以自我为中心，那可笑的一面部分掩盖了他们的狂妄自大，但是，在安德鲁·约翰逊政府时期，派系之争愈演愈烈，有时候，整个参议院看上去都感染上了毫无来由突然爆发的精神病。伟大的领袖人物，比如萨姆纳和康克林恩之类的大人物，很难被人模仿；他们比嘲讽能够败坏的形象更为怪诞可笑，即便头脑中极少有创造诙谐短诗的灵感的格兰特，也在参议院那些人的衬托下而显得机智幽默；然而，参议院的自我中心主义和派系之争绝非可笑之事。他们会造成永久和可怕的危害，正如加菲尔德和布莱恩，甚至麦金利和约翰·海依所感受到的那样。对一位要实施改革的总统而言，其最艰巨的任务，就是让参议院恢复原有的正派体面。

因此，没有人期望任何根据从政级别或者公职级别而选出来的总统会提升政府的品位，亨利·亚当斯对此更不抱有任何幻想。倘若不凭借理性而根据本能，全世界都会团结起来，支持格兰特将军。参议院明白这个世界在期待什么，默默地等待着与格兰特进行一场比与安德鲁·约翰逊总统之间更为激烈的斗争。新闻界满腔热忱地支持总统，反对参议院。新闻界人士比多数人更具备双重人格的特征，只有当他们用一种感觉写作，用另一种直觉去思考时，他们对自己的双重直觉才最满意。所有新闻界人士，不管他们写哪方面的文章，都会对参议院有着同样的感觉，亨利·亚当斯也随波逐流。他预见到一场战斗迟早会到来，急切地想参与进去。他的意思是要攻击参议院以支持行政部门，拿走参议院三分之二的选票和批准权，他不太关心该如何去做，因为他觉得在1870年开始这场革命比等到1920年风险要小一些。

带着这样一个想法，他去了国会山，聆听有人宣布任命结果，而这些被任命者的名字会透露出格兰特内阁谨守的秘密。一直到晚年，他都还没弄明白那场突如其来的革命，那场革命实际上在五分钟内便改变了他对未来的打算，使他的计划变成了荒唐之举，可笑之极，连自己都深感羞愧。他还会听到很长的一串内阁公告，其力度一点也不弱于格兰特本人的宣告，相比之下也不会显得更无关紧要，宣布的名字当中没有任何一个让他脸红的，而格兰特的提名却产生了让听众感到羞耻的奇特效果。与其说他是为格兰特感到羞耻，还不如说他是为自己感到羞耻。他对生活的理解又一次发生了偏差，这是另一个不可想象的错误的开始。然而，虽然似乎不太可能，他的动机又一次发生了偏失，他的想法本是非常合理的，因为参议员们毫不掩饰地以参议员特有的直率表示，格兰特的提名显然泄露了他的意图，那些参议院们的态度同样清楚无误地表露出格兰特的无能——一位伟大的军人在政治上可能是个婴儿。

亨利·亚当斯离开了国会山，一头雾水的精神状态让他回忆起1861年5月13日坐火车去伦敦时的心境，他感觉自己是格莱斯顿悲叹的那种“没有能力全面审视事物”的人。一切不言自明，他知道，格兰特终止了他为自己布置好的未来。这次计划流产以后，在至少一代人中，都不会再有任何实现有效改革的想法，他对徒劳无益的政治活动不再抱有任何幻想。他的下一步航线是什么呢？他试过许多航线，而社会却把所有的线路都堵住了！此刻，如果继续沿着原来的线路随波逐流，他看不到任何希望。新内阁，如果从个人层面看，是没有什么敌意的。接下来，格兰特做了一些人事调整，虽然对亚当斯来说是致命的，但却切合大多数波士顿人的心意。汉密尔顿·菲什是国务卿，让人想起某种严格的保守主义政策，也许要顺从萨姆纳的主张。乔治·S. 鲍特威尔这个名字，作为财政部部长，提出来只会让人想到一个阴郁的玩笑。鲍特威尔先生只能被描述为麦库洛奇先生的对立面，而且代表着某种惰性，或者用更简明的说法，意味着彻底根除任何像亨利·亚当斯这样的人。另外一方面，雅可布·D. 科克斯作为内政部部长也许会有所助益，也会给人带来些安慰，同时，霍尔大法官作为首席检察官也预示着友谊的产生。整体来说，亚当斯的个人前景，仅就写作而言，还是相当令人鼓舞的，而其政治前景，虽然看上去不甚明朗，却仍然取决于格兰特本人。没有人怀疑，格兰特的本意是想改革的，但是，他的目标是要让他的政府置于政治之上，如果他真把他的支持者赶走，亨利·亚当斯还是希望支持他的，他微弱的希望之光因此必须照向格兰特。亚当斯似乎很了解格兰特，但事实上对他所知甚少。

纯属偶然的原因，亚当斯和巴多租了多纳家底楼的一套房间，而且，因为共用一张餐桌很方便，两个人就在一起进餐，由此成为密友。巴多虽然其貌不扬，却特别善于社交活动。他个子矮胖，面色潮红，通常情况下，生活习惯也不规律，但是，他非常聪明，是一位优秀的新闻界人士，也是一位优秀的军事史学家。他写的格兰特生平方面的著作可不是普通的著作，跟大部分新闻界人士不一样的是，他是格兰特的友好评论人，这正是一位曾为格兰特将军工作过的军官处事的得体之处。一般来说，华盛顿的报纸记者都是不友好的，而游说团体更是值得怀疑。有关这方面，亚当斯听过一些毛骨悚然的传闻，一点儿不比西点军校老军官们的故事逊色，所有人都说格兰特是一位恶毒、狭隘、无聊和报复心很重的人。巴多是为谋求领事一职而来华盛顿的，但这个机会却迟迟没有来到他的身边，结果他只能靠威士忌为自己鼓劲，除了喋喋不休外，脾气也变得暴躁了。他经常谈到格兰特，在人物分析方面他有着某种艺术家的感觉，这是真正的文学评论家应该具备的天赋。他对格兰特很忠诚，对格兰特夫人更是如此，而格兰特夫人也充当了他的保护人。对这两个人，即便在喝得烂醉如泥的时候，他也从未说过任何冒犯的话，但是，他认为，除了他本人和罗林茨以外，没有人更理解将军。对他来说，格兰特好像是一种时隐时现的能量，醒过来的时候对他的影响有力，但睡觉的时候却十分安静而温顺。他说，他和其他军队里的人都不明白为什么格兰特将军会成功，而他们之所以相信他，亦是因为他的成功。在很长一段时期，格兰特的思想看起来很迟钝。他在场的时候，罗林茨和其他人虽然不是直截地，却也会通过他们之间的讨论，在数星期内系统地把他们的观点施加给他。到最后，他会宣布那些观点就是他自己的，根本意识不到曾经有过什么讨论，并且会以他天性中的全部力量发布执行命令。他们永远也摸不清楚他的个性，对他的行动也没有任何把握。他们永远也无法理解他的思维过程，甚至都搞不清楚他到底有没有在思考。

亚当斯对所有这些事情都很有兴趣，虽然他不能跟巴多一样，等待格兰特夫人发出暗示，按照格兰特军的想法采取行动，以便在一个领事馆或公使馆获得一个飞黄腾达的机会，他脑海中的伟人画像越来越鲜明，如果能够在这位自拿破仑以来世界上最伟大的将军画像上按照自己的喜好填上几笔，他一定会十分开心。巴多的分析十分精妙，比山姆·沃德或查尔斯·诺多夫的分析不知道要强多少。

有天晚上，巴多带亚当斯去了白宫，并把他介绍给了格兰特总统夫妇。他第一次，也是最后一次在白宫里见到了十多位总统的肖像，最著名的总统并非总是受欢迎的总统，但是，他发现格兰特总统却是其中最奇特的研究对象。公众舆论对任何一位总统的看法都不如对他的看法分歧大，亚当斯没有什么看法，或者说没有表达看法的机会。跟格兰特说一句话就让他满足了，因为，出于自己的利益，他冒险说出的话越少，对自己就越好。截止那时，他只遇到过一位同样有才智或者同样完全没有才智的人，那就是加里波第。在这两个人当中，以他看来，加里波第的智慧要多一点点，但是，在两个人身上，智力毫无意义，只有精力才有价值。这一类型的人是智人以前的人种，是很古老的，哪怕在穴居人面前似乎也是过时的。根据传闻，亨利·亚当斯也是这一类型的人。

亚当斯及时地在其他一些人身上也渐渐发现了这种典型特征，这种特征非常多见，虽然会因人而异，存在着一些差别和变化——这些人的精力越旺盛，他们越少花精力去思考；这些人从社会底层突然跃到权力阶层；他们不太相信自己，也不太相信别人；他们胆小，嫉妒，有时候还有极强的报复心；表面上看有些木讷，总是需要刺激物，但对他们来说，行动就是最强有力的刺激——斗争的本能。这类人是自然的力量，有着最原始的活力，就跟鳍甲类动物一样，但他们一般都缺少学者的气质。他们指挥千军万马，对自身的认识和对别人的认识一样肤浅。事实是肯定的，这一事实会立即粉碎论点和才智。

亚当斯并不觉得格兰特是一股敌对的力量，跟巴多一样，他看到的只是一位让人难以把握的人。在行动中，格兰特是一位很优秀的人，跟在他后面会有安全感；在迟钝的时候，他却是一个危险的人物。与这样的人打交道，人们必须站得很近，跟罗林茨一样，而且多少要理解对方的习惯。他的头脑很简单，超过华尔街或议会大街的人的经验范围，他只好跟同等智力水平的大多数人一样，在不知道如何表达的时候诉诸于陈词滥调：“让我们拥有和平！”或者“对待一项不好的法律的最佳办法是执行这项法律”，还有其他此类可说出去也可收回来的话，这些话只能根据其简洁程度加以衡量，但有时候，他会让人们质疑他的话是否真的出于良好意愿，比如，他曾十分认真地对一位极聪明的年轻女子说，威尼斯如果被抽干水，将会是一座很不错的城市。这话如果是马克·吐温说出来的，那一定会列入他最优秀的诙谐语录中，而在格兰特那里，却略显头脑简单，而且绝非奇思妙语。罗伯特·E.李也流露出同样的智力平庸，只不过他是以弗吉尼亚的形式展现出来的，程度略有不同，但对于了解这位美国人的人来说，这种智力上的平庸却是非常明显的。使亨利·亚当斯担心的不是他的陈词滥调，和以往一样，他的忧虑在于自己的教育。格兰特让他烦恼，让他气愤，就像穿孔贝类，这是对基本原则的蔑视。他没有存在的权利，他应该在很久以前就灭绝了。随着社会越来越老化，它越来越倾向于片面偏激，这样一种想法扰乱了人类的进化历程，使教育成为一种欺诈。亚历山大大帝和朱利叶斯·恺撒之后的两千年，像格兰特这样的人应该被称为——人们实际上也是这么称呼他的——最先进的进化中的最原始的产物，这使进化成为一件荒唐可笑的事。为了维持这样一种荒诞不经，人们必须变得跟格兰特本人一样陈腐才行。单单是从华盛顿总统到格兰特总统的进化过程，就足以作为证据推翻达尔文学说。

教育每走一步都变得越来越让人困惑，没有哪一种学说值得用笔记录下来。美国没有亨利·亚当斯的用武之地，因为他是18世纪的人，但是，美国却崇拜格兰特，因为他是过时的人，应该生活在洞穴里，应该披上兽皮。虽然达尔文主义者应该得出这样的结论，美国正在回到石器时代，但事实上，返祖学说比进化论还要荒唐。格兰特政府无所谓返不返祖，因为人们无法捕捉到过去的任何特征，更无法捕捉未来的特征。格兰特政府给人的感觉甚至不是一个美国式的政府，在这届政府中，没有任何一个官员让人想到美国思想，除了在九月份去世了的罗林茨，而亚当斯与他素未谋面。

这届政府搅乱了亚当斯的全部生活，但是，它也不是完全不友好的，这届政府大都是由他的朋友组成的。国务卿菲什算得上是一位和蔼可亲的人，他保持了纽约社会价值的传统，很有人情味，并不会在让人痛苦的过程中得到快乐。亚当斯感受不到任何有利于自己的偏见，无论从思想上还是从个人角度看，他都不是一位引人注意的人。他的社交天赋也不是特别出众，他是最没有吸引力的那种人。他也不再年轻，但他从一开始就赢得了信任，而且到最后都是朋友。就菲什先生而言，亚当斯觉得很愿意接受他这个人，在内务部的雅可布·D. 科克斯那里，亚当斯感觉还要更愉快些。的确，如果科克斯在财务部，而鲍特威尔在内政部，就私人关系来说，他一定会开心得多，但是，在首席检察官的办公室里，霍尔大法官看来能够差不多满足他的所有理想，无论是从个人层面还是从政治层面。

对于格兰特政府，问题的关键不在于缺少朋友，就算整个政府里都是朋友，如果没有格兰特总统或财务部，对于亚当斯来说还是毫无助益的。格兰特从一开始就声明要采取观望政策，而观望政策只会黏上那些有如附着甲壳动物一样的人。人到了三十岁，对于依附于别人的做法已经失去了兴趣，但是，哪怕就是当这样一种依附于别人的甲壳动物，他也会被人错待。他的朋友都是一些改革家、评论家，对党派忠诚持怀疑态度，而他本人也是这样一种被怀疑的对象。格兰特没有目标，也不需要帮助，他并不需要拥护者。这位最高行政长官所要求的就是耳根清静，不受干扰，他所说的“让我们拥有和平”就是这个意思。

没有人想走到他的对立面去。至于亚当斯，他人生成功的一切希望都寄托在找到一个能够效力的政府。他非常了解如何实现自利的规则，他是待售的，希望被买走，而他的价格过度低廉，因为他甚至连一间办公室都不需要，他也没有着眼于美国政府，而只在于纽约。他所有想得到的，不过是能够效劳的对象，就是允许他去效劳的对象，然而他的运气坏到了极点，又一次，他超越了自己的时代五十年。

The Education of
Henry Adams

第十八章

政治混战（1869—1870）

年老的新英格兰人很容易变成离群索居的动物，但年轻的新英格兰人有时候却很有人情味。霍尔大法官带着儿子山姆到了华盛顿，而山姆·霍尔的爱好非常广泛，他教会亚当斯如何欣赏华盛顿春季的迷人之处。单从教育角度而言，没有什么快乐可以与之媲美。波托马克河及其支流的景致美不胜收，洛克溪像落基山脉一样热情奔放。山茱萸、杜鹃花和月桂树的重重环绕中偶尔出现一栋孤零零的黑人圆木小屋，郁金香和栗树在大自然的考验下风姿依旧。此处风景柔美而丰盈，并无暗藏的冰川这类令人可怖之物。葱郁的植被旺盛地生长，热气逼人，清凉的流水自有另一番魅力，荒僻的密林深处惊现六月暴雨的壮观，令人敬畏，一切都如此动感，如此野性，如此天然。欧洲任何一个地方的春天都不曾让他领略到这般细致入微的魅力与热烈豪放的腐朽融为一体的景致，这恰恰正是马里兰五月的特质。他爱这一切，这里如同希腊，好像半通人性。他无法离开，因此一直逗留到七月，好像染上了南方人在拉法耶特广场的别墅里消夏的习惯而无法自拔，身为南方人，他当然有权如此行事，没有哪一个美国人会质疑这些权利。

尽管格兰特的政治性格中有致命的欺骗或非欺骗因素，亚当斯在华盛顿度过的第一个冬天令他无比快乐，以至于丝毫没有考虑任何改变。他太爱华盛顿，不可能怀疑其价值。他对华盛顿的价值了解多少，或者，谁又对此有多少了解呢？他父亲比波士顿的其他人更了解华盛顿，他的回忆录一直延伸到1820年代。亚当斯高兴地发现，在华盛顿的问题上，父亲透露出了同样的情感弱点，而且他对门罗总统当政时的描写与他儿子对约翰逊总统当政的看法十分类似。他不无道理地担心华盛顿对年轻人造成的影响，因为它对他的两个兄弟造成了致命性的影响，但他明白华盛顿的魅力，知道在昆西或波士顿的生活并不会减少华盛顿的吸引力。

在波士顿的话题上，亨利喜欢开粗野的玩笑。他在每个柜台边都能够看到鲍特威尔的身影，在每一颗树上都可以发现某个人的悲伤。十五或二十年后，克莱斯·金经常挪揄他总是哀叹大自然在保持完美的过程中总是有些细小的瑕疵。除了两个错误，地球总还算得上是一个杰作。错误之一是黄道的倾斜，另一个是性别的差异，关于后者，一个最悲伤的看法就是它一直非常时髦。亨利·亚当斯在发脾气的时候坚持认为，这两个没有必要的恶性在波士顿造成了最严重的恶果。气候使社会处于永久的战争状态，性别带来一类犯罪行为。黄道倾斜到了无可救药的地步，直到生命像榆树一样空洞无趣。当然，他错了，空洞无趣的是他自己，而非波士顿，但是，这是一个关于教育的故事，亚当斯竭尽全力迎合自己所处的时代，波士顿也在做同样的努力。除了华盛顿，其他所有地方的美国人都在为了同一个目标而努力工作。人人都在抱怨自己所处的氛围，除了华盛顿，因为这儿根本没有任何氛围可言。波士顿比临近地区更有自信，似乎一望便知，不言自明，虽然亚当斯对此困惑不解。

他回到昆西时，夏季已然过半，六个星期之后，格兰特总统的性格所产生的效果开始显现，震撼、骇然、可怕。1869年9月，杰依·高尔德试图垄断黄金事件轰动一时，围绕该事件的种种谜团从未解开，至少亨利·亚当斯本人没有理清头绪。华盛顿的变化让高尔德认为，他可以安全地垄断黄金而不受到政府的干预。他采取了防范措施，他本人也承认这一点。他还花了一大笔钱，获取了一些承诺和保证，但他也承认，对他这样一个精明的赌徒而言，这些承诺和保证还远远不够让他铤而走险，最终，他还是冒了险。任何一位刑事诉讼律师都可以在调查此案时坚持认为，对于像他这样的人，处于他这样的地位，不可能允许他为自己辩护，称自己是在没有足够令人满意的承诺和保证下就敢于采取行动。从专业角度而言，这种抗辩根本不可接受。

也就是说，任何一位刑事诉讼律师注定都会这样开始调查：认定高尔德一定获得了白宫或财政部的保证，因为其他任何部门做出的承诺都不可能令他满意。很多年轻人在昆西消夏，因为没有人愿意以每天三美元的价格雇用他们，对他们而言，如此惊人的丑闻是天赐良机。查尔斯和亨利·亚当斯听到这个消息时兴奋地跳了起来，好比大麻哈鱼见到了鱼饵一样。他们如饥似渴的贪婪丝毫不逊于杰依·高尔德及其教唆者吉姆·菲斯克对伊利湖的垂涎三尺，他们同样不惧后果。他们也冒着一些风险，究竟是什么样的风险，无人知晓。但是，围绕在伊利湖办公区的那些人绝不是平庸之辈。

伊利湖铁路局像一团乱麻，如果想将其分清条理，弄清端倪，即使工作效率最高的公诉人使用了全套的行政工具，大概也需要付出几个月的艰苦努力。查尔斯负责查阅铁路史，亨利负责调查所谓的黄金密谋案，他们一起去纽约查案。事情的表面很清楚，他们在华尔街没有遇到任何问题，他们去剧院宫拜访著名的吉姆·菲斯克本人，但是，这一事件在纽约的进展对亨利没有任何帮助。他需要破解这个政治谜团，所以必须见到国会的人。起初，他担心国会将掩盖这个丑闻，但国会调查令很快签发并生效。他很快知道了应该了解的内容，政府提供了他撰写文章所需的材料。

然而，政府提供的材料很少能让评论家或史学家满意，因为这种材料总是存在可疑之处。这里有一个谜团，通常，最需要破解的是，是否能证明确实存在神秘难解之处。亚当斯最好的朋友——菲什、科克斯、霍尔、埃瓦茨、萨姆纳和他们周围的人，恰好最容易受到迷惑。他们知道的情况比亚当斯还少，他们也在打探消息，并坦率地承认自己与白宫和财政部的关系并非绝密。没有人主动提出建议，完全无迹可寻，即使在媒体上也一无所获，但新闻从业者们私下里却以惯常的、犬儒主义的坦率精神谈论关于这一丑闻的坊间流言。国会委员会掌握了不少证据，但又不敢深查下去，因此拒绝加以分析。尽管是政府的某个管理部门出错，也不可能归咎于其他地方，但是，每当涉及部门的某些人员将要浮出水面时，蛛丝马迹立即就会消逝地无影无踪。人人都害怕接受媒体采访，亨利·亚当斯自己也担心发现太多的东西。他已经找到太多的材料，因为他已经看出，杰依·高尔德实际上已经网罗了格兰特周围的亲信人物，鲍特威尔的无能正是高尔德谋算中的底牌。在公共场所，人人按照惯常的做法，假装有信心的样子，告诉别人总统本人才是力挽狂澜的救星，而在私下里，人们都断言说，如果这次没有将总统拖下水，下次也一定会被抓个现行，因为华尔街的行事方法一向很黑暗，要两面派。对亚当斯而言，所有这些信息都极其刺激。格兰特竟然在六个月后就陷入这样的一个泥潭，或者说，他竟然会被鲍特威尔牵扯进去，在一个年轻人的眼中，这一事件令随后的四年，也许八年或十二年，变得疑团重重，或者更直白的说，一片茫然。按照爱默生的话来说，这个年轻人已经刹住马车，不再向改革之星奔驰而去。这个国家可能会渡过眼前的难关，但他却熬不过去。与这个丑闻相比，18世纪那些最骇人的丑闻也算不得什么大事件，因为这个丑闻牵扯到行政部门、司法机关、银行系统、公司企业以及各行各业的普罗大众，他们都是社会中的积极力量，结果却全都掉进肮脏可鄙的腐败泥潭。仅仅六个月前，这位天真的年轻人，这位刚刚摆脱了欧洲外交界犬儒主义影响的年轻人，一度期盼着献身崇高的媒体业，全力拥护和信任一个新的华盛顿政府。他已经预见到一种虚度光阴的生活，彻底清除美国社会中无穷无尽的腐败现象只能是徒劳无功，他再次返回华盛顿时确信，腐败现象永无止境。

他紧闭双眼，努力做到眼不见心不烦，好像回到担任私人秘书的岁月。作为一个媒体撰稿人，他完全可以忽略伊利湖丑闻，可以帮助在政府部门工作的朋友和盟友，一起体面地应对这个丑闻。但几个星期后，人们发现伊利湖丑闻不只是一个意外，更是华尔街设计的可恶圈套。有观点认为，格兰特被杰依·高尔德拖进这个圈套，或者杰依·高尔德受到格兰特的误导，人们不必怀疑这两个人都大吃了一惊并对造成的后果表示厌恶。但是，杰依·高尔德和美国其他任何一位精明的人——更不用说那些复杂的犹太人了，都不可能认为格兰特的智力如此令人难以置信地消失殆尽。也许，总体而言，假如他们两个都是受害者的话，相比之下，高尔德的恶意欺骗更少。懈怠让高尔德轻易落入圈套并以进监狱告终，同样的懈怠也让美国参议院、行政部门和司法机关陷入一片混乱，彼此矛盾，怒不可遏，就像女子寄宿学校那样丑闻不断。对于讽刺家或滑稽大师来说，这种研究材料丰富，深不见底，他们探究各个角落，总能找到一些令人开心的成果，但是，一位刚刚从伦敦淳朴简单生活中走出来的年轻人惊恐地发现，对美国的参议员和政治家们最激烈的嘲讽总是能激起每一位听众的大笑和喝彩。无论是富人还是穷人，大家一齐对自己选出的代表们不屑一顾，社会将自己的失败视为闲来无事时毫无意义的笑料。一个没有地位，也没有权力的年轻人，也只能跟着一起大笑。

然而，不管在公众眼中是什么，这种情形对他而言根本不是一个笑料。社会可以没有道德，可以没有生死，可以犯下任何愚蠢的错误，可以沉湎于任何恶习。社会不会灭亡，幸存下来的碎片总能有资格嘲笑死去之物，但是，一位年轻人只有一次机会和极短的时间来认识社会，而任何权力在他之上的人都可以随时将这个机会删除。他完全处在傻瓜和懦夫的怜悯之下，这真是件可怕的事。一届沉闷的政府很快就能驱赶走每一个积极的下属，在华盛顿，1869—1870年间，政府里每一位有智慧的人都做好了走人的准备。人们也会乐得离开，因为在一片混乱面前，他们无所适从。有人大笑，有人狂吼，但所有人都感到厌恶，他们宁愿转身到铁路或铸造厂更努力地工作，并以此安慰自己。他们足够坚强，足以承担和忍受政治游戏，只有绝望的人才会困在华盛顿，无力自拔。

最精明的政治家就是鲍特威尔先生，他把财政部里任何一个打搅他静修的人都撵了出去，并把自己锁了起来，以此表明他对局势的看法。他在里面干了什么，没有人知道。同事们的询问不过白费力气，他们无法从他嘴里撬出一句话来，无论是内阁里面还是之外，他口风很严，即使在重大问题上也同样丝毫不露半分。财政部的积极影响力不复存在，鲍特威尔先生抱着很大的信心等待着，等着社会将他的部门拖出这一团泥潭，如果他能够等待足够久，社会也一定会这么做。

亨利·亚当斯在内阁和财政部的朋友警告说，鲍特威尔先生无意请任何人来帮忙，也不想接受任何人的帮助，因此，亚当斯只剩下国务院或内政部去服务了，他非常想去那里工作。他最害怕反对派，与他们相处纯粹是浪费精力，他们与北方民主党人和南方叛乱分子是同盟，与亚当斯家族没有任何共同之处，对亚当斯家族的人也不感兴趣，除了拼命地将他们赶出公共生活。如果说鲍特威尔先生将他赶出财政部，其冷漠或轻视的态度就连一只甲壳虫也会感到无助和绝望，那么，菲什先生就是完全免费地打开了国务院的大门，视乎展示出一位新闻记者能够想象得到的最高水平的开放精神。无论如何，亨利·亚当斯可以依附这最后的一根救命稻草，也许还可以在纽约报界使自己成为菲什先生最知名的拥护者。他没有考虑到1861年的西沃德和萨姆纳之争让自己遭遇的那场灾难，那样的意外不可能再次发生。菲什和萨姆纳密不可分，他们的政策肯定可以很安全地予以支持。没有哪一个小人物的运气会坏到再次被卡在一位国务卿和一位参议员之间，两个人还都是他的朋友。

这个有安全感的梦几乎和1861年的那场梦同样短暂，亚当斯发现，萨姆纳控制了国务院，对此他很赞同。他看到萨姆纳为莫特雷争取到英国使馆的职位，他也倍感高兴。但是，1869—1870年冬天，当他重续与萨姆纳的友情时，他慢慢开始明白，萨姆纳有自己的一套外交政策并希望在国务院得到推行。不仅如此，国务卿菲什似乎完全消失了，他只是有名无实地在第十四大街的育婴院里主持着国务院，除此之外，又兴起了一个外交关系部，由参议员萨姆纳在国会山牢牢地控制着。最后，亨利·亚当斯还可以清楚地看出，陆军部（存在于1879—1947年间）还存在第三种外事办公室，由格兰特总统本人领导，大力推行向西印度群岛的扩张政策，而美国东北部的人一直反对该政策。终其一生，亚当斯也没有学会如何在这些政治力量上找到自己的位置。从职务上看，他应该跟从有责任感的国务卿，但他根本找不到国务卿本人。菲什似乎对萨姆纳很友好，对格兰特也很温顺，但是，他并没有形成自己的一套政策。至于格兰特的政策，亚当斯从来都没有机会完全了解究竟是什么政策，而一旦了解，他也准备给予热烈的支持。只有在听到萨姆纳的观点时，困难才会出现。他有理由相信，萨姆纳的观点其实就是一些命令，只有背叛者才敢不遵从照办。

萨姆纳慢慢地将他的外交政策表露无疑，亚当斯对其信条中每一个新增的条款都大为惊讶。让他深感遗憾的是，萨姆纳从行使否决权开始，否决其在热带范围内的一切扩张政策，这使美国失去了圣托马斯岛以及作为替代品的萨曼纳湾，就此摧毁了格兰特的政策。接着，他无比惊讶而又迷惑不解地聆听萨姆纳即将开展的另一项计划：集中关注并大力推行美国与英国抗衡中任何一项可能实现的领土要求，意在迫使将加拿大割让给美国。

亚当斯当时还不知道——事实上，他从来都不明白，也不可能找到任何人告诉他，白宫的大门后面到底在发生什么，他怀疑菲什先生或班克罗夫特·戴维斯是否也不比自己了解得更多。外交事务中的意见相左让人无法参透，就像黄金密案中的自相矛盾一样。格兰特总统让所有人继续进行下去，当时亚当斯无法预测人们总体究竟支持谁。对于亚当斯这样一个刚刚结束七年伦敦生活、年纪也不小的人而言，只有一点非常清楚，他觉得自己与华盛顿的任何一个人一样了解英国，他以更为复杂的心情聆听了萨姆纳的讲话，对萨姆纳的理智产生了最严重的质疑。如果萨姆纳旨在打仗，而加拿大也值得一战，那萨姆纳的构想就很伟大，亚当斯也随时准备好认真对待此事。但是，如果萨姆纳觉得可以从英国人手中夺取加拿大，因为英国人会拱手相让，以此冲抵阿拉巴马州的独立主张，那他不过是痴人说梦。关于这个事实，亚当斯很坚定，如同萨姆纳在这个政策上很坚定一样，但他只能好奇，不知道菲什先生敢不敢挑明。当菲什先生一年之后终于说出这个事实时，萨姆纳公开与他断交了。

亚当斯更加困惑不解，因为他无法相信萨姆纳竟然会失去理智，同时与菲什和格兰特展开争吵。与西沃德和安德鲁·约翰逊的争吵已经很糟糕了，谁都没有从中获益，但是，与格兰特将军相争却是发疯的行为。就道德、脾气或智力而言，格兰特可能是人们喜欢随意称呼的那种人，但他绝非一个让轻量级选手一试身手的人。而萨姆纳，不管他自己是否清楚，如果不是在外交关系委员会中担任要职，他不过是共和党中一个分量很轻的人物。作为一个党派的管理人，他的分量还比不上五六个他不知道姓甚名谁的无名之辈。

在这些强大的政治力量中间，政府到底在哪里？应该如何支持政府？人们首先必须找到它，即使在当时，找到它也不是很容易的事儿。与塔利兰德格的复杂莫测相比，格兰特的头脑简单更让人深感忧虑。菲什先生后来用他惯常的冷幽默方式告诉亚当斯，格兰特不喜欢莫特雷，因为他的头发是中分式。亨利·亚当斯向高德肯复述了这个故事，而高德肯又在《国家报》上对此大做文章，直到此事被予以否认为止。亚当斯看不出有何理由否定这件事，格兰特完全有理由不喜欢莫特雷的头，也可以不喜欢他的头发，如果他认为头发是头的一个部分。那些很精明的人也曾做出非常可靠的判断，其依据比头发更不靠谱。比如，卡莱尔先生判断一个人，可以根据这个人的衣着判断，可以根据里茨的红衣主教的说法，也可以根据这个人的文笔判断，而十之八九的人在判断自己的好恶时，还很难拿出像头发这类靠谱的依据来。事实上，格兰特一看到莫特雷就不喜欢，因为他们没有任何共同之处，出于同样的原因，他也不喜欢萨姆纳。如果亚当斯给他一个机会，他也很可能因为同样的原因而不喜欢他。甚至菲什也吃不准格兰特，但确信财富对格兰特的想象力会产生影响，或看上去会产生影响。

国务院的争吵直到1870年7月才演变成一场大风暴，亚当斯那时已经离开了，但另一场争吵却使亚当斯更为焦虑，它对亚当斯造成的致命影响丝毫不逊于菲什与萨姆纳之间的争吵。在内阁所有成员中，他最希望结交的人就是总检察长霍尔。就法定货币做出的决定曾是亚当斯在华盛顿遇到的第一块绊脚石，但此事后来愈演愈烈，逐渐变成重重阻隔的庞然大物，它像抹灰天花板一样压在人的头顶，根本无法逃避，菲什与萨姆纳之间随时可能爆发的斗争和霍尔与首席大法官蔡斯之间的严重争斗根本无法相比。亚当斯来到华盛顿，希望支持行政部门一项旨在推翻参议院的政策，但他万万没有想到，最后竟然不得不听命于人，推翻最高法院。尽管他与其他所有人一样，一步一步被迫承认大部分机构已经落伍，无法胜任美国社会的需求，但他仍然力挺最高法院，正如一个教徒总会力挺各位主教，因为他们是他唯一团结的象征，是他最后的权利的碎片。在行政部门和立法机关之间，公民毫无权利可言，完全处在强权控制之下。他们发明了法庭，以保护他们免受毫无节制的强权的支配，但即使在最佳状态，法庭也无法为公民提供足够多的保护。亚当斯希望，至少在他的有生之年，保护法庭的独立性，因此，他无法想象行政机关竟然希望推翻法院。

弗兰克·沃克与他的看法一致，为了帮助法庭，他向亚当斯承诺，将向《北美评论》撰写一篇论述法定货币法案历史的文章，主要论据集中在斯波尔定刚刚出版的一本书里，而斯波尔定是1861年法定货币法案公认的缔造者。国务卿雅可布·科克斯是唯一同情改革的人，他从鲍特威尔下达的驱逐令中解救了不少人，为他们安排职位。他一度还救过沃克，让他去从事1870年的人口统计工作。为了全心全意做好人口普查工作，沃克被迫终止了写作将在《北美评论》上发表的文章，他把自己的各种笔记都交给了亚当斯，亚当斯写完了这篇文章。

亚当斯对英国银行限制法的研究工作没有白费力气，他已经对法定货币法做了足够的了解，可暂放一边。如果银行和银行家需要法定货币，则法定货币对一位报人来说也是个好东西。如果银行和银行家谋求变化，想要货币的“内在”价值，黄金和白银对于一位作家来说也是好东西，因为这位作家领取的薪水只有普通机械工的一半。他并不想攻击或捍卫法定货币，他的目的是要捍卫首席大法官和最高法院。沃克认为，不管以后是否有必要推行法定货币，这个法案在当时获准通过时却绝对不具备必要性。在首席大法官回忆录的帮助之下，亚当斯写完这篇文章并刊登在了《北美评论》四月刊上。文章气势汹涌，但全属于沃克的想法，因为亚当斯从来都不想放弃刀子而去换上一把斧头，但沃克身上满是军人和春田共和党人的气息，尽管亚当斯有所克制，但沃克的能量还是势不可当地爆发了出来。不幸受到波及的斯波尔定大声抱怨这种处理方式，他的抱怨也不无道理，但是，文章本身具有严肃的历史学价值，因为沃克彻底粉碎了斯波尔定的论点，称当时并不需要什么法定货币。首席大法官以坚定的态度讲述了这篇文章在这个故事中所发挥的作用，他似乎很高兴。不管高兴还是不高兴，首席检察长霍尔不动任何声色。这篇文章很有历史意义，二十年后，亚当斯仍将这篇文章收录在自己的一卷散记中。它的教育意义并不是因为其历史价值，关键在于，尽管有最良好的意图，有最简单的个人利益，有避开麻烦的最强烈的愿望，这篇文章仍然让亚当斯走到了对立面。霍尔，与鲍特威尔一样，变成一位无法求得和解的人。

霍尔继续抨击首席大法官的论点，这期间，亨利·亚当斯也在继续，他离现届政府越来越远。整个世界都是如此，包括霍尔本人在内。全国很少有哪张报纸恪守行为准则，《纽约论坛报》最是肆无忌惮。各个方面都关系解散，因此也就毫无节制可言。怒不可遏的自我主义在参议院会议厅再次大行其道，荒谬之极。参议员们互相争吵，没人对此表示反对，但他们却总是找行政部门的麻烦，让每一个政府部门都处在一片混乱之中。除了其他人，他们还与霍尔争吵，将他轰下台。

萨姆纳和霍尔是处于权力巅峰的两位新英格兰人，他们碰巧都是亚当斯在华盛顿取得成功最需要的两个人，但他们却成了格兰特放任自流政策的第一批牺牲品，这对于亚当斯的教育而言，应该具有某些意义，假如亚当斯能够明白其中的意味。他研究过，但失败了。同情他并不是他们的弱点，直白地说，从帮助的形式而言，他知道自己能够从他们那里得到帮助的希望很渺茫，如同不能寄希望于鲍特威尔一样。他们根本不希望有人依附，反而和新英格兰人一样，因为拥有一个朋友而脸红。整个代表团中，没有任何一个人自愿帮助亚当斯或其他任何一个不主动乞求帮忙的年轻人，但他们却乐于接受任何不需要支付报酬的服务。有教育意义的教训不在于此，政治中的自私是所有政治教育内容中最简单的一种行为，而亚当斯研究这些内容将不会有任何收获。然而，当时的情形让他好奇，自己竟花费了好多年时间来思考这个问题。他有四位最有权力的朋友，而他们彼此展开竞赛，两两对决，一直斗到最后一刻。萨姆纳对菲什，蔡斯对霍尔，外交事务和司法程序正是他们的奖品！这样的争斗在教育中有什么价值可言？

亚当斯感到很困惑，他也不是唯一困惑的旁观者。宛如舞台人物的政客令人发笑，不管是罗斯柯·康克林恩型还是麦尔伯里·塞勒斯型，但他自己的价值又在哪里呢？老派的政治家，不管是萨姆纳、康克林恩，还是拉玛尔、霍尔，仅从个人角度而言，他们都是一些诚实的人，有自然赋予人的全部诚实品质。他们抱着高尚的态度，干预别人的工作，特别是有时候，他们也是出于好意，但公众以为，萨姆纳和康克林恩干预他人工作所带来的价值远远比不上他们给国家造成的损失。比如拉玛尔和老派的南方政客，虽然他们在金钱问题上足够诚实，却给国家带来了内战的损失。这样的道德疑虑让亚当斯感到痛苦，更让他的朋友和公众苦不堪言，但是，它在二十年里一直影响着整个政坛。报纸讨论的仅仅是格兰特、加菲尔德和布莱恩所谓的道德松懈。如果人们严肃地看待媒体，政治家也会严肃地对待工作，亚当斯最好的一批朋友比如高德肯也会因固守道德立场而毁掉自己的影响力。社会犹豫了，动摇了，在严厉与松懈之间徘徊，毫无同情地牺牲弱者，过于恭顺地追随强者。尽管有如此多的批评之声，公众仍然提名格兰特、加菲尔德和布莱恩作为总统候选人并投票支持他们，似乎不去质疑。直到一些年轻人不得不意识到，要么树立某种新的道德标准，要么就不可能保持任何一种标准，道德法则已经过时了，如同宪法一样。

格兰特的政府违反了几乎所有最普通的体面行为的准则，但是，二十几位有前途的人在言明这个事实后却被毁掉了，这个国家无法饶恕他们。这个世界根本不关心什么体面不体面，它希望什么，连它自己也不清楚。也许是一个能够运转的系统，也许是能够让系统运作的人，但两者都没有找到。亚当斯自己曾小试身手，但都以失败告终。他的朋友都被赶出了华盛顿，或者相互攻击，他本人也停杯投箸不能食，环顾四周心茫然。

结果就是他在《北美评论》七月号上发表了一篇评论国会会议的文章，把自己觉得已经观察到和听到的一切都写了进去，或浓缩了进去。当时他认为这是一篇很好的历史评论文章，二十年后，他更是觉得那篇文章极为出色，甚至好到足可以重新刊印。事实就是这样，在他迂回曲折的教育历程中，1869—1870年的“会议”是他对时事政治所做的最后一次研究，也是他作为新闻业一位不起眼的小人物留下的最后遗物。既然如此，他就坚持自己的观点。就算让他继续评论那个世纪的其他会议，他也不可能说出更多的话来。政治上的两难境地不言自明，1870年时与1970年时同样显而易见。1789年的制度已经崩溃，随之崩溃的还有18世纪构建的因果关系或道德原则等。政治家已经巧妙地放弃了，格兰特政府标志着公然地放弃。人们十分之九的政治动力因此浪费在种种权宜之计上，比如修补、组装或调试这台故障百出的政治机器。这样的系统，或者缺乏系统的现状有可能延续几个世纪，除非时不时有一场革命或内战加以调整。但是，作为一台政治机器，它是世界上最差的，或将要成为最差的、最笨重的、效率最低的机器。

这儿又是一场教育，但亨利·亚当斯一点也猜不透这样的教育价值何在。确实，当他抬眼看着那些政治斗争中最辉煌和最成功的成果，比如鲍特威尔先生、康克林恩先生，甚至萨姆纳先生，他无法坦诚地说，这样的教育，即使能让一个人达到如此无法企及的高度，也很难算得上具有任何价值。很多人，虽然处在较低的位置，比如像加菲尔德和布莱恩那样聪明且逗人开心的人，他们对参议院这些近乎是神的大人物大加调侃，因而获得莫大的快感，他们对格兰特本人品头论足时的言辞甚至连《北美评论》也不敢采用。人们会充满疑虑地想着，轮到这些人上台时，他们又会变成什么样的人？这种毁灭性的政治教育会衍生出怎样的政治抱负呢？

然而，政治生活的总和是或应该是保持一种能够运转的政治制度，社会亦需要这样的制度。如果道德标准崩溃了，机械设备停止了工作，那么，就得发明创造出新的道德标准和某种类型的机器。格兰特，甚或加菲尔德、康克林恩、杰侬·高尔德不可能永恒地存在。讲求实际的美国人付之一笑，然后继续生活下去。因为讲求实际，社会向他们支付报酬。无论何时，只要社会有意向亚当斯支付报酬，他也愿意当一个讲求实际的人，也愿意接受报酬，也愿意三缄其口。同时，他不得不与民主党的国会议员保持联系并教育他们。他作为一名税务改革的副教授，效力于戴维·韦尔斯，让他属下的办公室全都变成了大学讲堂。政府驱赶他和其他数以千计的年轻人，让他们不仅仅憎恨格兰特，而且憎恨这样的制度或制度的缺失，而总统对此却无能为力。促使亚当斯来到华盛顿的所有希望和念头都被证明是荒唐无稽的，没有人需要他，没有人需要他的任何一个致力于改革的朋友。只有暗箱敲诈才是政界或商界最正常的产品。

所有这些都令人兴致盎然。亚当斯从没如此忙碌过，有如此高亢的兴致，能如此投身人群之中。他认识几十位国会议员和十多位新闻记者，为不同的报刊写过各式各样的攻击文章和辩护文章。他很享受这样的生活，发觉自己与山姆·沃德或桑塞特·科克斯一样开心，比他的朋友菲什或雅可布·D.科克斯更开心，也比首席检察长霍尔、首席大法官蔡斯或查尔斯·萨姆纳开心得多。春天到来，他到林间去，那是所有森林中最美的一处，因为四月一日之后，莫里斯·德盖林所谓的大自然“无垠的母性光辉”会散发出无尽的魅力，比美国参议院“无垠的雄性磁场”更加丰盈。参议员比树木逊色得多，一般而言，他们都不宜于相处。亚当斯惊异地发现，尽管这一片树林尽最大可能地远离了国会，透过蔓延数英里的林间树叶，仍能远眺到国会的穹顶竟然多出了几许纯净的魅力。此刻，他想到了圣彼得教堂和阿拉卡里石级可望而不可即时的美丽。

但是，他缩短了自己的踏春之行，因为他需要赶回伦敦。他已经完成了纽约“黄金密谋案”的写作，这篇文章原本是为他的朋友亨利·里弗和《爱丁堡评论》而写的。这是他最好的一篇文章，但他并不是因为这个原因才选择在英国发表这篇文章。伊利湖丑闻在受人尊敬的纽约人中间引起了某种厌恶感，也让一些不值得尊敬的人产生了反感，针对伊利湖的抨击一定会取得成功。伊利湖管理方认为伦敦是一个敏感的地方，所以在那里攻击他们比较好，因为可以将他们暴露在社会舆论和金融界的监督之下。此外，这个策略也很合适，因为，关于美国的任何评论如果不是在美国当地而是在英国评论上发表，那么能吸引到多出十倍的读者，这是《北美评论》不能比拟的。通常，美国的日报会全文照登这样的评论文章。亚当斯希望逃避版权等可恶的琐碎之事，最大的愿望是有人盗版此文，帮他做免费广告，因为任何情况下，他的收入都不值一提。有时候被催着交稿时，他也会剽窃他人的文章，并乐得如此。

The Education of
Henry Adams

第十九章

混沌（1870）

1870年5月，一个风和日丽的下午，亨利·亚当斯再次驱车沿圣詹姆斯大街向北行进，他比以往任何时候都更惊叹于人生的奇迹。自1861年5月他第一次来到欧洲，至今已经过去了九年。从外表看，伦敦依旧是老样子，欧洲在表面上也没有表现出巨大的变化。帕默斯顿和罗素早已被遗忘，但是，迪斯雷利和格莱斯顿仍然很活跃，他的朋友们比以前更声名卓著。约翰·布莱特进入了内阁，威廉·E. 福斯特也准备进入内阁了，改革事业如火如荼，进步的阳光从来都没有如此灿烂过。从低级向高级的进化如同流行病一样蔓延开来，在这个进化的世界里，达尔文是最伟大的先知。格莱斯顿推翻了爱尔兰教会，而且正在摧毁爱尔兰的领主，他还试图通过一部教育法案，进步、繁荣、力量在这个国家的每一条公路上欢跳飞驰。即使是美国，尽管出了伊利湖丑闻和阿拉巴马权力主张事件，几乎也没有奏出一个不和谐的音符。

莫特雷统治着美国公使馆，弗朗西斯·亚当斯先生的长期统治已经被人遗忘，那次叛乱事件也已经被载入史册。在上流社会，没有人愿意在威尔士王子面前回忆起那些岁月。聪明的人已经得势，属于他们的时代已经到来。亨利·亚当斯从1861年到1865年之间经常造访的那些聚会，在1870年有一半都关闭了，或者正在关闭。死亡袭击着朋友圈，米尔恩·加斯克尔夫人和她妹妹夏洛特·温恩小姐都去世了，詹姆斯·米尔恩·加斯克尔先生已经不在议会了，那个领域的教育似乎也已经结束了。

亚当斯发现自己处于特别的心境之中——比以前任何时候都更具有18世纪的特征，几乎是洛可可式的，无论到哪里都跟不上进化的齿轮。经验不再发挥教育的作用了，伦敦给人的教诲还不如以前。糟糕的时尚接踵而来，年长者比年轻人更可笑，霍顿勋爵的早餐桌显示出了迥异的风格——亚当斯想见到的人越来越少了，那些喋喋不休的谈论，对于更加敏锐、更加智慧的头脑来说毫无裨益。对于英国的改革，亚当斯没有一点兴趣。这些改革本身都是中世纪式的，他的朋友威廉·E. 福斯特推出的《教育法案》在他看来是专门与他受到的一切有用的教育敌对的。他不喜欢变化，他倒宁愿让教皇继续留在梵蒂冈，让女王留在温莎堡，使其成为历史纪念碑，他并不想让欧洲美国化。巴士底狱或犹太人居住区如果能够保留下来，也许是价值不菲的珍奇古玩。主教也是如此，拿破仑三世也是如此。旅游者是最保守的人，他们不喜欢新奇，而喜欢陈旧。亚当斯回到伦敦，没有想到进化的事，也没有想到让他烦躁的事或改革的事。他想要娱乐，想得到安宁和快乐。

假如他1838年不是出生于波士顿议会大厦的后面，也不是成长于维多利亚时代早期，那么，他一定会丢弃原来的面孔，紧挨着莫尔伯乐家建造一座大宅院，出入有美国丽人和犹太银行家为伴。常识要求他这样做，但亚当斯和他的朋友并不符合某种盎格鲁—撒克逊习俗，那就是英国人天生的思想退化。他认为自己已经是一名身体力行的男子汉，而且已经走上了前台，因此他没有想过要从头再来，或者赶上一个新世界。他看不到自己的前面还有什么，世界从来都没有如此安静过。他希望能跟一些部长们谈谈《阿拉巴马权利声明》的事，因为他觉得那个声明是他自己的特别发明，在政府讨论此事很久以前，他和父亲就已经就声明进行了长期的讨论。他希望做一些笔记，为下一年的文章做准备，但是，他一点想法都没有，三个月里，他都心烦意乱，沮丧之极。有一天，弗兰克·帕尔格雷夫来了，比以前更爱争论，更目中无人，更加自相矛盾，因为好像拿破仑三世在威胁德国，向德国宣战。帕尔格雷夫说："假如发生战争的话，'德国会把法国打得落花流水。'"亨利·亚当斯却不这么想。机会总是不利于灾难发生的。除了帕尔格雷夫以外，没有人希望欧洲会发生重大变化，他总是走极端，语言很轻率，总是信口开河！

在所有过去的岁月里，唯有这一年，亚当斯看不到任何一种教育。事情开始的时候还算顺利，伦敦依旧是那么熟悉，还有晚餐，这一切令他愉快。他放肆贪婪地嗅着切普赛街的煤烟，迷恋于牛津大街的建筑。伦敦上流社会投射在亚瑟·彭德尼斯身上的光芒，从来都没有投射在这位刚刚返回的美国人身上的光芒那么炽热。乡村闪出柔软的微笑，那是一些受过教育的平易近人的女主人发出的微笑，跟他以前极幸运地接到邀请而去乡村别墅时一样。他爱这一切，无所不爱，他一直都是很喜欢这里的！他感觉自己几乎都离不开皇家交易所了。他觉得自己拥有圣詹姆斯俱乐部，他还光顾了公使馆。

然而，第一次冲击说来就来了，就好像大自然在捉弄她那被宠坏了的孩子，尽管大自然到目前为止还没有特意要宠坏他——里弗拒绝发表《黄金密谋》。亚当斯已经习惯于这个想法，认为他不受任何季刊的影响，认为他写出来的东西一定会印出来的，但是，他对退稿的理由感到万分惊讶。里弗说，这篇文章会引起针对他的五六起名誉诉讼案。亨利·亚当斯知道，伊利在英国的势力和在美国一样强大，但他很难想象这样的势力竟然会控制住季刊。英国的媒体于1870年声称，他们对伊利湖丑闻感到震惊，就如同它在1860年时表示过对奴隶制的震惊一样。然而，当有人请求让他们支持正在努力清除这些丑闻的人时，英国媒体却说他们不敢。对亚当斯来说，里弗的拒绝是虚张声势的。他和他的兄弟以及《北美评论》每天都在冒着更大的风险，但没有人想到害怕。亚当斯从一个官方文件里摘选出的那个臭名昭彰的事件竟会让《爱丁堡评论》由于惧怕杰依·高尔德和吉姆·菲斯克而不敢作声，这远远超出了亚当斯对英国人的古怪的认识范畴，尽管英国人的古怪显而易见。

虽然他很愿意认为里弗对《黄金密谋》的拒绝是出于对涉案人物名誉和出版法的考量，但是，当他把手稿送到《季报》的时候，《季报》的编辑也拒绝了。这两份季刊的文学标准并不是很高，不可能表明这篇文章文字不通到了一位积极主动和心甘情愿的编辑无法补救的程度。亚当斯别无选择，他意识到，在1870年，他还得应付英国人仍处于1860年的性格特点，而他依旧还是无法理解这种性格。跟平时一样，当需要一个盟友的时候，美国人总会被赶到激进者的怀抱里。当他请求别人给个面子时，无论何时何地，他的地位名望总是毫无用处。他突然有事必须离开英国，因此在最后一刻将文章寄到了《威斯敏斯特评论》，六个月过去了，他没收到任何回复。

到达伦敦几个星期后，他突然接到姐夫从卢卡发来的电报，说他姐姐从马车上摔了下来，受了伤，让他最好去一下。他当天晚上出发，第二天赶到卢卡，姐姐已经感染了破伤风。

最后一课，对于教育的总结，就是从那时开始的。他已经三十岁了，体验过不同的人生经历，从来都没有一次感到习惯的外壳从他身上蜕下。他从来没有见过自然之母，仅仅见过其外表而已，她只向年轻人显示过她的糖衣外表。命运的打击突然之间迎面砸在他脸上，那是极为突然的残忍打击，从此以后，被打击的恐惧伴随了他的一生，后来他被反复打击，直至他的意志力再也无法与这样的恐惧抗争为止，他再也无法忍受下去了。他发现，他的姐姐，这个年仅四十岁的女人，1859年那场因不慎招致的灾难使她的生活变成了对破伤风的恐惧，但她还是跟往常一样开心，一样聪明，现在却因可悲的马车事故躺在床上，因为她的脚受了伤。时间慢慢过去了，她全身的肌肉渐渐变得僵硬，虽然意识还是清醒的。她经历了十天的残忍折磨之后，便在抽搐中死去。

亚当斯听说过，也读过很多关于死亡的事，甚至还亲眼见到过死亡，也背诵过数千首常见的宗教祷词与诗歌，那些东西麻木了人的感官，掩盖了死亡的可怕。永生的社会，可以随性刻意地表现永生。亚当斯终有一死，而他只感觉到有生必有死的道理。在这样一种富于感性的氛围中，死亡呈现出他以前从来都不知道的新特征。自然很喜欢死亡，把死亡玩弄于股掌之间，恐惧使自然更加迷人，她喜欢让人受尽折磨，在安抚中让她的受害者窒息，亚当斯从来都没有见过自然如此无往不胜。意大利炎热的夏天笼罩着集市和如画般的农夫，在托斯坎空气的奇异色彩里，亚平宁山冈和葡萄园似乎爆发出仲夏的血液。病房里闪烁着意大利生活的欢乐，朋友们全在里面，没有严酷的北国之光穿过柔和的阴影，那位奄奄一息的女人也感受到了意大利之夏的气息，柔和，美好，幽默，勇敢，还有大自然和人类可感知的丰富。她像许多女性那样，勇敢且快乐地面对死亡，慢慢地进入无意识状态，但如同在战斗中被刀斩的士兵，仅仅屈服于暴力。数千年来，在这些小山和平原上，自然一直在同样的令感官愉悦的氛围中刀斩了无数的男男女女。

这样的印象不是推断出来的，也不可能在脑海里编出目录，它们是被感觉到的，是强烈情感的一部分。感觉到这些印象的大脑，与能够推理的大脑是有所不同的，那是两种力量，两个人的思想。他第一次严肃地意识到了大自然的角色——那是她对人生的态度，是一种幻想，一场梦魇，是力的疯狂。第一次，感官的舞台布景轰然倒塌，亨利·亚当斯的思想感觉到自身被剥得一丝不挂，在无形的能量构成的虚空中颤抖，那是无法抵抗的力量，它们彼此碰撞，挤压，消耗，毁灭掉同是这些能量创造出来的并使之从永恒走向完美的一切。社会疯掉了，呈现出只有机械运动的哑剧情景；社会所谓的思想融入对生活的感触，也融入感官的快乐中。社会医学常用的止痛剂变成了明显的骗人伎俩。斯多葛主义也许是最好的，宗教是最有人性的，但是，如果认为有任何一个具备人性的神灵能够通过一次事故来折磨一个可怜的妇女并从中取乐或受益，并且表现出只有性情倒错或发了疯的人才知道的那种恶魔一样的残酷性，这样的想法是一分钟也站不住脚的。哪怕是纯粹的渎神，它也会使纯粹的无神论成为一种安慰。如教会所说，上帝也许是一种物质存在，但不可能是一个人。

他的神经第一次绷紧到了无法承受的程度，于是他跟朋友一起慢慢地向北方行进，在奥基停留了几天，以便在一个新世界里让自己恢复平衡。机缘巧合的神秘造就了这个世界，他觉得那个新世界是真实的，而这个世界则是在模仿和复制这种亲身体验到的恐惧中变形扭曲的梦魇。现在他还不知道，二十年后他会明白的，但是，要让有限的事物回归原位，他需要脚下的湖泊与头上的阿尔卑斯山全部的美丽风景。勃朗峰第一次在他眼里呈现出它本来的样子，那是无秩序和无目标的力量构成的混沌世界，这个世界需要休息好几天才能看到自己重新以他的感觉造成的虚幻披上衣装，那是雪的白色与纯净，雪光构成的灿烂景象，还有山上天堂般宁静的无限感。他一辈子只有一次是这么感受到勃朗峰的。大自然是仁慈的，日内瓦湖的美丽超过了它自身，阿尔卑斯山披上了跟恐惧一样真实的迷人衣装。但是，人的心却乱了，在对自然的幻觉全部恢复以前，对于欧洲的幻觉却突然之间消失了，留下一个需要重新了解的新世界。

7月4日，整个欧洲还处在和平之中，7月14日，欧洲却处在了战争的混乱之中。亨利·亚当斯感到无助，一无所知，即便是国王或者皇帝，在这样的混乱面前，也无能为力。格莱斯顿先生跟亚当斯一样惊骇不已，拿破仑皇帝同样目瞪口呆，而俾斯麦本人也是束手无策。作为教育，战争的爆发在一位亲手处理死亡的人那里完全没有意义了，他无法将死亡抛开去隔着莱茵河观看对岸的情景。只有到了巴黎，他才开始感觉灾难的来临，上帝并没有将这场悲剧昭告天下。他亲眼看到法国切断了绳子，在未知的溪流中飘浮不定，一直飘向更不知边际的海洋。他伫立在玻利瓦路边，所见的就如同站在皇帝身边或者统率着一支大军所见到的一样，那种场景是可怕的。公众好像在一旁观看着战争，就如同以前曾旁观过路易十四和弗朗西斯一世的战争一样，把那当作一种装饰艺术。法国人就像真正的画家，他们总是把战争看作是一种高雅艺术。路易十四对之训练有素，拿破仑一世对之完全精通，拿破仑三世也同样具有尚武精神，而且取得了同样巨大的成功。在巴黎，1870年7月，战争打响了，就如同上演了梅耶贝尔的一场歌剧。亚当斯感觉自己像一个被雇来装点舞台的临时雇工，在这个戏院，每个晚上，喜剧都奉命被打断，亚当斯也遵照命令站起来加入高唱《马赛进行曲》的行列。在过去将近二十多年的时间里，人们禁止在任何场合下高唱《马赛进行曲》，但最终，一个军团接着另一个军团冲在街上行进，高唱“前进”！然而，亚当斯他们这些旁观者并不感兴趣，也不想加入进去。爱国主义看来是从政府的商店里面买出来的，并以克数为单位分给每个人。亚当斯曾看见自己国家的人们极不情愿地被拖进战争，也曾看见自己的军团没有任何激情地走上前线。在美国，他看到的是一场沉重的危机造成的严肃、焦虑与担忧，但在巴黎，大家串通一气，对危机视而不见，虽然人人都明白危机就在眼前。在这儿就有一个可供上百万人学习的教育机会，但这样的一课却是错综复杂的。从表面上看，拿破仑和他的大臣及将军们在与席尔和甘皮塔玩一场游戏，旁观者不明白这一场游戏，也不了解结果会怎样，亚当斯又如何能预测出来，不过一两年的光景，当谈起他心目中的巴黎和那个巴黎的品位时，人们竟会嘲笑他年老昏聩。

他以最快的速度逃到了英国，在温洛克修道院那深沉的平静中避难。这里只剩下了几位僧侣，他们没有被亨利八世的暴行所干扰，还有三四位英国年轻人在那里幸存了下来，米尔恩・加斯克尔是那里的院长。八月的阳光是温暖的，修道院要比俗世宁静十倍，除了日落时分秃鼻乌鸦群的吵闹打破这份宁静外，不会出现一丝不和谐音。而经过上个月的情绪波动之后，他感到了笼罩在威尔士边境地区扑面而来的宁静雾霭。自从鳍甲鱼属统治地球以来，这里没有任何一处发生过重大的变化，除了一些僧侣变了，一点变化也不曾有过。躺在草坪上，躺在四处都是报纸的地上，那些僧侣在研究战争通讯。从某个方面讲，亚当斯成功地教育了自己，他学会了如何跟进一场运动的发展。

在温洛克期间，他接到艾略特校长寄来的一封信，请他去当历史学副教授，因为哈佛学院很快将设立这个职位。亚当斯等待了十多年才等到有人意识到他的存在，就连一只穿孔贝也会因此高兴起来，也会充满感激，因为这样的赞美意味着哈佛学院的新校长需要他的帮助。但是，亚当斯根本不懂历史学，更不懂得如何教学，虽然他对哈佛的了解还是很深刻的。他立即写信感谢艾略特校长，并且表示遗憾，说自己恐怕担不起这一殊荣。然而，他却在考虑很多别的事情。那年夏天，他本来只打算找一点娱乐，跟一些新人建立社会关系的，最后竟然以最隐晦的个人悲剧和最可怕的政治震撼而告终。他本次旅行希望达到的目标，一个都没有实现。季刊拒绝了他最好的文章，他没有见到一个熟人，也没有交到新朋友。9月1号，他从利物浦乘船，本想再次开始自己于两年前就已经开始的事情，不希望依附于一位校长、一个党派或媒体了。他是一位自由撰稿人，眼前和脑子里都没有其他职业可以选择，教育竟把他带到了这步田地。

然而，回国之后，他发现，他所做的事情并没有他担心的那么糟糕，他七月份登在《北美评论》上论述国会会议的那篇文章取得了巨大成功。虽然他看不出这篇文章服务于哪个党派目标，但是，他受宠若惊地听说，民主党全国大会转载了这篇文章，并作为宣传文件散发了几十万份。他现在成了反对党了，可以做自己想做的事情。他是一位马萨诸塞州的民主党人，可以随便说话了，虽然他从这次党派服务中得到的唯一回报或报酬，不过是威斯康辛州的参议员迪马西·豪威尔在一份共和党宣传材料中正式的回复，听说那也是免费传看的。在回答中，这位参议员除了驳斥他的观点外，还对他表示了敬佩，这是参议员的修辞中最不常见和极其引人注意的做法——将他比作一朵秋海棠。

当时，秋海棠这种植物是最具备参议员气质的植物，从而使这样的比喻极富吹捧味道，从意图上看是这样的。秋海棠并不是什么精美的迷人植物，主要是因为其奇特的喜爱招展的枝叶而出名。这种花过于惹眼，似乎毫无用处，却总是占据最显眼的位置。亨利·亚当斯本来极喜欢在华盛顿当一朵秋海棠的，因为这就是他理想中成功政治家的形象。之后，十月份，《威斯敏斯特评论》又登载了他论述黄金密谋案的那篇文章，而且被人大肆盗版，令他再次想起秋海棠的事情。从此以后，他的作品总是被盗版，他所要求的也仅仅是盗版，因为他肯定是不会得到什么报酬的，但是，盗版带来的荣誉类似秋海棠的颜色，都那么惹眼，却毫无用处。这是他本人做梦都没有想到能够完成的杰作：两篇冗长枯燥的季刊文章，共三十或四十页，前后相继地登载出来，然后通过盗版形式让数十万人免费传看，但是，无论男女，没有一个人哪怕向他表示一下祝贺，人们只是称他为一朵秋海棠而已。

假如只有这么几件事情，生活原本也可以相当愉快地过下去的，就跟以前一样，但是，美国人对待具有文学和政治品位的年轻人的态度是这样的，所谓文明人的进化此前并没有发生。亚当斯刚刚在华盛顿取得了——他谦虚地认为——一次足够大的成功，全家人便全扑上来，要将他拖走。自从1861年以来，他父亲第一次介入进来，母亲向他发出了乞求，他的兄弟查尔斯坚持认为他应该去哈佛学院，并反复催他动身，查尔斯预见到了亨利能够在一个新的领域把他所做的工作全都联系起来。他说，亨利已经在华盛顿做完了能够做到的所有事情，他在那里的地位需要巩固下来，毕竟他还是个冒险者，在剑桥市待上几年应该会使他有很大的个人份量感了，他主要的目标不是要当一位教师，而是要编辑《北美评论》，这样就必须配上教授的职称，这也会让他走进日报。一言蔽之，亚当斯对于哈佛学院的需要胜过哈佛对他的需要。

亨利非常了解哈佛学院，知道历史系被一位世界上最精明和最理想的管理人控制着，他就是盖尼教授。他还知道，正是盖尼教授开设了这个新的教职，并将罗网抛到了亚当斯的头上，请他来担起双重的重担，一是中世纪史，一是《评论》，而自己与这个教职之间他看不到任何一种联系。他在寻找教育，但他没有出售教育。他并不懂历史，只认识几位历史学家，他的无知有很大害处，因为那是文学方面的，是偶然的，是冷漠的。另外一方面，他了解盖尼，感觉盖尼的建议对他的影响很大。在这样的事情上，一个人不能拿自己太当回事了，无论一个人是继续留在华盛顿跟姑娘们跳舞，还是在牛津大学开始跟一些男孩子谈话，都不会对太阳系的能量总和产生太大影响。只有觉得这件事确实很重要的人，才有权利指导别人。亚当斯不能够拒绝他们的建议，更不能对他们的愿望置之不理。

这件事的最终结果是，亨利去了剑桥市，跟艾略特校长说了几句话，这些话在他看来很有美国味，就如同十年以前跟他父亲谈起外交时一样。“可是，校长先生，”亚当斯催促他说，“我根本都不懂中世纪历史。”艾略特先生显出很有礼貌的样子，脸上带着那温和的微笑，那是接下来的一代美国人非常熟悉的那种微笑，他耐心但十分坚决地回答道：“如果您能够告诉我有谁懂得更多，亚当斯先生，我一定会雇用此人。”虽然这个答案既没有逻辑性，也没有说服力，但是，亚当斯不可能在不超出其特权的情况下做出回应。他不能够说，对他而言，在这样的情况下，任命他当任何教授都是没有必要的。

于是，接到通知二十四小时之内，他再次将自己的生活破成两半，开始了新的教育，这是他从未选择的生活道路，从事的是他最不感兴趣的学科，去的是他不喜欢的地方，面对的是他很厌恶的未来。虽然成千上万的人必须要做同样的事情，但是，他的情况比较特殊，因为他没有必要非得那样做。他之所以这么做，是因为他最好的和最聪明的朋友催促他这么做，而他也未能判断他们到底是对还是不对。在他看来，这种教育总是错误的，对此他深信不疑。虽然他认为那是一个错误，但是，他的意见并不能够证明那的确就是一个错误，因为，无论从哪种可能性来看，无论他做什么，或多或少都会是一个错误。他走到了教育的十字路口，而所有的路线都通往错误的方向。他能够在哈佛学院得到什么，他自己并不知道，但是，无论是哪种情况，都不会是他想要的那种结果。虽然他多少能明白自己在华盛顿失去了什么，但无论如何他失去的都不是时运。格兰特政府让数以千计的人遭了难，从中受益的人却非常少，也许菲什先生是唯一的例外。亨利·亚当斯不妨查阅一下从1870年到1895年之间二十五年里国会、司法和行政机构的所有名单，除了那些名誉受损的人外，他很难再找到其他什么人。那个时期没有什么目标，而成果更少。

亨利·亚当斯，即便算不上政界老手，他的生活范围也和任何一位政客一样紧紧围绕着华盛顿，而且但凡在华盛顿有些名望的人物，他多少都认识，甚至对他们了如指掌。在他看来，所有那些人当中，最有准备、思想最活跃，也最勤奋的一个人是艾布拉姆·休卫特。休卫特于1874至1886年间在国会支持了十二年工作了，有时还是众议员的领导人物，一直以来都是最有影响力的。亚当斯与休卫特先生的关系之密切长久超过了与其他任何人，他认为休卫特是华盛顿最有用的公众人物。作为立法者，休卫特勤奋地工作了一辈子，到最后，他的一番话让亚当斯甚是震惊，他说，除了确立人口普查的法案以外，他并没有留下任何永久性的成果。在亨利·亚当斯认识的人当中，没有一位有他这样显著的成果，只有谢尔曼先生的立法工作被认为是成功的典范。能与休卫特匹敌的对手也许是参议员彭德尔顿，彭德尔顿领导了1882年的行政机构改革，旨在消除一种本不应该允许存在的恶习，这些人就是成功人士。

新闻界的情况也差不多，没有哪位编辑、哪位政论作家或者哪位公共管理人员获得了足以让他们在记忆中留存二十年的好名声。其中，许多人要么身败名裂，要么损害了自己在内战时期获得的好名声。整体来说，即便对于参议员、外交官和内阁官员们来说，那个时期都是令人厌倦的和污浊的。

在亚当斯那一代人中，没有一个人通过从事公众活动而受益，只有威廉·C. 惠特尼是个例外，但即便是他，也不可能被说服重返公众领域。像这样一些雄心勃勃的人，对亚当斯来说都是可望而不可即的，但是，如果假定亚当斯曾经尝试过可行的办法，使自己依附于加菲尔德家族、亚瑟家族、弗里林海森家族、布莱恩家族、贝亚德家族或惠特尼家族这样一些碰巧处在权力高位的人物，假定亚当斯请求得到前往比利时或葡萄牙的工作，而且获得了批准，假定他当了一任助理秘书，或者当了某个部门的领导，或者，最后，假定他去《纽约论坛》或《纽约时报》当了一任助理编辑，那么，与去哈佛学院相比，他得到的教育又能多多少？这些问题看起来更值得回答，比在大学里或行政工作中问卷上的大多数问题要有价值得多，这主要是因为亚当斯从来都没有找到这些问题的答案，当时没有，后来也没有找到，而且在他眼中，美国社会的价值与华盛顿的价值全部混淆在一起了。

起初，这个与既定准则作斗争的头脑简单的新手，想要卸下压在美国人身上的责任，因为他们赤裸的、长期从事苦力活儿的肩膀不得不承担社会上的或政治上每一次的愚蠢行为带来的重担，但是，美国人民与此无关，就跟他们跟北京的习惯没有关系一样。虽然美国人的性格也许会对此做出解释，但什么又能解释美国人的性格呢？所有的波士顿人，所有的新英格兰人，所有值得尊敬的纽约人，包括作为父亲的查尔斯·弗朗西斯·亚当斯和作为儿子的查尔斯·弗朗西斯·亚当斯在内都同意，华盛顿并不是一位值得尊敬的年轻人应该待下去的地方。所有的华盛顿人，包括总统、内阁官员、司法人员、参议员、国会议员和工作人员都表达了相同的看法，他们串通起来，要把碰巧在那里，或者想去那里的每一个年轻人都赶走。没有任何一位有希望的年轻人留在政府部门，所有人都游离在外，政府并不希望他们留在华盛顿。亚当斯的例子也许最能说明问题，因为他认为自己做得很好。他之所以做出以上猜测，是因为他并不认识任何一位敢于大胆鼓励一位年轻人走上文学道路，甚或走上政坛的人，社会禁止他们这样做，也禁止年轻人逗留在这个政治中心。但是，哈佛学院一定有他的某些机会，因为哈佛可以在违背他意愿的情况下让他去当一名教授。即便是《北美评论》的出版商或编辑也一定对他产生过某些程度的信心，因为他们把《评论》交付给了他。毕竟，《评论》是美国第一重要的文学力量，即便这家刊物跟美国财政部一样，从来都不用黄金支付欠款。哈佛学院的学位一定还有些价值，虽然这价值和美国总统的委任一样短暂，但是，哈佛学院的管理，仅仅用钱或赞助来衡量，其重要性也远远超过了某些国家服务机关的重要性，而在社会地位方面，所有那些部门加起来也比不上哈佛学院。在知识方面，哈佛不能说有什么样的优越性，因为政府从不做这样的声明，但却因为自己的无知而自豪。哈佛学院的服务明显更令人尊敬，也许在美国是最受人尊敬的。如果哈佛学院觉得每天花四美元来聘用亨利·亚当斯是值得的，那么为什么在他不要求得到任何报酬的情况下，华盛顿还拒绝他的服务？为什么要把他从他深爱的地方拖走，让他放弃他喜欢的事业，去一个他逃避的地方和气候环境下从事他并不喜欢的工作？所有的美国人都称华盛顿是一个荒芜和危险的地方，这样的说法会让他觉得心满意足吗？是什么使华盛顿成为比纽约更危险的地方？

美国人的性格暴露出其独特的局限性，这种局限性有时候会使研究文明人的这位学生感到绝望。他被自己的无知压垮而迷失在黑暗里，摸索着前进，这位学生发现自己突然之间被一群人推搡着，在他看来，这些人根本无知到了不知道世上还有无知这个东西存在的地步，他们忘记了该如何自娱自乐，甚至都没有意识到自己已经活得厌倦了。这样的美国人觉得自己是躁动不安、强迫于人、精力充沛而又聪明的人，他们总是清醒的，总在努力超越他的邻居。也许这里总结的美国国民性格，对于纽约人或芝加哥人来说是对的，但对于华盛顿来说却不然。在华盛顿，美国人要显示自我，十有八九要装出安详、平和与害羞的样子，属于亚伯拉罕·林肯的那个类型，多少有些伤感，有时候又很悲惨，甚至偶尔带有悲剧色彩，或者像格兰特，不善言谈，优柔寡断，不信任自己，更信不过别人，敬畏金钱。说美国人工作过度是天性使然，这也是正确的，他们从工作和威士忌中来寻求刺激，而工作是一种形式的罪恶，但是，等挣到自己想要的东西以后，他们再也不关心金钱或权力了。这种追求的快乐，就是美国人从中得到的一切乐趣，财富对他们来说毫无用处，看来只有吉姆·菲斯克一个人知道自己想要什么，而杰依·高尔德从来不知道自己想要什么。在华盛顿，亚当斯遇到的绝大多数人都是真正的美国人，但是，如果他想要更好地了解他们，就得到欧洲去研究了。他们无聊、忍耐、无助，可悲地依靠自己的妻子和女儿，他们放纵自我，多数人都是谦和、体面、优秀和有用的公民。人们可以在欧洲的每个火车站遇到这样的美国人——他们在向每一位听众解释说，人生最幸福的日子就是他们踏上纽约码头的时候。他们为自己的开心而感到羞愧，自己的思想不再对各种各样的刺激产生反应，不再能够面对一种新思想。全部的巨大力量，强烈的精神能量，最敏锐的感觉能力，都只朝着一个方向，而且从来都不改变。国会里到处都是这样的人，在参议院里，萨姆纳几乎是唯一的例外；在行政部门，格兰特和鲍特威尔是这种人的变体，是政客的样本，他们呈现出一种病态，无法以强有力的手段完成手头上的任何事情，他们不知道如何让自己开心，也无法想象别人是如何获得快乐的，工作、威士忌和扑克就是全部生活。政治意义上的华盛顿的气氛就是他们的生活气氛——或者被外界认为他们控制着华盛顿的政治氛围，这也是为什么，外界断定，即便对于一位三十二岁的年轻人来说，华盛顿也是致命的，虽然十二年以来，这个年轻人在欧洲的每一个首都经历过各式各样的诱惑，但他从来都不打牌，并且厌恶威士忌。

The Education of Henry Adams

第二十章

失败（1871）

早在童年时期，在最早期的记忆里，亨利·亚当斯仍然能回想起第一次去哈佛学院的情景，当时，他应该已经有九岁了。那天下午，冬日里的堪布里奇波特十分阴冷。母亲开车带他去看望埃维瑞特姨妈。爱德华·埃维瑞特当时任哈佛学院院长，住在哈佛广场古老的院长楼里。小男孩亨利还记得客厅的样子，就在客厅的左边，埃维瑞特夫人在那儿恭候着他们。他记得墙角有只大理石灰狗雕像，那栋房子充满着殖民时代的自尊气息，甚至令一个九岁的孩子也印象深刻。

亚当斯跟艾略特院长谈完以后，就向财务主任问起他姨妈原来的客厅，因为院长楼已经改作他用，那个客厅和旁边废弃不用的厨房正在招租，他就租了下来。楼上是他兄弟布鲁克斯当年住过的房间，带有专用楼梯，布鲁克斯当时就读于法律系。对面住的是J. R. 登莱特，一位年轻的讲师，与亚当斯一样热爱文学，具有更强烈的反传统精神。亨利·亚当斯询问过后得知，附近还有一张木板餐桌，据说是上乘材质。乔恩西·莱特、弗郎西斯·沃顿、登莱特、约翰·菲斯克以及其他与他们比肩的学者和教育大师，三四位像布鲁克斯·亚当斯这样的法律系学生都曾在那儿一起用餐。所有这些都基本安排妥当后，他们一定非常满意。这里的条件比不上华盛顿，但是，目前一切都还算是最好的。

接下来的九个月，这位副教授没有将光阴浪费在享受舒适和娱乐活动上。他集中所有精力，提前一天准备好自己的工作。他总是不停地工作，结果连夜晚的睡眠时间都不够了，他无法停下来思考自己处理手头上的事情的方法是否正确。不管正确与否，他都无法令自己满意，因为无论做什么，他总是不满意。

他在哈佛求学期间，曾挑出学院的一些毛病，多少算有些道理，因此学院正在花大力气应对这些自我批评，并于1869年选出艾略特院长来推行改革。盖尼教授是改革先行者之一，先从自己主持的历史系着手改革。两位全职历史教授——托雷和盖尼两个人都是极其迷人的教授，但显然不能满足所有教学要求。在盖尼的经典历史课程与托雷的现代史课程之间，还有很大的一个空白，时间跨度为一千年，他们希望亚当斯来填补它。学生们已经选择了编号为一号、二号和三号的课程，他们不知道这些课教什么，也不知道由谁来教。如果他们的新教授问他们有什么想法，他们一定会说，他们什么都没想，因为他们的教授也不知道自己在想什么，直到坐到椅子上面对着自己学生的那一刻，他才用了一个小时的时间，如果他没记错的话，讲了讲中世纪。

并不是他的无知让他烦恼！他对无知有足够多的了解。他的课程让他经历无数个无知的海洋，从一个海洋走过另一个海洋，直到自己学会游泳为止。但是，甚至对他自己而言，教育也是一件严肃的事。父母给予生命，但父母能够给予的也只有生命；谋杀者夺走生命，但是他的行为也止于斯，而教师的影响永恒持久，他永远也不知道自己对学生的影响会止于何处。教师应该传授真理，也可以因此而暗自得意，假如只是讲授字母表或乘法表，如同一位母亲告诉孩子用匙子进食就是传授真理那样。但是，道德却是另一种真理，哲学也是更为复杂的东西。老师必须把历史当成一个目录，一份记录，一个浪漫故事或进化理论，无论是否认同进化论，他都无法逃脱熊熊烈火的煎熬。他让自己的学生成为牧师或无神论者，大资本家或社会主义者，执法人员或无政府主义者，几乎完全与自己这类人不相干。历史本质上就是前后不一，缺乏道德的，讲历史，要么就如此真实，要么就只能撒谎，没有其他道路可选。

亨利·亚当斯不想这样。他没有什么进化理论可讲，也不想编造事实来证明进化论；他不想编一些引人入胜的故事以取悦那些懒于思考的学识，也不想事后把这些故事印成教材；他更不能强迫自己的学生去学习《盎格鲁—撒克逊编年史》，或背诵什么贝德主教的诵文。在他的学生与中世纪之间，除了教会，他看不出有任何其他联系。然而，教会这一立场也很危险。尽管他不是一位专业的历史学家，他也深知，一个人如果能解开中世纪的谜团，并顺着进化论方法从古到今地串讲下来，那这个人一定比拉马克或林奈伊斯更伟大，但历史从来都是支离破碎的，是一个几乎无望到濒临破产的行当。自吉本之后，历史学研究几乎成了一个丑闻，甚至没有羞耻感可言。相对于实验科学而言，历史学已经落后了一百多年。由于其目的非常严肃，历史学比沃尔特·斯科特和大仲马书籍的教育意义小得多。

所有这些想法都无意冒犯亨利·梅因爵士、泰勒、麦克勒伦、巴克尔、奥古斯特·孔德和总是刺激这个丑闻并使其更加臭名远扬的各类哲学家们。毫无疑问，一位教师可能利用这些作家及其学说，但亚当斯无法让它们与自己的那套理论相吻合。学院希望他至少用一半的时间教会那些孩子们一些基本的日期和相互关系，不让他们令学院名声蒙羞，这是正统的教育。他坦率地告诉孩子们，只要能通过考试，他们想去哪儿找资料就去哪儿，只能在有疑问时再来请教自己的老师。一个学生从他的宣言中得到的唯一特权是自己可以与教授交谈，而教授也一定会鼓励这样的交谈。亚当斯唯一的困难是让学生们开口交谈，他必须设计一些方案以了解他们在想什么，并诱使他们冒着接受同学批评的风险，说出自己的观点。听讲的人太多，学生一般会紧张得说不出话。学生人数如果一次超过了半打以上，那谁都教不好他们。教育的全部麻烦就在于成本过高。

对着上百名学生组成的班级授课，这种办法12世纪就有，根本不适合亚当斯。他被阻隔在哲学之外，又对历史数据感到乏味，他希望能够向学生讲些并非完全无用的东西。思想水平高出一般人的学生人数，按他的经验来看，大概只有十分之一。其他的人，无论老师想尽并采取什么样的暗示，也无法激发他们的思想。所有学生都值得尊重，在七年的相处中，亚当斯从来没有理由埋怨任何一位学生，但是，十分之九的学生不过是被动地接受教育，如同坚不可摧的表层，只有第十个学生才能产生有意义的反馈。

亚当斯认为，因为似乎没有人关心他所做的事，他就全力培养第十颗大脑，尽管要以牺牲另外九个人为代价。他坦率地践行这个信条：一个对所讲课题一窍不通的教师，根本就不应该装模作样地给学生讲些连自己也不明白的内容，相反，他应该跟学生们一起想方设法找到学习这门课的最佳方式。这种教育过程在一些历史教学法中有一个相当自命不凡的称谓，但容易让人联想到德国的教学法，但是，这位年轻的教授既不尊重历史也不讲求历史学方法，唯一感兴趣的目标是学生的思维，已经惹了不少麻烦，更遑论他的德国教育背景。

由于不可控的原因，这个任务注定无法完成。没有什么比教授历史方法更容易的了，但学会这样的方法却没有丝毫用处。历史是一团乱麻，任何人随时可以拿在手上，如果花费力气，也一定能解开它，但是，纷繁复杂早于进化过程。穿孔贝类在封闭的入口处露出狰狞的笑，而人们无法从最初入手，只能追随最松散的相对真理。亚当斯发现不得不把自己的素材钩织成某种形状，这样才能够使用于教学法。他唯一能想到就是法律是一门学科，法律学校是一个结果。他把六个看上去愿意努力工作又很聪明的年轻人作为他的实验对象，也有可能成为受害者。这门课程完全是原创的，从远古洪荒开始，只要有史书记载，从撒利族的弗兰克斯到诺曼的英格兰人。因为没有类似的教材，教授也不便言明，因为他知道的东西不一定比学生多，学生们只看喜欢看的书，然后讲学习心得进行比较。作为教学法，没有其他方法更有效。学生们跟兔子似的努力学习，他们在古代社会的战场上四处挖洞发掘。没有什么困难能难倒他们，未知的知识在他们的攻击下袒露出来，他们对各种习惯法了如指掌，像出入治安法庭那样任意而行，不带疑虑地进行学习，可以说，他们是在追逐一种思想，像兔子一样，即使遇到他们在法庭上可能会面对的一大堆隐晦不清的证据。但是，他们的老师从自己的亲身经历中知道，这样奇妙的方法并不会结出任何果实，他们在法律学校会努力让自己远离这种方法，超过他们在学院里努力掌握这种方法的程度。他们的学科没有一个系统，也不可能有一个系统，因为其主题只是一些古物研究。即使尽力而为之，这位教授却无法使其变成实际之物。

训练一颗积极的头脑学会如何浪费精力，这有何意义呢？也许有朝一日，这些教学实验会让亚当斯成为一位教授，但是，这更不是他想要的结果。他希望帮助孩子们成就一番事业，但他激发学生智力反应的众多举措，既不能让自己满意，也无法让学生满意。对他而言，他很清楚，问题在于这个教育制度，这个制度只能产生惰性。他所具备的这么一点点知识让他确信，他的思想需要冲突、竞争和矛盾，甚至比他的学生更需要。他也要列一个学习成绩表，让自己名列前茅。他对教育制度的改革从他课堂开始，从他自己的讲台开始。他会把那些意见相左的副教授置于他的对立面，这些人的价值就是能表达不同的观点。除非这样，否则无法吸引教授和学生的注意力。但是，大学教育的所有狂妄怪异之中，教师之间的矛盾和竞争最能激发学术氛围。在这一点上，13世纪的大学制度倒是值得现代大学好好学习。

他想出很多小技巧，旨在激发学生产生思想冲突，但因教育制度的不足而失败。没有哪一种办法能够满足教学要求，尽管艾略特院长希望改革，也给予了他一贯的慷慨支持，让他放手一搏，但教育制度还是有成本太高的毛病，致使改革行动迟缓，毫无用处。按照亚当斯的理解，这所大学花费了大量的钱财和时间，结果却乏善可陈。

他总结自己在德国教育中损失的两年，希望他的学生能吸取这些教训，令人惊喜的是，他的方法很是时髦。德国人正在凡尔赛宫为他们的新皇帝加冕，在他的头上笼罩上佩平与梅尔维基、奥托与巴尔巴罗撒斯的光环，詹姆斯·布莱斯甚至还发现了神圣罗马帝国，德国从来没有如此强大。这位历史学副教授能够拿出来兜售的别无他物，他只能向学生们讲授德国，结果却大受欢迎，但有时候，他会怀疑他们是否应心存感激。整体来说，他对自己的教学并不满意，也不喜欢自己的教学方法。在他看来，七年的从教时光也是完全虚度了。

奇怪的是，逆境的好处有时无法估量。作为一位教授，他觉得自己很失败。他不想以虚假的谦逊对待自己，明白自己想干什么。他尝试过许多方法，但全都以失败告终。他向沉重的教育制度屈服了，想做的事一件也没有做成，他认为这是教育制度的错，他觉得这样的教育制度对教师的损害更甚于它对学生的耽误，从头到尾都不合理。1877年，他终于离开学校，如果不是大学里的每一个人都对他表现出一如既往的礼貌与恭敬，从院长到受他“毒害”的学生都是如此，他一定会为自己的失败感到心酸不已。

他自己感觉很失败，但学院里的人似乎倒不这么认为。他在大学时代就对哈佛学院复杂的不偏不倚深感不安，但这所大学坚持表达了相反的看法。约翰·菲斯克最明显，他在《阿波敦百科全书》中提到了亚当斯家族，称亨利在哈佛学院留下盛名，这是约翰·菲斯克个人观点的一个书面证明，亚当斯对此给予了发自内心的回报，用“友好情谊”来表达这样的善意。艾略特院长本人也暗示说，亚当斯的教学成绩值得肯定，但他是在另一番情形下说出这种话的。亚当斯如果在场，一定会趴在他的肩膀上大哭一场。院长竟对他如此赞扬，真是非常少见的友善情谊，他对此充满感激。但是，他不能允许哈佛学院认为他有资格担当这样的盛誉。他更了解自己，他属于那些本身就自尊自强，因此值得他人尊敬的失败者之一，但他一直都在批评哈佛学院，谩骂它，抛弃它，忽视它，而这个学院竟自行其是，给他一份薪水，给他一间办公室，给他鼓励或善待，不可能有其他东西比这样的虚荣更令他感到羞辱了。哈佛学院也许有自身的缺点，但至少它重塑了美国，因为它一直忠于自己。

这位教授觉得唯一的成功之处就是他的学生，他喜欢与他们为伍。他们几乎是一个模子刻出来的，没有狂热的情绪和过分的情感，除了表面上显露出的一些美国习惯，他们完全不了解人类曾经思考或希望的一切，他们的思想像花朵，有一丝阳光就会突然绽放。他们反应很快，可塑性很强，好像从不知疲倦。他们对教育的信念充满了感伤，根本没有人敢问他们，接受完这样的教育之后，他们会把所学的教育用在什么地方。亚当斯的确问过其中一名学生，发现他的答案让人惊讶：“等我到芝加哥以后，哈佛学院的学位就意味着发大财。”这个回答与亚当斯的既有经验完全不吻合，因为哈佛学院的学位对波士顿和纽约的年轻人而言，一直是一个不利因素。目前为止，这个答案还算有效，至少它解答了一个人的疑问。亚当斯不可能知道更多，尽管他已经花费了二十年的时间去追求同样的教育目标，却并不比他的学生们收获更多。他仍然不得不想当然地认为，他们不需要太多，他对他们的的教学是利大于弊的。他认为，自己能为他们做的唯一一件功德无量的事就是缄口不语。他们当时需要有信念，假如活得更久，他们就需要更多的信念。

他永远也不知道他的同事们是否曾对自己的作用产生过疑虑。与他不同，他们多少明白自己所从事的行当。他无法告诉自己的学生，历史与社会美德一起发出光芒，但化学教授不会关心分子或原子有无美德。亚当斯无法假装中世纪可以证明进化论，但物理学教授可以对着进化论仰天大笑。亚当斯很高兴自己可以讲一讲教会的功德和宗教艺术的辉煌成果，但政治经济学教授认为它们不过是劳民伤财。他们知道自己要教什么，他却不知道。他们也许是骗子而不自知，但他也不知道自己究竟了解什么。他什么也教不了，只是以学生为代价，教育了自己而已。

教育跟政治一样，是残酷的游戏。每个教师必须紧闭双眼，管住舌头，好像自己是一名牧师。只有学生对此感到满意，他们以为自己学到了什么东西。也许他们真的学到了，因为即使在美国，即使在20世纪，生活也不完全是工业化。亚当斯热切地希望，他们能够一直保持满意的心态。但如果二十年多年之后，他们回过头来质问他，就像他曾对待自己的老师那样，到时候，他又该如何作答呢？学院已经承认有错并尝试改革。他从一开始就承认有错，而他先于学院改革的改革也以失败告终。

大学讲堂已然无用，但院系会议更糟糕。美国社会担心在政治治理和公司管理的一片混乱中全盘崩溃，但它无法向学院的教师们求助。就此而言，亚当斯了解国会议员，也了解教授，而他更倾向于国会议员。同样的失败也出现在社会这个大学校里，受过最好的教育、最受人欢迎、最善施展个人社交魅力的美国人大都集中在剑桥，构成了一个社交沙漠，足可以饿死一头北极熊。最活跃和最受欢迎的人，詹姆斯·罗素·罗威尔、弗朗西斯·柴尔德、路易斯·阿加西和他儿子亚历山大、盖尼、约翰·菲斯克、威廉·詹姆斯和其他十多位杰出人士，他们本可以在伦敦或巴黎快乐地生活，本可以尽最大努力挣脱出来，像剑桥和波士顿其他人那样生活，但是，社会却称他们为教授，而他们也只能当教授。虽然这些智慧超群的人希望找到志同道合的伙伴，但所有人都饱受形单影只之苦。社会就是一个没有人主持的院系会议，所有元素都在那里，但社会无法由这些元素拼装而成。这些元素是一些应该闭嘴的人，除非要发表观点或看法，但是，如果应邀做出一些评论，这些人一定会意见相左。

结果就是，在他全部的教育历程中，亚当斯觉得学校教师的教育分量最轻。但是，他不得不承认，从某种角度而言，担任编辑所获得的教育更微不足道。编辑根本没有编辑的时间，因为没有任何东西可写。如果稿件不够，他就胡乱写几个书评，论述盎格鲁—撒克逊人的美德，或揭露教皇的罪恶，因为相比格兰特总统，他更了解忏悔者爱德华或波尼菲斯八世。在从教七年时间里，他什么都没有写，《评论》全靠他兄弟查尔斯论述铁路的一些文章才得以维持。这位编辑可以帮别人，但帮不了自己。当了十二个月的编辑之后，他已经完全忘了自己曾是一个作家。作为编辑，他找不到能替代他写政论或时事文章的作家。《评论》成了一份历史学刊物，罗素·罗威尔和弗兰克·帕尔格雷夫帮他保持住这份刊物的文学水准。这位编辑是一个完全无用的废物，如果说他很成功，那也归功于作家们，但是，他的失败也会很容易让他变得一文不名，这样的刊物很容易变成浪费钱财的东西。作为一位编辑，成功的秘诀很容易掌握，就是找到广告。拉到十页广告他就算成功，如果只有五页的话，就算失败。他的文学成就无论有无价值，都与成功毫无关系，只是让他陷入逆境而已。

当了一两年的编辑，受到此类教育之后，对于他这样一个曾把编辑工作视为职业的人而言，经历也就到此为止了。经过短暂的体会之后，他不再就这个话题发表任何看法。他宁愿让其他任何人当编辑，只要他本人能够写作就行。说得直白些，如果不能成功，编辑是一种非人的职业，即使成功了，也没有什么好日子过。教授至少可以从和学生的交往中收获快乐，而一位编辑过的却是猫头鹰样的生活。教授通常会变成故作高深或高谈阔论的人，编辑却只能成为广告方面的权威。整体而言，亚当斯喜欢自己在华盛顿的小阁楼。他学乖了。由于无知而得到的报酬更高，至少他每月能挣到五十美元。

就这样，亨利·亚当斯的教育停止了，而他的生活却开始了。他必须以最耐心的态度接受这种生活，运气给他什么随机性教育他就接受什么随机性教育。但是，他认为这是错误的，而他如果想重新开始，就必须采用更好的方法，他觉得自己差不多明白应该追求什么样的方法。那个时候，亚历山大·阿加西的头还没有浮出水面，因此还无法像二三十年后那样成为效仿的楷模。然而，《北美评论》编辑部有一个好处，可以让编辑隔着一定的距离也能与全国所有会写作或值得书写的人搭上关系。亚当斯很高兴自己能够被这些人接纳，让他成为其中一员。他们都把他当自己人，平等相待，这让他很是惊讶，因为他们都是接受过教育的人。但是，在这些人当中，只有一个人特别出众，特别显眼，他的风格和类型让亚当斯非常敬仰，那是他曾希望看到的美国人的风格和类型。

因为查尔斯·莱耶尔爵士的文章，亚当斯结识了一批地质学家，他们认为，虽然他们的专业属于不同的知识范畴，但还不至于影响到他们之间的友谊，因为作为特定人群，地质学家比他也强不了多少，朋友都是很少的。亚当斯小时候的玩伴之一，也是他在昆西的邻居，名叫弗兰克·艾蒙斯，是一名地质学家并参加了政府组织的第四十次纬度圈测量活动。1869—1870年冬天，在华盛顿，艾蒙斯曾邀亚当斯与他一起外出，参加夏天的一次野外聚会。当然，亚当斯为测量组带来了《评论》供他们使用，对于无法做更多的事情而倍觉遗憾。当教授和做编辑的第一年终于过去，他的《北美评论》七月号也付印了，他终于松了一口气，乘坐下一班火车去了西部。对于那一年的工作，他自己无法评判。他成为一台大机器上的一根小弹簧，他的工作只占总量的一小部分，但是，人人都对他很有礼貌，甚至在波士顿他也自我感觉良好。他把《北美评论》七月号插在口袋里，里面有J. D. 惠特尼教授关于第四十次纬度圈测量活动的通知，去了平原和落基山。

1871年，西部仍然是一处新鲜所在，太平洋保险公司刚刚成立。在密西西比河的岸边，人们感觉到了印第安人与水牛的气息，看到了一种古代教育的遗迹，如果愿意，这很值得探究一番。但是，那并不是亚当斯孜孜以求的教育，相反，他出来是想看一看未来的国土。测量组有时候会从最近的兵营借调一批部队，用以防备心怀恶意的印第安人捣乱，但在当时，地形学家和地质学家们思考更多的是矿物而不是苏族印第安人。他们手拿锤子，准备敲击一千英里可能蕴藏着矿物的国土，那儿有无穷无尽的谜团等着人们解开，也许还可以发掘很多藏宝之地，他们感觉未来就在自己手中。

艾蒙斯那一行人在犹他州就失去了联系，但阿诺德·海格的人马已经带着供给品来到了拉拉米，照看了亚当斯好些日子。他们一起漫游或冒险，与教育历程无关。他们都是经验丰富的登山者和测量人员，对一切事情都很认真，彼此抛弃了令人厌烦的英国式和苏格兰式生活，他们讲的故事都是自己杀掉大型的猎物。一头熊有时会让人开心，美洲赤鹿却是寻常之物。然而，对人类而言，唯一危险的野生动物就是响尾蛇或臭鼬。人们以捕猎为乐，也谈及其他事情。

亚当斯很喜欢猎杀大型猎物，但他不喜欢做剥掉这些动物皮的事儿。因此，他很少拿起那杆小卡宾枪，而按照当时要求，他本来是应该经常扛在肩上的。另一方面，他喜欢一个人骑着骡子四处游荡，去山间小溪钓鱼或在峡谷里闲逛，消磨一整天的时光。有一天早晨，小组在艾斯塔斯公园的高冈上露营，就在龙斯峰上，他借来一根鱼竿，骑着骡子顺着一条崎岖的山路来到艾斯塔斯公园，准备去钓鳟鱼。天气非常好，一千英里之外有森林大火的浓烟冒了出来，让人感觉有些灰蒙蒙的。公园把它英国式的美景漫延至周围的群山脚下，构成了浑然天成的风景和远古时代的祥和。小溪里鱼儿肥美，让人流连忘返。太阳向西边落下，鱼儿朝东边游去，直至完全消失，到最后，当这位垂钓者给骡子系上肚带时，发现夕阳已经落到比他想象的更近的地方了。在他找到小路之前，黑暗已经完全笼罩了大地。他不想落入五十英尺的深坑，因此干脆任由自己“迷路”，慢慢往回走。半个小时后，他走出了深山，置身于艾斯塔斯公园的星空下，但他找不到什么晚餐或睡觉的床。

艾斯塔斯公园很大，在夏天的夜晚，它可以为这位教授和骡子提供足够大的床，但是，晚餐的确是个难题。公园里只有一个小木屋，就在入口附近，他没有信心能够找到那个小木屋，但他感觉骑着的这头骡子更聪明，而且山峰映衬着星空，形成微暗的轮廓，他不可能出大错。耐心的骡子在地面的微坡上慢慢行走，它也没有别的路好走。应该是两个小时后，远处现出了一线灯光。骡子走到小木屋门前，有两三个人走出来看着这位陌生人。

其中一个人是克莱斯·金，他正准备回营地。亚当斯热烈地拥抱了他，与大部分友谊一样，这与成长或疑惑无关。朋友在远古的地平线上出现，像志留纪的穿孔贝类一样自然成型，与空间的巧合也没有关系。那天，金从格里雷赶来，坐着一乘四轮轻便马车，路况糟糕到连送粮食的骡子都无法前行，亚当斯回去的时候就是坐着那辆马车的，因此有理由这样推测。小木屋里有一个房间和一张床供客人享用，已经堪称豪华奢侈了。他们共用那个房间，一起躺在床上，倾谈至天亮。

金说的事情让亚当斯既感兴趣又很开心。在艺术和诗歌方面，他比亚当斯懂得多，他了解美国，尤其知道西经一百度附近的事，这方面他比任何人都懂得多。他在心里记下了这位年轻教授，打心眼里认为自己懂得这位教授，但他更懂国会议员，甚至还懂女人，包括美国女性，还有纽约女性，这可真是言过其实了。他碰巧懂得很多实用的地质学，至少比教科书里描述的未来更久远。他的观点是否正确是另外一码事，从盘古开天地算起，没有哪个人能生而知之，一贯正确。金的迷人之处在于别人知道的，他都知道，而且他还能知道更多。他的智慧和幽默，他那种让所有人兴致盎然的活力，他年轻的个人魅力和风度，他挥洒自如的能力，无论在思想上还是在金钱上都很豪爽的做派，好像大自然那样，让他在美国人中卓然不群。他身上有某种希腊人的品质，有一种艾西拜亚迪兹将军或亚历山大的气度，这个世界上只有一个克莱斯·金。

结识新朋友是奇迹，但是，在三十三岁的年纪遇到这只从北美山麓中飞出来的鸟儿，就属撞大运了。人一生能有一个朋友足矣，有两个朋友就算是多的了，而有三个朋友几乎是不可能的事儿。真正的友谊建立在类似的生活轨迹、相近的思想方式以及不同的理想志向之上。那时候，金和亚当斯与同时代的其他很多人一样，都处于事业鼎盛期。一个人来自西部，满身洋溢着西阿拉斯山的阳光，遇到了一位从东部游荡而来的人，全身因伦敦的浓雾而潮湿，两个人要解决同样的问题，使用同样的工具，面对同一片领域，总体而言，他们要克服同样的障碍。

作为伙伴，金的魅力无穷，但这并不是最吸引亚当斯的品质，在这方面，他本人做不来一点伪装。亚当斯永远都不会讲故事，主要是因为他总是遗忘，他也从来不会因为别人妙语连珠而心神不宁，不过偶尔为之。金和第四十次纬度圈工作组对他产生了影响，其原因更为深刻重要。他们的生活轨迹得以汇合，但是，金的生活方向是根据逻辑推断而来的，是经过科学的思考而来的，如同亚当斯认为美国生活就应该有一个明确的方向一样。他一直想让自己接受完整的教育，但得到的却是很宽泛的教育。他的事业正处于中途，他们的道路最终得以交汇，金可以在一条直线上回顾以往，展望未来，对自己的立足点有一个科学合理的认识，而亚当斯的生活，无论是过去还是未来，都是一连串突如其来的中断或风浪，毫无根基可言。金异乎寻常的能量为他赢得了巨大的成功，同时代的人没有谁像他一样，能够独立地完成这么多事情，也没有谁像他一样，留下了如此深厚的脚印。他曾想设法让国会采纳了立法机关可以称之为“首个”的现代法案，他组织了一次政府测量活动，一个旨在民用而非军用的测量工程。他在地质学的成就堪比大陆铁路公司，这个壮举是其他任何政府都无法比拟的，因为其他政府一般没有这么多可供测量的土地，他在编写本世纪的经典科学著作之一。如果他想放弃在政府中任职，他就可以放弃，扛起锄头就可以挖金掘银、采铜挖煤，可以按自己的意愿赚取数不清的财富。无论他想要获得什么样的奖杯，都如探囊取物，无论是科学的、社会的，还是文学的、政治的，他还知道如何逐个获取这些东西。只要一般般的运气，他就能在八十岁离世时称自己是这个时代最富有的人，一个全能型天才。

他根本没有丝毫的自我中心主义，他的朋友也不嫉妒他出众的优越地位，大家在他面前都表现出了足够的敬重，因此，甚至很多女人也嫉妒他对男人的征服力。但是，女人有无数之多，金却只有一个。那些男人不仅崇拜他，还希望自己也能够成为他那样的人。那些女人之所以心生嫉妒，是因为在内心深处，金对美国女性没有信心，他喜欢的类型都是非常坚强的人。

四十次纬度圈测量组的年轻男子都有着加利福尼亚人的本能，他们是布雷特·哈特的兄弟。他们不喜欢莱耶尔和达尔文那种简单统一的理论，看不到渐变的证据。他们认为，巨变就是变化的法则，他们看不起简单之物，而尊重复杂之物。但是，他们尊重的复杂之物仅就自然的复杂性而言，不是纽约甚至也不是密西西比峡谷的复杂性。金喜欢矛盾并激发矛盾，他让矛盾像兔子一样四处乱跑，待他抓牢之后就不予理会，而亚当斯喜欢各种矛盾，因为它们很有说服力，让他明白历史比科学更有趣，唯一需要讨论的问题是与之相对的经济价值。

在艾蒙斯的营地里，在犹他州的深山里，他们的谈话还在继续，直到霜冻已经染白山头。历史与科学在个人的地平线上展开，向一个不再遥远的目标奔去。对这两个人而言，可能再也不需要任何一种教育了。他们已然这样，他们必须站起来，迎接这个世界给予每一个人的机会。当亚当斯动身返回剑桥，再次担任学校教师和编辑这类谦卑的职务时，他已经套在自己的马车上了。无论是系统的教育还是偶然的教育，都已经起到了最坏的作用，他就这么走了下去，很温顺地走下去了。

The Education of
Henry Adams

第二十一章

二十年后（1892）

这次又是讲教育的故事，而不是传奇故事！这是为了帮助年轻人，或者说是为了帮助有足够智力，知道要去找人帮忙的那些人，而不是逗他们开心的。一个人得到教育之后做了什么，或者没有做什么，都不会给询问者带来任何麻烦，那是一件私事，只会使受教育者本人困惑不解。也许，亨利·亚当斯根本就不值得接受教育，大多数精明的评断都认为，一百个人当中只有不到一个人有能力对存在于他周围的各种力量产生有目的的反应，而这些人当中有一半会做出错误的反应。对于这样的一批人，教育的目标应该是告诉他们如何有效和经济地做出反应。毫无疑问，广义的世界总会远远地落后于思想积极主动的人，这便造就了一层惯性的软垫，供人下落之用，比如亨利·亚当斯就是如此。但是，教育应该想办法让障碍物少一些，使摩擦力减到最小，同时注入活力，训练思想使其产生反应能力，不是以危险的方式，而是通过选择来回应吸引世界的力线。在青年时代，一个人知道的东西并不重要，知道如何学习的人才是懂得最多的人。在全部人类历史上，思想的浪费一直是惊人的，本故事想要说明的是，社会一直在想办法使思想的浪费再多一层。毫无疑问，教师犯的罪最严重，但是，世界也站在教师的身后，一同作用使学生脱离正轨。这里面的道理是响亮而清晰的，只有精力最充沛的人，只有适应能力最强的人，只有得到最大帮助的人才会克服阻力或惯性的黏附力，但是，这种克服阻力的努力会浪费掉四分之三的精力。

不管适应不适应，亨利·亚当斯于1871年中断了自己的教育，并且开始在实际中应用教育，就跟身边的其他人一样。二十年后，他发现自己已经完成此事，可以总结一下成果了。无论对谁，他都没有什么可抱怨的。人们对他都不错，他从来都没有遇到恶意的人、脾气坏的人，或者对他不礼貌的人，他也没有跟谁争吵过。他从来没有看到过严重的不诚实行为，也没有领教过以怨报德的行为。他发现年轻人随时准备好接受暗示，而这样的心理准备是他万万没有料到的。对于人们对世界普遍的抱怨情绪，他无法理解，自己为什么就没有什么可以抱怨的。

在这二十年时间里，他做了很多工作，从数量上来讲是这样的，他的邻居也希望能够像他一样。对于他做的工作，当然没有人想要来驻足观察一番，有些工作也不是他分内非做不可的事情。在公共图书馆的书架上，他觉得那些卷帙浩繁的东西全都是令人发笑的东西。他不知道自己发表的那些东西会有什么实际用途，他一直在黑暗中工作，而他的很多朋友也是如此，哪怕是一些画家，他们都没有想到要胸怀大志，一定要把社会标准提高到什么程度，对他们那个时代的方法或礼仪也没有深刻的敬意，无论是海外的还是国内的，他们所有人都尝试过，都希望能够使标准稍高一些。对于较老的一辈人来说，他们的努力令人精疲力竭，这一点可以从汉特家族的努力中看出来。但是，1870年之后的那一代人更引人注目，这倒不是因为他们大幅增加了公共财富，也不是因为他们使人口数量巨幅上升，而是因为他们一意孤行。相当多生于30年代的人取得了成绩——菲利普斯·布鲁克斯、布雷特·哈特、亨利·詹姆斯、H. H. 理查森、约翰·拉法吉，如果愿意的话，这个名单还可以列得很长。但是，这批人当中还有另外一些人，比如奥古斯都·圣高登思、麦吉姆、斯坦福·怀特，还有其他很多出生于40年代的人，他们在六千万或八千万人的思想惯性里产生了强大的影响力。这些人当中，克莱斯·金、约翰·海依和亨利·亚当斯一直过着平淡的生活，他们只想努力填充一个阶层的社会缺口，这个阶层至今仍没有什么社会地位，也没有什么凝聚力。对于试图弥合这一缺口的努力，并没有光彩夺目的奖品，但是，大家还是为之追求了二十年，表现出了极大的耐心和意志力，就好像那会通向名声和权力，直到最后，亨利·亚当斯觉得自己的职责已经完成了，而他对于社会该付出的也都付出了。他的生活非常愉悦，如果有别的生活来到他的面前，他也不一定情愿拿现在的生活去交换。他对自己的生活相当满意，或者自以为相当满意，但是，由于这种生活跟教育毫无关系，他感到很疲倦，他的精神能量已经下降到很低的水平了，跟一匹跑累了的马儿一样，他离开了赛马场，离开了马厩，直奔离原地越远越好的草场。教育在1871年结束了，生活于1890年完成了，其他一切都已无关紧要！

正如往常一样，他做了许多无用的努力，想在别的地方安定下来，但是，当是否回国的问题最终需要他做出决定的时候，他发现自己又回到了伦敦。当时是1892年1月，他一个人在医院里，正处在隆冬的阴郁情绪之中。他已接近五十四岁的生日了，巴尔·摩尔大街已经彻底忘记了他，就如同这条大街以前也忘记过他的先辈一样。他有十多年没有见过伦敦了，他很开心地看到，一张病床就构成了他的世界，熟悉的暗雾就构成了他的地平线。煤火发出熟悉的家乡气息，暗雾中飘着青年时代的水果味道，无论怎样都比变成辉格摩尔大街上的垃圾要好些。他活在自己的青年时代里，因此能够为自己找到一些乐子，他可以再次坐车去1858年的牛津大街，他可以想象得到自己的未来生活，结果真实的生活反倒比当时想象的还要好笑得多。

未来不再那么吸引他了。他躺在那里，已经有一个星期了，他在筹划下一步准备干什么。他刚刚跟约翰·拉法吉一起从南太平洋归来，拉法吉很勉强地回到了纽约，重新做他的画室工作，而对于他这样的年纪来说，生活已经没什么活力可言，因此，那份无聊的麻烦工作一点点磨去了他的锐气。作为一个选择，亚当斯宁愿回到东部去，哪怕只是在南方星空下永远地躺在信风之中也好，那里有暗紫色的海洋，有充满孤独和虚无的紫色的感觉，人可以在那里信步徘徊。这并不是说他喜欢那样的刺激，而是说那是他有过的最无世俗气的生活。当时，他还没有看到卢迪亚·吉卜林的《曼德勒》，但在知道这首诗之前，他已经了解了诗歌的意境，就跟数以百万计的流浪者一样，只有他们才知道世界真正的样子。重新开始一次新的教育这个想法，对他一点儿吸引力也没有了。过去的教育已经够糟了，新的教育只会使原来的教育错上加错。生活已经切成两半，原来的一半已经扔弃了，连同教育和其他东西一起扔掉了，没有可以借以嫁接的木本了。

在巴黎和伦敦见到的新世界，在他看来真是奇妙无比。他愿意承认那是一个真实的世界，意思是说在他自己的思想之外还有某种形式的其他存在，但他不能承认那是一个理智的世界。在巴黎，面对着在大剧院上演的沉闷的芭蕾舞剧和老皇宫里上演的没完没了的歌舞杂耍表演，他沮丧到了极点，但是，除了这些以外，属于他自己的第二帝国时期的巴黎，已经跟拿破仑一世时代的巴黎一样灭亡了。在画廊和展览会上，他为艺术创新的努力而痛苦，有一天，经过很长时间思考以后，约翰·拉法吉问他说，是否还有空间容得下质朴的艺术，亚当斯摇了摇头。就他看到的世界而言，已经不再是简朴的了，因此这个世界也无法再简单地得以体现。这个世界应该展现其本来面目，而这正是亚当斯和拉法吉都不理解的东西。

炉火经过第一次这么大吹一番之后，火光眼看就要熄灭了。这个世界曾有过很多的承诺，但他感觉跟这个世界没有任何共同之处。他准备要放弃了，而最方便的那条路就是回到东边去，但是，他不敢一个人去冒险，除非有一只最珍贵的动物与他为伴。他必须回到美国去找一个伙伴。也许在等待的途中，他可以编写更多的历史著作，为了这最后一搏，他请人把自己能够找到的所有资料都抄写了下来，但这也只是一个习惯。他回家了，如同马匹回到了马厩，因为他不知道还能够去别的什么地方。

家就是华盛顿。格兰特政府于1877年结束，之后不久，埃瓦茨当了国务卿，亚当斯回到华盛顿，一部分目的是为了撰写自己的历史著作，但主要还是因为他在伦敦七年辛苦的放逐生活让他相信，只要自己在生活中还有一些作用，对政治家来说，他与他们就是同厩之马，不管他们喜欢还是不喜欢。大约在同时，老乔治·班克罗夫特也在做同样的事情，而此时，约翰·海依也前往华盛顿担任埃瓦茨先生的助理国务卿，并留在那里编辑《林肯传》。1884年，亚当斯跟他一起雇用理查森为他们在拉法耶特广场建了相邻的两栋房子。假如说亚当斯有一个家的话，那就算是他的家了。他必须转向拉法耶特广场的那栋房子，因为他没有其他身份了，他在这个世界上没有任何别的地方可以停留。

这次，他必须回到自己的食槽，从前的任何一个决定都没有这个决定做得勉强。他父亲和母亲都过世了，其他家人都过着属于自己的安定生活。除了在华盛顿的三两个都漂泊不定的朋友外，没有人关心他的影踪，而他本人对此是最不在意的。没有什么可以在意的，人人都很忙，差不多所有人看上去都很满足。自1871年以来，没有任何事件扰乱美国世界的表面，哪怕欧洲，在它沿着岔路使自己去欧洲化的进程中，再也不是那么引人注目了。

在巴黎过了可怕的一月，当再也找不到借口可以拖延下去的时候，他跨过了海峡，跟他的老朋友米尔恩·加斯克尔一起在约克郡的索恩斯过了一个星期，这期间，猛烈的西风发出了一个警告，打消了他回家的念头。一月份的约克郡并非南太平洋中的岛屿，它与塔希提岛没有一点相似之处，跟斐济岛或萨摩亚岛也没有多少共同之处，但是，就跟以前经常出现的情况一样，这是过去与未来之间的休歇之所，亚当斯对此充满了感激之情。

终于，到了2月3号，他勉强出发，乘“条顿号”南下爱尔兰海峡。他已经有十几年没有跨过大西洋了，从来没有见过新式的远洋客轮。他已经很久没有见过新东西了，也没有见过法国或英国很多发生了重大变化的东西。铁路使人们旅行更快了，但是，并不见得就比以前更舒服。规格还是一样的。横渡海峡的服务自从1858年以来并没有太大改善，或者说改进很小，不足以给人留下深刻印象，欧洲看来在过去二十年里原地未动。对于一个像欧洲一样原封未动的人来说，“条顿号”就像是一个奇迹。整个星期都在刮着怒吼的冬季狂风，但他还有晚餐可吃，这不是奇迹是什么？他还有一个单间船舱，里面有新鲜的空气，喜欢的话还可以整夜就着电灯看书，这是生活迄今提供给他的最大惊喜。奇迹甚至有可能翻倍，甚至翻三倍。亚当斯的惊奇感变成了一串串的数字，如同“尼亚加拉号”相对于“条顿号”一样，1860年相对与1890年一样，因此，“条顿号”和1890年一定也会成为下一个专有名词。什么时候？很明显，这个问题只关系到美国，西欧并没有这样的谜团。人们不妨在这里把航行范围放大一倍，无限加速下去，而不需要挣脱任何束缚。

在那趟航行中，命运是仁慈的。卢迪亚·吉卜林正好准备去美国结婚，在亨利·詹姆斯的介绍下，他来到客舱，带来了无限的快乐与智慧，就如同拿着花园里的皮水管朝着一株干涸褪色的秋海棠喷扫大量的水分一样。吉卜林从来都不知道他让别人的心灵多么的平和，因为他本人从来都不那么需要那份平和。他有开不完的玩笑，有各种各样的故事，但是，在最开心的时刻，亚当斯会感觉到原来的谜团重新到来。不知为什么，不知在什么地方，吉卜林和这位美国人不是一个人，而是两个人，也无法粘到一起去。这位美国人感觉到，假如有缺陷的话，这缺陷就在他自己身上。他跟斯温伯恩在一起的时候，就曾有过这样的感受。后来跟罗伯特·路易斯·史蒂文森在一起的时候也是一样，哪怕在维里马的棕榈树下，他也感觉到了这样的缺憾。但是，他没有让这样的自谦发展到觉得自己太怪的程度。不管是什么样的缺陷，那也是美国式的缺陷。这种缺陷属于他那种类型的人，流淌在他的血液中。不管使他远离别人的东西到底是什么，那也是英国式的，也流淌在他的血液中。人们跟凯尔特人在一起的时候就很少有这样的感觉，而人们跟斐济岛的食人族在一起之时，相互之间也会产生这样的感觉。克莱斯·金经常说，那是人类原子的不同波长之间的不和谐造成的，但是，这一理论在测量当中会遇到困难。也许，这仅仅是因为天才远在高处，但这个理论也有死角说不通。在这个人的一生中，他曾见过很多美国人向欧洲人屈下文学之膝，再往回追溯两百年历史，看看更多人的生活，人们会看到欧洲人冷落或庇护美国人的情景，并非总是有意如此，但这却是事实。事情的本质就是如此，吉卜林既没有冷落，也没有庇护，他只有开心温和的性情。但是，他会第一个感觉到人们在想什么——天才必须要付出那份不情愿的自尊。

到了1892年2月中旬，亚当斯发现自己又回到了华盛顿。在巴黎和伦敦，他没有明白返回那里生活有什么价值，而在华盛顿，他看到了混一天是一天的理由。那里已经发生了变化，已经有了很大的改进，时间长了——经过很长时间以后，这个城市也许会符合适于居住的流行标准。但是，亚当斯的很多朋友都已经故去，或者多次失踪，让他感觉自己好像在波士顿或伦敦一样，成了一个陌生人。慢慢地，围绕着政府形成了一定的社交圈，一些聚会的大门也打开了，很多饭局等着他。很多人前来打招呼，很多人留下名片，但是，一个独处的人与1868年相比更显得无足轻重。社交圈的日子几乎比他的日子还要不好过，行政部门和国会都显出了清高的样子，政府里面没有人觉得有必要去参考社会上什么人的意见。世界不再完全是政治意义上的世界，而政治已经变得较少有社会性了。内战幸存者，比如乔治·班克罗夫特或约翰·海依，他们努力想站稳脚跟，但都没取得辉煌的成就。他们可以自由地说自己想说的话，也可以做自己想做的事情，但是，没有人拿他们说的话或做的事情当回事儿。

十一月份要举行总统选举了，没有人对结果很感兴趣。两位总统候选人都是奇怪的人，大家说，其中一个没有朋友，另一个只有敌人。卡尔文·布莱斯当时是参议院最有智慧和最聪明的人，他经常用激情四射的话语来描述克里弗兰先生，而且总是长篇大论，称他是从古至今最清高和最高贵的人，“但是，”他说，“以后，我情愿在隔壁山头较为安全的顶峰上观察他的所作所为。”同样的话也可以用在哈里森先生身上。从这个方面来看，他们都是最了不起的总统，因为无论他们对自己的政敌采取什么样的手段，相对于他们对自己的朋友所施加的致命伤害来说，都算不上什么大不了的事情。一些人远离他们，就好像他们有邪恶之眼。对美国人民来说，这两位候选人和两个政党都是十分稳重的，因而看不出有什么太大的差别。哈里森先生是一位优秀的总统候选人，是一位能人，是一位强者，也许是继林肯总统之后共和党选举出来的最好的一位总统，但是，从整体上说，亚当斯感觉到自己还是偏向于克里弗兰总统候选人，这可并不是因为个人好恶，也不是因为在他看来民主党人代表着18世纪最后的遗迹。那是何西阿·毕格罗的康沃利斯时代的幸存者，那是反对银行家的奥林匹斯的唯一一批抗议者，而这个奥林匹斯在过去的二十五年内已经在伊索的青蛙王国里变得越来越专横了。每只青蛙都必须赞成罗格国王的统治，或者为格罗瓦·克里弗兰投票，否则就不准发出叫声，即便这时，人们也不能够肯定银行家国王会躲藏在身后的什么地方。政治学中代价昂贵的教育导致了政治麻木，但并非人人都如此。克莱斯·金和约翰·海依都是忠实的共和党人，他们从未有一刻想过别的理想中会有什么益处。就克莱斯·金而言，这样的感觉主要来自对古民族的热爱，是对黑人和印第安人的同情以及对其敌人相应的仇恨，但是，在约翰·海依那里，党派忠诚成为生存的一个阶段，有点像受过高级培训的牧师对教会的忠诚。他看到了共和党所有的失误，更意识到了共和党人的失误，但他无法在党以外的任何地方生存下去。对亚当斯来说，西部的民主党或西部的共和党，城市的民主党或城市的共和党，不管是W. C. 惠特尼，还是J. G. 布莱恩，实际上都是同一种人，他们对金、海依或亚当斯的目标来说都同样有用。他们把自己分为朋友或敌人，而不是共和党人还是民主党人。对海依来说，差别在于这个人是否值得尊敬。

自1879年以来，金、海依和亚当斯一直都是彼此不可分离的。他们一步一步进入越来越密切的同情关系，大家都尽量避免公开这样的私人关系，而不去引人注意，一直到1892年，他们几个都还没有任何公职。在海依当政的时候，金所有的朋友，包括艾布拉姆·休卫特和卡尔·舒尔兹在内，经过很多努力，一直都在资助人口普查局的组织工作，并由金担任该局的负责人。但是，金只等到那个机构组织起来后就辞职了，因为他要到西部去为自己挣钱。海依在国务卿埃瓦茨的手下当过一阵子助手，然后也坚持离开了，他要跟尼哥雷一起撰写《林肯传》。亚当斯没有任过公职，朋友们问起原因的时候，他并不能给出很长的解释，只喜欢一个简单的答案，即不曾有哪位总统请他任职。这个理由不错，也真实得让人信服，但不禁让人对他的斗志或能力产生怀疑。为什么从来没有总统请他去补缺呢？这个问题需要一卷书的篇幅才说得明白。他从来都没有想过哪一天政府强行要他完成什么任务而他又不想去完成的情景，但是，美国政府从来都没有强行让什么人完成一项工作。问题从来都不是出在他这里，也不在别的任何人身上。政府要求候选人主动承担职责，行政部门的事情是从接受或拒绝某事开始和结束的。社交辞令把这种被动的姿态推到了更远的地方。任何一个人，当他被提升到有任命权的职位后，就可以像用自己的房子一样多年使用别人的房子，那这样的公众人士一般会觉得自己被迫要直接或间接地询问自己的朋友是否需要什么，等同于离婚这一民事行为，因为他在旧日的友情中觉得很尴尬。在不偏不倚的做法中，最漂亮的辞令，要算拉玛尔的那句极礼貌的南方话："当然，亚当斯先生知道，我权力范围之内的一切都可供他使用。"这个说法一定是正确的，因为双方都感到很悦耳。他是对的。亚当斯先生的确知道这一切，鞠一个躬，出于礼节微笑了一下，然后，这个话题就永久性地终止了，人人都感觉自己受到了恭维。

这样的密友，一旦提拔到权力高位，总会失去。他的职责和顾虑足以让他操碎心，并且会影响他心态的平衡。除非这个朋友能够达到某种政治目的，否则，友谊就是需要费力保持的东西。从来不为报纸写文章，也不做宣传性演讲的人，很少会向这样的宣传基金捐款，他们会尽可能少地进出白宫，使自己置于有用者的圈子之外，而又完全清楚自己在做什么。他们从来不会指望总统会邀请自己出任什么职务，也看不出总统要这么做的理由。至于亨利·亚当斯，就他五十年来对华盛顿的认识而言，若是哪位总统请他去做一件哪怕一起跨过广场的事情，他也会比任何人都要惊讶。只有得克萨斯州的国会议员才会设想，总统需要他们去一个遥远的使馆任职，而总统还必须要劳神好几个月才能找到一个这样的人。

在华盛顿，这个法则或习惯是人人都明白的，没有哪个人的性格会因为他根本就没有得到任何公职而受到影响。除非他自己希望得到，否则没有人会进入公职。反过来，圈外的人永远也不会得到工作邀请，当然也不会收到捐款请求。亚当斯看不出有哪个公职是他想要的，他认真地想过，从他的角度看去，长期来看，假如没有公职在身，他极有可能成为一个更有用的公民。他至少可以当一名听众，而且，在那些日子里，华盛顿的听众还占不满哪怕很小的一个剧院。能够当一个旁观者，他已经很满足了，不时觉得自己不妨冒险做一番评论，对一些操作者做一些评论性的工作。虽然他发现自己的地位是正常的，却从来都不是很明白约翰·海依的地位。共和党领袖把海看作他们中的一员，要他做事，而且随意取走他的钱，那种随便的态度就连一位麻木的旁观者都会觉得惊讶，但是，与他们相当的职位却从不需要他。在华盛顿，海依是党内唯一一位能够胜任外交工作的人。他那非凡的能力可以等同于格兰维尔勋爵在伦敦的地位，而格兰维尔勋爵在四十年的时间里也一直都是每一届自由党政府仅有的优势之所在。假如政府还拿公共事业当回事儿的话，海依就应该在海依们手下领导一个一流的使团，他本来应该由加菲尔德安排在内阁之中，而且应该由哈里森直接恢复职位。这些先生们总在利用他，总在请求得到他的服务，而又总在拿走他的钱。

亚当斯对政治和政治家的看法——正如他所坦承的那样，都缺乏热情，尽管他从来都没有用他们彼此之间经常使用的那种用语来评述他们，脾气最坏的时候也不曾做出那样的评论。他对任何事物的解释多少都以他对格兰特的旧有解释作为模版，但是，在他的头脑里面引起很大反叛情绪的，却是海依允许自己被人利用的那种忍耐力和好脾气。这样的性格并不局限于政治，看来海依喜欢被人利用，这也是他的魅力之一，但是，在政治活动当中，这种好脾气更需要有超常的忍耐力。无论政治家流露出对社会习俗多么惊人的冒犯，海依总是同样地开怀大笑，并以同样的娱乐口气讲述那些让他吃亏的事情。跟大多数美国人一样，他喜欢玩“造就”总统的游戏，但是，他跟大多数人不一样的是，他不仅仅嘲笑自己帮着选上来的总统，而且还因为自己嘲笑总统而嘲笑自己。

要满足如此昂贵的品位，一个人必须很富有，必须来自俄亥俄或纽约。另外一些人，无论是政治上的左派还是右派，都会做同样的事情，而且干得也不错，他们更多是出自私人目的，而不是为游戏本身。但是，海依一个人生活在华盛顿，也处在俄亥俄州的影响中心，而这个中心在三十年时间内一直都统治着共和党。整体来说，这些影响者都是可敬的人，尽管亚当斯在任何情况下都不可能对俄亥俄的政治家有任何价值，哪怕是经济上的价值，但海依却对他们有很大的价值，正如他表现出来的一样，假如他们有足够的理解力，能够欣赏他的能力的话。美国政治家有时候很有趣，海依笑着，而且，因为没有其他来源，亚当斯也笑了起来，但是，亚当斯因为看到了哈里森总统是如何发牌的而觉得愤怒，这使他非常欢迎克里弗兰总统入主白宫。

无论怎么说，1892年重新选择哈里森先生之后，海依、金或亚当斯都没有什么可以获取的，但打败他也不会有什么好处，至少对亚当斯本人而言是如此。至于克里弗兰先生，在他们看来有较少的个人顾虑。整个国家的人从外表看起来都处在同样的心态下，到处都是一潭死水。海依本人跟亚当斯一样疲倦无力，对时事漠不关心。两个人都没有职业，也都完成了自己的文学工作。《林肯传》是跟《杰弗逊和麦迪逊史传》一起开始、完成和出版的，因此，在这两本书之间，他们差不多写过了美国历史上所有能写的一切。中间的一段时期需要有过渡性的处理，詹姆斯·麦迪逊和亚伯拉罕·林肯之间的差距不可能由他们两个人当中的任何一位以公正的方式予以弥合。两个人都对自己处理的课题感到发自内心的疲倦，而美国似乎也跟他们两个人一样感到疲倦。更糟糕的是，美国人有一股补救的力量，一直以来能够源源不断地提供新思想——不用这种力量，思想就会变成一片空白——创造新力量，用来扩展新能力，但此时这种力量却显示出被遏制的迹象。即便在头一年，也就是1891年，远在太平洋上，亚当斯就已经在东边感受过某种呆钝的迹象，那是看不出来的一种瘫痪，是运输和生产者发出的抱怨，这样的迹象遍布整个南半球地区。兑换问题和银矿生产的问题越来越严重，信用动摇了，政党政治的变化也能使之颤抖。这并不关亚当斯的事，因为他没有信用记录，当富人很穷的时候，他也是最富有的人，但是，这样的事情会有助于缓和社会的动荡。

无论他们如何研究它，在过去的二十年时间里，收益和损失的平衡对金、海依和亚当斯这三位朋友来说都是极不清楚的，尤其是在1892年。虽然他们损失了二十年，但他们得到了什么呢？他们经常讨论这个问题。海依非常奇特的能力，他能记住很多人的面孔，会突然中断谈话的线索，透过窗户看着外面的拉法耶特广场，注意到一位老司令长官，或者是内战时期的一位海军上将，正朝某个俱乐部走过去，准备打牌或者赶赴鸡尾酒会。“老戴什曾在布兰克堡打断了叛军的防线！想想吧，这人曾是战争的闪电！”还有更让亚当斯注意的一些话，“老鲍特威尔，还那么蹦蹦跳跳，跟小伙子似的！”就是这些人，他们曾让帝国的走向发生偏转，也曾让海依、金和亚当斯的人生道路发生了变化，但这些人的价值比他们身后来去匆匆的国会议员的价值还要小，他们不可能说清楚到底将军就是鲍特威尔，还是鲍特威尔就是一位将军。他们所取得的是众所周知的最高成就，人们不禁要问，对他们来说，那样的成功意味着什么？除了个人的虚荣以外，他们能够用这些东西换来什么？从总统一直到他下面的所有人，会不会有人拒绝一年一万美元的收入，转而去接受他的成功所带给他的来自全世界的关注？

但是，这种关注是有价值的，而且在那个时候，亚当斯很喜欢在心情压抑的时候讲授奥古斯都·圣高登思的理论，他说：“的确，大家必须承认，即便你没有得到报酬，你还是能够从所做的最好的工作中得到很大的益处。如果你不是来得太频繁的话，一些真正成功的美国人将非常乐意看到你来赴宴，但是，对于海依来赴宴，他们可能还需要想一想，而对于我，他们一刻都不能够忍受。”已经被人遗忘的政治家没有一点价值，将军和海军上将没有多少价值，历史学家也只有一点点价值，整体来说，艺术家所处的位置最好，当然，这里不讨论财富，因为财富可以充当裁判的角色，但是，作为最后的办法，裁判当然会承认，对于声望的认可作为一种资产还是有某种价值的，尽管一年还不到一万或五千美元。

海依和亚当斯都处在优势地位，他们可以透过窗户看到拉法耶特广场上的古物店，感觉自己拥有了任何人能够拥有的一切，拥有了这个世界能够给予的一切，拥有了他们希望从生活中得到的一切，包括自己的名字印在几十本书的版权页上，出现在几本传记字典中。但是，这与声望没有任何关系，是否能够称其为成功，对此他们并不比鲍特威尔或圣高登思知道的多。海依为写《林肯传》已经花费了十年时间，也许林肯总统更适合此事，但是，海依从中得到的东西并不太容易看得出来，他只有一项特权，那就是看着一些流行书的出版商从他的书中偷走一些内容，然后通过篡改作者的手段掩盖这种剽窃行为。亚当斯在杰弗逊和麦迪逊身上也花费了十多年时间，他的费用，无论按照任何一种商业标准都不可能低于十万美元，合一年五千美元的工资。当自问从这样的支出中得到什么样的回报时，他看不到任何一种回报——这样的工作从来都没有变成现钱。哪怕弗兰克·帕克曼，他的著作相对便宜，也比较受人欢迎，但他印过的第一版也没有超过七百本，到临终时才有所变化。任何一位作家，能够指望零售价达到二十美元或更多的书印到一千册就相当可以了，两千册就属于幻想出来的估值，除非订购的时候加了帆布包装。据亚当斯所知，他只有三位认真的读者：艾布拉姆·休卫特、韦恩·麦克伟和海依本人。他对这几位所给予的关注非常满足，无需其他五千九百万九千九百九十七个人再予以关注。但是，他和海在别的方面都不很富裕，他们值得人们关注的最主要原因就在于他们有权利打开自己的门窗，随便打量一些伟大的人物，无论是死人还是活人，而且就在拉法耶特广场上，而这样的特权与他们的写作没有任何关系。

世界总是善意的，文明的，喜欢被逗乐的，对任何娱乐自己的人都会伸出欢迎的双臂。这个世界耐心对待任何一个不坚持挡在路上的人，或者不给世界带来金钱损失的人，但这并不是关注，更不是任何具体形式的力量，应用在喜剧演员身上时，效果同样好，甚至更好。当然，一种罕见的女高音或男高音一定会赢得很多的掌声，因为他们给人的快乐要多得多，比如在美国。但是，一个人总是要尽自己所能，计算过自己的资产负债表后，人们会把自己的资本做出合理的回报预期。海依和亚当斯都没有冒太大的险，从来没有参与过豪赌。金一直走的是一条雄心勃勃的道路，他曾为数百万的钱财搏斗过。他已经有好多次接近巨大成功了，但结果总是令人怀疑，同时，他一生最好的时光都是在地底下度过的。要想找他做伴的话，多半会找不着他的人。

就在1892年，海依、金和亚当斯都不知道自己是否获得了成功，也不知道如何评估成功，更不知道如何称呼它，美国人似乎也不比他们更加清楚。

的确，美国人根本就没有思想，他们在沙漠上行走，在比希伯来人当年走过的西奈山还要多沙的荒野中彷徨。他们没有蛇，也没有金牛可以崇拜。他们丧失了崇拜的感觉，而若说他们崇拜金钱的话，听起来又像是一个错觉。金钱崇拜是旧世界的特征，是一种健康的渴望，跟对上帝的崇拜是相似的，跟崇拜具体形式的力量也是一样的。但是，美国人比以前任何一个民族都更无节制地浪费金钱，与任何一个奢侈的朝廷贵族比较起来，他们把更多的钱浪费在了微不足道的用途上。美国人没有相对价值的观念，他们不知道得到钱之后拿它干什么，除非用它去挣更多的钱，或者干脆扔掉。也许自人类社会开始以来，还从来没有出现过旧金山的百万富翁在诺伯山上修建豪宅的奇观。除了修建的铁路之外，自1840年以来从地下挖掘出来的巨大财富已经消耗殆尽了。在阿莱更尼斯山以西，整个国家都有可能被荡平，并在一两年时间内建成更好的样子。相对于欧洲人或亚洲人，美国人对钱有较少的尊敬，也更容易在金钱上受到损失。但是，这种观念已经因为其追求产生了偏差，直到不能转向其他方向为止，它躲避，怀疑，厌恶那具有吸引力的危险理想，由于对过去一无所知，这样的观念在历史的长河中绝无仅有而又显而易见。

由于亲自接触到了美国人的这一特点，亚当斯得以对此进行近距离的观察。回到华盛顿之后，他的第一步就跨入了以洛克溪闻名的一座公墓，要看看圣高登思在自己不在华盛顿期间为他修的那座青铜像。很自然地，每一个细节都引起了他的注意，每一个线条，这位艺术家的每一个笔触都让他产生了很大的兴趣——光与影的每一次变化，每一个关系点，对圣高登思的品位和感觉的正确性产生的每一点可能的怀疑。这样一来，当春天临近的时候，他就经常往那个地方跑，看看那个人似乎是有什么新鲜的思想告诉他。那尊铜像对他说了很多话，他却不曾有一次想到去怀疑它所说的。他假定其意义是最普通的一种，是人类思想已知的最古老的一个话题。他知道，如果他去问一个亚洲人，看看那些话有什么意义，来自从开罗到卡姆斯查特卡的任何一个男子、女子或小孩子都会毫不犹豫地回答出来。从埃及的狮身人面像到镰仓的大佛像，从普罗米修斯到基督，从米开朗琪罗到雪莱，艺术一直都是围绕这个永恒的形状锻造的，几乎好像没有别的话题好说一样。这尊铜像引起的兴趣不在其意义，而在于观察者对它的反应。亚当斯坐在那里，很多人会走过来，因为那尊铜像看起来已经成为一种旅游观赏物，所有人都希望了解其意义。大多数人认为那是一个人物半身像，其他人脑袋里面则会出现空白，因为他们身边没有一个向导，没有任何一个人明白一个印度小孩或一个日本黄包车车夫凭本能就可以猜出的意思，唯一的例外就是那些牧师，他们所说的教训更深刻。一个接一个的人带着同伴来到这里，他们明显受到自我思考的影响和吸引，在自认为绝望的、无神论的和自我否定的人像所表达的意义中爆发了。跟其他人一样，牧师只看到了他自己带来的思想。跟所有伟大的艺术家一样，圣高登思举起了一面镜子，仅此而已。美国的俗人已经看不到理想了，美国的牧师已经看不到信念了，但这两种人要比那些上了年纪的愚蠢的军人更具美国人特征，因为这些军人一直在谴责在坟墓上做铜像是浪费钱，而这笔钱本可以拿去喝酒的。

亚当斯踏上了这一片自满自足的广袤平原的中心，他迷路了，被人遗忘了，只看到了一个现实的优势，其他各种优势都从属于它。排除所有其他因素，这个优势吸收了大约六千万人真实的或者想象的力量。铁路系统的运力自1870年以来已经有了大幅增涨，一亿六千万吨的煤产量已经接近英帝国一亿八千万吨的产量了，人们屏住呼吸，看到了从来都没有料想到的与大英帝国的比肩持平，看到了发展道路的交叉，看到了美国能量的引导作用。对于一位历史学家来说，这样的时刻非常令人激动，但是，铁路系统本身已经不如1868年的时候让人感兴趣了，因为它为将来提供利润的机会少了。亚当斯出生的年代与铁路系统同步，他跟铁路一起成长，好奇的目光聚集在铁路的每一英里上，对铁路的了解就如同对自己邻居的了解一样详细，但是，他不能够从铁路里面得到新的教育。虽然铁路系统还很不完善，但是，从整体上来看还是能够满足社会需求的，远远超过其他社会机器的作用，而社会也满足于铁路的创造，满足于自己创造了这样的一个系统。有关铁路，没有什么新东西可做或者可资学习，世界又奔向了电话、自行车和有轨电车，亚当斯过了五十岁才认真而费力地学会了骑自行车。

他没有看到其他新的生活方式，无论他多么认真地追寻，还是一无所获。他看不到任何进展，一直在华盛顿逗留到快七月份，也没有发现任何新的想法。然后，他回到了英国，准备在德斯达度过夏季。十月份，他回到了华盛顿，并在那里等待克里弗兰先生再次当选总统。对于此事，他记下一些笔记，把刚巧出现的一些显眼的事情记录了下来，除此以外就没有其他更深刻的思考了。他已经看到过足够广大的世界，不可能再当一名懦夫，最重要的是，他对银行家已经产生了令人很不舒服的不信任感。这理所当然，哪怕死人也会允许自己保留一些狭隘偏见的。

The Education of Henry Adams

第二十二章

芝加哥（1893）

在世纪之末的死水中飘荡着——在本世纪的最后十年中，每个人都在谈论并感受世纪之末，没有一丝生机可以搅动教育历程中的空虚感，触动精神近乎麻木的自我满足感，他完全离群索居。亚当斯已经很久没有进入社交圈了，多年来，他从未走出家门参加晚宴，在公众的眼中，他的面孔如一个销声匿迹的政客般陌生。他时常注意到，六个月不露面，就足以在报纸上默默无闻，再难重振威名。如果真的需要，没有什么比休养生息更容易，犹如坟墓般沉寂无声。

朋友们有时候同情他，偶尔过来吃顿饭，或在南上北下的途中借住一宿，但是，他的隐居生活总体而言，是完完全全的形单影只，至少他是这样认为的。社交界的宠儿们，每个餐桌和每次宴会都不可或缺的人物，比如汤姆·里德、波克·库克朗、爱德华·沃尔科特，他一个也不认识。尽管与卡尔文·布莱斯做邻居达六年之久，而这个人的殷勤好客堪比在华盛顿的任何人，但亚当斯从未去过他家。W. C. 惠特尼与参议员布莱斯唱对台戏，也属于改革时代的一位旧相识，但亚当斯很少与他会面，就如同他很少见到他的上司克里弗兰总统、哈里森总统、贝亚德、布莱恩或奥尔尼一样。他别无选择，要么哪儿都去，要么哪儿都不去。没有人能对社交圈挑挑拣拣，也没有人可以面对敌意而毫无反击。他与其他人一样不喜欢孤独，但是，他不适合社交，只好沉寂下去。

幸运的是，对像孤独的男士这类无助的动物，世界不仅很好脾气，甚至和善友好，慷慨大方，它愿意宽恕，如果宽恕没有作为一种权利被要求。亚当斯在社交上开罪了很多人，却没有人比他更介意这件事。但是，有几家的大门，他可以未被邀请就进去，未经告知就离开，一个是约翰·海依家，另一个是卡伯特·洛奇家，第三个来去自由的地方是卡梅隆家，在那儿，他接受的教育让他见识到了每个阶层的美国政治家，最大的作用就是阻碍了他预先设想的生活道路。宾夕法尼亚的卡梅隆参议员于1880年娶了俄亥俄州约翰·谢尔曼参议员的侄女，如此盟姻令他保持了在政治上的活力和显赫，在社交界独占鳌头十六年，其间，卡梅隆夫人和洛奇夫人主导的事业可谓前无古人后无来者，她们将社交界的阳光分配到整个华盛顿。她们对亚当斯一直都很友好，十二年的交往让亚当斯成为她们家中的常客，就像在海依家一样。在一个小社交圈里，这几家联合起来就能影响政坛和社交界。虽非有意而为之，但他们能稳固一个人的社会地位。无论一个人的政治倾向和偏好究竟是什么，一个人与卡梅隆参议员、约翰·海依、卡伯特·洛奇比邻而居，还有狄奥多尔·罗斯福，又有塞西尔·斯宾莱斯用毫无偏见的机智左右周旋，让他们聚在一起，那么，这个小圈子一定符合共和党的利益。这种关系日积月累，形成了一种同盟，不受权势争夺或提携栽培的干扰，因为哈里森总统或克里弗兰总统都对社交圈及其利益的追随者没有什么过多的兴趣，这些人与白宫的关系多少有些滑稽，但绝对不亲密。

1893年2月，参议员卡梅隆带家人去了南卡莱罗纳州，买下了一个位于圣赫勒纳岛科菲角的种植园，亚当斯也作为一名家人一同前往，开始了一番新体验。他继续前行，去了哈瓦那，然后返回，一直逗留到四月份。五月，参议员协家人去芝加哥看博览会，亚当斯也一同前往。六月初，他们一起坐船去了英格兰，最后，七月中旬，他们又去了瑞士，去了普兰金斯、查莫尼克斯和采尔马特。22日，他们穿过福加关口，乘火车去卢塞恩。

几个月的密切接触可以让人了解别人的性格，如果这种性格能引发兴趣的话。对亚当斯而言，卡梅隆的性格类型让人兴致盎然，它曾经让他在格兰特总统当政期间自毁前程。它也许源于苏格拉血统，也许源自亚当和夏娃血液中传承下来的人类最原始的张力，也许只是因为住茅屋的人对城里人与生俱来的反感，无论怎样，亚当斯喜欢这种性格的淳朴。宾夕法尼亚式思维，就思维本身而言，一点也不复杂，它缺少逻辑推理，从不夸夸其谈。但是，在实际事物中，它是美国各类性格中最稳定的，也许是最高效的，而绝对是最安全的。

亚当斯在他的著述中做过上述评价，但是，他至今也没有找到一种方式，可以阐释两位人们耳熟能详并具有重大历史意义的宾夕法尼亚人：波士顿的本杰明·富兰克林和日内瓦的阿尔伯特·加勒廷。关于阿尔伯特，他做过一个详细的研究，尽心勾勒出一幅图像，只是为了证明，如果他是一个美国人，那就应该是一个纽约人，具有卡尔文教的特性，更像康乃狄格人，而不是宾夕法尼亚人。真正的宾夕法尼亚人像苏格拉教会一样狭隘，却又像北方佬一样讨厌别人的狭隘，像清教徒的农夫一样自我约束。对亚当斯而言，只有宾夕法尼亚人是纯洁的白种人。在宾夕法尼亚人的内心深处，华人、黑人、西班牙人、意大利人、英国人和北方佬统统都是一类人。思维机器只能按照美国式路线才有可能运作，人们在1869年研究格兰特总统时就发现过类似的现象，但是，到了1893年，如果这种性格和思维仍然坚强和有力地只选择走美国式路线，不禁令人赞叹。出于现实的考虑，宾夕法尼亚人在与利益结盟时会忘记偏见。然后，无论对同事们的看法如何，宾夕法尼亚人均能灵活地付诸行动，动力十足。如果恰好是正确的，当然是指人们赞同其观点，那么，宾夕法尼亚人将会成为全美国最强有力的美国人。作为一个盟友，他的价值堪比其他人相加之和，因为他明白自己所处的阶层，知道这个阶层包括大多数人，也知道如何应对这些人，而新英格兰人却无法做到这点。如果一个人想在国会中完成一项工作，他要明智地避免让新英格兰人去执行。宾夕法尼亚人不仅能完成这项工作，而且是心甘情愿、讲究实际、充满智慧地完成。

就人类的极限而言，卡梅隆家族的人从来都不信任亚当斯家族的人，反之亦然，但是，令人十分惊奇的是，他们总是能共同合作。卡梅隆家族具有亚当斯家族认为的政治恶习，即为达目的不择任何手段。宾夕法尼亚机器最崇高的美德从来不是谨慎的纯洁和华丽的告白，这台机器为了粗糙的利益而使用粗糙的方式，它实实在在的成功是美国历史上最引人注目的研究课题。对于总结宾夕法尼亚人的影响所造成的后果，人们倾向性地一致认为，1789年，宾夕法尼亚人建立了政府，1861年，他们挽救了政府，创立了美国体制，发展了美国的钢铁和煤炭业，修建了伟大的铁路。沿着同样的线索，在研究美国性格的过程中，亚当斯得出了结论，一个对他而言是自相矛盾的结论——卡梅隆的优点和缺点旗鼓相当，这让他成为参议院中最有作为的议员。

从研究的角度出发，亚当斯最终找到了一个这种美国性格的完美样品，而它一直胜过亚当斯自己的性格类型，他渐渐发觉，卡梅隆对自己的影响很大，但自己对卡梅隆的影响却几乎看不到任何踪迹。他对任何事情的看法或意见，从来没有得到过卡梅隆的任何反馈，没有言语，也无事实。然而，年龄上的差距不足为道，教育上的差别也很细微。另一方面，卡梅隆给亚当斯的印象十分深刻，影响最深的是那一年关于一个伟大话题的讨论——银本位问题。

亚当斯对这个话题不感兴趣，也知之不多，那只是他的朋友达纳·霍顿一直关注的话题。然而，不可避免的是，从他不得不选择一派观点的时候，他确信自己支持银本位。他曾经有过的政治主张和个人偏见让他选择支持银本位，让他和金本位之间产生了一道鸿沟。他非常清楚从经济学的角度关于金本位的所有论据，但是，他一生中从来没有将政治视为一种经济上的诉求。一个人可以有政治上或经济上的政策，但不能兼得，这在英国学派中是奇谈怪论，但在美国确实为金科玉律。同样，他非常清楚关于这个问题的所有道德论据，他也承认，正如波士顿所声称的，自己的利益完全依赖金本位。但是，即使自己的利益是数百倍之多，他也无法帮助银行家们或主持赌局的人装好色子码好牌，以便让自己赢得筹码。至少，他一定会表示反对，他认为自己会表示反对。早在童年时期，他的道德标准总是与利益做盲目的斗争，但是，他确定有一条准则会压倒其他一切法则，那就是，无数人不可避免地在道德抉择时跟随利益而去。道德是一种私密的、昂贵的奢饰品，银本位或金本位的道德要由众人投票来决定，但是，哪一个才符合更大的利益呢？对他而言，更大的政治利益，他认为这是他来为18世纪的准则而战的最后一次机会：严格构建，限制权力，无论是乔治・华盛顿、约翰・亚当斯，还是其他人。虽然半心半意，但他一生都在与议会大街、银行、资本主义抗争，无论是在旧英格兰还是新英格兰，他都知道这一点，他注定要在银本位问题上做最后的坚持。

他的结局显而易见，如果他错了，他就与华盛顿十之八九的人一起错了，品质上没有什么差别。亚当斯一定会向后退，但是，卡梅隆对此事的处理却完全不同。他是一个典型的宾夕法尼亚人，一个务实的政治家，包括亚当斯家族在内的所有改革派都用一生的时间来谴责他为了金钱利益和政治逐利而选择妥协。卡梅隆一定会站在那些造就并力挺他的银行和公司的立场上，但是相反，他站了出来，成为美国东部支持银本位的领头人。以《晚间邮报》和高德肯为代表的改革派，其利益依赖金本位，立刻断言卡梅隆参议员对银子情有独钟，谴责他收受贿赂，甚至宣称他已经认罪，承认受贿。

无论金本位还是银本位，亚当斯更感兴趣的是道德标准。他自己的利益依赖金本位，但他支持银本位；《晚间邮报》和高德肯的利益依赖金本位，他们也直言不讳，并信誓旦旦地要在政治中追求他们的利益；卡梅隆的利益总是依赖那些公司，而他却支持银本位。因此，从道德角度而言，亚当斯因违背了自己的利益而应受到谴责，高德肯因坚持自己的利益而表里如一，但无论卡梅隆做什么，他都是一个骗子。

如果这三个人当中有一个人是道德白痴，那么他会是谁，亚当斯、高德肯，还是卡梅隆？在委员会、教皇、国会、报纸或普选就一个双重的道德标准做出判断之前，个人总是容易犯错，特别是牵扯到个人利益之时。但是，在民主国家，大多数人同意就能变成法律。对任何一个了解卡梅隆和戈德金的支持率不相上下的人而言，在他们之间进行二选一的大范围投票似乎极具幽默感，但是，最后的投票结果是支持戈德金，反对卡梅隆。

波士顿的道德家和改革家继续前进，像往常一样，比如约翰逊博士，不耐烦地跺着脚，追随自己的利益而去，或是表达自己的方案，但是，真正的美国人，慢慢地领会到新的复杂思想，在黑暗中摸索，探究更大的利益在何处。通常，银行让他深受教育，五十年里，银行教给亚当斯很多智慧的教诲，不论他喜欢与否，都应该心存感念，即使他是一只昆虫。但是，亚当斯从银行学到的全部教诲，其戏剧化程度全都比不上1893年7月22日发生的那件事。那天上午，亚当斯和卡梅隆一直在马车顶层讨论银本位问题，当时他们正通过法尔科隘口，下午抵达了卢塞恩。就在那儿，亚当斯收到了兄弟们的信，要他立刻赶回波士顿，因为社区破产了，他可能身无分文了。

如果他想得到教育，没有什么能比这样的当头一棒更有教育意义，让他学得更快了的。但是，他奇怪地发现，自己很久才明白究竟是什么棒子落在自己的头顶。他已经因失眠而受了几年的折磨，认为自己神经可能用尽了，于是，他准备好面对一个无眠之夜。他几个月前已经将自己的债务全部偿还，怎么可能被毁掉呢？虽然经过一番冥思苦想，他却放弃了这个难解之谜，考虑到另一个更大的问题，与那些在社会上更有资产的人相比，他不可能更穷，更身无分文，这样想着，他便睡着了，心里坦然地很。第二天早上，就动身前往昆西，于8月7日抵达。

五十六岁之时，他又遭遇了一种全新的教育，发现自己几个月来被悬在破产的边缘，不知道如何会破产，也不知道如何脱身的这种震惊十分值得分享。慢慢地，他开始理清头绪，银行放贷给他和其他人，如果破产了，几千和几百万就没什么差别，他和其他人一样要对此负责，对此，他也不比其他人知道更多。对他而言，似乎整个形势是幽默的，而不是恐怖的，他忍不住嘲笑自己，这是一种久违了的真实笑声。他认为，自己没有失去任何宝贵的东西，而银行可能将不复存在。钱对自己和其他而言，不那么重要，但是，对银行而言，钱意味着生命。生平第一次，他掌控着银行。整个社区的人都一样，尽管没有人像他一样发笑。他们坐在银行周围，打听各路消息，而对亚当斯来说，形势似乎很好笑，但他看得越多，越是困惑。他知道，没有人比他更明白个中缘由。一些非常有权势的力量在盲目地工作着，虽然没有人希望它们做这些。亚当斯去银行提款，想取出一百美元来，但出纳员拒绝给他五十美元以上的金额，亚当斯只取出了五十美元，但他没有抱怨，因为他本人也曾拒绝让银行收回数百或数千美元的贷款。每个人都想帮助另一个人，但是，双方都拒绝偿还债务，究竟是谁把谁陷入这种困境的？亚当斯无法回答这个问题，因为借贷人和放贷人的利益是一致的，属于同一种人。显然，只有一种力量在机械地运行着，它的效果与力量相匹配，但是，没有人知道它意味着什么，大多数人将其视为一种毫无意义的情绪，一种恐慌。

如此重压之下，人类就像蚊蝇一样失去活力。波士顿瞬间就老迈、破败、萧条，只有亚当斯像发了横财一样，快乐无比，因为他终于把握住他的世界，可以完成中断二十年的教育了，不管是否值得完成，只要让他感兴趣就好。自1870年以来，他似乎第一次感觉到某种新的大事件即将发生，主导力量发生了巨大变化，旧机器完全无法胜任其职责，到了一定程度，必然会轰然解体，如果正好就发生在一个人的眼前，他就有了展开研究的绝佳机会。

几年来，他还没有像现在这样，在昆西与弟弟布鲁克斯经常见面，他惊奇地发现，布鲁克斯也有同样的焦虑。布鲁克斯时年四十五岁，是一位文风犀利的作家和精力充沛的思想家，看不惯波士顿的很多习俗，甚至适应不了波士顿的气氛。当然，两兄弟的交谈不需要什么气氛，习惯于彼此倾听。布鲁克斯发现或者说阐明了一个历史规律：交流带来了文明，正如地中海文明之于大西洋文明。在这样的规律之下，美国的一切，欧洲和亚洲的大部分事务都是不稳定的，都在寻找新的平衡，也不得不找到一种新的平衡。布鲁克斯喜欢天马行空，经过十年的修炼，他已经可以清除荒谬的想法，形成一条清晰的思路，但是，他发现，没有什么比日常事件更令人惊奇。事实总是超乎他的想象，不稳定的程度超出了他的预期，变化升级的速度超出了限度，在其他一般原则之中，他提出了一个大胆的观点：社会的资本和劳动力出现不均衡时，逻辑推理出的结果不是集体主义，而是无政府主义。亨利记下这个观点以开展研究。

当他于9月19日返回华盛顿之时，风暴已经部分平息下来，生活呈现出一番新气象，有趣的是，他再次前往芝加哥参观展览会，两个星期完全沉浸其中。他发现了一些足以学习上百年的东西，他的教育在一片混乱中重新开始。事实上，他认为，这一年的教育似乎发疯了。银本位问题尽管很棘手，但相对于让银本位问题复杂化的银行信用和兑换问题，银本位简单到足以用单音节的词来概括。当一个人在芝加哥想要休息片刻时，教育性游戏就像兔子一样，从每一个建筑中跑出来，有成千上万只，没等分清它们来自哪个洞穴，就消失不见了。展览会本身就看不起哲学，直到最后一扇门关闭，一个人才可能找不到不足之处，但仍无法解释需要解析的一切。作为一个自然风光展示，巴黎是从未有过的，但不可思议的自然风光展示就这样存在着，比这个大陆上的其他东西更令人惊讶，尼亚加拉瀑布、黄石天然喷泉、铁路系统等，这些都是美国本土的天然产物。自诺亚方舟之后，没有什么像展览会这般汇集了如此散漫、如此分离的各种混乱状态，包含着含糊不清、毫无关联的思想，不成熟的想法和体验性的呐喊，竟能吹皱大湖区的水面，引得一片波光粼粼。

最初的震惊日甚一日，展览会是西北部自然发展的成果，其进化程度让达尔文都大惊失色。如果说，它不是进化的自然成果，那就更令人惊讶，如果假设它是某种工业的探险式发展，是能吸引人去密歇根湖畔度过夏日时光的艺术成果，那么，它就能更浑然天成吗？美国人身处其中就更怡然自得吗？坦率地说，他像是欣赏自己的物品那样欣赏它，认为它很好，为它感到骄傲。很大程度上，他把自己看作一生都致力于园林艺术和建筑装潢的人，如果他自己不会做，他也知道如何让别人做好这件事情，就像他知道在什么样的场合，妻子和女儿们该如何穿戴才得体一样。也许他无法推倒重来，但下一次，他一定会亲自动手，即使犯了错，也是属于自己的。但此刻，他似乎直接奔向科林斯、锡拉库扎、威尼斯，直接越过了伦敦和纽约，以古典的标准塑造芝加哥。批评家可以对古典风格大加指责，但所有的商业城市总是表示出很浓的商人气息，在宗教信仰坚定的牧师眼中，没有什么艺术比威尼斯的哥特式建筑更加肤浅。所有商人气息都有不登大雅之堂的意味，芝加哥至少让它的品位体现出了整齐统一感。

亚当斯坐在理查德·汉特拱顶的台阶上开始沉思冥想，与他在阿拉卡里台阶上的时候一样沉静，抱着同样的目的。这里连续性遭到破坏，是历史性的割裂！真相如此，还是看上去如此？一个人的个人世界将取决于这个问题。因为，如果割裂是真实的，如果美国的新世界可以接受对理想和信念如此明显而故意的扭曲，那么，他的那些朋友就能在美国追名逐利的竞赛中获胜。如果美国西北部的民众知道什么是真正的好东西，那么他们就会忘记政治家和百万富翁而持续关注汉特和理查森、拉法吉和圣高登思、博纳姆和麦吉姆以及斯坦福·怀特等人。造就这个事实的艺术家和建筑大师们对此并不怀抱奢望，他们自由地发表观点，但大多不值一提。对他们而言，西北部的人缺乏艺术感。他们似乎只为自己而工作，似乎对西北部的人而言，艺术是舞台上的装饰物，是衬衫上的钻石纽扣，是一个硬纸质的领子。很有可能的是，古代的艺术家和建筑师也说过类似的话，希腊人在两千年前就如此评价过迦太基人。

带着满腹的疑惑和希望，他转而观看展品，果真有所收获。工业学校总是教得太多，教得太快，因此，也就等于白费力气。数百万人同样感到迷惑不解，但几乎无人一探究竟，对他们而言，困惑无助似乎很自然，也很正常，因为他们习惯了蒸汽机与发动机，如同习惯了太阳一样，不需要彼此了解。只有历史学家才会把展览会当回事，历史意义的展品很多，但都不符合要求，没有彻底摸索。最好的展品是一艘库纳德汽船，但是，一个渴望算出结果的学生如果希望通过功率、排水量和速度就精确地计算出远洋轮船何时能达到极限，那他只会白白浪费一支笔和几张纸。这些数字让他想到1927年，要想力量、空间和时间都吻合，还需要等到那个时代来临。远洋轮船能够把力量、空间和时间带入未知的未来，因为它是人类制造出的最能体现团体合作的产物，铁路的教育意义较之更少，因为它已经是一个完成时，不过是数量的增加而已。炸药的教育意义最多，但它需要化学家、物理学家和数学家共同予以解释；发电机的教育最少，因为其发展还处于襁褓之中。如果发电机能保持近十年的发展速度，它将让下一代人获得取之不尽的能源。亚当斯在发电机上花费了很长时间，因为它们是新生事物，将使历史进入新阶段。从事科学研究的人不会理解历史学家的无知和天真，但历史学家意外发现新能源的时候，会很自然地好奇：这是什么？是推还是拉？是自我旋转还是穿透他物？是流动的还是振动的？是电线还是绳子？这样的问题源源不断地冒出来，他希望得到答案，却吃惊地发现一无所获。

芝加哥值得学习的东西太多了，不胜枚举。至少对一个反应迟缓、从未听说过这些原创性事物也从未见过其具体形态的人而言，要学的真是太多了。有些人对此一无所知，他们从来没有操作过蒸汽发动机这种最简单的动力系统，从来没有亲手触摸过杠杆或电池，从来没有使用过电话，从来不明白“一瓦特”、“一安倍”、“一尔格”或其他近一百年来产生的能力计量单位，对他们而言，除了坐在台阶上沉思，别无选择。在哈佛学院时，不管当学生还是做老师，他们也没有如此沉思过。他们对所有这些年自己的所言所行感到震惊，更觉羞愧的是，社会如小儿般无知、浅薄，才让他们胡言乱行。历史的思维方式只能遵循历史的进程，也许，自历史学家产生以来，这是他们第一次在机械化进程面前感到茫然无助，迄今为止，他们信任的唯一线索就是自然凝聚力。

他知道自己究竟在说什么吗？当然不知道！如果他能把自己的问题阐释清楚，那他就完成自己的教育历程了。1893年，芝加哥第一次提出，美国人究竟去往何处？作为答案之一，亚当斯说，他不知道，但会努力寻找答案。他在理查德·汉特建筑的阴影下沉思良久，做了透彻的分析，然后断言，关于这个问题，美国人可能也不比他知道的多。左思右想后，他们仍会无意识地奔向或飘向某个目的地，就像太阳系据说也在向太空中的某一点运行一样，而如果能有足够的关联度，就可以确定这个点。芝加哥是第一个让美国思想具有了整体性的点，人们必须从这里入手。

华盛顿是第二个点，当他返回华盛顿时，不巧正撞上国会为撤销银本位议案而召开特别会议。主张银本位的少数派顽强地努力避免被撤销，多数派中的大部分人也不愿意建立一个单一的金本位，只有银行和从事交易的商人们坚持这样做。政治派别根据资本和地缘的界限而定，卡梅隆参议员几乎是唯一的例外，但他们都有异乎寻常的涵养，为彼此的行动和动机留有余地。这次斗争不如通常情况的斗争让人恼怒，而是以喜剧收场。最后投票的那天晚上，卡梅隆参议员和布莱斯参议员、琼斯参议员、洛奇参议员及默顿·弗莱温一起从国会大厦出来，他们非常愉快地说笑着，好像摆脱了一项沉重的责任。作为一个旁观者，亚当斯也是一身轻松。只要有同道中人，他就会坚守他的18世纪、他的1789年宪法、他的乔治·华盛顿、他的哈佛学院、他的昆西以及普利茅斯的朝圣者。二十年前，他就知道这是毫无希望的事情，但还是坚持着，态度、习惯、品位都一如往日，直到他发现自己形单影只。他一直保留着对银行家和资本主义社会的厌恶，直至自己成为一个思想古怪之人。多年以来，他知道自己必须接受现有的制度，也知道其他令人不快的必然之事，年龄的增长、体力的衰败，甚至死亡，虽然无力回天，但他仍会尽其所能地予以抵抗。最终，美国人民解决了这个问题。1793—1893年的一百年里，美国人民徘徊踌躇，犹豫不决，左右摇摆，夹杂在两种力量之间，一种是工业化，一种是资本主义制度、中央集权和机械化。1893年，在单一金本位问题上，大多数人最终表明了态度，永久性地支持资本主义及其所必需的所有附件。他所有的朋友、所有的好公民、改革家、教堂、大学、有教养的阶层，一起支持银行并向资本主义屈服，这种屈服很久之前就在一种少数服从多数的原则中预见到了。在所有社会模式和政府体制中，这是他最不喜欢的一种，但无论喜欢与否，他的喜好与各州的反叛权力一样过时了。资本主义制度已经广为接受，如果要运行下去，就必须遵循资本和资本主义的方式。南部和西部的农场主与城市的新贵们组成了奇特的联盟，共同操控资本主义这台如此庞杂又如此集中的机器，没有什么比这无稽之谈更荒谬的了，1800—1828年曾有过此类尝试，即使当时情况并不复杂，也以失败告终。

国内政治带来的教育就此结束，剩下的就是如何调整的问题，机器运行的问题，经济问题，并不存在任何原则性争议。一旦认定这台机器是有效率的，社会必然会就它为谁的利益运行产生争议，但无论如何，它必须集中化运行。如此巨大的革命通常总会有后遗症，但在政治上，最令亚当斯惊讶的就是，他和那些支持银本位的朋友们轻而易举地抹去了隔阂，栖身于单一金本位、资本主义制度、保护性关税、公司信用、行业工会，以及作为必要补充的社会主义家长式作风之中。全部力量的机械性整合，无情地毁掉了亚当斯出身的那个阶层，却产生了可以控制美国所推崇的新能源的垄断阶层。

那些被误导的教育剩下的残渣已经灰飞烟灭，在这种强大动力的推动下，没有什么东西留给一位历史学家的，他无话可说，只能疑惑——还有多久？还有多远？

The Education of
Henry Adams

第二十三章

沉默（1894—1898）

1893年的动荡将其受害者置于一潭死水之中，而且终止了大部分教育。这个国家振作精神，努力前行，谁都没有想到美国还有这种能力，而个人此时则尽自己所能从那片废墟中踯躅前行，却发现生活中的许多价值都已经被颠覆了。然而，连接19世纪和20世纪的四年，即1893年至1897年，在教育戏剧化的情节里没有任何价值，可以不予考虑。使得1870年至1890年之间的生活舒心愉悦的很多东西都在这次毁灭中消失殆尽，克莱斯·金的时运就是最早被毁灭的事物之一，其中的教训可以任由旁观者随意解读，但对于亚当斯这个旁观者来说，如果他理解正确的话，其中的教训尤其具有道德上的意义。在1871年，他曾认为金的教育是完美的，而他本人适应社会的能力也是无人企及的。把各种机会综合起来看，没有哪位美国年轻人能与他媲美——体能、社会地位、思维广度、所受训练、睿智、亲和力和科学知识，这些品质都十分美国化，非常强大，势不可当。与他最接近的对手就是亚历山大·阿加西，而且，据他们的朋友所知，在这场角逐中，再也没有别人能够与他们处于同一等级。然而，二十年努力的结果表明，科学的教育在大多数理论失败的地方失败了——因为缺钱。即便亨利·亚当斯一直让自己远离任何可能的金融风险，却也被困在了这齿轮之中，在破产的漩涡里挣扎了几个月的时间，等到整个百万富翁阶层全都算是破产了，银行才被迫让小老鼠和大老鼠一起溜走，抓住了这个机会的他才得以获救，然而，总体来说，没有投入资本的教育总有可能被扼住咽喉，被迫吐出所有的收获，即便知道没有人希望发生这一切，也无济于事，这样的人都无法幸免。不管是主动的还是机械的，教育的结果都一样。没有金钱做支撑，即便是科学的计划，显然也会失败。

这个科学的计划在理论上是合理完善的，因为科学本应与金钱等值，而实际上，没有金钱，科学寸步难行。弱势的持有人，按照他自己的说法，一定会被排挤出去。教育必须适应新社会的复杂环境，并常常以此加速自身变化，而教育是否适应社会只有通过成功与否来判定。亚当斯在自己那个时代里受过教育的人中寻找成功的典范，就是出生在30年代，接受过职业训练的那些人。在他最熟悉的那些人中，有三种类型的成功人士：约翰·海依、怀特罗·里德以及威廉·C. 惠特尼，他们对自己的婚姻都有自主权，教育只不过只是起到了装饰的作用，然而，在1893年，在这三人中，威廉·C. 惠特尼是最受欢迎的类型。

报纸会不停地谈论财富，直到陈词滥调都已枯竭，但出于习惯，很少有美国人羡慕那些富人，他们不奢求得到多数富人从金钱中得到的任何东西。虽然纽约也许有时会畏惧富人，但更多的人时常嘲笑或讥讽他们，从未对他们表示过尊重。很少有哪位富人由于其财富获得社会地位，也不可能因此被选入公职，甚至不能进入较好的俱乐部。除了极少数人，比如彼尔庞特·摩根，但他的社会地位与其财富的多少没有什么关系，在纽约，从财富给富人带来的快乐而言，富人绝不是人们艳羡的对象，而惠特尼甚至算不上非常富有的人，然而，人们对他的羡慕却是显而易见的，其中自有原因。1893年的时候，惠特尼在满意地实现了每个抱负，告别政坛之后，几乎还可以按照自己的意愿左右这个国家。他把政治理想中那些平庸的目标丢掉，就如同弹掉烟灰一样，然后转向了其他娱乐，满足了自己的每种品位，实现了每个愿望，赢得了纽约所能提供的一切，而且还不满足，把自己的战地扩展到了国外，直到纽约都不再知道该艳羡他些什么，是他的那些马匹，还是他的房子为止。就在克莱斯·金失败的地方，惠特尼却成功了。

从所有这些人开始一窝蜂地争夺权力至今还不到四十年，胜负已决，时局已定，然而，亚当斯在1894年并不比1854年更明白，美国教育应该是什么样才算得上成功。即便认可以金钱衡量教育的方式，其价值也不可能被认为是通用的。美国有几十个拥有五百万美金甚至更多钱的人，然而，他们的生活并不比他们厨师的生活更有意义，对于那些富人而言，把他们的金钱换算成教育要比亚当斯把教育换算成金钱难得多。社会地位似乎还有些价值，而教育却一文不值。一位数学家、语言学家、化学家或者电气工程师，如果运气好的话，在市面上的平均价值是每天十美元，而一位精力和意志力有着中世纪风格的行政人员、组织人员、经理人，他们所受的教育范围出不了自己的领域，却很可能蕴藏着至少十倍于前者的价值。

社会没有能够发现哪种教育最适合它。财富对社会地位和正统教育的评价与这两者对财富的评价一样高，而女人一般会让这样一个天平保持在平衡状态。对于自己所能看见的任何事物，亚当斯都很满意，就好像他也曾经受过良好的教育一样；而克莱斯·金，他的教育完全符合理论，却失败了；而惠特尼，所受的教育不比亚当斯好到哪儿去，却取得了非凡的成就。

倘若亚当斯在1894年像在1854年那样重新开始生活，他必定还会说，他对教育的全部要求就是对四种旧工具的简单运用：数学、法语、德语以及西班牙语。有了这些工具，他可以向着视野之内的任何目标努力，并且一定会有极大的优势，竞争对手当中，十之八九无法与他匹敌。不论是政治家还是律师，化学家还是电气工程师，牧师还是教授，本地人还是外国人，他谁都不会畏惧。

金失败了，身体垮掉了，经济上破产了，但这间接地给亚当斯带来了收获，那就是，金为了恢复体力，说服他一起去了古巴。1894年1月，他们游荡到了圣地亚哥小镇。古巴的社会风景如画，这是金非常熟悉的，那个社会比他在广阔的世界上发现的任何一个社会都要有趣得多，但除了古巴式的西班牙语或者音乐外，那里教授任何其他东西都不专业。这位游客既没有从自己的角度，也没有从金的角度，提出任何崇高的研究计划，不过是问了些有关诸如随着信风漂浮到多斯波卡斯河谷的秃鹫，或在日出时分从格兰皮耶德拉的高处眺望大海和海岸的颜色这样的问题。但是，就好像他们才二十岁，而革命也和他们一样年轻似的，那从来都不曾牢固，现在已经开始腐朽的社会结构，砸在了他们头上，把他们拉进了灾难的海洋。在1850年至1900年之间的半个世纪里，常常有帝国在他们头上分崩离析，而在所有的教育中，这些断断续续的政治动乱的教育意义最少。自从拉姆齐时代以来，革命带来的疑问比其所解决的疑问要多得多，但那些革命偶尔也有些好处，它们一定程度上改变了他的视角，古巴叛乱割断了亚当斯与民主政府的最后一丝联系。他想，克里弗兰总统若尽职尽责，应该不动用武力解决古巴问题，而亚当斯的这一感想是古巴民主党派普遍持有的看法，他们还强调运用经济需求和金本位来打破旧的组织，不再需要党派之间做出选择。这位陌生的美国人，无论是有意还是无意，在19世纪结束之前就背离了这个世纪；金本位、保护政策和多数原则不可能产生别的结果，而且和从前经常发生的一样，对于这场运动，越是试图要阻止它，它反而越会加速，而一旦加速，就会产生其他更严重的后果，即将阻拦这场运动的所有好与坏的事物一同摧毁。

这个教训太过老套，老套到了让人厌烦的程度。除此以外，亚当斯自从儿时以来没学到别的东西，他就已经厌倦了。他在这些漩涡的边缘又逗留了一年，沉醉于这个风景如画、原始古朴的世界里，这个世界从来没有真正参与到普遍存在的运动之中，并且因为它的慵懒变得更为有趣。与金一起在西印度群岛度过了冬季以后，又与海依在黄石共度了夏季，他发现那里也没有什么可学习的东西。温泉已经是个古老的故事了，斯内克河除了涉渡以外没有提供任何重要的信息，连提顿人都显得可爱而沉静，麋鹿和熊根本不知道人们会先驱赶，再去围攻它们，因而不需要设陷阱。作为回报，人们也小心爱护这些动物，从来没有一群有些嗜血或者非常嗜血的人游走在这个大陆屋脊上。海依与亚当斯一样不喜欢剥皮屠杀大猎物，他甚至不再对猎杀野鸭时那种沉静、属于中年人的那种冥想的愉悦感兴趣，并且发现黄石的鳟鱼太容易捉到了。带领这队人的哈莱特·菲利普斯本人虽还不如田鼠捕猎得多，却喜欢玩印第安人的狩猎游戏，地质学家爱丁斯最后只为餐桌狩猎了，单单贝利·霍佛毫无心机的喋喋不休就让人了解了淳朴生活的含义。和1871年的落基山脉相比，当年那种空旷荒凉的感觉已经不复存在，除了在追逐狐狸时可能会扭断脖子，亚当斯看不到任何可能发生的奇遇，只有更聪明的小马偶尔会嗅到一只友好合群的熊。

当他们一行人从黄石公园出来后，亚当斯独自去了西雅图和温哥华，去考察尚未试验通车的美国最后的铁路系统，而这些铁路系统已经没有任何新鲜的东西可学了。刚刚完成肆意纵情的西北地理游历之旅，他又迫不及待地要去走遍美洲各地，他出发去墨西哥以及墨西哥湾，快速走了一趟加勒比海地区，并在六到八个月时间内在美洲走了至少两万英里的陆路和水路。

1895年，他回到了华盛顿，开始觉得自己对边缘化的生活了解得足够多了——热带岛屿、荒僻的深山、古老的法律以及退化的物种。相对于文明社会，这一切让人感到愉悦之极，美不胜收，但却只对艺术家有教育意义，亚当斯那时已经年近六十，作为艺术家的他也开始走向死亡了，只有某种程度的理智还在不停歇地运作，然而对于外界的感官刺激却不再有任何反应。他从一处美景到另一处美景，无法停下脚步，好像艺术就是一场快步行走的比赛。对此，他在某种程度上是早已预料到的，因为这位老人在这场戏剧一开幕就是个舞台上的一个典型人物，然而，他却觉得非常困惑，无法从艺术的对立面，或者说是纯理性的一面解释自己失败的原因，因为若是从这方面去探讨，唯一需要解释的只有大脑的运动。

他想当然地认为取代艺术的是算术，因此一头扎进统计学中，幻想着自己的教育最终在那里找到确定无疑的落脚点，而最终证明对于统计学的研究是他所尝试过的所有研究中最为简单的。即便政府也主动做过无数的统计，大量的数据表格，无尽的平均数，而这些数据仅仅是供回答人们的问题所用。在统计局，华盛顿·福特能够提供有好奇心的人们能想象出来的任何资料，以供填满无知的巨大裂口，并且还提供了用于粉饰事实的方法。曾有一段时间，他似乎就要掌握这门科学了，统计出的平均值投射成为未来的必然规律。或许其中最令人困惑的部分在于统计员的态度，统计员对他们自己所统计出来的数字并没有多少信心。虽然他们本应该得出一种确定性，但他们谈起话来无异于那些不太了解这门科学的人。理性的方法没有产生坚定的信念。的确，每次量的增加——体积和速度，看来都会产生新的要素，最终，这位刚刚学会算术，但对代数还一无所知的学生对于事实构成的复杂性充满了一种迷信的恐惧——一切最终呈现出的结果都不是应有的结果。从大体上讲，根据数据，任何人都能够建立或者摧毁一个社会。对于亚当·斯密的建设性理论，或者卡尔·马克思的破坏性批判，或者对艾利西·莱克拉斯的无政府主义的诅咒，亚当斯都不能建构出任何一种令人满意的解释。他在过去所有社会的废墟中肆意狂欢，对于未来每个社会都可能会被推翻的预期欣喜不已，但同时，这些在道德上、算术上和经济上违背了所有规律的社会不仅彼此影响，而且还在每一次相互作用的过程中创造出新的复杂性，每种复杂性又进一步产生更多的复杂性。

人性的一面更加糟糕。自从1867年有了穿孔贝类这一愚蠢的发现以来，还没有什么东西比世纪末人类的行为更让这位学生困惑的了。似乎没有人特别在乎这个世界或者未来是什么样子，如果还有人在乎，也许就是那些无政府主义者，之所以说只有他们在乎，是因为他们不喜欢现在。亚当斯和他们一样不喜欢现在，并且对未来社会也越来越不感兴趣了，但却怒火中烧，因为他发现自己的生活竟是这样的寡淡，这样的一无所获。同时，他看着人类在前行，就像斯内克河沿岸的一队驮马，从一处沼泽陷入另一处沼泽，只因为脾气坏，就时不时地被宰杀，就和该隐一样。自1850年，大屠杀越来越普遍，直至社会已经熟视无睹，除非像在亚美尼亚被害人数高达数十万人那样，战争似乎一直连续不断，在古巴又开始了，南非也蓄势待发，满洲也可能开战，然而公正的法官认为这些战争不仅仅完全没有必要，而且是愚蠢之极——战争都是由最粗俗阶级的贪欲所引发的，就像暴君和罗马人仍在抢劫其邻国一样。虽然这样的抢劫行为也许是天性使然，在所难免，但杀戮行为却太过原始。

这种属于穿孔贝类或者虎鲨的特征似乎在社会的每一次道德进化过程中都得以幸免，在很困惑，对这一特征不知该作何解释的时候，他转而去研究宗教出版物，或许人性的进步会在宗教文献中体现出来。他发现自己完全没有必要非得以不敬的语气谈论宗教，但作为运动的推动者，整体看来他更喜欢虎鲨的活力，因为虎鲨还有改进的机会，他痛苦地意识到宗教的虚无，并且非常严肃地怀疑社会上任何一个大的领域是否关心未来的生活，哪怕关心一下现在的生活和未来三十年的生活。没有一个行动，一句话，甚至一种姿态展示出其具有深刻的信念或者希望。

教育的目的以此发生了变化。许多年以来，他的教育都在研究这个世界不再关心的问题的过程中迷失了，如果教育可以重新开始，他一定要首先试图弄明白大多数人类所关注的到底是什么，又为什么关注。宗教、政治、统计学和旅行到目前为止没有产生任何作用，连芝加哥博览会都把道路弄混了。随机性的教育再也进行不下去了，因为他的大脑里已经散落着并被塞满了数以百万计的偶然画面，凌乱地存储在他的记忆里，令他绝望，他还不如教育一个沙坑。教育沙坑的任务毫无意义，而这还不是最让他不安的，最让他不安的是在追寻教育的过程中，自己变得越来越荒唐可笑——没有什么比过时的却好为人师的老学究更让人厌烦的了。

此时，他被一位女性解救了，就像以往经常发生的那样。1895年仲夏来临的时候，卡伯特·洛奇夫人邀请他一起去欧洲，同行的有参议员和她的两个儿子。历史研究对这位历史学家来说还算是有用的，因为历史让他了解到自己对女性真的是全然无知，而这种无知之庞大几乎要把他击垮，因为他本以为自己对所谓的历史资料非常熟悉，但结果却发现自己了解的女性竟寥寥无几。仅仅通过男性的视角被了解的女性是被误解的女性，除了一两位像M. 赛维可的人，没有哪位女性曾经描述过自我。这位19世纪的美国女性只会按照男性看待她们的方式生活，很可能比18世纪的女性还要鲜为人知。艾比盖尔·亚当斯的后人中就没有一位女性像她那样，因她的那些信件为人熟知，这对于历史来说，是真正的损失，因为这位19世纪的美国女性较美国男性而言容易相处得多，也许比她的祖母和外祖母还要容易相处。亚当斯与洛奇夫人和她那在1893年就成为参议员的丈夫之间的关系，自1871年就属于那种兄弟或叔侄般的关系，当年卡伯特·洛奇把他的试卷放在了副教授亚当斯的桌上，然后穿过大街去剑桥的基督教教堂举行婚礼。洛奇曾是一名学者、教学同事和《北美评论》的合作编辑，在1873年到1878年之间还是一位政治改革者，这期间亚当斯一直和他紧密合作，但他从政后，亚当斯和他接触得就很少了。然而，洛奇还是遭受了亚当斯所认为的不幸，因为他不仅仅成为一名议员，而且是一位来自马萨诸塞州的议员——这是亚当斯唯一知道的一种对朋友之间有致命作用的独特社会关系，一位深信历史宿命论法则的学生宁愿选择，也只能选择把洛奇当作敌人，但是除了这件事，他对洛奇的评价还是很高的，而且在这片生活着芸芸众生的荒凉土地上，他对洛奇家一直有着强烈的依恋。虽然接触参议员，永远都不可能是安全的，但若是参议员有着非常优秀的妻子和几个非常优秀的孩子，他的妻儿又没有因其位高权重对他展现出丝毫崇敬，也许这样的参议员时而接触一下也无妨，因为有他的家人约束他。

只要洛奇夫人有请，他就满怀感激地跟随，于是八月份他第一次到了诺曼底的卡昂、康德斯和蒙特·圣米歇尔湾。如果他自认为对历史的某一章节还比较熟悉的话，那就是12和13世纪的历史，但是若仅凭着更年轻的眼睛和更新颖的思想，就想把这些毫无生机的讲学制度变成郁郁葱葱的原始森林，那当然是白费力气。他那德国人式的偏见一定严重歪曲了他的青年时代，因为洛奇一家一眼就看出来他认为并非本质的事物，一定是非德国化的事物。他们呼吸着1200年诺曼底的本土气息，这个赞美之辞如果说是给一个阶级的某个人——这个阶级一生都在试图让自己和公众相信，暴风雪的气息是最不美国化的，那么在参议员看来这样的赞美之词本来就意味着缺乏品位甚至感官迟钝，但这种氛围，一旦接触到真情实感，参议员就流露出大脑中下意识的幽默。在这个13世纪的世界里，即便一位参议员也变得淳朴，率真，关切，有教养，风雅，开明而友善。

在洛奇家看来，老问题成了新的私人问题，之前的老问题抛弃了与德国演讲厅之间的一切关联。一开始亚当斯并不明白这个老问题新在哪里，它有一种类似于温洛克修道院和穿孔贝类的古物研究的情感，但又一劳永逸并毫无意识地摒弃了过时的规律和对古物研究的爱好。亚当斯带着对历史的一种全新体会回到了华盛顿，他又一次向南行进，四月份回到了墨西哥，与卡梅隆一家人研究龙舌兰酒和西班牙巴洛克风格建筑。五月份他又一次与海依穿过欧洲，南至拉文纳，那里就是这次旅行的终点。1896年，在重新沿着原来的路线走过无数英里之后，亚当斯在十月份和其他人一同回到了美国，选举了麦金利总统，开启了一个新世界。

对自1870年以来的公众人物和举措构成的那个旧世界，亚当斯一滴眼泪也没流。不管在局内还是局外，事前还是事后，作为党派人士还是历史学家，对于那个旧世界他都看不到可资赞美的事物，或者任何他想要保留的事物。在这方面，他所反映出的不过是公众的心态，即对于两个党派都不喜欢，也都不表示同情，因而恰好达到了平衡。即便在那一代最有权势的人中，他所认识的也没有哪位对于旧世界能说出什么好话。自从克里斯托弗·哥伦布最初破坏了美国社会的平衡以来，美国政治还从未有过如此彻底的平庸时期，然而在华盛顿这样的小社交圈中，对于公共事务缺乏兴趣自然会使得这位旁观者绝望地依赖于某种私人关系。他拖着疲倦的步伐，走过长长的宾夕法尼亚大街，非常依赖他的朋友，而且不去看任何其他事物。这样一来，年复一年，他的生活圈子越来越窄，越来越局限于拉法耶特广场周围的那几个社交圈，这些朋友没有直接或者私人之间的任何权力关系，除了布莱恩先生的圈子，他为了生存所进行的不懈奋斗使他与他人区别开来。突然，麦金利先生入主白宫，并且严重干涉这个特殊的团体。一瞬间，这个一步步构建起来的巢穴被撕扯成碎片，散落在世界各地，亚当斯再次发现自己孤身一人。约翰·海依奉命前往伦敦，洛克希尔去了雅典，塞西尔·斯宾莱斯葬在了波斯。卡梅隆拒绝担任任何国内和国外的公职，并且解散了他在拉法耶特广场的社交聚会。只剩下洛奇和罗斯福两个社交圈了，但即便是他们，也一度忙于权力利益之争。自从1861年以来还从未出现过这样的社会动荡。

但这还不是最糟的。对于亚当斯而言，他的兴趣主要在外交事务上，而这时，他对于古巴、夏威夷和尼加拉瓜的混乱状态产生了最强烈的感觉，在国务院的那个人应该比在白宫的那个人更为重要。面对欧洲的敌意，亚当斯认为美国没有任何人适合处理这些事，也没有可供举荐的可能人选，但当得知总统打算把参议员约翰·谢尔曼安排在国务院，以便在参议院给汉纳先生腾出一席之地的时候，他的震惊之情用任何语言都难以描述。在他这个活得足够长，因此得以区别各位总统假公济私之道的人看来——如果不是区别不同人的工作的话——格兰特本人也没干过这么糟糕的事。约翰·谢尔曼，四十年以来都是一个友好的人，本可以胜任这个职位，但众所周知，他已年老羸弱，因此这次阴谋在亚当斯看来，既是出卖了老朋友，也是敷衍了国务院。如果总统任命汉纳先生为国务卿的话，亚当斯可能会耸耸肩，因为汉纳先生如果算不上一个有外交经验的人，但至少也是一个强有力的人，比这糟糕得多的选择常常会产生还算好的结果，但约翰·谢尔曼必然会悲惨地失败。

前景和这些人一样糟糕透顶。虽然他可以不动声色地忍受敌人的营私舞弊，但却无法接受朋友的这种行为，在亚当斯看来，这种营私舞弊行为要比报纸上披露的那些小型的贪污腐败严重得多。总统虽然暗示，约翰·谢尔曼一退休，就由约翰·海依来接任，但事情仍不会因此有多少改观。的确，即便海依是无意卷入这个阴谋的，那么他也应该站在朋友的立场上从此以后不再参与公共事务，但即便没有这最后一次的灾难，亚当斯也感觉到，华盛顿再也不适合待下去了。在那里，他除了独处之下思考麦金利先生的营私舞弊之道外，无所事事，而麦金利的那些做法也不大可能比他前任们的套路更引人发笑，也不如参议员们的做法更可笑，参议员们的做法毫无新意，在法语中却得到了极富表现力的描述，被称为embetement（厌恶），也不比可怜的谢尔曼先生的做法更有趣，谢尔曼的行事方式必定为他的朋友们带来了极大的痛苦。又一次，他必须离开了！

没有比离开更容易的事了！自1858年以来，他总是时不时地每隔一段时间就这样做一次，而现在已经是1897年三月份了。然而，虽然用了六年的时间顽强努力地去开启新的教育，但其结果却让亚当斯无法向年轻人提及，前景渺茫。早在1860年，自从市民法那喋喋不休的幽灵被锁在黑暗的贮藏室里以来，旅行的目标也越来越模糊了。诺亚的鸽子并没有仔细地在地球上搜寻栖息地，或者没能找到。地球上的陆地或者水面上的任何一处都可以让需要休息的鸽子得以满足，但没有哪个栖息地适合一只六十岁的形单影只并且没有受到教育的鸽子生活，它甚至对橄榄叶也失去了胃口。对此，作为教育，年轻人也许会不得不结束这种毫无幽默可言的课程，但对于有些年轻人而言，他们也许应该知道，在这个星球上很难有几处能够让这位老人独自待上一个星期却不厌烦的地方，让他待上一年而不厌烦的地方就更没有了。

世人如果被这样的抱怨惹恼了，很自然地会回答说，六十岁的人根本就不应该活下去，这无疑是真的，但却并不新颖。这个六十岁的人，有着在这个年纪固有的易怒情绪，会反驳说，世界不应该把去除腐肉的任务抛给他，只要他还存在，就有要求娱乐的权利——或者至少有要求教育的权利，因为他这样的要求不需要任何人为此付出任何代价——而一个不能育人的世界，也不会多么有趣，甚或还是丑陋的，这样的世界更没有权利存在下去。两种观点似乎都是合理的，但这个世界早已厌倦了实际生活中社会已经认可了的词来描述它，因为没人喜欢被告知自己很让人厌倦，或者很无知，甚至很丑陋。如果在无可辩解的时候，这个世界会机智地应答道，年轻的时候做什么都可以原谅，六十岁的人若想得到尊重，最好守口如瓶。这句实话也有其缺陷，那就是太过真实。这个规律对年龄只有他一半的人也同样适用，只有非常年轻的人才有权流露出自己的无知或者没有教养。年长的人们通常都老于世故，不会轻易暴露自己的缺陷。

而就参议院的痛苦遭遇而言，以上两方面看法都有很多例外，但无论是年轻人还是老者，男性还是女性，似乎会一致认同一点：每个人都对别人的沉默表示赞赏。在人性的所有特点中，沉默是最持久的。在人类语言的漫长历史中，只要稍有留心，就会发现愚者喜欢表达，而智者默不作声，对于这一点，没有任何异议。“即便是愚者，”最富有智慧的人说，“当他闭口不言时，也会被看作是聪明的人。”更常见的情况是，最聪明的人谈及最高智慧的时候，却被当作傻瓜——他们只对别人的沉默这一优点表示赞赏。对此苏格拉底也曾表示赞同，他的一番话应该也曾让雅典人感到新奇，但后来苏格拉底的那番话重复多了，也就让人生厌了。托马斯·卡莱尔曾对那番话高声赞美，马修·阿诺德认为那是语言的最好形式，而亚当斯则认为马修·阿诺德是他那个时代里有着最好表现形式的人，阿杰诺·斯温伯恩始终称那番话是最高贵的。阿尔弗雷德·德·维尼那匹垂死的狼也曾说过：

人之将死，当他回顾自己有什么东西留在这个世界上的时候，只有沉默是最有力的，其他的一切都是谎言。

就连拜伦，那个更有智慧的天才时代似乎已经认定他是一位冷漠的诗人，也曾坦言：

人们认为，阿尔卑斯山的雪峰接近天堂，比火山猛烈喷火形成的山巅离天堂还要近。

还有其他的诗句，大意是说，文字不过是“暂时存在的令人痛苦的火焰”，对此，除了他以外，没有人会更了解。诗人的这番话的意思再清楚不过了：

沉默，当岁月雕刻你的额头！
沉默，最好现在就沉默！

虽然这些伟大的天才中没有人笃信沉默可作为治疗自己病痛或者无知的良方，但他们所有人，和他们之后的所有哲学，都确信一点：即便到了六十岁，也没有哪个人获得过知识，其中少数几个人却因无知而闻名，但结果都是一样的。不仅如此，在每个名副其实的社交圈中，这个六十岁的人都受到鼓励去沉溺于这样的爱好：在沉默中追求无知——好像这是摆脱他的最好办法。在美国，沉默要比无知更让人压抑，但或许在这个世界的其他地方还隐藏着某个去处，一个满足感统治的地方，那里有着悲观的沉默——虽然他找了很久，但仍没找到，于是新的朝圣之旅又重新开启。

第一程通向约翰·海依将要立足的伦敦。他见过那么多美国公使被伦敦接受，张伯伦勋爵都没有他清楚，在那里不要指望得到任何教育。1897年4月21日亚当斯再次抵达了伦敦，过去的三十六年好像只是很多天而已，因为维多利亚女王仍统治着英国，圣詹姆斯大街看不到任何变化。的确，卡尔顿的特莱斯别墅已经像罗马的街道一样，事实上是很多幽灵在尖叫并且胡言乱语，直至他觉得自己像黑暗来临之前的奥德修斯，被一种“无血的恐惧”所吓倒；但是，在春天，伦敦还是一个让人愉快的地方，而在1897年5月，伦敦比以往任何时候都更让人快乐，因为自1893年漫长的冬季以来，每个人都在欢庆这里又恢复了生机。他的命运，或者他朋友们的命运又一次漂浮不定。

这种乐趣不可能持续很久，因为他很快发现自己是英格兰最老的英国人，他太熟悉最好被遗忘的家用玻璃罐和最好不知道的老传统了。没有哪位长满皱纹的汤豪舍在回到沃特堡的时候，需要一位长满皱纹的维纳斯告诉他说，他已经不在家里了，这个时候，即便忏悔也带着些许执迷不悟。于是他悄悄溜到了巴黎，在圣格曼建了一个家，在那儿，边自学法国历史边教授给侄女们，她们聚集在昂古莱姆亭旁古老的雪松之下，并在圣格曼和马利的郁郁葱葱的林间树影里骑马漫步。虽然海依时常写一些幽默的挽歌，但没有什么能够扰乱这位陷入困境的汤豪舍平静的夏日生活，他慢慢开始在法国找到了家的感觉，而别的国家，他感觉更像家。最后，正如其他已经作古的美国人一样，他也因为再也无处可去而赶赴巴黎，一直逗留在那里，直到1898年1月海依来到巴黎；海依夫人，二十年以来一直都是一位忠实可靠的盟友，请他跟随他们一起去了埃及。

虽然亚当斯并不很想再去看埃及，但他很高兴见到海依，并且很愿意跟他去尼罗河。他们所见到的和所说的尽可能不涉及教育，直到一天晚上，当他们从亚桑穿过尼罗河观看日落的时候，斯宾塞·艾迪带给他们一份电报，宣告缅因号在哈瓦那海港沉没了。这是自1865年以来教育迈出的最大的一步，但这则消息又能教给他什么呢？他斜靠在位于卡尔奈克大厅中断裂的柱子上，看见一只豺狼从废墟上慢慢爬下来。当年卡尔奈克大厅正在修建时，这只豺狼的祖先一定也爬过同一面墙。他又如何看待沉默的意义？他躺在沙地上，看着狮面人的表情。布鲁克斯·亚当斯曾教导他，文明之间的关系就是贸易关系。亨利沿着海岸线漫步，或者说是被海风推着走，他试图探寻古海港以弗所的踪迹。他又去了雅典，登上了洛克山，寻找迪林斯港口。他们一起去了君士坦丁堡，研究君士坦丁一世的巨大城墙和贾士丁尼安的更大的穹顶。他的爱好就像一只骆驼，他希望，如果在沉默中一直走下去，沿着这条伟大的贸易通道，最后他也许会邂逅一个思想的圣地。

The Education of
Henry Adams

第二十四章

印第安之夏（1898—1899）

西班牙战争的那年夏天，一个年近迟暮的六旬老人开始了他的印第安之夏（深秋后短暂的风和日暖），只想在平静中收获六十年的成果。他有理由感到满意，自1864年以来，他从未感受到如此强烈的力量和活力，从未看到这么多的朋友也焕发着活力。一个人的满足感很大部分是源于相互支持，团结一致，但是，作为比赛赢家的感觉更容易让人满足。1898年，他是唯一一个尚存活于世的1861年公使团成员，伦敦的情势对他别具吸引力。他认为，也许他是唯一一个能活着并酣畅淋漓地欣赏这部大戏的人。自印花税法案（1765年英国议会在美国殖民地实施的征税办法）之后的一个半世纪里，这部戏里的每一个场景他都记忆犹新，甚至可以追溯到1750

年他那些雄辩的家族先辈们没完没了的全部争论，也包括他自己在内战中的微不足道，每一步都是为了将英国引入美国体系。为了这个目的，他们写了浩瀚如海的争论和抗议书，进行了一场接一场的战争，他们一辈子都气不顺，他们的后代也缺乏温和、耐心的清教徒品质，直到连他们的私人秘书有时候也会有过激的言辞。突然间，纯粹偶然地，幸运降临在海依的头上。持续了二百年的愚蠢和贪婪错误，甚至争论或暴力也丝毫不能改变，英国人终于明白过来了，否则，海依早已经陷入一如往昔的困境，在洪流中挣扎。海依自己根本不知道他应该多么心存感激，因为对他而言，这种变化是理所应当的。他只是看到了导致这种变化的那些必要过程，对他而言，似乎是很自然的事。但是，对亚当斯而言，他仍然处在帕默斯顿和约翰·罗素的影响之下，当他看到德国作为一种恐怖的力量，在二十年的时间里就成功地威慑英国投入美国的怀抱，而这正是亚当斯家族努力了二百年都无法完成的事情，他感觉这一切都好像是拿破仑一世上演的大制作闹剧。他只能带着一种满足感，亲眼目睹自从亚当斯家族存在以来，所有家族成员在外交上的重大胜利终于得以实现，并有利于自己最古老、最亲密的盟友。

这是历史，不是教育，但是，如果可以信任这一课，它就能传授一个特别严肃的命题，如果不是终极命题的话。他生平第一次感到，在历史进程中，也许有些目标能够自我实现。也许在这个俗世的地球上，没有其他人，甚至海依也不能像他这样获得如此极致的个人满足感。但是，当他坐在海依的桌边，听英国内阁的任何一个成员——他们现在都是一个模子刻出来的，就东方权力制衡问题而讨论菲律宾群岛时，他能够看到，亚当斯家族一个半世纪以来的努力一下子就要实现了，帝国的伟大前景真正地在构建，海依已经开始着手，极富艺术手段。古老的地基粗糙不平，但似乎更强大，更宏伟，足以让拱廊建筑精美、稳固。担任驻伦敦的历任美国公使虽然很多，但没有谁能像海依那样，如此完整、和谐、轻松地完成自己的使命。

亚当斯之前从来没有明白历史法则的作用，这也是他无法教授历史的原因所在，因为无法教授混沌不清之事。但是，他认为，自己继承了一个私人所有权，了解人事任免的一些交替更换和相关信息，其他人都无权质疑，这种个人成就让他对战争造成的其他外交成功并不那么关注。他知道要占领波多黎各，但是，如果可以避开菲律宾，他会非常高兴。他不仅早就深知南海群岛的价值，而又很了解西印度群岛，确信不管美国人怎么想，怎么说，总有一天，他们不得不控制这些岛屿，不是与欧洲做对，而是为了欧洲，也是为了美国。文明生活的边缘地带不会让人受到太多教育，但这点心得体会还是有的。当一个人正痛苦地挣扎着，鼓足勇气去面对肩挑国内诸多岛屿的重担时，不可能希望再挑起国外诸多岛屿的重担。但国家做出另外的决定，这个人也随时准备好去执行这个决定，因为这正是公众的意愿，希望他勇挑重担。在伦敦，东方力量制衡的议题单独予以讨论，无论从哪一点上看，这个人都应该对结果感到满意，似乎已经分担了风险，而不是远远地观望事态的发展。毕竟，是朋友们完成了这个工作，而不是他自己。虽然只是站在那儿助威喝彩，他也实现了一种目的。

六月份，正是较劲的时刻，卡梅隆一家来了，买下了肯特郡谢尔登德林的一个老房子，让它成为美国驻英使馆的乡间官邸。肯特郡的魅力堪比什洛普郡，甚至可以与很多散落在威尔士边境的各处美景媲美。没有什么地方比谢尔登更典雅，更亲切，这儿一直保持着撒克逊时代的风貌，古道亭台、大鹿园，肯特式小山上的栖息地，远望之地，曾是安德瑞达森林。来访的宾客络绎不绝，这栋房子似乎一直等待这个向美国人展示其魅力的机会，这些美国人的一举一动让整个世界发出了回声。自哈斯汀战役以来，肯特式乡间的小电报局从未如此繁忙过。在那儿，1898年7月4日，天气炎热，在树荫下乘凉的一群人接到一份电报，称西班牙舰队被摧毁了，伊丽莎白女王在1588年本应该可以收到这样一份电报的。也是在那儿，仲夏之时，海依收到任命他担任国务卿的电报。

海依并不希望成为国务卿，他更喜欢继续担任大使，他的朋友们也和他一样对这个消息反应冷漠。没有人真正了解历任国务卿要承担何种压力，也不知道海依什么力量能够对抗这种压力。甚至在谢尔登，海依也没有什么耐性，他应该很高兴可以找到一个拒绝出任国务卿的绝佳理由。关于海依是去是留，大家分成了两派争论，极尽其能，很是激烈，但是，这场秘密会议最后的决定性声音是，如果海依只是一个追逐官位之人，他也许可以断然拒绝升任国务卿，如果他是一名政府官员，他就不能拒绝，没有一个严肃的政治家可以接受一个好处而拒绝一个服务。毫无疑问，他可以拒绝，但势必只能辞职。美国闲暇无聊的双手热衷于在制造总统的过程中获得乐趣，但是，所有黑色魔法都有所谓巫术无法逃脱的一个软肋。人必须服务于自己倡导的精神，哪怕这种服务是对身心的双重折磨。对他而言，毫无疑问，服务虽然艰辛，却也能带来某种收益，但是，对那些做出无私决定的朋友们而言，一切都得不偿失。比如说，亚当斯在这个问题上变得有点愚笨。以他的经历而言，很难穿越一片瘴气环绕之地而毫发无损。在他的想象中，担任公职比充当神职人员或从事教育工作的毒性更大，因为公职更有权势。但是，他抱怨的毒性并不是指野心，对于沃尔谢主教在健康不佳的刺激下做出的姗姗来迟的忏悔，他完全没有同感，因为他根本也未曾分享成果。他所谓的毒性是意志，是见解的扭曲，是心灵的束缚，是组织的退化，是品位的粗劣，是对困于笼内的老鼠表现出的各种情绪越来越缺乏同情心。海依不需要任何公职来施展他的影响力，对他而言，影响力存在于大街小巷，只待他俯身去拾起，虽没有任何公职，而影响力更大，如果一个人像他一样，有地位、财富和政治经验，生活在政治的中心并与活跃的政党领导人保持联系，那这个人不可能没有影响力。他唯一的理想就是摆脱种种烦心事，在六十岁的年纪，没有比他更了解，海依对体力上的压力很敏感，但他对粗俗的暴力，对残忍的报复，对无情的背叛更敏感，海依以生命为代价出任了国务卿。

海依或任何一个谢尔登圈子里的人都没有假装高兴地接受这个新的任命，因为即使举止得体，头脑机敏，他对自己的看法却很悲观，与朋友之间的玩笑话也并不能让人更放松。他听从了总统的命令，这是他最郁闷的默认，对此只得付之一笑。亚当斯的看法也很悲观，不是对海依，而是对自己感到悲观，因为，海依至少还有这个职位的荣耀感，他的朋友们却只能分享这个职位的苦恼。但是，像海依往常一样，他也认为，纵然戚戚然也于事无补，内战时培养的老习惯让每一个内战的幸存者都带有军事训练的痕迹。他收拾好行装，开始返回故里。亚当斯不想没有经过一番抗争就失去他的朋友，尽管他从来不知道如何进行抗争才好。机会令人感到绝望，但是，他不甘心错过。所以，10月17日，谢尔登的小圈子一解体，他就准备好返回家乡，11月13日，他不无高兴地发现，自己仍然在凝视着拉法耶特广场。

他又一次错误地开始，浪费了两年的教育时光，对此，他没有了借口。因为，这一次，不是政治，也不是社会让他偏离自己的轨迹。在国内或国外，他与海依的政治生涯毫无关联，也从未影响到二人的观点或方法达成一致，海依也不在意他的朋友们是否同意，他们所做的努力不过是为了挽救私人关系。甚至在这一点上，如果不是得到海依夫人的帮助，亚当斯也会不堪一击。海依夫人看出转移注意力的必要性，于是让她的丈夫形成了一个习惯，每天下午与他的朋友们散步一个小时，然后，海依夫人会为他们奉上一杯茶，无论谁来拜访，都与之闲聊几句。

因此，在当时，形势得到了拯救，至少表面上如此，亚当斯可以重新回到自己的研究中，它们已经慢慢地有了一个方向。也许，它们也算不上什么研究，因为事实上，他有意识地不去追求任何东西，只是跟着感觉走。这个短暂的时期打破了华盛顿的圈子，因此，3月22日，亚当斯与洛奇一家去了欧洲，在西西里和罗马度过了四月。

与洛奇一家在一起，教育总是重新开始。四十年过去了，加里波第在1860年向男孩亨利展示的巴拿马已经不复存在，但西西里在任何时候似乎只能让人学会大灾大难和暴力，自从尤利西斯开始研究独眼巨人的眼睛以来，西西里总是胡作非为的代表。作为无政府主义的一课，没有任何起承转合可言，西西里傲然独立，拒绝前进。锡拉库扎比罗马更有教育意义，然而，甚至罗马也不是缄默的，阿拉卡里教堂似乎越来越让所有的思想线索指向一个中心，因为每一个新的路程都回指着它的每一个脚印，铺就了一条通往国会的道路。虽然不能看清他们带来的东西有什么知识财富，但他们却带来了车载斗量的伦理道德；纽约送出的东西最多，因为，在四十年里，美国已经向帝国迈出了一大步，因此，1860年的世界已经伫立在遥远的地平线上，与布鲁图斯和加图共和国同属于一个星球，而学校的学生们在学习亚伯拉罕·林肯时，就像他们学习尤里斯·恺撒一样。数不清的美国人只能通过学校的历史课本了解美国内战，他们了解关于克伦威尔和西塞罗的故事也是经由此道。他们熟悉政治暗杀，好像他们就生活在尼禄时代。人们看到，帝国的顶峰时代即将来临，年复一年，即使希拉是总统而麦金利是执行官。

没有什么比说出这样一个简单而明显的事实，一个并非令人不快的事实，更让美国人恼火。因此，他像往常一样沉默地坐在国会里。但是，为了完成这个教育，洛奇一家又踏上了亚西济的朝圣之旅并拜访了圣弗朗西斯，他对历史之谜的解读似乎是当时最令人满意的，或者最详尽的，值得人们再花四十年时间去研究，比吉本本人、圣奥古斯丁、圣安布鲁斯或圣哲罗姆更值得学习。所有这些全新的交叉性视角让这位年迈的、1874年的助理教授感到最迷惑不解的地方就是，他当时教授的知识与他二十五年后迷惑中努力学习的东西形成了惊人的反差，他三十岁时了解的12世纪与他六十岁时了解的12世纪之间也有着惊人的对比。

亚当斯认为，宗教线索导向虚无，政治导致混乱，只能转向法律，正如他的老师们青睐法学院，因为没有其他道路可走。事后证明，法律与政治或宗教一样毫无用处，人类如蜘蛛般吐丝结网，而每一根单丝都是徒劳无功的。不过是搭建或仿造，没有自身的力量可言。圣弗朗西斯对这些东西都极度鄙视，而他的解决办法就是完全否认它们的存在。亚当斯带着破碎和悔悟的心情重返巴黎，准备好承认他的一生毫无意义，意识到无论如何，他再也不在乎了。整个夏季，他一直陷入孤独之中，回想起谢尔登的那个夏季，相比之下，倍感哀伤。但是，孤独能带来社交生活不能给予的东西，孤独迫使他在沉默中细细思量他的无知。终于，他进入了最后一个工作状态，开始有条不紊地用三分法研究12世纪。整个过程有种特别的法国魅力，这魅力在法国早已消失殆尽，即沉着冷静，条理清晰，表达简洁，行动敏捷，色彩多样，富有特色，让巴黎变得索然乏味。在悠长的夏日时光里，他在林中发现一种被绿色包围的惬意自在，12世纪的小教堂散落四周，让他在灰暗中获得了永恒的平静，这些小教堂像台阶上的青苔一样不事张扬，像圆圆的拱顶那样确信自己的目标。但是，教堂很多而夏日太短，所以，他最后只能回到码头看看那些照片。他能几个星期都保持沉默，一言不发。

十一月，约翰·拉法吉恰好前来拜访，打破了他的平静生活。在那个时候，与拉法吉交往有了新的价值。自1850年以来，在所有能深刻影响周围朋友的人当中，拉法吉显然最有影响力，对自1872年就拜倒在拉法吉脚下的亚当斯而言，如果要说拉法吉对他的影响到底有多深，他唯一的答案就是，自己甚至找不到可以衡量的标准。在亚当斯所有的朋友之中，拉法吉是唯一一个有着复杂思维，足以与美国整齐划一的平庸相抗衡的人，同时，大多数与他交往的美国人都被深深地迷惑了。美国人的思维，无论是波士顿人还是南方人或西部人，都喜欢直奔主题，同意或否定他们认定的事实，这种思维是一种传统的方法，传统的分析，传统的结论，也是传统的表达，但却一直声称其非传统性。拉法吉最令人困惑不解的特点就是，他把整个过程逆转过来。他的方式安静而间接；他可以围绕一个话题转，绝不将这个话题与其周围的事物剥离开来；他从不突然发难，也不厌恶争论。他对待宇宙的方式和态度也是如此，他可以忍着晕船的痛苦在太平洋的捕鲸船上描绘信风的规律，也可以在日本品尝正儿八经的茶道；他可以在萨摩亚酋长的仪式上用椰子壳喝卡瓦酒，也可以在安纳拉德佳普拉德菩提树下沉思冥想。

人们总是无法确切地知道他是什么意思，等反应过来，早已为时已晚，因为他总是毫不费力地在脑海里保持各种各样的矛盾状态。正如他评价他的朋友岗仓那样，他的思想如草地里的溪流，也许隐而不现，但总是存在。人们常常无法确定溪流的方向，因为对他而言，矛盾也不过是一种有差别的状态，一种补充性的色彩，聪明的艺术家不会就此产生异议。他总是拒绝争论，甚至在塔西提夜色柔美的晚宴上，谈论大米和芒果这类轻松话题的时候，他也总是责怪说“亚当斯，你思考得太多了”。他应该责怪亚当斯怎么会在波士顿出生，因为缺乏训练，头脑才会求助于思考，亚当斯从来没有遇到过一个受过完美训练的头脑。

对拉法吉而言，别具一格就是传统，一个真正别具一格的头脑绝不会流露出丝毫异样之处。真正的别具一格是一种特有的腔调，一种蒙眬的状态，一种微妙的差别，腔调拿捏得越熟练，别具一格得越真实。当然，所有的艺术家在他们的艺术领域都或多或少地持有类似的观点，但很少有艺术家能将这个观点带入日常生活，而且，他们的艺术作品和言谈举止之间会有天壤之别。一天晚上，崇拜拉法吉的汉弗雷·约翰逊邀请他与惠斯勒共进晚餐。拉法吉生病了，即使对他而言，病情也是比较严重的。但是，他非常喜欢惠斯勒，坚持前往。亚当斯当时的位置让他碰巧能听见两个人的谈话，但只听到惠斯勒在不停地说，吸引了整个餐桌的注意力。当时，布尔战争正如火如荼，而每个人都知道，在这个话题上，惠斯勒比布尔人还要激动。两个小时的时间里，他大声抨击英国人，机智诙谐，高谈阔论，极其夸张，辛辣讽刺，十分有趣，也很喧嚣吵闹。但是，本质上，他所说的不仅仅是老生常谈，而是事实！也就是说，他的听众们，包括亚当斯，就他所知，也包括拉法吉，都认同他的观点，认为事实确实就是如此。但是，拉法吉一声不吭，这种不同的表现就是一种艺术的差别。惠斯勒的艺术中的那种细微的差别和腔调，拉法吉从未有过，甚至未曾尝试过，但是，在谈话中，他表现出了一种似乎与众不同的愿望，超出或低于他的色彩感，其实他并没有什么与众不同之处，也许只是有点性格而已。

这种炙热之感，惠斯勒在画作中从未表现过，但拉法吉似乎在他的玻璃作品中发挥得淋漓尽致。在玻璃装潢的历史中，拉法吉的玻璃作品究竟有何价值，亚当斯因为对此一无所知而无从判断，而且，通常而言，艺术家们也许比亚当斯更无知。但是，无论如何，它将亚当斯带回了12世纪，带回来了沙特尔（法国北部城市），拉法吉在那儿不仅自由自在，而且感觉到一种拥有权。其他美国人没有这种权利，除非他也是教堂的一员，也制作玻璃。亚当斯自己是一个门外汉，但是长期的习惯让拉法吉认为，虽然亚当斯不幸身为一个波士顿人，但他的本意还好。亚当斯自己在六十岁之前几乎对玻璃艺术或沙特尔一无所知，所以，他也问不出什么东西，只能认真学习，只有拉法吉才能帮他，因为他至少能看出来，只有拉法吉可以像13世纪的艺术家那样制作玻璃。在欧洲，这种艺术已经失传了几个世纪，现代玻璃制品令人怜悯。甚至拉法吉也认为，早期的玻璃艺术品与其说是历史性的感情倒不如说是一份写实的记录。在沙特尔、布尔热和巴黎数百件窗户上，亚当斯只知道有一两扇是自成一体，抵制那种浓烈色彩的框架，亚当斯的窗户就是这样的颜色。交谈中，拉法吉的思维散发出乳白色的光芒，夹杂着无限的暗影与光的折痕，色调拿捏得完美而精准。在玻璃艺术品中，做到这一点很难，它是一种复古，其色调的深度和热情正前所未有地展示出个人的力量。他决意要将对手击溃。

甚至在香榭丽舍宫酒店里，十二月的巴黎也很阴郁，但是，有了这样一位同伴，多少会欢快些，对沙特尔的历史也有了更多了解，但是，拉法吉的健康状况每况愈下。亚当斯很高兴可以于1900年1月15日将他安全地带回纽约，当天，他立刻前往华盛顿，看看海依变成什么样了。不能抱有什么好的预期，因为海依的麻烦已经开始了，几乎与亚当斯之前预见到的一样棘手。亚当斯与海依本人一样，看不到任何令人鼓舞的前景，尽管他并不敢这样直言。他怀疑海依的忍耐力，怀疑总统支持海依的坚定性，怀疑那些政党朋友对海依的忠诚度。不过，他对海依的各种担忧让他受困扰的程度，远比不上布尔战争对他自己造成的烦忧。这个问题在他的政治教育中，超过了自1860—1861年南方叛乱后全部政治经验之和！令他非常震惊的是，几乎没有几个美国人认同他的观点。他们对英国的敌意似乎只是一时气愤，但是，对亚当斯而言，这场战争几乎成为了私人恩怨。自从孩提时代，甚至在英格兰，他所接受的教育就是，他的祖先和前辈们在1776年就已经确立了，一劳永逸地解决了英国自由殖民地的自由问题，他强烈地反对再一次被抛入据理力争的境地，在约翰·亚当斯开始承担这个任务的一个半世纪之后，被迫坐下来，借助法律和事实，去证明乔治·华盛顿不是一个犯下重罪之人，无论华盛顿三世的情况如何。就一些更为私人的原因，他不由分说地拒绝就约翰·亚当斯是否犯有重罪予以任何评价。他感到不得不进一步声明，如果任何时候，英国用对待布尔殖民地的立场来对待加拿大，美国必定会一如既往地予以干预，并坚持采用1776年的立场和原则。对他而言，张伯伦先生和他的同僚们的态度似乎极度地非美国化，这令海依十分尴尬。

在内战的重压下，他早就知道如何管住自己的言辞，知道如何帮助政治机器运转，既然它注定无法良好地运转，他也不想用一些理论上的目标让海依烦恼，但这些目标每天都以实实在在的方式让他焦急烦恼。海依的机会在于保持耐心和好脾气，直到时来运转，对他而言，唯一目标是时间，但是，作为政治教育，这一刻似乎对亚当斯至关重要，他从来不喜欢紧闭双眼躲避或否认一个明显的事实。现实政治包含无视事实存在，但是，教育和政治是两回事，通常会有很多互相矛盾之处。在这件事上，矛盾似乎很尖锐。

至于海依在国内外的政绩，与亚当斯没有任何关系。海依属于纽约派，像艾布拉姆·休卫特、埃瓦茨，威廉·C. 惠特尼、萨缪尔·J. 提尔德，他们为了野心或兴趣而参与到游戏中，通常，他们比一些专业人士玩得更地道，但是，他们的目标比那些普通玩家的目标要大的多，他们对单调乏味的日常工作不感兴趣，因此，那些普通的玩家也对他们不感兴趣，只要可能，就对他们置之不理。只是因为他们控制金钱，所以才无法绕开他们，但即使这样，有时候也不管用。艾布拉姆的故事是这类政治家的典型样本，而海依的故事属于另一个。他们两个人当中，克里弗兰总统是对其中一个人置之不理，而哈里森总统则对另一个人置之不理。“这里没有什么政治可言。”这是亚当斯对海依就任国务卿的评价。海依一个不同的观点，他转向麦金利总统，认为在所有总统中，麦金利总统的知人之明更高一筹。关于美国政府的问题，麦金利总统的解决之道完全远离亚当斯教育的覆盖范围，但看起来至少很实用，很美国化。他致力于将各种利益整合成为一种普遍信任，可以照顾到每一种利益，多少按照其本身的价值，同时，在其管理之下，利益整体将产生高效率。他取得了显著的成效，至于付出了多少代价，那是另外一个问题。如果大众曾经不得不采取最后的手段亦是混乱最常规的解决方式，那取得这一成效付出的代价也许会更大。

身为一名出色的人力管理大师，麦金利总统找到了几个对他俯首听命之人前来相助，这些人几乎与他一样卓尔不群，其中一个帮手就是海依，但是，很不幸的是，海依的能力最弱，担子却最重。在国内，通过简单地付出相应的代价，各方利益就可以得到轻易的平衡，但是，在国外，无论一种形势如何有利于一方面，都会在另一方面伤害到海依。海依认为，英国必须首先被纳入利益整合之中，但是，当其时，德国、俄国、法国全都联合起来反对英国，布尔战争帮了它们的忙。那个时候，海依没有同盟，无论国内外，除了彭斯福德，而亚当斯总是认为，彭斯福德一个人就可以帮他渡过难关。

但是，国外遭遇的困难远不如国内的棘手，参议院越来越难以掌控，甚至从安德鲁・约翰逊时代就是如此，与其说是参议院的错误，倒不如说是这个体制的错误。"一个和平协议，在任何正常的情况下，"海依说，"理应在二十四小时之内被一致通过。他们浪费了六周时间，在这个问题上纠缠，最后还差一票而没有一致通过。我们现在有五六个问题悬而未决，我能全部解决掉，体面地并以对我们有利的方式解决掉，但参议院的一位领军人物告诉我说，这些协议，假如有哪一条需要讨论的话，就不可能在参议院通过。在任何一种情况下，我应该得到大部分支持，但是，总有一个不满意的第三方出现，把事情彻底搅黄。在我们的政治进化过程中，宪法最原始的错误逐渐演变成这样一个可怕的规模。大家必须知道，并不是我的解决办法会遭到参议院反对，而是参议院会反对，比如说，任何一种协议，无论关于什么，无论说了什么，只要是跟英国签的协议，参议院就会反对。我怀疑他们是否能接受与俄国或德国签订协议的后果。那个难以对付的第三方每次集结亮相的方式都不相同，但总是近在咫尺。因此，一个国务卿真正的职责似乎有三个：抵制其他国家对美国的要求，把美国公民不切实际的要求或多或少地强加给其他国家，为一些参议员的朋友谋得一官半职，即使没有空缺。它是否值得，对我而言，继续做这样的无用功呢？"

对亚当斯而言，他亲眼目睹十几个熟人像海依一样在同样的困难面前苦苦挣扎，这个问题几乎没有什么新的研究价值。他已经把自己该说的话全都说完了，他在十几本关于一百年前政治历史的著述中已经做了详尽的阐述。对他而言，这种场景太过熟悉，以至于很滑稽。阴谋太明显，引发不了兴趣。德国和俄国使团的干涉，克兰・那盖尔的干涉，媒体和参议院的干涉，都毫无掩饰。富有魅力的俄国公使卡西尼伯爵是外交礼仪和训练的典范人物，没有一天不通过向媒体呼吁大众来反对政府。德国公使冯・霍勒本也在做同样的事情，不过更为谨慎而已，当然，他们的每一次窃窃私语都会立刻传回美国国务院。这三股力量总是与反对党和那些天生以阻碍、破坏为乐者交织在一起，总是能阻止参议院要采取的行动。开国元勋们旨在将政府的能量折中制衡，也成功了，但是，他们设计的这台机器根本无法应付20世纪里的一个两千万马力拉动的社会。此时此地，需要的是快速、有效地完成工作。这个体制唯一的辩解就是，既然政府做不好事情，那就最好什么都不做，但事实上，政府把交给它做的所有工作都完成得堪称完美了，如果指责属实，那么所有人类社会也都是这样，假如有人从另外一个角度来对待人类的话。就机械角度而言，这么多的工作必须予以完成，机器运转不灵只能增大摩擦。

一如既往地无私、慷慨、友善、耐心、忠诚，海依对待这个世界就像一个整体，不会一块一块地拆开来看，以排除缺陷。他喜欢这个整体，大笑并接受它；他从来不难过，终其一生都快乐地生活，如果重来一次，还是会照原样生活。就整个纽约派而言，其中有一些人有类似的幽默感，或多或少的犬儒主义，但绝不悲情辛辣。但是，即使最欢快的心情最后还是会向长久以来的摩擦妥协。这位老朋友正在逐渐失去神采。习惯还保留着，然而，平易近人的亲切感、无忧无虑的幸福感、随处可见的幽默感、毫无差别的平等观念逐渐沦为日常公事。他的头脑在国务院游荡，思想却无法产生回应；机智和幽默在政治的黑墙上隐而不显，不满和易怒与日俱增。对一个部门首脑而言，结果似乎使他备受敬重。

虽然，作为教育而言，这种类型的学习更为人熟悉，比12世纪更加古老，但将这两个时期加以比较并形成观点还是一个新课题。一个无知的人认为，12世纪和20世纪的这些政治、社会、科学价值应该以某种运动的方式彼此联系，通过机械原理表达出来，他也毫不在乎全世界的人都说这是不可能做到的，不在乎自己对机械原理知之不多，甚至连小学生都了解的方程式也搞不清楚。如果开普勒和牛顿在太阳和月亮的事情上可以自由想象，那么一个在拉法耶特广场的一片荒芜之中，一个不为人知的无名之辈也可以自由地畅想国会，并大胆地将其一半的吸引力乘以时间的平方。他只需要找到一个值，哪怕是一个无限小值，说明其在任何时间点的吸引力。一个历史学公式，可以满足全宇宙条件的历史公式，在他的脑海中占据越来越重的位置，但是，关于这样的小问题，他无法求助于别人，最多只会招来嘲笑。

他在历史学界的所有熟人都认为这种尝试毫无用处，几乎是不道德的，对可靠的历史系统而言，这样做一定是怀有敌意的。亚当斯这样做，只是因为他仇视着自己讲授的所有历史，因为他已经从新的角度出发了，不论什么是正确的，他曾经讲过的都是错误的。迄今为止，他在追求无知方面很成功，将脑子里的知识清除一空了。在重新开始时，从牛顿爵士的起点那儿，他想寻找一位导师，然而周身四顾而一无所获。在华盛顿，人们很少愿意跨越学科传统，其中典型代表就是西蒙·纽科姆，他是一位知名的数学家，对亚当斯这个猜想从不当真。根据科学地位判断，威拉德·吉本斯是最伟大的美国人，他从未到过华盛顿，亚当斯也无缘一见。在他之后，最著名的科学家之一是斯密斯学会的兰格利，他倒比较容易找到，对亚当斯而言，无论何时，只要他浩如烟海的无知需要一个出口，他总是习惯性地去找兰格利。对他那些吹毛求疵的质疑，兰格利表面上显示出了耐心，但也养成了一种怀疑一切的科学热情，还有一种情感依赖。他有着所有物理学家的可恶毛病，声称自己对剧烈情感之间的间隙一无所知。与其他伟大的观察家一样，兰格利不是一个数学家；与其他大多数物理学家一样，兰格利相信物理学。但是，他坚决拒绝欣赏哲学，认为哲学主要是对那些不可能被解决的问题提出非智慧的见解，他也知道这些问题的存在，但是更愿意审慎地避开这些问题，甚至可以遥遥地向这些问题屈身致敬，承认它们的存在，但同时也质疑它们是否值得尊重。他总是慷慨地让别人质疑他觉得不得不承认的事物，早早地就把《现代科学概念》这本书放到亚当斯的手中。这是斯塔罗法官的著作，十多年来，不同学派好像密谋好了一样，一致以缄默的方式对待这本书，就像对待那些每一本扰乱市场和机械运动说教的革命性著作一样。亚当斯拜读了这本著作却没能理解，之后，他提出了一些问题，却没有得到答案。

也许，这就是教育。也许，这是一位年过六旬的学生唯一的科学教育，他希望自己能像天文学家一样无知。对他而言，科学的细节之处毫无意义，他希望了解的是科学的整体。太阳能还不够，或者说太多了。运动中的原子只是导致运动，而从来不会带来方向或进步。对单纯的复制再生而言，历史毫无用处，它需要合力，必须研究运动、方向、吸引力、相互关系。每一个事物都有联系，一个人必须找到新的世界加以衡量，因此，像拉塞斯拉人那样，亚当斯再次出发，发现自己于5月12日正好入住在特罗卡德罗酒店大门同侧的房间里。

The Education of
Henry Adams

第二十五章

发电机和圣母（1900）

亚当斯一直在1900年的万国博览会中巡游，直到十一月份闭幕，他痛苦地吸收知识，结果却受益不多。他甚至怀疑，这个世界上最为博学的人又能够从中掌握多少知识。亚当斯在毫无头绪地思索这个问题时，兰格利走过来，给了他答案。按照兰格利的方式，博览会被剥去了层层包装，直至显露出其本质，因为兰格利知道该研究些什么，为何研究以及该怎样研究。亚当斯很可能也曾站在夜空之下，望着银河系发呆。然而，兰格利并没提到什么新奇的东西，所讲授的也不过是三百年前培根勋爵讲过的东西，虽然人们对于“科学进步”的了解本应该像了解“谬误的喜剧”一样深刻，但除非有哪位老师来为大家演示如何应用，否则文学知识是没有任何实际价值的。大约在1620年，培根不辞劳苦地让詹姆斯一世和包括北美殖民地和其他地方在内的臣民们认识到：真正的科学是力量的开发和合理运用，然而生活在1900年的这位上了年岁的美国人既不知道其中的公式，也不知道什么力学原理，甚至不能说，他在这次博览会上的史学工作仅仅与1893年——这一年他在芝加哥开始了这项研究——以来的力的合理运用和开发有关系。

在教育中，没有什么比以惯性事实的形式积累起来的无知更让人惊讶的了。亚当斯在被称为艺术博物馆的商店里见过许多艺术收藏，却不知道如何看待1900年的艺术展览。他还曾认真地研究了卡尔·马克思及其历史理论，但却无法在巴黎将其付诸实践。兰格利有着一种伟大的实验大师所具有的驾轻就熟的态势，但凡哪个展览没有展现出使用力量的新方法，他一概不理会，他从一开始就摒弃了这次博览会，这也是意想之中的事。同样，对于几乎所有的工业展览他都不屑一顾，他引导自己的学生直接去学习力学。他主要的研究兴趣都在新式发电机上，以便让自己的汽船实验更切实可行，他还教给亚当斯新型戴姆勒发电机的让人惊叹的复杂原理，还讲到了汽车。自1893年以来，汽车设计时速为每小时一百三十公里，这一数字简直是一个梦魇，几乎具有和早之十年出现的电车一样的破坏力，而且很有可能会变得和蒸汽机车一样可怕，而蒸汽机车差不多正好和亚当斯同龄。

之后，他带着这位学生去了发电机展厅，解释说他自己对电能或者任何一种力的了解是如何浅薄，甚至对他那个特别的太阳也所知甚少，太阳喷射出难以置信的热量，但据他所知，太阳在任何一刻都有可能发出或多或少的热量，对此，他本人深信不疑。对他来说，发电机本身不过是一个聪明的发明，作为一种渠道，可以把里面的几吨煤炭含有的热量转移到某个地方，这个引擎室脏兮兮的，被很好地隐藏起来，是根本看不见的，但对于亚当斯而言，发电机代表了无限的可能性。随着对机器展厅慢慢熟悉起来，亚当斯开始感觉到那四十英尺长的发电机是一种道德力量，就如同早期的基督徒看到十字架时所感受到的一样。这个星球以其原有的方式年复一年，日复一日地有意地发生着某种变化，相对于巨大的机轮而言，这个星球给人留下的印象并不深刻，这个机轮以令人眩晕的转速和不到一臂之长的转轴旋转着，几乎听不到什么嗡嗡声——只是在发出听得见的微弱警告，让人们更加尊重力量，甚至不会吵醒熟睡在机架旁的婴儿。展览会还没结束，人们就已经在发电机前祈祷起来，与生俱来的直觉告诉人类，在沉默的无限力量面前应该用什么样的自然表达。在终极能量的数以千计的形式中，发电机不像有些形式那么人性化，但却是最具代表性的。

在博览会上，发电机是仅次于蒸汽机的宠儿，而相对于亚当斯的教育目的而言，发电机的价值主要就在于其神秘的机械学原理。亚当斯觉得，在博览会机械展厅里的发电机和外面的引擎室之间，相对于一位历史学家的目的而言，连续性的终止已经到了很严重的程度，在蒸汽和电流之间不可能发现比十字架和大教堂之间更深的关系。这些力量虽然不一定是能够逆转的，但却一定是可以互换的，然而，在电力中，他能看到的只有绝对的命令，就如同在信仰中看到的一样。兰格利也无法帮助他。的确，看起来兰格利也被同样的问题所困扰，因为他反复说新生力量处在无序的状态之中，尤其还提到他不对新的射线负责，说这些射线对于科学来说是一种邪恶的力量，几乎可以置科学于死地。他复制的太阳光谱，也就是他自己的射线，完全是无害并且有益的，但镭元素却否认了兰格利心中至高无上的信念，即他的科学事实，这是一种全新的力量。

亚当斯只求能够多学些知识，像兰格利或者凯尔文一样有学识，在这次教育中，他的确进步很快，起初他的思绪还处于一种混乱不堪的状态，直到他找到了某种无知的乐土，让自己疲惫不堪的感官得到极大的安慰。他让自己被新的震动和射线包围起来，倘若见到了马可尼和布莱尼，他一定会拥抱他们，就像他拥抱发电机一样，可惜的是，他没有能力用数学公式表达出这些发现与经济力量之间的关系。经济发展，正如这些发现一样，是绝对的，超感观的，神秘的，是不能用马力这样的单位加以衡量的。他能用什么样的数学公式来表示出布莱尼的金属检波器的价值？毫无疑问，如果有人能够发明出适用于这一目的的温度计的话，冷热机或者电炉的价值是不难表达的，但X光无论如何也不会影响人的意识，而原子理论看起来也不过是一种幻想。近七年来，人类已经把自己带入了一个崭新的无法用旧标准来衡量的世界，在这个超感觉的世界里，无论人们凭感觉或者借助工具，都无法理解新兴事物的运动，而这些运动彼此之间则可以相互揭示出一些东西，于是，当运动之间恰好发生冲突与碰撞时，人们才有希望窥其堂奥，在一些新发现的射线中就体现了这样一个过程。看来，兰格利已经做好了一切准备，甚至包括彼此混合在一起而数量无限的宇宙，从形而上学角度看，这是极为疯狂的物理学。

历史学家所从事的是安排秩序的工作——称谓故事，或者历史——沉默地找出假定的因果关系。这些假定的因果关系隐藏在深不可知的尘封的图书馆里，曾让人惊讶不已。但通常情况下都是些无意识的和孩子气的想法，以至于如果有吹毛求疵的评论家硬要把这些假设拖到阳光下检验一番时，历史学家们很可能会异口同声地回答说，他们从未认为自己需要知道自己在讨论些什么。亚当斯就是其中之一，他竭尽所能，却无从知道自己到底要发现什么。他甚至还出版了十几本关于美国历史的书，除了聊以自娱外，没有其他目的。他的著作通过最为严谨的客观叙述和尽可能少的主观评论，将一个看似真实的事件通过尽可能真实的因果关系加以组织，从而把其中每一个熟悉的事件都看作另一个人活动的必然结果。可是，这些努力的结果，就像哈佛学院一样无法让他满意，他看到的具有因果关系的地方，在别人看来却是其他东西，没有哪两个人的衡量标准是相同的。他不太关心自己的实验，而对那些政治家就更冷漠了，因为他们看起来并不比自己高明多少，何况他们还远不如自己诚实。但是，他坚信因果关系这一标准，如果通过一种方法无法把因果关系联系起来，他会尝试科学所能够应用的尽可能多的其他方法。令他满意的是，他发现人类的顺序是虚无的，人类社会的顺序也是如此，而事件的唯一序列是虚假的，思想的秩序则是一片混乱，于是他最终转向了力量的因果关系。于是，经过十年的努力，他发现自己躺在1900年万国博览会的机器展厅里，他研究历史学的脖颈已经被突然迸发出的全新力量折断。

由于再没有人表现出多少兴趣，这位对什么都不在乎的老人没有必要逃避这一警示性的现实。1900年并不是让校长们惊慌失措的第一年，哥白尼和伽利略在1600年曾经扭断过很多职业人士的脖子，哥伦布在1500年曾让这个世界大头朝下，然而在1900年进行革命所使用的最新方法也产生于310年前，当时，君士坦丁竖起了十字架。兰格利否认的射线，以及他最先发现的射线都是神秘的，超感官的，无理论基础的，这些射线是一种神秘力量的启示，就跟十字架一样，按照中世纪的科学术语，是一种神圣之物的间接形式。

于是，这位历史学家只能诉诸于最后的资源了。非常明显，如果他想把所有力量都归为一种普遍价值的话，除了对他自己思维的吸引力之外，这种普遍价值找不到任何衡量的尺度。必须要像感知到其存在一样去对待这些力量，将其作为可变的、可逆的，可以互相转化的对于思想的吸引力。他下定决心进行这一尝试，即把射线转化为一种信仰。虽然这一可逆转的过程会让化学家捧腹大笑，但化学家却不能否认他或者他的物理学家同事们都能够感知到一种力量的存在。在波士顿当亚当斯还是个小男孩时，那里最好的化学家除非是以丑闻的形式，否则很可能从未听说过维纳斯，如果不是出于崇拜，恐怕也不知道圣母玛利亚是何许人也，当然，他也没听说过发电机或者汽车，或者镭元素，然而，他的心还是可以体会到所有这些事物的力量的，虽然当时射线还没有被发现，维纳斯和圣母玛利亚也都早已作古。

在这里开启了一种崭新的教育，尽管这一教育很可能是迄今为止最冒险的一次。正如12世纪的兰斯洛特爵士一样，他沿着布满荆棘的路向前爬行，这条路把两种除了都有吸引力外别无共同之处的力量一分为二。两种力量之不同就好像磁力相对于地心引力一样，假如知道磁力、地心引力或者爱的力量是什么的话。圣母的力量在鲁尔德依然可被感知，而且看来就像X光一样强有力，但在美国，维纳斯或者圣母的价值从不像力量一样可被感知，最多是作为一种情感而存在，从来没有哪个美国人真正惧怕两者中的任何一个。

这一动力学问题极大地困扰着这位美国史学家。那个女人曾经是至高无上的，在法国她仍然很有影响力，不仅仅作为一种情感，而且是作为一种力量，但为什么在美国她却无人所知呢？显而易见，因为美国人为她感到羞愧，就连她自己也觉得羞愧，否则人们就不会在她身上洒满无花果树叶了。当她是一种真实的力量时，她对无花果树叶可是一无所知的，但每月杂志塑造的那种美国女性形象，没有一种特点是亚当斯所认可的。虽然那个特点臭名昭著，而且经常可笑之极，但在清教徒中长大的任何一个人都知道，性是一种罪恶。在以前的任何一个时代，性都意味着一种力量，不需要艺术，不需要美丽。甚至包括清教徒在内的所有人都知道，无论是以弗所的戴安娜，还是其他东方女神，都不是因其美丽而获得崇拜的。她之所以被崇拜，是因为她的力量，她就是生命的发动机，意味着再生产，这是所有能量中最伟大，最神秘的一种，她所需要的一切不过是多产。真正让人感到奇怪的是，在亚当斯去过的所有学校中，从来没有哪一所学校让他的注意力转移到卢克莱的诗句上，虽然这些诗句是所有拉丁文中最优秀的，在这首诗中，诗人援引了维纳斯，就像但丁援引了圣母玛利亚一样：

你独自一人曾经统治着芸芸众生。

信仰维纳斯的伊壁鸠鲁学派在信仰圣母的学派中存活下来：

圣母，您是如此地伟大，无所不能，
如果不能把自己全都奉献给您，
那么渴望便没有了翅膀，不能翱翔。

对于美国人的思想来说，所有这些都好像闻所未闻。虽然一位真正的美国人或许对此知道一些，但却不了解其中的情感，正如亚当斯读了法律文本却不能领会法的精神一样。在这种历史断层产生之前，与亚当斯有着一样想法的人通常会觉得孤立无援，他从圣母转向发动机，就好像他本人就是布莱尼的检波器一样。一方面，在卢浮宫和沙特尔，根据历史记载和亲身体验，他体会到一种迄今为止人们所知道的最高能量，这一能量也是他心中高贵艺术的创造者，在人们心中产生了比所有蒸汽机和发电机所能产生的还要多得多的吸引力，可是，这一能量对于美国人来说，还是全然陌生的。美国的圣母不敢发号施令，美国的维纳斯甚至从不敢存在于世间。

这一问题，对于像亚当斯这样生活在19世纪的普通美国人来说，无疑是极为遥远的，一经提出，就迫使亚当斯疯狂地探索，在这一问题面前，兰格利们就像赫伯特·斯宾塞以及发动机们一样毫无用处了。于是，这个想法仅仅以艺术的形式流传下来。在美国，亚当斯很自然地发生了转变，就如同这位艺术家本人就是一位女性一样，他开始怀疑自己是否知道哪位美国的艺术家曾经坚信性的力量，正如古典传统一直坚信的那样，他所能够想到的只有沃尔特·惠特曼一个人，还有布雷特·哈特，他的这一形象是杂志所一直努力要创造出来的，或者还有一两位人体画家，其余所有人都把性作为一种情感，而非一种力量，对他们而言，夏娃不过是娇嫩的花朵，而希罗底则是一个非女性化的恐怖人物。美国艺术跟美国语言和美国教育一样，都尽量不涉及性的内容，美国社会也认为，战胜了性，就是最伟大的胜利，而历史学家也乐于承认这一点，因为在当时道德议题并没有引起研究不道德力量之间关系的历史学家们的注意。除非亚当斯能够测量到发电机的能量，否则，他就不会在乎发电机的性能力问题。

为了找到些线索，他逛遍了艺术展厅，几乎每天都驻足在荣膺最佳作品称号的圣高登思的《谢尔曼将军》的前面。圣高登思本人在巴黎，他在作品上总会填上意境深远的画龙点睛之笔，而且会听一听他的雕塑家朋友们常常彼此矛盾的建议。在所有赋予美国艺术以19世纪70年代气息的美国艺术家中，圣高登思也许是最讨人喜欢的，但无疑也是最不擅辞令的一位。格兰特将军和登·卡梅隆显然比他更擅长辞令，至于包括汉特家族、理查森、约翰·拉法吉和斯坦福·怀特在内的其他人则更是华而不实，唯有圣高登思从不评论或者渲染情绪，也不会因为他赋予作品以真情实感而引起任何艺术争论。他从不制定规则，也不做出独占鳌头的样子，也从未像惠斯勒那样被自己周遭的残酷打击得遍体鳞伤。他不需要别人奉承，也不是自我中心主义者，他的思想简朴之极；他无法去效法别人，出自他之手的创作只被赋予了属于他自己的形式。虽然没有人能够像他一样强烈地感觉到别人的力量，但是别人对于他思想的影响却从未能触动过他脑海中的任何意象。

这一年夏天，圣高登思的身体欠佳，兴致低落。在这样的情绪下，亚当斯不再是最合适的伴侣，因为他自己的情绪也不高，但亚当斯还是时不时地壮着胆子到他在蒙特帕尔纳斯的工作室去，拉着他到布瓦德布洛涅大街去散步或者吃饭，以此来调节他的情绪，作为回报，圣高登思有时会让亚当斯在他的陪同下四处走走。

有一次，圣高登思带着亚当斯和一群法国人一同前往亚眠游览大教堂。直到他们研究西门的雕塑时，亚当斯才突然意识到，相对于他的目的而言，圣高登思在那个时候比大教堂更让他感兴趣。伟大的人物在伟大的纪念碑面前表述了伟大的真理，只要不拿他们太当一回事就行了。亚当斯乐此不疲地引述他的偶像吉本的这句名言："我向迷信的庄严的纪念碑投以轻蔑的一瞥。"哪怕在自己的历史著作的脚注里，吉本也从未写下过比这更人性化的诙谐语句。如果有这样一幅画，人们一定会花大价钱买下来：这位个子矮小，身体肥胖的历史学家，身后是巴黎圣母院，他站在那里说服读者——也许包括他本人，他正在向那个庄严肃穆的纪念碑式的建筑物投下轻蔑的一瞥。而事实上，对于巴黎圣母院，他本人是深表尊敬的，任何一位像他一样学识甚广、思维活跃的饱学之士，都会在确有价值的东西面前表达如此深沉的敬意。但是，除了幽默，亚当斯还觉察到了一种联系。吉本之所以忽视了圣母，是因为在1789年宗教性的纪念碑已经过时了。1900年，对于已经听了一百多年来内容陈旧、冗繁复杂的其他话语的耳朵来说，他的话听起来很新鲜，很简洁，就跟绿色的田野一样。亚当斯毫无恶意地认为，这句话要比拉斯金的演讲更有启发性。自己做了什么自己最清楚，在那时，吉本带来了法国革命，而拉斯金带来的是针对那场革命的反对运动，圣高登思则超越了这一切。相对于吉本或者拉斯金，他更喜欢庄严的纪念碑。他热爱纪念碑的高贵、统一、规模和线条，纪念碑的光与影的变换，装饰性的雕塑，但相比吉本和拉斯金，圣高登思不太关注创造这一切的力量——圣母这个女人。"这座迷信的纪念碑"正是由她的聪明才智建成的，也是通过这个纪念碑圣母的伟大力量才得以表达。圣高登思本可以从伊希斯的牛角中解读出更多的意义，而爱德福也表达了同样的看法。艺术的形式尚存，但其内在力量，即便在艺术家身上，也不复存在了。

然而，无论审视其思想还是其自身，圣高登思都像是1500年的生还者，他带着文艺复兴的烙印，本应该在脖子上佩戴上圣母形象的项坠，或者像路易十一世那样将圣母形象插在帽子上。一刹那间，他成了一个迷了路的游魂，机缘巧合地闯进了20世纪，却忘记了自己从何而来。他就像亚当斯曾经做过的那样，不停地诅咒自己的无知，但两人诅咒的意义完全相反。圣高登思是本凡努脱·赛列尼之子，却窒息在美国的摇篮里，而亚当斯是波士顿人的典型代表，却被好奇心吞噬，像本凡努脱那样思考。圣高登思的艺术从出生时就处于饥饿状态，而亚当斯的直觉从幼年时便受到损害，两个人都只延续了一半的天性，但当他们一起来到亚眠圣母像前时，他们应当都感受到圣母身上那种使他们合二为一的力量，然而事实却并非如此。对于亚当斯来说，圣母比以往任何时候都更像一种力量的载体，而在圣高登思看来，圣母只是代表了一种品位。

圣高登思本能地把马作为一种力量的象征，这一点在他的马和谢尔曼的胜利纪念碑中显而易见。无疑，谢尔曼也有同样的感觉。那个姿态呈现出如此明显的美国特色，在至少四十年的时间里，亚当斯从来没有意识到还有人会有这样高深的品位。自己花了多少年才接受米开朗琪罗和鲁本斯一直在追寻的那个概念，他也说不清楚，但他知道只是在1895年以后，他才开始感觉到作为一种力量的圣母和维纳斯的存在，即便如此，他也不是在每个地方都感觉得到。在沙特尔，也可能在鲁尔德，或许在西奈多斯——如果人们能在西西奈多斯找到神圣的裸体普莱克希勒斯的阿弗罗蒂的话，他也能够找到，否则一个人便只能求助于印度神话中的女神了。这种观念在英国与德国传统中早就消失了，亚眠的圣高登思对待女性力量比在沙特尔修道院的马修·阿诺德还要敏感些，但两者都不把女神看作力量，而只是把女神作为反映情感、人类的表达、美、纯洁以及品位的途径，甚至不能代表同情。他们把铁路看作力量，遗憾的是，这些艺术家们同时又抱怨铁路体现出的这种力量是无法以艺术的形式呈现出来的，世界上所有的蒸汽机加在一起也不能像圣母一样创造出沙特尔来。

然而，在机械学领域，不管机械师们怎样想，两种能量在人类身上仍然可以相互转化，通过在人身上发挥的作用，所有已知力量都是可以被衡量的。的确，在科学中再没有其他衡量方法了。一旦承认两点之间直线最短，严肃的数学家就不会费心去否认任何方便他们的东西了，也不会排斥符号，不论是证明过的还是没有证明过的，因为这样做有助于他们完成工作。这个符号就是力量，正如指南针或者三角形是一种形式的力量一样，机械师可以通过丢弃这种力量来证明其存在，但忽视力量的价值不会带来任何收益。无论是符号还是能量，圣母都会作为西方世界从来没有感受过的最强大的力量发挥作用，她比任何形式的力量——无论是自然的还是超自然的都更强大，她会引领人们采取各种行动，而这位历史学家的任务就是要追随这一能量的轨迹，去发现其来自何方，去向何处，去找到其复杂的源头和变化途径，其价值，等同物和演变形式。这项任务不可能比镭元素的发现更复杂，相对于其他放射性元素也不可能被反射、转换、偏转和吸收，让人迷惑不解。亚当斯并不了解其中任何一种元素，但作为一个对人类进步产生了影响的数学问题，虽然一切还很神秘，对他的思想也产生了作用，但他宁愿相信圣母是最容易掌握的动力源头。

这种探索被证明是漫长而艰苦的，把他引进了巨大的科学丛林。从芝诺到笛卡尔，连同托马斯·阿奎那、蒙田和帕斯卡尔尔，亚当斯就好像自己还是1860年的那个德国学生一样犯下了愚蠢的错误。在看似前景明朗而且更容易被接受的选择道路上屡战屡败之后，在感知到了绝望之后，亚当斯才不得已地给自己贴上了无知的标签。到目前为止，没有哪条路走得通，也许除了卑微地活着。四十五年的学习证明对于力量的追究必将也是徒劳无益的，相对于1850年而言，亚当斯在1900年也并没有掌控更多的力量，虽然社会能够控制的力量有了巨大的增长。教育的秘密仍然隐藏在无知后面的某个地方，亚当斯和以前一样在路上无力地摸索。在这样一座座迷宫里，权杖比双腿更加重要；笔就像盲人的狗一样，防止他跌入沟渠。笔像手一样为自己工作，反反复复塑造出最合适的形式。虽然这形式并非任意为之，但却是一种类似结晶一样的发展过程，这一点任何一位艺术家都再明白不过了，因为用铅笔或钢笔常常会写错，或者写出的字不可辨认，笔画之间没有连上，笔不能用了或者被堵住了，那么就不得不回到原来的笔迹上来，如果可以的话，就补上遗漏的线条。一年工作的结果更多地取决于建立了什么，而不是剩下了什么；更多地取决于思想主线的顺序，而不是思想主线的表现或多样性。再次深感于此，亚当斯又阅读了数千页带有数字的材料，这些材料如同代数一样枯燥艰涩，富于变化，引人注目，让人烦躁，而又充满实验性，直到这一年结束为止。在1901年1月19日他从瑟堡启航回国之前，博览会早已经结束了，冬季也接近了尾声。

The Education of Henry Adams

第二十六章

曙光（1901）

世界认为自己是轻浮的，并温顺地听从人类将自己谴责为空洞，从巴黎展览会飘过，缓步行进至圣高登思、劳罗顿和贝斯纳的价值低廉的作品，世界认为自己是严肃认真的，并显示出了思想即将迸发的绝对可靠的征兆，它在北平和在其他甚至让自己感到震惊的地方做着古怪的事情。教育的各个领域，通过相对的重要性来度量人类与事物的科学态度的傲慢性，使得人类无法进行研究。在三四代人的时间里，社会抨击了蓬皮杜夫人和杜巴里弗人的徒劳的无价值作品，如果有人想要在拍卖会上投拍符合任意一位夫人品位的物品，那么很快就会认识到与其说竞拍这两位夫人所钟爱的藤椅，还不如去买六件拿破仑、弗雷得理大帝或玛丽亚特里萨的藏品，或者去买那些时期的所有理论和科学作品。从另一个意义上来说，这同样也适用于伏尔泰。众所周知，华托、霍格斯、那蒂耶或乔舒亚爵士作品的金钱价值，远远超过他们本人的重要性。社会似乎乐于庄重地承认这些就是严肃的价值，并只为最无用的价值付出昂贵的代价。在亚当斯这个学生眼中，1900年夏季在北平发生的戏剧性事件是可供他研究的最严肃的问题，因为这场事件突然将他卷入了一场不可避免的争斗中，他认为这一场对中国控制权的争斗一定可以确定对世界的控制，但是巴黎和伦敦对中国衰落的研究主要还是集中在金钱价值方面，他们把中国的衰落视为是中国瓷器的一场灾难，认为一个明朝花瓶比世界战争更有价值。

驻华公使团的戏剧性事件犹如大仲马的小说一样吸引着公众的兴趣，但公众更感兴趣的则是这一事件对未来历史的影响意义。尽管亚当斯是欧洲消息最为灵通的政治家，但他对这个事件也是知之不多。和欧洲的其他政治家一样，他也理所当然地认为公使团成员遇到了惨败，单独支持中国“行政实体”的约翰·海依恐怕也要遇此惨败，当俄国和德国瓜分中国并将美国远远地关在国内的时候，他无能为力只能旁观。欧洲十之八九的政治家都在事前就接受了这个结果，认为没有办法可以阻止这一事态。亚当斯也是如此，他只能嘲笑约翰·海依的孤立无助。

虽然约翰·海依突然忽视了欧洲的领导地位，但他还是独领风骚地拯救了公使团，也拯救了中国，对此，亚当斯和欧洲的政治家一样觉得不可思议。他观望着，但没有像那些政治家那样愚蠢，因为他非常清楚自己在这一教育领域要达到的目的。在美国外交史上，只有这一事件具有流星般的短暂辉煌。1901年1月30日，亚当斯回到华盛顿，他发现世界上大部分地区都和他一样感到震惊，只是比往常少了些愚昧之气。确实，当看到约翰·海依悄无声息地撇开欧洲，将美国政府置于文明之首的做法时，整个世界瞬间就目瞪口呆了，且只得屈从于温顺的本能，接受和服从了他的命令，但是在经历了沉默的首次冲击之后，社会也感受到了冲击完美的力量，并突然爆发出激昂掌声。瞬间，美国人忘记了19世纪充满痛苦的混战和斗争的外交历史，并对自己曾经的屈服感到了惭愧——历史被截为两段。

约翰·海依确实是一位聪明的艺术家，他不可能感觉不到自己作品中所显露出的艺术技巧，而这样的成功对他的身体健康也发生了作用，使得他精力充沛，因为对他来说，和大多数人一样，成功是一副补药，而抑郁则是毒药，但是和往常一样，约翰·海依的麻烦仍然在于国内，成功促使他加倍努力。麦金利总统的外交队伍在世界上是最大的，外交关系所需的工作也远远超过以前，但外交部人员的工作效率略高一些，与参议院的摩擦也更大了。于是，约翰·海依开始研究八十年前的《约翰·昆西·亚当斯日记》，尽管国务卿约翰·昆西·亚当斯认为自己受到了很差的待遇，但依照浪费的天数和努力的程度计算，今天来自参议院的抵抗增加了十倍。约翰·海依发现这些麻烦简直快要将他杀死，并已证明确实如此，对他来说，甚至午后散步有时也会变得非常痛苦。

目前一切运转正常，约翰·海依那难以驾驭的团队并不那么烦躁了，彭斯福德仍然替他分担了重担，并帮他转危为安；卡西尼和霍勒本却为参议院制造麻烦，但没有进行严重的攻击，而爱尔兰人延续了凯尔特人的友善天性，他们甚至给自己制造了阻碍，但幸好他们富有同情心，从没有结过怨，而德国人似乎乐于挑起恶意，甚至在政治精神方面有着很差的脾气，这无论如何都不能成为约翰·海依计划的组成部分。他尽力克服国内的摩擦，也不想疏远外国势力。外国势力具有很多优点，他们通常知道为什么自己惹是生非，并且他们的目标十分明确。在北平和在华盛顿一样，卡西尼多年来一直执行着自己的政策，而且从不加以掩饰，他和他的上司与和约翰·海依一样没有相似之处，他反对那些针对臭名昭著对象的固定政策，但是参议员很少给出妨碍行动的理由。在每一百人中，总会有一些人天生喜好反对别人，并试图在事后捏造缘由做出解释。参议院不比大学的校董会差，但通常公司创办人不会让这类人成为决策者。在参议院，只要一张反对票就可以叫停某个立法，或者如果在委员会，一张反对票就可以停止讨论。

约翰·海依相继出台了消除和停止与外国讨论事情的政策，这不断激起阻挠，如果要化解阻挠，那也只能依靠耐心和在行政任免中讨价还价来实现。实际付出的代价并不算大，不过是导致了约翰·海依和彭斯福德、鲁特和麦金利身心疲惫。无法达成同等意义的讨论结果，参议员不会为了获得其他州的五十万美元，而花费自己所在州的五美元，但如果有一个国家愿意放弃一个特有的利益，约翰·海依就有了与参议院签订条约的机会。在所有这些情况下，缔约的代价全部付给了参议院，而后果也不是很严重，只不过是浪费时间和耗费力量而已。“生活是如此地快乐与恐怖！”约翰·海依笑着说，“少校会给所有任期内的领事以承诺，参议员都会来找我，他们都不相信我砍掉领事馆的主张，我会亲眼目睹自己所缔结的所有条约被百分之三十四爱发牢骚的人和罢工者废除。我能预见的唯一缓和办法就是在大部分时间都装病，我正在接近巨大的危机期，最终的失败也将要来到。”

约翰·海依可能正在想他的朋友布莱恩，或许他还回忆了所有的前任，因为他们所承受的压力都一样，对于亚当斯这位历史学来说，他们的痛苦已经是一种长久的快乐，解读那时政治生活中孤独和悲剧性的成分，需要分析诸如阿农·布尔、威廉·基尔斯、卡尔霍恩、韦伯斯特和萨姆纳等人的性格，以及诸如詹姆斯·梅森这样的可怜者，还有像罗斯柯·康克林恩这样的舞台夸张的表演者。参议员取代了莎士比亚，提供了一系列在别处没有研究过的人类本性，如布鲁图、博林布罗克、杰克·卡德、法尔斯塔夫和马尔沃利奥，这些人物依然很有趣，因为他们要么是杀人犯，要么像小学生一样单纯。“生活是如此地快乐与恐怖！”尽管这种感觉越来越少，约翰·海依还是又一次更深刻地感受到了他要引导的群体的巨大复杂性和摩擦力。他痛苦地抱怨这些参议员的事情让他成为一个无聊的人，异常憎恶参议院。老朋友离他而去，只有老师还在，他所在的新世界的复杂性和多样性几乎把他逼向疯狂。

对于亚当斯这位年过六十但仍热情激昂地追求教育的人来说，这些或大或小的烦恼并没有什么大的价值，只不过是测量物质与运动的手段。对他来说，实际的利益和实际人选都要等下一届选举或者五至十年后的当局来看了。在美国，被认为可以前瞻十几年的人还不足六个，而对于心中既有过去也有未来的历史学家来说，就一定要将视野覆盖至少两代人。如果他试图将自己与未来相连，那么他就一定要设想今后五十年世界的状况。尽管历史学家有时候是无意识的，但他们总免不了要问自己：这样或那样陈旧的制度可以持续多久？他要想展示一种变化了的情况，就至少要给自己留下一代人的时间去观察。他的目标就是从最广的基础进行三角测量，一直延伸到他所能预见的最远点，而这个点总是会远远超出地平线的曲率。

对于务实的人来说，这种尝试是愚蠢的，或许这种观点在今天看来是正确的，但不管什么是正确的，如果是非正误的问题都有联系，那么亚当斯这位历史学家别无选择，只能独自前行。即便是在他自己的工作领域，也几乎得不到同行的帮助，他的研究很快就成为单打独斗，越走越远，进入到一片昏暗的满是阴影的荒野。约翰·海依已经疲惫不堪地在自己的路上蹒跚，而更甚的是，克莱斯·金已经倒下去了。在那年春季的一天，克莱斯·金在华盛顿逗留了一个小时向我们告别，他很高兴，只是告诉我们医生要他到亚利桑那去治疗肺病。克莱斯·金、约翰·海依和亚当斯这三个朋友都知道自己时日不多，只是谁先离开和谁后离开的问题，但是假装知天达命就如同是舞台表演，而尽管只有斯多葛主义这一个办法，但那也只是愚蠢的办法。即便只是假装的，人们也会引以为耻。

尽管生命的阳光在最近已没有如此耀眼，但自克莱斯·金在亚当斯和约翰·海依的生命中消失后，他们二人生命中的阳光也暗淡了。约翰·海依还有家庭和雄心，而亚当斯却只能一个人跌跌撞撞地走下去，孤立无助，疲惫不堪，双眼模糊含着热泪，在教育的黑暗原野的模糊道路上前行，没有任何动力，只有对倒下之前到达可以远望未来的一个点保持着好奇心。为了能够看到尽头的一线光芒，他甚至产生了病态的好奇，似乎三十年只是光影，他在生命中的最后一个也是唯一的小木屋中，再次投入克莱斯·金的怀抱。时间变得如此短暂，当感觉到自己所知很少而别人知道得很多时，希望破灭了。

他并不知道应转向什么新的方向，只好坐在桌边，无聊地从科学中抽出线条，研究它们是如何缠绕在一起的。磁铁是他所知道的最常见的也是最早的儿童玩具，他在小时候也玩过这个玩具，是它所有谜团中最为他熟悉的一个。他在书桌上摆满磁铁，用指南针画出了磁力线图。随后他阅读了所有可以找到的书，但还是没能让自己的磁力线和他人所描述的相一致。这些书籍挫败了他，他简直无法相信自己的理解力。这里简直就是自然界最具体的事实，仅次于与其相悖的地心引力现象，自古以来，磁力一直是永不停息的辐射能量线，或许在太阳掉到地球上的那一天，辐射也不会停止，因为没有人知道它辐射的原因、方式或内容，甚至到底是否在辐射。它是继太阳能之后的第一个已知的自然力量，似乎在那位航海家想起可以用磁力来指认方向之前，它并没有提供任何的想法。又过了一千年，其他智者学会了将磁力应用于水泵、供水管、筛子或发电水库，但他们仍不清楚其中的工作原理或其中的内容。对于亚当斯这位历史学家来说，法拉第的实验和发电机的发明，揭示了人们在最普通的力量面前的无知与无助，比如拒绝相信这些事情。亚当斯只能设想假如有人能找到一本书，就可以告诉他磁铁是怎么回事了，尽管他被迫承认自己在地心引力、磷光和气味方面同样无助，他无法想出为什么社会要把镭看作是科学中的革命性事件，因为多年以前连婴儿都见证了磁铁完成了当时镭所做的事情。确实，与辐射的能量和辐射物质相比，辐射的种类并不重要。这种儿童玩具的复杂性比X光更让他困惑，他甚至不敢冒险探索化学或微生物的复杂问题，将原子转化成无限种类的水泵，不停地抽取无尽的太空。他想请居里夫人发明一种可以附在镭盐上的发动机，从镭盐中抽取能量，正如法拉第用磁铁发电一样。他把人类的思维描述为另一种辐射物质，通过这一物质人类总可以抽出更细微的液体。

在这一切徒劳的事情中，困扰亚当斯的不是磁力或射线，也不是微生物，更不是他在这些能量面前的无助，年少时，他就已经习惯了这些，而是处在新关系中的磁力，因为不断增长的复杂性、多样性甚至是矛盾性，使他一生中的新教育受到了阻碍。他无法逃脱，在科学和政治方面，他得到的教训是一样的，不管他转向何方，这种力量都会阻挡他前行的道路。他在政治中因此受阻，在科学领域受挫，即使在日常生活中也是遭遇同样的状况，似乎他仍然是伊甸园中的亚当，位于象征统一性的上帝和象征复杂性的撒旦中间，无法判断真伪。麦金利所遇到的问题和亚当的一样，参议员就犹如撒旦，而约翰·海依则要和克莱斯·金与亚当斯一样将其摧毁。

人们终其一生都在为统一性而斗争，而统一性也总是获得胜利。国家政府与民族统一战胜了所有的抵抗，达尔文主义进化论者也战胜了所有的牧师。但是，统一性和动量越大，复杂性与摩擦也就越大。人们屈服于铁路、银行、公司、托拉斯，甚至屈服于他们所能理解的或将会理解的公共意志。统一的多样性已稳步增加，一直在增加，并扬言要超越理性地增加。亚当斯放弃了自己所有的偏见，并且发誓要放弃批判的形式，只留下自己的娱乐方式和参议院，因为它们都是健康生活所必须的补品或激励。他接受了一致性、原始鲸、冰川纪、有轨电车和电话，现在，正当他准备将至高无上的花环献给已完成的教育时，科学本身向他发出了警告，要他一切从头再来。

当亚当斯在磁铁中徘徊的时候，他突然记起自己在查尔斯·莱耶尔爵士的支持下，在整整一代人之前，写了一篇论述自己地质学思想的文章，从此便开始了积极的生活，如果要加强对他的观点的认识，那么还是应该再看看这篇文章，于是他又读了一遍，认为这篇文章比自己在六十三岁时所写的还要好，但是老年人的思想经常是松懈的，他发现自己的疑心越来越重，并且非常好奇地想知道人们自1870年以来的新评价。《地质学研究》已有几期刊物，并且定期出版，亚当斯读得时间越长，他就越是怀疑、沉思、疑惑自己可爱的老朋友查尔斯·莱耶尔爵士的观点。

诚然，训练动物的统一性一定要从小抓起。统一性是一种幻想，它必须要被视作学习过程的一部分。思维越成熟，就越复杂，看得越远，所见的就越多，以至于繁星也变得多样，但是孩子所能看到的却只有一种。亚当斯不清楚自1867年以来地质学是趋向于统一性还是多样性了，他认为这种转换取决于观察者的年龄。

为了寻找一些客观的测量方法，亚当斯考察了自己的老友和表亲、年少时地质学生涯中的玩伴硬鳞鱼以及叫作“鲁德娄”和“温洛克”的甲胄鱼，似乎他们始终在一起扮演了“科摩斯的头盔”的角色，反复说着“神圣的哲学是如此迷人”。沃尔科特如此起劲地扮演着科摩斯的角色，就好似在科罗拉多抛扔硬鳞鱼，并回到下特伦顿的石灰石时期，通过产卵来安排比有机物已知历史更久远祖先的系列，使得甲胄鱼与密西西比流域的长嘴雀鳝一样现代。约几千英尺的石灰石是硬鳞鱼最大的娱乐场所，但是石灰石用其自身的一致性，活活地埋葬了均一性。如果没有对所有硬磷鱼进行深入的研究，这位谨慎的历史学家是不敢在私下冒险证明统一性条件下的微小变化可实现自然选择价值的观点的，因为邻居对此一无所知，而他也没有知道得更多。进化在自然选择开始之前就完成了，在整个地质期，微小变化拒绝做出改变，那些无来源动物群的最高级没有一个得以幸存，统一性的条件扰乱了其他群体。老实说，对于一个虽然无知但本意真诚的学生来说，尽管需要证明自然选择而又没有提出学术见解，这样的顺序不会带来平静的感觉。他希望有证明显示上述形式的变化引发力量的进化，化学和机械能在相同条件下通过自然选择和微小变化转换为思想。对于他来说，硬磷鱼似乎证明了它既没有选择新形式也没有选择新力量，而牧师正确地认为只有借助外部力量才能增加力量的数量和强度。对于亚当斯来说，硬磷鱼是一个巨大的谜，因为他和硬磷鱼都没有对达尔文主义提出挑战，更主要的是因为它揭示了达尔文主义似乎只能在英国存活的事实。他没能知道发生了哪种进化，几乎所有的教条都是正统。即便是再次出现了机械以外的重要力量所导致的突然转换，再往前一步，他就会回到原来的物种独立的状态。

存在论者与神学家对神学的观点是一样的，他们在这方面所考虑的也只是自己的事情，因为复杂性对他们来说毫无意义，但对于亚当斯这位历史学家而言，他找寻的只是思考的方向，他开始研究的时候是作为1867年达尔文与莱耶尔学说的忠实信徒，有关方向的问题是最为重要的。随后，他快乐地进入了冰川纪的大门，研究了这个统一的宇宙世界。1900年他走进了一个更为广阔的世界，在那里所有的旧道路延伸到了各个方向，超出了额定界限，划分区域，再细分，突然穷尽或缓缓消失，其支路通向何方无人知晓。活跃的地质学家几乎都已成为专家，他们研究的复杂问题对于外行来说专业性极强，但是旧有的公式似乎仍然只适合初学者。

冰川时期的成因仍然取决于莱耶尔和克罗尔的解释，尽管在当今地质学中，格基将北半球的冰川时期划分为六个间歇性寒冷期，但没有一位地质学家敢于宣称南半球的冰川更为遥远。尽管维也纳的苏埃斯教授写成了一部划时代的著作，指出大陆像水晶一样被固定住，而只有海洋不断地涨落升降。

莱耶尔友善的一致性学说似乎依然温和，因为它还没有被其他学说所取代，尽管在地质形成的间歇期，花岗岩已变得年轻，但没有人能对此做出解释，而令人困惑的巨大的上冲断层体系扰乱了地质力学。教科书甚至拒绝讨论理论本身，而只是坦白地举手，宣称只有对每块岩石进行研究才可能有所进步。

亚当斯正如长嘴雀鳝或杰克逊港口的鲨鱼一样，对科学的正确性无能为力，这个问题与他关系不大，只有不当的言行才能促使他去争论或讨论科学原则，而思想史只与历史学家有关，亚当斯这位历史学家并不太关注其他方面，因为他在主体中并没有发现可资记录的变化。在思想方面，包括教会在内的学派，将无知提升为一种信仰，并将教条贬低为异端。尽管进化学说和三叶虫一样在发展的情况下就得以存活，但是进化论者控制了整个研究领域，他们甚至鼓足勇气反抗凯尔文爵士的禁令，即禁止他们做两千万年历史以上的实验的哥萨克法令。毫无疑问，为了实现宇宙世界的统一性，可替代实体宗教的教皇强加给地质学家最终和最彻底的力量，对此，地质学家也总是悲伤地屈服，只能通过微弱的信念来予以反抗，认为无法用时间的形式来陈述地质学的记录，也从心底深处承认自己的无知，但是他们却没有勇气说出已挂在舌尖的“无知者”这几个字。

然而，供认似乎就在眼前。进化论正成为由力量爆发而打破的形式的变化，有时被影响智慧的吸引力扭曲，有时被宇宙、化学、太阳、超感觉、电解等力量扭曲和折磨，但没有人知道到底是哪种力量的结果。如果这些力量没有诋毁现存的法则，那么它们至少蔑视了科学，而最有智慧的人却只能模仿教会，祈求让“更大的综合”再次统一无政府状态。历史学家为了扩大综合体而遵循了神学的学派，为此他们遇到了太多的麻烦，只得心甘情愿地重复科学的研究过程。为了实现人类的目的，当较大的综合体完结时，必须快速找到一个点。

政治学与地质学都同样指出较大综合体的复杂性正日趋增加，但亚当斯这位老人深知变化只能发生在自己身上。供认无需任何代价，学生不管年龄多大，如果只是思考着某种观点而非自己的思想，那么就会乐于转向并尝试相反的运动，正如亚当斯喜欢春天一样，春天可以给疲惫和恼怒的政治家带来包括桃花、樱花和山菊花在内的更大综合体，证明烦恼是愚蠢的。每个学生都知道，知识的总和无法让自己摆脱束缚，仅仅靠几年的努力是无济于事的。约翰·海依、克莱斯·金和亚当斯在走向生命尽头时无法逃脱混乱的环境，但当他们只知道前行的方向时，至少还能够随波逐流。亚当斯想与布伦特里海域的鲎和雀鳝一起重新开始，和他的家族、昆西家族和哈佛学院一道，所有这些自远古以来都未曾改变和无法改变。然而，这样做是为达到什么目的呢？一个真理或幻想的寻求者，哪怕是面对一条鲨鱼，依然会焦躁不安，难以满足！

The Education of Henry Adams

第二十七章

求道者（1901）

因为世界上只有巴黎的教育涵盖了各方面，所以亚当斯在有生之年所剩不多的时候，越发无法拒绝巴黎对他的召唤。与12世纪相比，20世纪的巴黎更具活力，涵盖了各个方向和各种思想，没有一所学校可以与之相媲美。就教育的具体内容而言，一个只是从19世纪的事件获取知识的人，几乎等同于无知，因为科学已经远远超出了既定的范围，而数学则成为思维的唯一而必要的语言。尽管如此，人们在任何时期还是可以接受儿时的事物，比如中国明代的瓷器、绘画沙龙、歌剧和电影、美术、哥特式建筑、神学与无政府主义，或者和琼·斯蒂克尼一边散步一边探讨希腊哲学或当代诗歌，或者在剧院研究《路易丝》，或者与贝伊·洛奇及其年轻高雅的夫人一起讨论青春和塞纳河的魅力。尽管发生了变化，尽管中国衰败了，但巴黎仍然保持着自己的巴黎风格。巴黎有大量的包括雕塑家、画家、诗人、剧作家、宝石手艺人、金属工匠、服装设计师和家具设计师在内的艺术家，以及成百上千的化学家、物理学家，甚至哲学家、语言学者、医师和历史学家，其活跃程度是以前的一千倍，作品的数量与原创性都超越了以往任何时期，然而最终结果却是混乱，在混乱面前，亚当斯感到和在纽约时一样无助。他唯一的想法就是尽量走在潮流的前列，哪怕是引向混乱也绝不能落后，因为只有年轻人才有时间在后面徘徊。

年轻时的乐趣必须要放弃，这位生活在蒙帕纳斯或蒙玛特拉拉丁区的白面书生所需要的耐力甚至超出了拳击运动所需要的耐力，凌晨两点他在啤酒馆里也感受不到疲惫，即便是在这之前刚刚在法兰西大剧院观看了四小时的《莫奈·苏力》。在这些领域里，教育恐怕要被叫停了，而对于一个正在进入另一世界的垂暮老人来说，时尚也不能传授给他任何有价值的东西，他认为自己只需环顾四周，最后看一眼这个世界。就这一瞥要比他一生中所知道的任何事情都更有趣，但也更加混乱而复杂。

对于教育来说，在混乱之外仍有一些事情要去做，对此，女人又和往常一样给予了帮助。三十多年来，亚当斯反复地说他一定要去拜罗伊特。直到有一天，洛奇夫人突然出现并吩咐他一同前往。于是就在陶伯河罗森堡这座小古城，亚当斯加入到这家人中，和他们的父母、孩子们在一起，依旧认真、热心、感恩，他们一起奔赴拜罗伊特去庆祝节日。

要是在三十年前，拜罗伊特的一个节日一定可以让教育进程极大地向前迈进，当地居民的精神也开辟了一个广阔的新世界，可1901年的结果却与当地居民的精神不同。拜罗伊特在1876年是洛可可风格的场景，这似乎为齐格弗里德、布伦希尔特甚至是帕西法尔的出场营造了恰当的氛围。拜罗伊特远离尘世，宁静，遥远，适于沉思。1901年世界完全发生了变化，瓦格纳成为了世界的一部分，正如莎士比亚和布雷特·哈特一样，洛可可风格遭到撼动，甚至哈德逊河和萨斯奎汉纳河，或许还包括波托马克河，也会涨潮，以至于淹没了瓦尔哈拉殿堂里的诸神。在纽约很难听到“众神之曙光”的曲子，年轻的狂热分子紧张激动，这增加了拜罗伊特音乐的神圣，似乎诸神就是巴伐利亚作曲家。你可以将纽约或巴黎构想成自己所喜欢的腐化、肮脏、粗俗的模样，但在那里，社会在自身腐朽的土壤里酝酿了无政府主义，并将其认作是艺术的证明。或许确实如此，但不管怎样，瓦格纳还是要在艺术情感方面负责。纽约比拜罗伊特更清楚它的含义，巴黎轻浮的表现再一次包括了塞纳河涨潮，要淹没埃特瓦或蒙玛特拉，淹没在英雄身上施展野心的魔法法术。巴黎仍能隐约感觉到荣幸，认为诸神和人类最后的伟大悲剧一定会在那里发生，但没有人想到或者关心这一悲剧正在拜罗伊特发生。巴黎正是用灾难卖弄风情，就像老情人一样，依然和以前一样快乐地面对悲剧，因为他们在罗马掠夺欧洲时便已熟识，而纽约却是既陶醉又惊恐地面对着这些，犹如面临一场无法避免的地震一般，当人们听到特尔尼纳确定地宣布灾难到来时，久已麻木的神经终于又发生了剧烈的震动与疯狂。奉承已失去了魅力，但别的方法却有了效果。

亚当斯一直在随波逐流，直到布伦希尔特成为了一种习惯，以及特尔尼纳成为同盟。他也接受了无政府主义，尽管他没有接受社会主义，对于那些在万神殿的穹顶下培养艺术情感的年轻人来说，社会主义似乎是指向中产阶级或底层中产阶级的，这不免让他们感到失望。贝伊·洛奇和琼·斯蒂克尼创建了全新的保守基督教无政府党，以此来恢复“众神之曙光”启迪下的真正旨意。这个党派没有在拜罗伊特找到任何灵感，他们认为那里的风景、历史和听众相对庸俗，而那里唯一的艺术情感就是对音乐的业余爱好，但这也正是当地居民所憎恶的。

然而，拜罗伊特仍然让保守基督教无政府党人愉悦，尽管他们不关心歌手唱得是否正确，而只是来学习瓦格纳假定的意思。如果达到了这个目的，那么瓦格纳夫人和圣灵就会感到高兴，他们也就能继续下去，而那位渴望认真学习的参议员却指向了莫斯科港口。多年来，亚当斯告诉美国年轻人，不要在身边没有参议员的情况下去旅行，参议员在美国可以有所帮助，在1901年的俄国更是不可或缺的，因为那时俄国并不认可无政府主义者，不管是保守的还是基督教的无政府主义者。

严格来说，无政府党的这一派只有两位成员，即亚当斯和贝伊·洛奇，保守基督教无政府党作为一个政党，是从正确理解黑格尔和叔本华而获得生命的。依照他们的哲学需要，这个兄弟会的成员相互指责对方无法胜任高尚的使命也无法抓住其精神实质。当然，这里无法考虑吸纳第三个成员，因为矛盾的伟大原则只能表现为两个相反方向，并且无政府依照其定义一定是混乱和冲突的，正如稀薄气体的气体动力学理论一样，所以无法达成共识。毫无疑问，矛盾法则本身就是共识，它限制了与个人自由所不一致的自由，但是“更大的综合”则承认了如果将其严格限定在较大矛盾的范围内，那么就可以达成限定性共识。因此，便实现了所有哲学的伟大目的，即“更大的综合”，但其过程却是坎坷的，而亚当斯作为较为年长的成员，提出了一个原则，但贝伊·洛奇为了确保真实性，肯定会拒绝这个假设和原则。

亚当斯声称在最终的综合中，秩序与无政府状态合为一体，而统一性则是混乱的。作为保守基督教无政府主义者，他除了实现目标外，别无其他的动机和职责，为了快速实现目标，他必须要加速进程，集中能量，聚集权力，加强力量，减少磨损，增加速度和扩大动力，这其中的部分原因便是科学所解释的宇宙的力学法则，而另一部分原因便是为了改变艺术家和其他人所抱怨的现状，当然最后也是最主要的原因还在于哲学的严格要求，即要求渗透得更广，并通过在最终矛盾下实现最大的综合而满足人类的要求。

当然，无知的批评者会马上予以反对，他们认为这些方案既不是保守的，又不是基督教的或无政府主义的，但这种反驳只意味着批评者应到幼儿园去重新开始接受教育，这样他们才能知道符合逻辑的无政府主义不再必然导致无政府状态。对保守基督教无政府党人而言，克鲁鲍特金的友善学说是冠以无政府之名的俄国精神惯性的情绪化观点，只是为了掩饰无知。艾利西·莱克拉斯的热情流露，也只是法国作家用苦艾酒稀释了的理想，导致了资产阶级对秩序与惯性的渴望，这两者都没有给出无政府主义的借口，而只是认为它是通向秩序和统一性必由之路上的短暂阶段。他们也没有构建宇宙世界的其他观点，而只是直接传承了他们所从属的教士阶层的世界观。和社会主义者、共产主义者或集体主义者一样，他们的观点只是追随了和自己关系不大的自然力量。如果无政府主义者需要秩序，那么他们就一定要回到12世纪，那时他们的思想正享受着千年的统治。保守基督教无政府党人可以没有关联事物、目标或信仰，但他们却不能没有自然的本性。如果说亚当斯的“更大的综合”有错，那也只能是错在如此绝对的正确，以至于为了证明它，即使最高的责任与义务都不能使贝伊·洛奇予以否认。这里有一个不言自明的事实，即除开教会哲学外，再无其他的秩序能够让哲学家调和保守基督教无政府党人，并以此来证明自己。

理所当然，这些观点都是如此超前的，以至于在当时能够理解的人要少于理解瓦格纳与黑格尔的人。正因为这个原因，自从苏格拉底时代以来，聪明的人大多羞于承认自己懂得这些，尽管希腊人和德国人完善了这些观点，但却很少影响到那些尊崇实用主义的美国人。亚当斯承认目前黑暗还很多，他本人甚至无法树立信心来确定，是否自己的“更大的综合”就一定能带来混乱，因为他同样有义务否定混乱。诗人为了表达某一个情感而盲目地摸索着。思想至上主义的游戏几近结束。五千万甚至一亿蒸汽马力的悸动每十年就要增加一倍，并且比所有的马匹和骑士的力量还要大，淹没了韵律和理性。没有谁应受到责备，因为大家都是能量平等的仆人，工作也是为了增加能量，但亚当斯这位保守基督教无政府党人却看到了光亮。

因此，这位黑格尔的追随者为了扩大“综合”的范围，又计划了自己的俄国之行。他也确实需要更大的综合！在美国，所有人都是保守基督教无政府主义者，信仰是全国性的、种族性的、地域性的。这位真正的美国人从来没有在社会的无政府状态和社会秩序的范围内，找到过可以化为人类专有或自己专有的这种最高美德。无论在哪个教会，无论在哪个国家或是在哪个思想界，亚当斯都没有见过完整的联合，也没有见到过联合的必要。自由让他有勇气面对各种矛盾，而智慧足以让他无视矛盾的存在。确实是一种相反的条件成为了俄国发展的标志，沙皇俄国是一个保守基督教无政府的阶段，在历史上，这一阶段要比美国所有繁杂的报刊、学派、托拉斯、教派、欺诈和国会议员更有趣，而这些便是保守基督教无政府主义者所认为的大自然，是纯粹的和无政府状态的，可以积极地、振动性地、大多无意识地对力量做出快速回应。但在清晨，当他们在临时火车站，透过卧铺车厢玻璃第一眼看到的就是波兰犹太人时，他们不可思议地惊呆了，最后又看到了俄国农民，在圣彼得堡火车站对着刚建好的铁路，点燃蜡烛，亲吻手中的圣母圣像，所有这些都是符合逻辑的、保守的、基督教的和无政府主义的。俄国与历史上已知的任何古代和现在的世界都没有相似之处，它是欧洲所有文明的最早起源，但自己却没有任何保留，欧洲和亚洲都不曾经历这个阶段，这个阶段似乎没有被纳入到进化的线条，对于研究12世纪哥特式建筑的学生和研究20世纪发电机的学生一样精彩。当我们在保守基督教无政府的枯燥环境下研究俄国时，俄国变得和镭盐一样发光发亮，但俄国的光亮并不明显，似乎它是一种能量殆尽的物质，是一种惯性的残留，只靠着惯性运动。从汽车车窗向外面看去，人们似乎经过了游牧生活的起伏不定，是被领头牲畜和牧人抛弃、停下脚步四处漂流的游子，等待合适的时机和勇士的到来，带他们西进回家。诸如克尔吉斯的露营部落，由于失去了久住的习惯，丧失了迁徙的手段，而只能等待和忍受。在等待时，他们却没有站在适当的位置，再也不能一如往常了。他们的国家就像里海一样是一个能量槽，表面覆盖着整齐划一的冰雪。在圣徒节这天，一个俄国农民在克里姆林宫内亲吻圣像，他成为一亿人的代表。为了重新追忆对人类惯性最为辛酸的文字分析，亚当斯已经没有必要研究华莱士，或重读托尔斯泰、屠格涅夫、陀思妥耶夫斯基。阅读高尔基的作品就足够了，克鲁鲍特金解答了所有问题。

俄国人从来没能改变，也不可能被改变。如此规模的种族惯性能否被打碎或呈现出新的形式？即便是在美国，在极小程度上，这个问题也是老生常谈和悬而未决的。所有所谓的原始种族和一些较近幸存的种族，都对顽固的进化学说产生了质疑。这位参议员在满意地参观了华沙和莫斯科之后摇了摇头，他前往圣彼得堡去向德·维特先生和基尔科夫王子寻找答案。他们之间的谈话增加了新的质疑，因为尽管他们付出了巨大的努力，但连他们自己都不能确定这些政策对人民的影响。十年乃至十五年的猛烈刺激似乎收效甚微，因为俄国从1898年起就落后了。

作为旅游者兼学生的亚当斯，经过深思熟虑，询问参议员先生是否可以允准三代或更长时间的人将俄国纳入到西方的运动中来。参议员似乎还打算询问得更详细，可亚当斯这个学生却无话可说了。在他看来，所有基于事实的观点一定是错的，因为事实永远不可能是完整的，而事实之间的关系也一定是无穷的。俄国借助一系列好的有序的阶段，极有可能很快成为人类进步的耀眼星群，但同时，人们也会给向着质量方向的惯性运动赋值，并假定一个缓慢的加速，在一代人的末尾，仍不能缩小东方和西方之间的鸿沟。

当达到这一目的时，洛奇夫妇认为要想提高道德水平就需要去柏林，但四十年的各种情感经历无法磨灭亚当斯对柏林的印象，不论代价如何他都不想再去那里。当洛奇夫妇动身前往德国之际，亚当斯却坐上轮船前往瑞典，只用了一两天的时间就兴高采烈地抵达了斯德哥尔摩。

除非亚当斯这个学生非常确信自己的问题可以得到解决，否则他是不会执意要去解决的。人们可能会疑惑是否德·维特先生、基尔科夫王子、任意一位大公或者沙皇本人都比邻国更了解自己国内的情况，而亚当斯却十分确定，即使在美国，他也不会轻易相信财政部部长、铁道部部长或者自己熟知的某位总统的观点，特别是有关下一代美国人的问题。任何人都敢于发表看法，仅这个事实就可以证明亚当斯缺乏做出判断的能力。然而，俄国的力量太过强大，以至于无法将其忽视。如果没有其他办法，仅凭惯性，俄国就可代表四分之三的人类，而它的运动也可成为代表未来运动的真正方向，这与美国仓促而不确定的加速不同。目前还没人知道什么才最符合人性，而这位将常流泉铭记在脑中的游客，发现自己说话总是根据眼前的镜子，观察自己讲话时是熊的形象还是猴子的形象。他问自己：

“我满意吗？

我？为什么不满意呢？

难道我不像其他人一样有四肢？

我的相貌至今也无可挑剔。

但是我的熊兄弟，他的长相就很粗糙。

它如果相信我的话，恐怕永远不会让别人画出它的样子。”

假若这位熊兄弟缺乏细节的完美，而他自己的猴子形象也不够理想并缺乏装饰性，他更不确定一代人过后究竟会变为什么样子。他自己从未幻想过上述三个事物。没人能猜到戴姆勒发电机和X光对他来说意味着什么，但可以确定的也就是这些。电机和猴子都非常害怕熊，其恐惧程度只有与外交部关系密切的人才能知道。当这只“猴子”从斯德哥尔摩的营房穿过波罗的海回望俄国的时候，俄国看起来要比从克里姆林宫所观察到的更令人惊奇。

眼中所看到的正是消退的冰盖，它是古老冰川的墙，是绵延至北部几百里的阻挡海洋前进的古代冰川，并似乎还要继续向前延伸，斯堪的纳维亚一直处于它的控制之下。欧洲从来没有发生过变化，从波罗的海到黑海的水平大陆这条想象出来的线，只是延伸了北部的边防线。一方面匈牙利人和波兰人仍在对抗俄罗斯民族的惯性，并在同样导致惯性的条件下保存能量。种族决定了条件，而条件很少能决定种族，但没有人能够告诉这位耐心的旅行者种族的含义，或者如何才能知道它的含义。对于种族这个词，历史只是浅浅一笑，进化论者和民族学者则质疑种族是否存在，没有人知道究竟如何给出定义，但是如果没有这个线索，历史则只是个哄小孩的故事。

虽然德国人、斯堪的纳维亚人、波兰人和匈牙利人都曾经很有活力，但他们自己从来没有抵抗被称为俄国的异族惯性，而只是当俄国行动时就被吓得发抖。从斯德哥尔摩回望，俄国仿佛是一片冰原，而这也正是几个世纪以来瑞典对俄罗斯的印象。与俄罗斯阴郁的森林和圣彼得堡乏味的街道相比，斯德哥尔摩具有南方的景象，而瑞典也招引了不少游客。在那里，亚当斯度过了一个新英格兰式的晴朗秋季，最后他继续北上，一直到达了挪威的特隆赫姆。他自己一生传授和研究了大量的历史，在对历史的广度进行三角测量时，教育向他涌来。当这位历史学家充分认识到自己的无知时，这种无知有时会发生在其他美国人身上，他比别人更加厌倦自己，因为他的天真率直是无法抑制的。尽管他在一生中传扬了古代斯堪的纳维亚的准则，并抵制了弗里曼所钟爱的撒克逊农民的愚蠢，但令科学失望的是，他们之间出现了一位莎士比亚，对此亚当斯无法遏制惊讶。与挪威的简单接触又开启了亚当斯的思想之旅，在旅程的幻想下，他搭乘邮轮继续北上，于9月14日抵达墨菲斯特。

通过秋分时期的曙光，看着短暂逗留的游客，从昏暗的雪光中，人们所看到的不仅只有无聊的乐趣，在那里，最后的拉普人和驯鹿正在注视着邮轮穿过错综复杂的河道，他们的祖先也是这样看着古代斯堪的纳维亚的第一批渔民在漫长的时间里了解自己的，但是让这位游客印象深刻的并不是拉普人，不是雪地，也不是北极的昏暗，而是电磁时代的光亮以及与俄国构成的巨大反差，这一反差慢慢成为他历史研究的首要兴趣。只有在这里，新力量才如此具有活力地纠正旧时代的错误，或者如此高效地重新调整黄道的平衡。当亚当斯快要走向生命的尽头时，七十年前一位无用的卡莱尔的求道者停下来，问了一些沉闷无用的问题，这种无限似乎成为多余，更不用说为人们所熟悉的嚼舌了。安装电灯与电话可以让旅行者接近极点的冰盖，超出北磁极的水平，在那里，新的求道者坐在那里，目瞪口呆地看着墨菲斯特永不熄灭的电灯。

与1830年的求道者相比，亚当斯更有理由运用自己活跃的苏格兰式想象力，那是从来没有人梦想过的，也没有哪位在世者讲述过的。如果不借助语言交流工具，在这片昏暗的北海最多待上一周，在春分时节的北极圈，即使没有感到心情郁闷，那也会感到庄重。但仅仅一周之前，当亚当斯在斯德哥尔摩的一家餐厅吃早饭时，他从邻桌的一张瑞典报头条新闻上看到了麦金利总统遭到刺杀的消息，从斯德哥尔摩到特隆赫姆，沿着海岸再到墨菲斯特，每天都有总统的消息传来，通告了总统的身体状况以及约翰·海依和罗斯福的言行，最后一家小报宣布了总统在几小时前去世的消息，这仿佛触碰到了昏暗的天堂。对于亚当斯来说，麦金利的死亡和罗斯福的继任并不是没有带来感情波动的，他对密友每隔几小时发来的消息很是惊讶，这些消息往往是在深夜发来的，不是为了取悦他，而是要纠正太阳系中的错误，和麦金利的死讯相比，他对报道的质疑更是微不足道，因为那种电力、电机和社会的宇宙运转得比太阳要好。

这种奇怪的机会之前从来没有在这位历史学家面前出现过，但目前它却打乱了亚当斯的整个保守无政府主义的哲学。加速是巨大的，并且完全是在统一性方面的。他为了重新掌控混乱，必须越过波罗的海回望俄国，而这个裂缝似乎很快就变成了深渊，使得俄国变得无限遥远。然而，冰川冰盖的噩梦仍然全部压迫着他，瞭望昏暗且多油的海水轻拍着幽灵般的小岛，人们都会能意识到只要乘船继续向北走一天，就能到达随时准备向前延伸的冰障，游客也就不得不停下来，很久以前，忘记自己起源的拉普人、驯鹿和古代斯堪的纳维亚渔民就是在这里停留的。亚当斯在以前从没有遇到过如此至远之地，也不知道那些人是怎样的，但他至少感觉到了挪威渔民祖先的情感，他仿佛看了这些成千上万的人挤在一起，面对大海和北方的冰面，而后方又有俄罗斯惯性的冰盖压来，与惯性相比，冰还只是很小的一个危险。从他们沿着冰盖退去的痕迹，环绕北角开始行进的第一天起，他们的问题就始终没有变过。

亚当斯这位新的求道者，虽然年龄比那一代求道者当时的年龄还要大，却也没能将过去和将来看得更清楚，也是完全地迷惑不解。从北方古老的冰障到里海，有一条长长的分割线将亚当斯的力量线分开，这与气候、地理和土壤没有关联，因为这根线在冰川和惯性首次掌控以来就永久存在。

对于游客来说，知道得越少，所犯下的错误就越少，因为他不能期待自己去解释无知。一个世纪之前，亚当斯刻苦读书、追求知识，他今天所知道的知识是别人所不了解的，他需要太多的知识，而无知本身也是一种学习。于是他再次南下，途经基尔、汉堡、不来梅和科隆。仅仅一眼就可以看出他能确信这里是人类的崭新德国。汉堡和圣路易斯一样具有美国风韵。四十年中，杜塞尔多夫的田园美景已经披上了伯明翰的乌黑尘垢。1900年的莱茵河和1858年的一样，和撒利族弗兰克人时期的莱茵河也没有区别。科隆是铁路枢纽，并完成了一座和芝加哥教堂同样粗犷的大教堂。经过筛选、分类与封闭，13世纪的莱茵河对游客来说是尼安德特人、穴居生活的古迹，因为莱茵河产出了更多的煤炭，所以它比哈德逊河更现代化，而且极有可能是这样的，但所有这些只能被视为一种力量线的根本变化。

1858年，整个北欧平原和南欧的多瑙河地区，仍然是亚洲和大西洋之间的史前大道。尽管贸易航路沿循了古老的入侵路线，但科隆却成为华沙和佛兰德斯之间的驿站。在德国北部，俄国比法国的感受更强烈。1901年，俄国消亡，对此法国都没有感觉到，更不用说是英国和美国了。单从煤炭方面就可以感受到，它的印记遍及莱茵河地区，并在皮卡第地区有所存留，这和伯明翰及匹兹堡所留下的印记一样。莱茵河也制造了同样的力量，这些力量也造就了具有同样思想和动力的人。对于亚当斯这位没有谋生希望的六十三岁老人来说，这三个月的教育是他所经历过的最为艰巨的，俄国也是他所见到的最难以理解的部分。但是，从科隆的角度来看，所有这些似乎都是有道理的。从默菲斯特到海港城市瑟堡，从哈利法克斯港到诺福克郡，每一个强大的帝国都由“煤炭”这位伟大的君主统治。政治和人类的猜忌可以让帝国分裂，但权力和能量却只有一个。统一性得到了发展。在俄国之外，有一个更为古老并且更加稳固的权力，它基于永恒的惯性法则维持着自己的存在。

作为一件私人的事情，亚当斯对这两种力量相对价值的兴趣逐年增加，因为巨大的俄国惯性难以抗拒地流向了中国，而约翰·海依则挡在了路中。只要德·维特还在掌权，约翰·海依就是安全的，但如果德·维特下台，那么约翰·海依就会面临危机，人们只能坐下来观看德·维特先生和德·普勒韦先生如何作为了。

The Education of Henry Adams

第二十八章

知识的高度（1902）

美国总是能轻松地对待悲剧。美国人太过忙碌，以至于无法停止以两千万马力速度运转的社会，他们忽视了那些使中世纪黯然失色的悲剧性动机。整个世界也学会了把屠杀当作歇斯底里的一种形式，把死亡看作精神疾病，认为只有用静养才可治疗。那三个可怕的政治谋杀犯可以用恐怖来壮大复仇女神尤曼妮蒂丝，但却不能对白宫造成大的威胁。

1901年对约翰·海依本人来说是悲剧性的一年。这年夏天，他的儿子德尔·海死于意外事故。此事刚结束，他的上司麦金利又不幸去世，“更可怕的是我们都相信他是可以康复的。”世界好像突然变成了一个坟墓，“我已经习惯于经常参加葬礼了。”“尼哥雷已经不行了，昨天我去看他时，他已经认不出我了。”在所有的慰问信中，其中一封是克莱斯·金从帕萨迪纳写来的“伤心也要体面和亲切——老金的人生态度”。金自己也是“正等待着身体和自然斗争的结束”，他个人的悲惨经历深深打动了约翰·海依，“从脸上就能看得出来”，约翰·海依说，“他是那一代人中最杰出的，有着无法估量的才能，他的勤奋让我不敢亲历，除了盲目的运气，其他都青睐于他，自幼他就灾难缠身，生活中没有快乐，最后要死了，带着无可名状的痛苦，他孤独一人在加利福尼亚的一个客栈，无人照顾，生活让你觉得有趣吗？”

12月29日，亚当斯刚到纽约码头，就有人叫他去参加克莱斯·金的葬礼，参加完葬礼后，他没有什么路可走，只好走上了通往华盛顿的路，在那里刚刚发生了一场革命，这使得他这样年龄的人迅速地变老了，这场革命让他急匆匆地赶到了仍可把自己视为孩童的这代人的前列，除此之外革命并没有切断维系着他们的社会纽带。

生活让你觉得有趣吗？说实话，教育的内容已变得太过陈腐。让约翰·海依第一次感到些许兴奋的是，罗斯福或许想要约翰·海依继续担任原职，虽然这只是可以免去自己辞职的麻烦，但对亚当斯来说，这却是个十足的损失。他已经在学校完成教育，也失去了那些有权势的朋友，他很了解生活，所以不能冒着自己覆灭的危险去拯救他们。

就罗斯福而言，希望渺茫。六十三岁的他们，不能再依照旧习惯去严肃对待四十三岁的罗斯福，也不能在新习惯中恢复以前的做法。用异常的力量来操控权力是一个最严肃的事实，罗斯福的朋友也清楚他那焦躁不安的攻击性力量是异常的。比起那些生活在声名狼藉中的人，罗斯福具有属于终极物质的奇特的原始品质，这是中世纪神学赋予上帝的品质，他便是纯粹的行动。罗斯福运用不可估量的力量，在白宫，年轻人和长者的关系，也就是老师与学生的关系，是完全不相称的，别的任何关系也是不可能的。与约翰·海依的关系是假的，而与亚当斯的关系也就自动停止了。现在历史事实的价值已不大，但人的本性却还保留着一些众所周知的古老准则，历史上最聪明的朝臣就是路西亚斯·塞涅卡，他以前一直不清楚自己可以从既是自己朋友又是自己学生的尼路·克劳迪亚斯那里得到什么好处。直到后来，作为一位年过六十的绅士，他收到了尼路·克劳迪亚斯的一封孝顺的信，劝他自尽，他才终于明白了。当塞涅卡知道了“有权力的朋友就是要失去的朋友”这个完全可以坚信的事实时，他关闭了自己巨大的知识圈。这只灰头蛾子在具有许多蛾子的政府部门飞走过，多少也受过伤，但是，通过一年中九个月的休息，他获得了使自己立于拉法耶特广场北面的自我保护能力，在许多总统和参议员充分了解了他的这个生活习惯后，已不再让他在中间飞来飞去了。

那些通过责任的途径寻求教育的人往往会被这样的假象欺骗，以为权力掌握在自己朋友的手里对自己是有利的。如果亚当斯可以传授经验，那么他一定会警告朋友，这个想法始终是灾难性的。权力的确是毒药，它对总统的影响也总是悲剧性的，最初表现为近乎疯狂的兴奋，随后便是更糟糕的反应，但是因为人们的思想还没有达到一个很好的平衡，所以会承受无限权力的压力，而自己却完全不知，最后却发现有很多人对他的权力表示抗议，他们这些饥饿的狼和猎犬就是依靠抢夺腐肉为生的。罗斯福喜欢直截了当的性格和诚实的意图，但他天生就生活在无休止的亢奋中，一个月的时间就可以磨掉他大部分的好脾气，他在当总统的第一年就表现出了令朋友惊颤的慢性的亢奋。无限权力对有限思想的影响在总统身上是值得关注的，因为它一定代表了社会中的同样过程，自控力在控制无限性时一定是有局限的。

在这里，教育似乎见证了自己的第一个和最后一个教训，但这是心理学方面的事情，它一直存在于历史和科学的深处，也会通过其他形式得以重现，个人的经验教训则不同。罗斯福迷路了，但约翰·海依和洛奇则没有理由迷路，可结果从数学方面来说也是肯定的。对约翰·海依而言，这只是力量的逐渐衰竭和力量的必要节省，但对洛奇而言这是政治的法则。他无法帮助自己，因为他作为总统的朋友和独立政治家的地位都是假的，他对这两种关系一定是无法确信的。

对亚当斯这个学生而言，卡伯特·洛奇是十分重要的，他要比一般的议员重要得多，但他的重要性有赖于他在马萨诸塞的地位，而不在于他对政府行政部门的控制，他在马萨诸塞的地位是十分稳固的。美国社会没有如此复杂和变化之快的地方，毫无疑问，波士顿人以慢性的易怒脾气而闻名，这被看作是波士顿症，从其原始的清教的形式看来，这个症状似乎源于他们对邻居了解得太多，以及为自己考虑得太多。许多年前，威廉·麦克斯韦·埃瓦茨曾向亚当斯指出，不可能让新英格兰团结在一个新英格兰领袖的周围。尽管这个特点带来了好的结果，比如对阿伯拉罕·林肯和乔治·华盛顿的崇拜，但这个优点似乎很苛求，因为新英格兰的标准各异，彼此之间很难调和，并且数量还经常激增，直到它们之间的平衡成为不可能。旧的标准已经很难了：州大街和银行要求一个确切的标准，旧的公理教会的神职人员要求另外一个标准，而哈佛学院的投票影响很小，但社会影响大，他们也要求另外一个的标准，外国因素，特别是爱尔兰人，他们清高超然，很少会同意通过的任何一个标准；迅速成长起来的新社会阶层，他们比爱尔兰人更排外。新力量正在瓦解着社会，正在建立独立的力量中心，直到花完最后可以让这台机器运转的费用，没有人能真实地代表整体。

很自然地，亚当斯深切地同情洛奇，与他的朋友兼学者的总统先生相比，给出评价对他来说更为困难。作为研究的一个类型，或者作为教育的一个标准，洛奇是两个人中更有意思的。罗斯福生来不需要别人指教，而洛奇则是教育的产物，他是波士顿的化身，父母都是当地出身，但他的雄心壮志使他走得更远，正如亚当斯所承认的那样，他的意图是好的，但也是躁动不安的。他是一位健谈者、一个如饥似渴的读者、一位智者、一个杰出的演说家，有着清晰的头脑和强大的记忆力，但无论站在哪里，他都从未感到过完全的放松，而有时他会痛苦地控制脾气，从一块敏感的肌肉转移到另外一块肌肉，不确定是要摆出一个毫不妥协的北方佬的姿态，还是摆出一个纯粹的美国人的姿态，或是在一个爱尔兰、德国或犹太人的更为纯洁的气氛中摆出爱国者的姿态，或者摆出哈佛学院的学者和历史学家的姿态。他思想的最后一根神经是英国式的，充满了英国文学、英国传统和英国味道，他厌恶法国人和德国人的大多数德行，厌恶一切大陆的标准，但他对莎士比亚的缺陷和无节制却很乐于接受。他首先站在了社会领域，然后又到了政治领域，时而尊崇时而禁止，会对肆意的不道德行为感到震惊，但是也会使用政治中的方法，他有时痛苦，但经常是亲切的，并且始终是睿智的，有着非凡的幽默。

一般的政客就像乌鸦一样群飞，一片漆黑，单调不堪。洛奇的羽毛却是多彩的，并且和他的飞行一样，他又重新回到了比赛中。他流露出了这样一个想法：如果敢于承认的话，他和他的人民具有一段过去的历史，而如果他们能够预见的话，那么他们或许还有一个未来。

亚当斯也是波士顿人，波士顿人态度的不确定性对他和对洛奇一样自然。只有波士顿人能够理解自己，并同情自己前后矛盾的思想。他的理论和行动也有一致的地方。他在理论上宣称了对英国思想同样不信任，把它称为装满杂七杂八东西的破袋子里，有时候认为它有价值，但从没确信过。他认为只有希腊、意大利、法国的标准才值得尊重，莎士比亚的野蛮作品就像伏尔泰一样令人无法容忍，但他的理论从没有影响他的行动。他知道自己的艺术标准只是精神的幻影，如果有真相存在的话，那么英国的无序比法国的尺度、意大利的线条、德国的逻辑更接近真相。他把莎士比亚当作保守基督教无政府主义的福音书，既不过度保守又不过度地基督教，但又非常具备无政府主义的特征。他喜爱英国艺术和英国社会的残忍，就像他喜欢狄更斯和奥斯汀一样，不是因为他们本身，而是因为他们的幽默。他毫不犹豫地拒绝秩序和否定一致性，但他不是参议员。

双重标准对文人来说是个启迪，但对于政治家来说却是致命的。亚当斯并不关心自己的标准是否受欢迎，其他人更不关心这些，但罗斯福与洛奇正在玩一个游戏，他们总会发现美国思想的流沙在自己脚下突然退去。在这个游戏中，一位老朋友很早就将熟人关系带到了自己期望的远方。这里没有为他留下什么东西，只有拳击手或杂技演员的消遣。更大的研究在第五等级人们的利益和理想的间隙中丢失了，但因为外交事务只与较大的部门接触，因而约翰·海依无法维持和罗斯福及洛奇的个人关系。作为纯粹的教育事务，这一点值得正进入政界的年轻人注意。国内的进步是借助机械力量完成的，包括蒸汽、电力、火力或其他力量，这些力量都要由有能力控制它们的几十个人来操纵。国内政府的工作就是控制执行这一任务的人，这些人如同异教的神灵一样远离社会，虽然值得认识但不能为人了解，而如果把他们活剥了，那么他们就无法透露任何有政治价值的东西。他们大多数人根本没有什么话可说，但他们就是力，像发电机一样默不做声，被经济发展吸收了。他们是公众的保管人，每当社会宣布对财产的所有权时，就一定会授予他们这个称号，但力量和过去一样，不管由谁掌控，他们都会未经请求就控制社会，就如同它曾经控制过的司炉工人和矿工一样。现代政治说到底就是一场斗争，不是人的斗争，而是力量的斗争。人逐渐成为了力量的产物，聚集在中心力量周围。冲突不再是人和人的斗争，而是驱使人的动力与试图屈服自己动机的人类之间的斗争。

人们会坚决反对这种道德说教，特别是中世纪所追求的政治和诗歌，它也不值得教师去坚持。亚当斯唯一坚持认为的就是在国内政治中，每个人都为一个直接的目标而努力，一般是为了某种私人的工作，但总是在很近的距离之内，而在外交事务中，视野就要更广阔，要覆盖全世界。在那里，最不起眼的学者也能知道自己在做什么。在历史上，国际关系是唯一确定的运动标准，是地图上的唯一基准。就因为这一点，亚当斯坚持认为国际关系是历史地图唯一确切的基础。

他不想去说服别人相信这一观点的正确性，但作为教师，他必须要去解释，作为朋友他认为这也很方便。国务卿在大多数时间就像历史学家一样独立。由于需要对周围的情况有所预见，他测量了政党领导人所不知道的力量，发现自从国会建立时，就或多或少地存在敌意。国务卿的存在仅是为了承认国会希望忽视的世界的存在，或者承认国会拒绝承担的责任，或者承认国会不信任的谈判，以及尽力扭转到有利的方向或否决谈判。自参议院存在的第一天起，它就一直在对国务卿进行密谋，只希望将国务卿的作用限定在委任参议院执政官方面。

无论人们赞成与否，这都是一个事实，但就教育而言，它为老学者提供了新的材料，因为它使约翰·海依成为1865年以来最好的老师。约翰·海依成为了最具荣耀的国务卿，他有着其他国务卿没有的影响力，因为他身后有一个国家，这是历史从未能想象的。他不需要起草政府公文，无须别人的帮助，远离咨询建议，但他可以为专心的学者讲课，而世界上其他教师无人能够做到这些。亚当斯寻求的只是这样的教导，他只是想画出未来五十年的国际航道图，对未来做三角测量，获得自己的维度，确定1200年以来政治运动的加速度，尽力将其纳入到哲学、物理学以及金融学、力学中。

很久以来，约翰·海依一直处于外交事务的前沿，事务进展的动向至少是符合他的意愿的。在艰苦的努力下，他取得了惊人的外交功绩，使参议院在只有六票反对的情况下，允许大不列颠首次放弃了自己捍卫了五十年的条约权，这次与参议院协商的前所未有的胜利使总体和平又迈进了一步。在英格兰问题上，参议院不会提出有效的反对意见，因为英格兰已经被争取过来，只有加拿大会带来麻烦。下一个困难是和法国的关系，在这方面参议院进行了阻挠，但英国想采取行动影响法国，由于法国的政治变动，结果实现了目标，这个目标组合直到1901年底还仅仅是一个空想。下一步比较困难，就是要争取德国的合作，然而最难以控制的就是俄国，俄国还需要得到满足，需要解除武装，这是所谓的麦金利主义的本能，这个包括联合、加强、信任的体系已经在国内外得以实现。

对于一个在18世纪的观点下成长起来的学生来说，这个体系和自己没有任何关系，也不想假装干涉其中，但没有任何事物可以阻止他进行研究，他惊奇地发现这种合并各国政府资本主义的计划，和铁路与熔炉一样，实际上正是社会主义者乔瑞斯和贝皮尔的计划。在这些人中，约翰·海依应该采纳一些社会主义者的政策，这看起来比保守基督教无政府主义还荒唐，但在政治学中，矛盾论已成为唯一的正统理论，就像它在科学中的地位一样。当人们审视这一领域时，便会发现约翰·海依无法帮助自己，贝皮尔也不行。要么德国击败英国和法国，建立下一个必然的统一体，作为一个大陆体系去抗衡其他大陆，要么就把利益聚集在一起。这两个方案最后都会归结到德皇那里，他必须在其中做出选择，在各自的优点方面，意见似乎是均分的，但是假定两个方案都可行，约翰·海依和麦金利在政治策略上就要转为劝说德国皇帝参加煤炭动力联盟，而不是与俄国成立武器联盟。因此，贝皮尔、乔瑞斯、麦金利和约翰·海依成了合作伙伴。

对于内战时期的外交战士来说，这个问题很可爱，甚至很迷人，就像几何演示一样精确。作为生命中可能的最后一课，它包含了各种各样的最终价值。除非教育是迈开理论和实践这两条腿前行，否则就会有误入歧途的危险。约翰·海依或许是健在的大师中对两者关系掌握最好的人，他不仅知道力量，而且还了解人类，只对政策有自己的想法。

或许这就是一个学者达到知识最高点的时刻。此时，政府刚刚达到了活动和影响力的最高点，政府的全部教员也在他的眼前。自从1860年，虽然有最伟大的学者和巨大的投入，但教育在培训这两个人抓住和理解每一个国际行动方面却相当失败，更不用说是个人影响了。几个重要国家的全部政治机器只是提供最新和最准确的信息，教育很难再向上迈进。

教育对约翰·海依的影响与亚当斯无关，但教育对亚当斯自身的影响却很奇特。他的无知从来没有达到看起来如此令人恐怖的程度，他似乎一无所知，只是在黑暗中摸索，永远地坠落进宇宙中，最糟糕的无知的深度就是确定没有人能知道得更多，尽管这看似是不可能的。至少，他还对指导自己的价值有所确信，比如煤电的相对强度、武器的相对惯性，他认为，如果他知道每个人除动力学外的相对价值，了解自己政府的最深的想法，如果沙皇、德皇和日本天皇，像约翰·海依一样成为了教师，并告诉他所知道的一切，那么他还是一无所知，因为这些人自己也是一无所知的。只有与他们的无知相比较，亚当斯这个学生才能对自己的无知进行测量。

The Education of
Henry Adams

第二十九章

无知的深渊（1902）

时光荏苒，无暇记录每一年所做的事情。三四个月已经过去了，尽管其间发生了巨变，但思想却未能随时间跟上这些变化。冬季远去，春季花开，巴黎也再次短暂地展开臂膀迎接游人。卡梅隆先生来到了因弗罗齐城堡，在那里待了三个月的时间，还召集了大批朋友过来。洛奇只有在和孩子们一起时才会笑，比如卡梅隆、麦唐纳德、坎伯尔和其他家的孩子们，但是苏格兰1902年的夏天却比以往少了些风情。尽管1879年人们目睹了什洛普山丘上的作物成熟，那一年的收成甚好，但从此再没出现过如此喜人的情景。难民们逃到了瑞士，但他们却发现在日内瓦湖和莱茵河无法感受到快乐，卡尔斯鲁厄这个城市也没有巴黎那么宁静。直到最后，作为难民之一的莱纳尔多·海特伯绝望了，他回到了布瓦德布洛涅海港，就像布谷鸟一样作为一位好公民在那里安了家。外交途径发挥了作用，他把阁楼丢给亚当斯，然后去了柏林，在即将到来的漫长夏日里就在那里隐姓埋名、悄无声息地躲藏了起来。

生活终于如愿步入了正轨。探索者经过多年努力去找寻目标，最后却是目标找到了自己，他只得随着波涛慢慢地前行与后退，顺着大海的流向稳步前行。在夏季学到的教训在冬季得到了验证，人们只要通过仰望天空观察繁星的明显运动就可以知道自己的偏差，这个过程只对那些已经耗尽能量的人才是可能的。亚当斯从来不晓得自己为什么在不了解法拉第的情况下而去模仿他的实验，看到周围的力线，而之前他只能看到意愿的线条。似乎对数学一无所知就可以让人们去想象图形、图像和幻影，人的思想最多就像是一面带着水雾的镜子，一旦有了想象，图像便可以马上变得简单起来，力线就会表现为吸引的线条，反感只能算是对吸引力的排斥。这样一来，思想便悄然迈入宇宙机械论，同时也进入了一个崭新的教育阶段。

这就是发电机和沙特尔大教堂的圣母所要做的事情。和老师一样，思想一开始，他便受到了整个科学衰退这一永恒的神秘力量的阻碍，历史上几千年来，他发现这种力量一直有着神秘的吸引力，是在未来生活中对上帝的爱和对力量的渴望。自公元1500年，当这种吸引力开始衰退时，哲学家便求助于对背后危险的本能感知，正如达尔文的适者生存理论。介于笛卡尔和牛顿间的其中一位最杰出的思想家便是帕斯卡尔，他认识到了人类倦怠的主要原因，认为这也是科学的，他说："我经常说人们的困难源于他们不知道如何安静地坐着。"单凭躁动不安就可以促使人们行动，"一生就这样过去了。我们战胜困难就是为了获得休息，但当我们得到了休息后，休息又变得无法忍受，因为我们还会想到当前的困难，或者会想到那些威胁我们的困难，而且即使我们在各个方面感到安全，也会因本性而自动心生倦怠，并满脑充斥着倦怠的毒液。"

即使善行不能引领他前来，

厌倦也会把他抛向我的怀抱。

倦怠就像是自然选择，它可以引起变化，但无法把握变化的方向。正因如此，具有吸引力的既定外部力量就变得十分重要，帕斯卡尔和所有的旧哲学都将这种外部力量称作上帝或诸神。亚当斯不关心称呼的问题，他只是执著于寻找力量。他直接找到沙特尔大教堂的圣母，请圣母像对待博纳德所做的那样让上帝出现在自己面前。圣母就像当今的年轻母亲一样，心怀对男性迟钝的怜悯，和善地回答他："亲爱的漂泊者，你在寻找什么？这可是基督教堂！不管你是罪人还是圣人，如果你想通过我来找到上帝，那么我很欢迎。上帝与我是同一的，我们便是爱！尽管上帝还有许多其他的无穷力量，但这都与我们没有关系，因为我们只对人类本身感兴趣，而不能理解无限。如果你还是因为无知而困惑，那你可以去问问我周围神学院的大师！"

这个回答和英国科学界的惯常回答一样特别，自英国哲学家培根以来，英国科学界一直反复宣称个人无力承担忽视不可知世界的后果，而个人还是尽力不要去了解那些不可知的东西。但是，圣母的回答更是令人信服，因为她作为女性，只对自己的完美感兴趣，而对其他的完满不感兴趣，这就使她的回答比科学界的正式辞令的回答更加诚恳。最容易做的事情便是听从她的建议，然后再去看托马斯·阿奎那的理论，阿奎那不像现代的物理学家，他的回答直接而平实："在我看来，基督和圣母是一种力量，就是爱，简单而纯粹，可以满足人类所有需求的爱，但爱只是人类的兴趣，而且并不是对每个人都公平的，所以你和我要像哲学家那样不要奢望得到它，因此我们把目光转向基督和神学院，他们代表了其他所有的力量。我们应对多样性的问题并称之为上帝。当圣母用自己的力量赎回一些人心中可挽回的爱时，其余的则由神学院负责，即赋予其形式、统一性和动机。"

这种力量方法比其他可能的方法更容易研究，因为个人只能按照教会一贯宣扬的事情去做，为了净化周遭环境并改善一切，同时又不影响中世纪的科学，需要闪电般地废除人类，还要废除教会本身、地球、其他行星以及太阳。这位学生为了能够感知上帝的真实存在，感到有理由去做教会要求的事，即彻底废除太阳中心论、持续运动论、宇宙世界的起源论、可交互力量论。这就是泛神论，神学院里都是泛神论者，至少和德国的唯能论一样具备泛神论的特点，他们信奉的神是最终能量，是思想与行动的统一。

抛开人类和人类的思想不说，托马斯·阿奎那的宇宙世界看起来比海克尔或厄恩斯特·马奇的宇宙世界更科学。矛盾对矛盾、吸引力对吸引力、能量对能量，托马斯关于上帝的观点有其可取之处。现代科学并没有丝毫的证据，也没有提供力量联系的理论学说，更没有提出协调统一思想与力学的方法，而托马斯至少将理论有机地结合在一起。即使是一个学识浅薄的学生也知道，13世纪认为思想是直接源于智慧的原动力，同时也是宇宙世界中所有的形式与结果的起因，这就是统一性的唯一证据。如果没有个体单元的思想，那么就不会存在统一性，同样，如果没有了统一性，也就不会存在有序的结果和社会。思想本身仅仅是形式，思想和统一性是共兴衰的。

这种教育甚至让一个涉猎过世界各地五十余种教育的人感到惊讶，如果他被迫坚持认为只有一个宇宙，那样似乎与教会已相差无几。现代科学不能保证统一性的存在，这个学生会发现自己已经像前辈一样永久地卷入、陷入宗教的掩网中。

现实中，这个学生可通过两种方式来逃脱这种困境，首先就是像逃脱大多数困境一样对其视而不见，其次就是虽然教会反对无神论，但教会更加抵制泛神论，而且会不惜一切代价与泛神论划清界限。一个人如果在走出无知森林的路上，一定会遇到那只经常出来吓唬小孩子的大熊，但是，动物却比受害者更有逻辑，人们应从苏格拉底那里学会不要避开逻辑陷阱这个首要的陷阱，它是思想的一面镜子。然而，在寻找力量单位的时候，人们会走进思想的坟墓，有成百上千种的教育方式都在那里终结。一代又一代痛苦而忠实的学者都永远地待在这个迷宫中，并满足于此，在沉默中追寻无知，伴随他们的还有一些最有名的教育者，他们中没有人发现可以逃脱的逻辑方法。

亚当斯并不关心自己是否逃脱，但他清楚知道不能就此止步，哪怕只是欣赏斯宾诺莎和阿奎那。的确，只有教会十分确信地声称了统一性，也只有历史学家才知道这其中所付出的人力和财力代价。证实统一性的唯一可靠办法就是否定它，而否定又需要一种新的教育。等这个新的教育实施到第六十五年的时候，或许与旧的教育并无差别。

当代的立法者和地方官员或许不知道如何像教会那样对待否定统一性的人，除非否定者是用爆炸的方式来表示拒绝的，但是教育者中没有人知道如何解释这个人否定统一性的原因。即使有人有足够多的知识予以理解，那社会也必定要惩罚这些否定者。一般来说，哲学家很少关心社会认可或否认的原则是什么，他们一般认为尽管有时自己碰巧在某一问题上的观点是对的，但大批个人观点的综合也会是错误的。如果社会可以忽略不计，那么哲学家往往无法前进。虚无主义是无底的。几千年来，每位哲学家都曾站在这个漆黑的海岸，试图到海底去寻找珍珠，但未能如愿。从这方面可以看出，由于找不到底部，他们只能靠主观臆断。教会宣称找到了底部，但自1450年，为了能够达成新的比教会的统一性理论更深刻和更广阔的统一性假说，各方加倍努力，大学和学校抵住严令禁止的压力，像教会和政府一样加入了教育的尝试之中。

亚当斯和他的大多数同时代人一样，相信科学所说的新的单位将被发现。它或许不够智慧，甚或是无意识的，但是它可以发挥作用。亚当斯为此等待了六十年，最后他审视了自己的依据，认为科学和其最终胜利的结合便是气体动力学理论，这个理论涵盖了空间中的所有运动，并且完善了时间的测量。根据他的理解，这个理论宣称空间的每一个部分都被气体分子占据着，这些分子沿直线以不同的速度飞行，有的速度可达每秒钟一英里，它们时不时地相互撞击，每秒甚至可达一千七百七十五万次。据此分析，如果理解正确的话，所有物质均可简化，科学观点中唯一的分歧在于更深入地分析是否能将气体分子化为纯粹的运动。

因此，科学综合中所谓的统一性就是科学分析中的多样性，除非是误解了运动的含义，当然这种误解也是有可能的。这两者是一样的，不同的是运动不同阶段形式的转变——人类最后的希望就是承认这些分子撞击。如果我们将这种说法抛向深渊任其自由下沉，那将会发生什么？是完全放弃统一性吗？什么是统一性？为什么个人要被迫承认它？

这里，每个人都断然拒绝帮助。科学似乎还满足于“大综合”这个旧称谓，尽管这一称谓对科学是足够了，但对人类而言却是混乱。人们会就此停止不再提问，但无政府主义者却迫使人们继续下去，因为无政府主义者的运动很有说服力。人们就像巴黎的汽车一样无法停下来，甚至无法欣赏每秒气体分子一千七百万余次撞击的魅力。科学本身已被挤到了深渊的边缘，它逃脱的企图和跳跃一样都是形而上的，而一个无知的老人会感到自己唯一的逃脱或许就是死亡。他再次拿出笛卡尔的理论，沉浸在休谟和贝克莱的理论，与康德较量，沉思于黑格尔、叔本华和哈特曼的思想，追随希腊哲学家而误入歧途，这一切只是为了询问统一性是什么，以及如果一个人拒绝它会有什么后果。

显然，人们从来都没有否定统一性。每一位哲学家，无论理智与否，都很自然地承认统一性。无政府状态最后以对两个原则的确认而停止，这两个原则互为补充，就像善良与邪恶、光明与黑暗一样。尽管悲观主义被涂上了黑色，但是它已经满足于把矛盾的宇宙世界转化为人类思想，作为一个意志力，并把它视为代表形式，形而上学坚持把宇宙世界看成一种思想或把思想看成一个世界。哲学家也认为，正如动力气体一样，宇宙世界只能被理解为思想的运动，也就是统一性。人们只有将它作为自己才能认识到这点，这就是心理学。

对于历史学家而言，在所有的悲观主义中，形而上学是最没有吸引力的。在所有的研究中，亚当斯力求避开对自己思想的研究。正如歌德笔下的靡菲斯特魔鬼对玛格丽特所说的“你不是第一个受害者”一样，他知道任何悲剧都没有比内省更让人心碎。历史上几乎所有有名的大智者都在自我反省中沉没，迟钝的幸存者会说出真相，但这对他的智慧没有丝毫影响。一个人自己的时代也是如此。自从1870年以来，有很多友人已成为其中的受害者。在二十五年间，一座新的文库应运而生。哈佛学院成为研究的焦点，法国为此支持建立医院，英国为此出版了相关的杂志。把握住自己的思想、向心理学的朋友询问如何解释，这是再简单不过的了，因为不论他们有什么思想，都已经停止思考了，只靠仅存的微少部分去做他们喜欢的事，当然不会有所创新，一个人需要知道的也只是了解希望做什么。

不幸的是，此时对无知的默默寻求，导致了疲倦的朝圣者进入无知的山林，找不见任何道路，看不懂路标，又无法探索新的心理学深度，这一新的心理学向他证明：在这方面和数学一样，假如他曾经具备思想力量，那么这些力量现在也衰退了。既然他不能探索科学的深度，那他只能询问最简单的问题：新的心理学是否把心灵或思想看作为一个单位？他从书中得知心理学家在一些案例中区分了同一思想的不同人格，每一种人格都是有意识的、持续不变的、独一无二的。这个事实并不令人感到惊讶，因为自最早记录以来就有了思想习惯，一直如此，比如人们同样可以清楚地记得上次吃过药、发过烧或者睡前吃过威尔士兔子的那些熟人。确实，没有人能依照追梦中的场景而行动，这里还要说明的是，被思想唤起的演员不是他自己，而是不为人知的他所认为的自己。这一新的心理学进一步发展，似乎确定的是人格不仅可以分入二元论，还可以分入复合体，比如电话中心和电话系统可以随时分离和呼叫，这样，个人的行动相对于已知的力量形式而言，显得十分神秘并难以理解。二元论已变得像双子座一样普通了。经常会出现一些变换的人格类型，甚至是自己的朋友。这些事实看起来是确切的，至少像其他事实一样令人确信，只是它们还需要加以解释。

无知的寻求者认为自己无须对此事负责，这当然与他们无关。对他而言，复杂的心灵立即采用了自行车骑手的形式，通过抑制劣等人格来保持机械的平衡。如果这些劣等人格上升到了顶层，他便会陷入潜意识的混乱之中。如果有人找到它便可以感受得到，唯一绝对真实的是下层的潜意识的混乱。

不管心理学家承认与否，这对这位学生的影响都很小，依照职业规范，他只是潜心研究自己的思想。但一旦影响出现，作用便是惊人的。他战栗着，好似从自行车上摔下来一样。如果他的思想真是如同这种磁石，那么他睡觉时磁石就会机械地扩散力量线，而在他醒来时又机械地引导它们，那么扩散与适应哪种情况才是正常的？思想就像身体一样保持内在的统一性，除非失去了平衡。一位物理学家滑倒在人行道上并受了伤，尽管他知道他的身体缺少平衡、心智不稳定，而白痴很难明白这一点，但实际上他并不比白痴更清楚是什么使他滑倒的。他平常的思想是发散的，睡觉、做梦是不连贯的，他的多个思想中心同时活动而缺少集中控制。他的人为平衡是既定的习惯。他就好比杂技演员，背着一个小矮人，通过一条松松的绳子跨过峡谷，必须全力以赴。

通过最新科学的路径，人们看不到前面的统一性，只能看到消融的思想，这位历史学家感到自己的思想又回到了以前的状态，只能作为持续的力量，没有种族、性别、学派、国家或教会。这就是严密的思想者的命运，并总可以使他们成功并扬名天下，就像吉本、巴克尔和孔德一样。他们的方法推进了历史科学的进步，尽管进步很小，但他们最后确定了定律：如果历史要修正过去的细小错误，那它就必须就整体的范围达成一致。任何地方的历史学家或许直到历史的终结也不承认这个定律，但它对人类和对空间、时间和力量都同样是必要的，如果否认它，那么历史学家在科学中将永远是一个幼稚的孩子。

学生们都知道，人类作为一种力量，必须根据从固定点出发的运动来进行测量。心理学通过引入一个单位提供了帮助，这个单位就是指个人在统一宇宙世界中对自己作为一个单位的最高评估的那个点。亚当斯通过八到十年的研究认为可以从法国的亚眠大教堂和阿奎那的著作中所展示的1150年至1250年那个世纪作为一个单位，来测量一直到他那个时代的人类运动，只考虑其中的关系，而不去假定对与错。这一运动可以在哲学和机械学中进行研究。确定目标后，他开始著述《蒙特·圣米歇尔与沙特尔：13世纪的统一性研究》。从此，他提出要给自己定个位置，将其标注为“亨利·亚当斯的教育：20世纪的多样性研究”。通过这两个有关联的点，他希望把思路向前后扩展，接受更多研究人士的指正，于是他乘船回到家乡。

The Education of Henry Adams

第三十章

惯性（1903）

华盛顿这个地方一向是很有趣的，但1900年和1800年一样，它的首要吸引力还在于它与纽约之间的这段距离。纽约的运动已经变得和行星运转一样无法控制，而华盛顿在1900年的任务同1800年一样都是对其加以控制，华盛顿在上个世纪的成功为它以后的成功指明了方向。

亚当斯研究杰弗逊、加勒廷和麦迪逊的政治哲学已有多年，并在研究中度过了人生中最美好的时光，对于他这个学生来说，罗斯福当前的麻烦满载着历史价值，但是要想知道结果如何还要再等上至少半个世纪的时间。到目前为止，个人还不能测量这些力量，只有在外交场合，这些力量才可以整齐排列，因此个人便会自然而然地转而寻求智慧的途径，似乎华盛顿并不存在一样。总统在外交活动中可以不做出任何有效的举措，但是他至少能够在这个领域看到一些情况。

约翰·海依已经到达了事业的巅峰，同时他也看到了自己正处于危机的边缘。他要执行的任务是保持中国“门户开放”，但他清楚中国正要闭关锁国。他在这个世界中孤独无助，虽然他代表了“门户开放”政策，但也无法逃脱被挤压的命运，然而在整个过程中幸运却一直伴随着他，尽管胡利安·彭德尼斯先生在1902年5月去世之前，只完成了令1861年的前任私人秘书目瞪口待的一系列任务，但是约翰·海依却得到了其继任者迈克尔·赫伯特的帮助，赫伯特具有普通外交官两倍的价值。减少摩擦是友情的首要功用，因为在政治中由摩擦带来的损失是非同寻常的。对于赫伯特和他的妻子来说，这些为外交工作带来模糊统一性的房子已敞开大门，赫伯特在那里也感到舒适，这种私人的同情感延长了约翰·海依的生命，因为它不仅缓和了坚持的努力，而且也直接导致了德国的革命。直到那时，不管正确与否，德皇在东方事务中已将沙皇视为同盟了。在东方事务中，霍勒本与卡西尼被视为单一的力量，这种假定的同盟让约翰·海依感到焦虑和麻烦。霍勒本本来没有任何想法，只是带着苦闷的焦虑遵从德皇的意愿暗示，突然间他收到了一个电报，命令他必须托辞称病回家，因此他在二十四小时内执行了这个命令。德国的外交部对待其手下的方式一向如此突然，更不用说粗鲁了，向来都是以不满意作为理由，但这一次，人们不知道霍勒本为何受此羞辱，只可能是因为德皇想在华盛顿有一个私人的代表。德皇打破了所有的先例，指派施佩克·冯·施特恩贝格去抗衡赫伯特。

施佩克的外交亲和力受到了欢迎，他的到来对于约翰·海依来说也有价值。当然，比起政治上的利益，私人利益是微不足道的。就约翰·海依的官方任务来说，大家只知道新闻报道所透露的消息，但是在外交教育方面，接下来的脚步却成为了大踏步的迈进。亚当斯学习不仅是为了约翰·海依，还为了他自己。施佩克知道约翰·海依在1898年已经将英国纳入了自己的范围，他也看到了法国正被稳步地重新纳入大西洋的体系，现在他突然看到了德国正在戏剧性地倾向西方，而其他国家的运动则最接近于数学中的必然性。不管德皇有没有意识到这其中的重要性，他都明确表示自己脱离了俄国，对于约翰·海依来说，这个政治联盟的变化有着巨大的价值，起码可以孤立卡西尼，并且可以暴露俄国每月越演越烈的运动，满洲计划也将不得不被揭穿。

当然，亚当斯这位学生可以从德皇的政变中获得大量的研究资料，当他仔细跟进德皇的功绩时，他从未怀疑过这一政策的精密性，这就使他得出结论，认为德皇的能力达到了一个制高点，这一切颠覆了政治家才能的核心。德国原本可以很快地从独立的目标中脱离出来，并加入大西洋的体系，这一点似乎很矛盾，比一个人的教育所能提供的还要难以理解，尽管教育提供的也全是矛盾。如果德国能够被固定在那里，那么一个世纪的摩擦将可被抹平。为了实现这个目标，付出再高的代价都不为过，尽管国会认为付出代价没有任何价值。德皇借助个人的力量行动，完全解放了约翰·海依，以至于他把问题已经简化到了只有俄国一方。

显然，俄国是个麻烦十倍的问题。欧洲二百年的历史中没能有所成就，而只是呈现了俄国问题的一两个方面。虽然亚当斯年轻时在柏林没有学习欧陆法系，但他在俄国之谜方面却开阔了视野，德国和法国的历史学家对此问题感到惊恐。在所有的国家中，德国是最关注这一点的，但即便是拉法耶特广场上的穴居者，在测量十字军东征以来的那些运动时，都能亲眼看到在1903年春天，有一项有关未来秩序或者无政府状态的调查，将消解望远镜的放大率，并破坏经纬仪的精确性。

这场戏剧已经变得非常热闹而有趣，并且日趋复杂，胜过拜占庭文化。对于俄国政府来说，它清晰地显示了混乱状态，拉姆斯道夫和德·维特在满洲行动时却保持了沉默。亚当斯这位历史学家兼学生，本不应该对此感到同情或厌恶，但是他有个人理由给予沙皇及他的人民以良好的祝愿。在几个章节的文字中，他大段地讲述了与沙皇亚历山大一世在1810年时的友谊如何拯救了约翰·昆西·亚当斯，并为其打开了光辉的外交业绩，让他最后走向白宫。即便已经被人们忘却，但他也有足够多的理由感谢沙皇亚历山大二世，感谢其坚持中立，使他在1862年省却了很多极度焦虑的日日夜夜。他已看到俄国有很多人热情地支持基尔科夫王子修建铁路和德·维特的工业措施。在他看来，历史中最后的也是最大的胜利将是俄国加入大西洋的体系，以及在宇宙世界的规则运动中实现整个世界的正义和公平的分配。以1840年以来统一的比率来看，这个结果在今后的六十年内是可能实现的，并且，就此预测，亚当斯可以完成内部统一的详细计划，但目前来看，最大的困惑和无知覆盖了整个领域。无论是沙皇还是外交官，无论是德皇还是日本天皇，都没有人知道这些。但是如果去观察单个的俄国人，那么你就可以很容易发现，因为他们的政策从来就没有展现过深度，或许约翰·海依保护卡西尼只是因为卡西尼不能够掩饰情感，会不自觉地显露出来。在俄国的惯性向中国倾压的时候，他所后悔的是没有同时向约翰·海依倾压，而是转向了德·维特和拉姆斯道夫。他的政治哲学和所有俄国人的一样，似乎被固定在了一个单一的想法上，即认为由于俄国的惯性不可阻挡，它注定要倾压一方，并且清除道路上的所有障碍。

对于约翰·海依和他从麦金利那里继承的聚合政策来说，俄国惯性的宿命论意味着美国压力的失败。当俄国向邻国倾压时，它会将这些民族的能量吸收到自身习俗和种族的运动中。而对于这种运动，无论是沙皇还是俄国农民都无法扭转，也不能期望将其转化进任何西方的运动中去。1903年，约翰·海依看到俄国敲碎了阻止其大规模向中国海迈进的最后一块绊脚石。中国这个巨大的惯性力量就要被俄国整合为一个大的整体，从此再没有大量新的作用力可以将其扭转。如果俄国政府本着尖锐的眼光而启用大量诸如德·维特和基尔科夫的人，并借助欧洲的所有资源，那么它也无法举起这么大的重量，并且根本不会有要去尝试的念头。

这就是1903年春季华盛顿的一只“昆虫”在政治统一体的地图中标出来的位置，对于他来说这些位置已经是确定的了。俄国已经将欧洲和美国拥入了怀抱，卡西尼也掌控住了约翰·海依，西伯利亚铁路挫败了每一个可能的敌对势力。日本必须尽全力达成协议，英国必须继续退让，美国和德国将旁观雪崩似的形势。阻止了欧洲跨过波罗的海的俄国惯性之墙也将阻止美国跨过太平洋，约翰·海依的“门户开放”政策也会绝对夭折。

尽管德国有出色的手段，但在这场游戏中看来似乎还是输掉了，俄国的东进运动也一定会借助强大的力量把德国拉上。对于亚当斯这位卑谦的学生来说，约翰·海依的游戏损失影响到的仅仅是约翰·海依本人，约翰·海依关注的焦点是游戏本身而非赌注。尽管他本人喜欢诋毁报纸，但他没有阅读被诋毁报纸的习惯，无论是哪种情况，他只能在西伯利亚或巴黎停留很短的时间，不论在哪里他都可以平衡那些无限冗长的栏目。他用数字而非事实来详释图表，并深深地沉思着下一个方程式。大西洋将不得不应对大批大陆构成的惯性运动，这就像应对冰川一样，冰川只受机械引力推动而有意识地运动。俄国是这样看待自己的，美国人也一定是这样看的。他没有什么可以做的，只能在可能的情况下去计算这些惯性。数量和强度哪一个会更大更强？在这个惊人的惯性之前可以保持自身活力的新能量是什么？它在哪里？惯性运动是什么？其规则又是什么？

亚当斯这位学生自然不了解机械法则，但是他坚信自己可以学习，于是便在书本上寻找答案，他发现惯性的力量给聪明人带来了更多的麻烦。词典上把惯性解释为一种事物的属性，据此，当事物没有受力时，会保持不动；当事物运动时，会沿着直线运动。他发现自己的头脑拒绝想象自身是没有受力还是在直线上，被迫像往常一样去想象其他一些事物。由于问题一直涉及思想，而非事物本身，他便基于个人经验断定自己的思想，在正常的时候，从来就没有处于无力施加的静止状态，而是在运动，围绕着被称为动机的事物，并且在没有动机推动时是不会运动的。只要这种动机成了习惯、吸引力有规则，其结果可以被简便地称为惯性运动，以此来区别由更大、更新的吸引力而导致的运动。但是，这种运动量越大，所需要的加速或者偏离的力就必须越大。

这看起来和流动的水一样简单，但简单性是最具欺骗性的女人。许多年来，学生和教授一直都在抱怨说思维同样存在不同程度的惯性，这种不同是通过比较得出的。一种思维只对习惯有反应，而另一种思维则对新奇的事物有反应。人种类别为思维划分了类别，阶级分属也为思维划分了类别。没有哪两个人的想法是相同的，也没有哪个女人会像男人那样思考问题。

种族惯性似乎具有相当的连续性，这就成为俄国未来的首要难题。当被问到重建历史是否已经克服了种族惯性，而没有破坏种族时，历史感到很疑惑。但事实上，性别惯性从来都没有被克服过。在所有的惯性运动中，母性和生育是最典型的，女性在连贯线上的运动属性永远是根本的，在其完整和不可打破的顺序中统一了历史。不管是什么停止了，女人都一定会继续再生产，就像她在原始鲸的世纪里所做的一样。性别是一个根本条件，而种族仅仅是一个地域条件。如果要想确切地发现惯性法则，那么它一定存在于女性的思维中。美国人总是表面上忽视性别的差异，并且美国的历史几乎没有提到过女性的名字，而英国的历史涉及到此事也比较小心谨慎，似乎她们是一个新的未曾被描述过的物种，但是如果惯性的问题累积成种族问题，那将更深刻地卷入性别问题，这对美国来说是至关重要的，使美国妇女运动加速或偏离的任务有着无限巨大的趣味，胜过在俄国、中国、亚洲或非洲任何地方的种族任务。

在这个话题上，就如同在议会或是银行问题上一样，亚当斯意识到自己天生是一个18世纪的残留物。随着年龄的增长，他发现早期的体制失去了吸引力，而早期的妇女则成为了他酷爱的话题。如果不理解性别运动，历史学在他看来就是在卖弄，因此他坚持研究这一主题，和妇女在一起时他很少谈到其他的方面，因为妇女的思想大多是潜意识的，并且对于问题特别敏感，所以他运用了技巧和手段去发掘。女人很少能意识到自己的思想，她们像男人想了解自己一样，对了解自己很好奇，并且对于突发奇想，她们的反应比男人快得多。有时，在餐桌上人们可能会等到谈话接近尾声时，才尽可能平和地询问最活跃的邻座女性是否可以解释为什么说美国女性是个失败的原因，她会毫不犹豫地给出确定的回答：“因为美国男人是个失败。”她也确实是这么想的。

与自己所听说过的美国男人相比，亚当斯把更多的功劳归于美国女性，而他也从未觉得有一丝一毫的必要去为自己的性别辩护，他的性别似乎可以为自己辩护，但从性别观点的角度看，他感到好奇的是女性在大多数程度上是正确的，并且在寻求这个问题的答案时，他采取了一个肯定女性具有优越性的技巧。除了事实如此之外，他至少应该赞美女性。在餐桌上短暂的交谈中，这个习惯有时会导致危险的个性展露。在1903年5月的这个春天，他坐船去欧洲之前，从弟妹布鲁克斯・亚当斯夫人那里得到了一个消息，说她和她的姐姐洛奇夫人以及参议员正赶来参加饯行晚宴，贝伊・洛奇和他年轻可爱的妻子也捎来了同样的口信。罗斯福夫人也来参加了这个晚宴，而迈克尔・赫伯特因妻子缺席而感到孤单，于是他悄悄离席。因为聚会者都是熟人，所以不会太过保守，他们很快就开始嘲笑亚当斯的癖好，于是亚当斯反驳道："美国男人是个失败！都是失败者！"他说，"我的弟妹不是比我弟弟布鲁克斯更理智吗？贝茜难道不比洛奇重要两倍吗？我们不是要选择洛奇夫人当参议员以顶替卡伯特吗？如果罗斯福夫人参加竞选，那我们的总统还会有什么机会？在回家的路上你们是否愿意到大使馆，去问问谁会干得更好——是赫伯特还是他的夫人？"男人们稍有发笑，当然笑声并不大！他们或许考虑到了自己妻子的非凡卓越之处，在这之后有人评价说这六个女人不能代表普通女性。对此，亚当斯回答说，这六个男人远远超过普通男性，他无法找到另外六位和他们一样的男人！

无论这个问题是否严肃，它总能刺激女性的感情。女人越聪明，越是很少承认失败。关于这一点，她心中是苦涩的。她未能够将家庭团结起来，孩子们像小鸡一样还没等羽翼丰满就跑开了，家庭已经像武士集团那样不复存在。她不仅未能创建令自己满足的社会，甚至没能守住自己在教堂或国家的旧社会中所拥有的东西，剩下的只有剧院和街道可供装饰。她或许会戴闪闪发光的具有历史价值的钻石，如宝石般璀璨，正如罗马鼎盛时期那样光辉，但是她看不到任何一个人因学识渊博而吸引她关注，也找不到能够欣赏她的智慧的人。她或许有自己的方法，不受约束或限制，但是当她自由时，她却不知道要做什么。人们从来不知道世界上存在着有能力和奉献精神的母亲，在她四十岁时完成了任务，留给她的并没有新的生活舞台，而只有旧有的责任，以及华盛顿社会所允许做的事情。一百年来，她一直可以在华盛顿社会享有各种优势，但在那里，男人十有八九都会拒绝她要求被文明化的请求，而那第十个男人还是对她心生厌烦的。

在大多数方面，个人的观点必须服从科学，但即便是参议员、教授、国家中心委员会的主席或者铁路总长的意见，都没有第五街区里女人的意见有价值。在这个最重要的社会问题方面，男人的低劣性就显现出来了。在这里，亚当斯没能驳斥科学的观点，自从那条引诱亚当的蛇出现以来，这世上就再没有哪个女人会尊重教授们的观点了。他的研究对象和其他人的并无太大关系。他研究的是运动法则，并且提出了对美国来说至关重要的两大问题——种族的惯性和性别的惯性。他目睹了德·维特先生和基尔科夫王子在过去的二十年中，基于俄国人的惯性，将人工能量转化为了三十亿美元左右的价值，而他需要了解这其中的效果。他目睹了美国在1840年创造了二千万或两亿蒸汽马力，而成本更低，这一点在社会层面上已转给了美国女性，因为她们是社会支出的首要对象，并且家庭也是美国奢侈消费的重要对象。依据惯性和力的科学解释，其结果应该是什么？

在俄国，因为种族众多、幅员辽阔，结果还没有显现出来，但是在美国，结果是明显而又无可争辩的。女性已得到了解放，就像是克拉克·麦斯威尔所提出的可提取有用能量的稀薄气体一样挥发了出来，又像是水蒸汽到了引爆点。人们只能在佛罗里达待上一周，或者在百吨位的远洋轮船上待上一阵，或漫步穿过旺多姆宫，或参加美国医学家和探险者库克·詹姆斯组织的耶路撒冷之旅，便可以明白，那里的女性已经得到了解放，但是这一群体就像在当令期里的蝴蝶一样生命短暂，被风吹散并消失，却将再生产的资源深藏了起来。在华盛顿，会有一些夫人和女儿们的坟墓聚会，她们重视自己，还会有一些心怀意见的新娘，但所有这些在1840年前不为人知，它们悄悄地、浅浅地触及到了真实的问题。在她们背后，每一个城市、乡村或农舍，都有无数新的女打字员、女电话员或是电报员、女店员、女工，融进人海，并作为新的阶层存在，这些连她们自己和历史学家都不了解，甚至女教员也不是能够清楚说明的。所有这些新女性都是1840年后的产物，她们都在1940年以前显示出了自己的价值。

不管她们从事什么职业，她们都不满足，正如生命短暂的蜉蝣所证明了的那样。她们渴求一种曾在4世纪的教会中所有过的幻想，这可能还在残存，但它并不能给未来带来希望。问题依然存在，就是去探寻具有内在功能的惯性运动，除惯性线以外是否还可以有其他的方向。这个问题需要一代美国女性来解决，也是最为重要的有关力的问题。

美国的女人像大多数其他女人一样，尽其全力向男人展现最大的魅力，但已不是原始的魅力了。她们似乎成为一系列遗弃的结果，她们的兴趣主要集中在那些已经抛弃了的方面。如果仔细观察就会发现，她们似乎在拼命追随男人，而男人已经将头脑和手转到了机器上。典型的美国男人将手放在操作杆上，眼睛盯着道路的转折曲线处，他们的生活就在于保持每小时四十英里的平均速度，尽管有时候会加速到每小时六十、八十或是一百英里，并且绝不容许有情感、焦虑或潜意识中的注意力分散，这些比威士忌或毒品更甚。他们不可能既运行机器又管理女人，而必须离开女人，哪怕是他们的妻子，还要让她寻找自己的路，全世界都看到了她通过模仿男人而尽力寻找自己的道路。

结局总是悲剧性的，但这在女性历史中并不新奇。从夏娃开始，悲剧一直都是女人的命运。其问题始终是身体力量方面的，正是靠身体力量的完美，她的维纳斯（爱与美的女神）主宰着自然界。女性的力量已被视为旋转的惯性，其轴心便是抚育孩子和家庭。认为女性柔弱的观念遭到了整个历史的反抗，这是一个极其形而上的谎言，即便是始新世的雌性猿猴都会对其大加嘲笑。但是诚然，如果她的力偏离轴心，那就必须找到一个新的领域，家庭也要为此付出代价。一旦她成功了，她就必须要像蜜蜂一样无性别可言，必须让惯性的旧能量承载种族的重负。

这种事情并不新奇。数千年来，女性一直都在反抗。她们已经建立了信仰的堡垒，一心致力于修道院、自我牺牲以及善举。如同研究4世纪，有人研究过12世纪，也研究过荷马和古代时期，结果显示出女性总是沉迷于对天堂或是地狱的幻想中，包括野心、私通、妒忌、巫术，但美国女人没有幻想，也没有野心，除了生育方面没有什么可以反抗的，直到她们挡住了反抗之路时，才会有每年剧增的反抗，甚至她们自己做善事的领域也比12世纪要狭窄了。那些给每一位男性许诺了人间天堂的社会主义、共产主义、集体主义还有哲学上的无政府主义，几乎切断了资本主义向女性打开的仅有的几条逃生之路，她们看到前面只有为机器生产和集体主义女性而预留的未来。

从男性那里，女性寻求不到帮助，男人对权力的本能是盲目的。关于女人，教会知道的比科学所知道的要多，研究基督教起源的历史学家有时也承认女性创建教会主要是为了对抗男性。有时，历史学家本可以臆断因为教会带有女性色彩，所以男人已经推翻了教会。在推翻女人教会后，女人便没有了避难所，只有到男人为自己创造的躲藏之地去。她们自由了，不再幻想，也失去了性别特征，并抛弃了男人所厌恶的一切。尽管她们暗地里对自己所抛弃的东西感到遗憾，但她们也知道不可能再退回去。她们必须像男人一样，将自己嫁给机器。美国男人有时在发现自己被看作不分性别时会感到吃惊，而美国女人所感到惊讶的是发现自己被视为性欲对象。

没有哪个诚实的历史学家会参与或反对他所研究的力量。对他们而言，即便是人类种族的灭绝，也仅仅只是一个可以与其他重要数据相归类的事实。无疑，社会中的每个人都在讨论罗斯福总统推出的这个话题。公众意见表面上似乎是固定在一个方向上的，而反对意见只是潜伏在下面悄然运动着，但是真理却在女人们的心中，尽管她们没有意识到这一点。这位老人只是学习了社会惯性法则和社会分歧的限度，他无法敦促统计局官员向每一位年轻女性询问是否想要孩子，以及想要几个孩子的问题，甚至也不能请求八十多岁的老参议员通过立法要求每个女人，不管已婚还是未婚，都得在三十岁之前生育一个孩子，否则就要受到终生独居监禁的惩罚，并不能享受国库支付费用。比起那些徒有其名的东西，这些统计数据更为重要，并且更加针对未来要建立的非世俗社会。除出生率外，他无法从其他地方得出结论。他也不能开诚布公地和女性讨论这些问题，虽然女性可能会乐意讨论这些，因为连浮士德在女人的悲剧面前也是无能为力的。对此他没有任何建议，只有未来的玛格丽特才可以确定自己过得是否比过去好，才可以确定自己是否甘愿成为男人、教会或机器的牺牲品。

在性别或种族这两个形式的必然惯性之间，这位研究多样性的学生认为“以无知笼罩无知”，在他看来，俄国问题似乎比美国问题更容易处理。种族和人口的惯性必须由一个巨大的力量才能克服，而有时候只可以克服一部分。但是对于性别的惯性来说，如果种族没有消亡，那么性别的惯性也无法得到克服，然而，有一股力量每几年都会加倍，这股力量正在发挥着势不可当的作用来克服惯性。最为黑暗的无知已经吞噬了社会，在这片无知的海洋面前，人们只是沉默地发待。幻想中存在的巨大能量，很少有比华盛顿更完整和古老的，华盛顿有着简单思想的标准土壤，有着南部和西部的生活习惯和方式，有着伦理和历史的假说，但即便是在华盛顿，社会也是非常的不稳定，不能再经受侵蚀。人们会喜欢昆西湾鲎的行为方式，承认一切都是统一的，没有什么改变，承认今后女人还可以像往常一样在未来时光的海洋里畅游，和雀鳝鱼和鲨鱼共舞，这一切都无法改变。

The Education of Henry Adams

第三十一章

科学的法则（1903）

人类在自但丁远航以来的所有征途中，沿着多样性和复杂性的海岸所进行的新探索似乎是最为漫长的，到目前为止这一探索还只是触及到了种族和性别这两个熟悉的领域。即使在这两个狭窄的领域，航海家也经常迷失方向，只得随波逐流。碰巧有拉斐尔·庞贝利为此推波助澜，因为他在去中亚的路上，路过华盛顿时，和亚当斯谈起了这些问题，提到威拉德·吉本斯感到自己从卡尔·皮尔森的《科学的法则》一书中得到了极大的帮助。在亚当斯看来，威拉德·吉本斯和他同时代的三四位伟大的思想家站在了同一水平上，因为他认为如此出众的人物应该可以在任何地方找到帮助，这个想法让他充满惊奇，于是他找到那本书并阅读了它。从他启航到欧洲以及波尔的住处起，一直到12月26日从法国瑟堡返航，他唯一做的事情就是努力研究卡尔·皮尔森所传授给威拉德·吉本斯的东西。

然而，这里却出现了比以往任何时候都严重的致命障碍，那就是对数学的无知。与其说需要实际的工具，那还不如说是需要判断工具价值的权利。人们对法国和德国文化中的良好价值是无知的，经常受到隐藏在混浊介质中复杂思想的蒙蔽，但人们有时候甚至可以在黑格尔或康德的哲学中抓住某种可理解意义的倾向，然而，当思维工具是代数时，人们却无权怀疑其中的错误。依照亚当斯的理解，法则只不过扩充了二十年前斯塔罗书中的内容。尽管他并不知道这本书给威拉德·吉本斯大师带来了什么益处，但是这本书具有比其科学价值更大的历史价值。在英国思想著作中还没有人曾迈出过如此巨大的步伐，科学的进步是通过其法则的成功来衡量的。在过去的二十年，斯塔罗的思想被合谋埋没了，那些要求新思想工具出现的人们也会不可避免地遇到这种情况。科学需要时间来重新构建工具，以适应空间的革命，这里出现一定的滞后性是不可避免的，最为活跃的思想也不能马上偏离路径，但这样的革命是有预兆的，对于亚当斯这位研究历史的学生来说，六个帝国的兴盛和衰落的吸引力比不上“科学法则”的兴起，后者更为紧迫，因为在兰格利悄无声息的影响下，他更愿意去期盼“科学法则”。

在过去的几年里，兰格利在他的《史密森报告》中发表了革命性的论文，预言19世纪教条将被推翻，起先是威廉·克如科斯在心理学研究方面的著名文章，随后是一系列有关伦琴和居里的论文，稳步推进了统一性的科学立法者的出现，但是卡尔·皮尔森是第一个将他们关在学校屠杀的人。任何言语都没有比带有“科学的法则”字眼的话更能挑起斗争：“很难想象，最为无可救药的是，当前的科学基础教科书中关于力量和物质的论述是最不合逻辑的。”卡尔·皮尔森这样写道，他继续解释道，“基础教科书”的责任作者就是凯尔文公爵本人。皮尔森要将19世纪所有带入科学的东西清除出去。他告诉学生，必须容忍这个宇宙世界的小部分，而且是非常小的一部分，就是感觉所能到达的圈子，其中秩序被视为理所当然，就像深海鱼对它自己产生的光圈信以为真一样，“秩序和理性、美丽和善良是我们发现与人的思想唯一相关联的特征和概念。”如果将人的感觉认作判断，那么这种断言，作为一种广义真理，将让人们在思想上产生忧虑，因为秩序和美丽似乎也可以联系到晶体的思维，但是亚当斯这位历史学家对于皮尔森、凯尔文或牛顿的法则的普遍真理没有兴趣，他只是寻找着他们的相对方向，而皮尔森接下来表示，这些观念必须停止：“在超感觉印象的混沌中，我们无法科学地进行预测。”我们甚至无法推断，在感觉背后的混乱中，在感觉印象之外，我们不能推断必然性、秩序或常规，因为这些概念是支持感觉印象的人们所想出的，但我们必须要推断混乱，简言之，混沌就是那些所有被科学逻辑断定为超感觉的东西。”气体的动力学理论就是一种对最终混乱的断言。简单地说，混乱是自然的法则，而秩序是人类的梦想。

没有人能理解他所说的一切，也很少有人会说出自己的真实意思，因为言语是不可靠的，而思想是黏性的，但是从培根和牛顿开始，英国的思想就开始不耐烦地反驳说，人们继续思考着那些不可知的东西，但与此同时，人们又不应该尝试了解不可知的事物，其结果就和气体动力学的结果一样混沌，不过有了这种想法，这位历史学家就无事可做了，他只是寻找方向。他自己知道，尽管英国有很多的科学家，但如果他试图找到英国科学或其他科学的结果，那么他就会迫使自己陷入科学的超感觉的混乱中。从毕达哥拉斯到赫伯特·斯宾塞，每个人都这样做过，尽管科学已经开发了一片海域，更倾向于被认为是一个整体、宇宙世界或秩序。虽然黑格尔曾经传授过包括否定自己的各种观点，但他也只是通过这种否定来达到一种“更大的综合”，直到他达到一种全体的状态，认为自己就是矛盾，就是全部。教会不断反驳说无政府不是一种秩序，说撒旦不是上帝，说多神论比无神论更有害，说统一性不可能被证明是一个矛盾。卡尔·皮尔森似乎认同教会的观点，但是包括牛顿、达尔文和克拉克·麦斯威尔在内的其他人，都开心地驶进了超感觉的海域，他们高喊着：

一个上帝，一个法则，一个元素，
一个遥远的、神圣的事件，

为此万物运动。

突然间，在1900年，科学抬起头来断然否定了这一切。

或许变化似乎并不那么突然。它当然是真实的，报刊上的报道也可以显露出真实性，而对于观察过它的稳步进程并认为这种变化对历史比对思想更有趣的人来说，很少会去否定它。当反思时，他记得这种潮流至少在二十年前就已经开始显露了，在1893年它就已经变得很显著了，一个科学家除非是真的困极了，否则在1898年居里夫人把她称作镭的形而上学的爆炸物扔在他的桌子上时，他一定会像受惊之犬一样从椅子上跳起来。已经没有任何一个可以隐藏的地方了，形而上学派也只能退出科学这片绿色的深海，再也无法把人们拦在不可知之的门外，因为不可知的事物已经被人们知道了。

诚然，青春的均变论者将他们的宇宙世界绕上了一团矛盾的物体，为的只是暂时支持融入到“更大的综合”之中，并且在沉默和无望中等待着更大的综合。他们拒绝听从斯塔罗，对克如科斯也毫无兴趣。最后，他们的宇宙世界被射线毁坏了，卡尔·皮尔森则用一把大斧头把这个残骸砍得更加松散，任由科学乘着感觉的橡皮船在超感觉的混乱迷雾中漂泊。这种混乱对于唯一的那位乘客来说，比1600年天文学家扰乱世界更为糟糕，它更类似于公元310年的大震动，当时上帝之城摆脱了罗马城，十字军代替了古罗马军团，但是亚当斯这位历史学家都同样接受了它们，他知道自己的意见毫无价值，只是在这个问题上，他发现自己在那个橡皮船上，与漂流相关的只有他自己和财力。

英国思想一直是混乱和多样的，卡尔·皮尔森所迈出的新步伐仅仅显示了不断的进步，但是德国的思想却影响到了系统的、统一的和抽象的真理，以至于连最有耐心的外国人也变得不耐烦了，然而对于亚当斯这个在陌生的思想海域的航行者来说，只有到德国才可能重建信心以重新开始青春。他离开了卡尔·皮尔森和英国，一身投入到德国，刚刚跨过莱茵河，他便埋头于图书馆中那些标有奥斯特瓦尔德、厄恩斯特·马奇、厄恩斯特·海克尔以及其他比较陌生的名字的著作。这其中，海克尔的书读起来最容易，不仅因为海克尔是19世纪力学信仰最早、最聪明和最忠实的代言人，也因为1902年他公开发表著作对自己的信仰进行了大幅的修正。这本书中只有一段文字是与历史学家相关的，正是在这个部分，海克尔很明显地努力压低了声音，用几乎是宗教默念的方式承认："随着他越来越深入地研究'物质和能量'这两个属性，以及研究其无数的现象和演变，在他看来物质在本质上似乎愈发不可思议和高深莫测。"海克尔已经开始了向多样性的航行，而这正是皮尔森禁止英国人做的，所以至少在物质和能量这些属性中所展示的"物质本质"方面，海克尔应该是一个安全的领航员，而厄恩斯特·马奇似乎走了更远的一步，因为他根本性地拒绝了物质，只承认自然界的两种过程，即地点的变化和形式的转变。物质即运动，运动即物质，事物是运动的。

亚当斯这位学历史的学生不需要去理解伟大人物的这些科学观点，他要寻找的只是这些观念同祖父辈的观念之间的联系，以及后辈观念的普遍方向。他很早就和黑格尔一起达到了矛盾的边缘，厄恩斯特·马奇也没有为对立统一的思想增加多种差别，但他们两人似乎都同意卡尔·皮尔森的观点，即认为超感觉只能被理解为不可知的事物。

亚当斯这位旅行者宽慰地舒了一口气，之后便转向了法国，他在那里感到安全。法国人中只有拉伯雷和蒙田认为无政府状态是通往秩序以外的途径。在巴黎，混乱也能够成为统一体，虽然它是大革命的产物。为了在数学上证明这一点，法国最高的科学权威曾是法兰西学院的伟大数学家伯伊卡先生，他于1902年出版了一本可读性较强的小册子《科学与假设》。出于对这本书外表的判断，这位旅行者买下了它，然后便狼吞虎咽般地读了起来，结果却发现连一页内容都没能理解，只是时不时地会找到一个句号，让他感受到了自己无知的程度之深，似乎伯伊卡先生也在那些曾引导和蒙蔽亚当斯本人的历史性问题上受到了困扰，他说："（在科学中）我们是被引导的，我们的行为似乎表明，在其他方面都平等的情况下，简单的法则一定比复杂的法则更可能出现。半个世纪以前，人们坦然地承认这一点，并宣称自然偏爱简单性，自此自然便给了我们太多的谎言。如今这一倾向已经不再被认可，为了让科学成为可能，只有必不可少的部分才得以保留。"

这里终于有了一个固定的点，排除了自我暗示带来的混乱，历史和数学达成一致。如果伯伊卡先生显示出了无政府主义的品位，那他的证据就大大减少了说服力，但他似乎是科学中唯一的权威，他感受到了历史学家的强烈感受，认为宇宙世界需要统一性，“在所有方面，我们都已想出方法去实现统一性。尽管我们没有实现五十年前所期望的步伐速度，也没有一直走这条预期的道路，但是我们确实已经取得了很大的进展。”这给无知的远航者提供了最为清晰和令人信服的证据，证明了取得的进步，但是亚当斯又遇到了另一种观点，这个观点在他看来根本不能和前一个观点相统一：“毫无疑问，如果我们的调查方法更加敏锐，我们就应该发现复杂背后的简单性，然后是简单背后的复杂性，之后再是复杂性背后的简单性，如此往复以至无穷，永远无法预见最后的结果。”

一种无穷无尽互相转换的数学天堂给伯伊卡这位数学家许诺下了永恒的幸福，却让亚当斯这位历史学家惊恐万分，当想到自己不懂数学时他感到难过，他急切地想知道伯伊卡是否也略懂些历史，因为伯伊卡是从追问历史问题开始的，并认为过去显示出了简单性和复杂性的交替，这正是亚当斯经过五十年的努力后不得不屈服的论点，之后他转而设想未来的交替阶段，这对于厌烦了的统一性代表人物来说，与可提取有用能量的稀薄气体的气体动力学理论并没有实质的区别。

自猴子第一次开始在树上相互交流以来，人类和动物都不否认或者怀疑多样性、差异性、复杂性、无序性和混乱。在任何地方复杂性总是真实的，矛盾也总是确定了的。思想从这里开始。数学从数一、二、三开始，然后设想他们继续下去，这也正是伯伊卡还在绞尽脑汁力图解释和捍卫的，对此他的解释是：“简言之，思维能够创建符号，因此就构建了数学的连续性，因为连续性是特定的符号系统。”虽然这句解释口吻轻松，但艺术手段比英国人或德国人的残忍的重拳出击更具破坏性，他继续颠覆相对真理：“对欧几里德的几何学是否是真理这个问题，我怎么回答？这毫无意义可言！……欧几里德的几何学现在是并且将来还是最为便利的工具。”

在巴黎，而且尤其是在巴黎，混乱是一个基本的事实，就像它存在于《创世纪》之中一样，但是巴黎内外的所有思想者在承认统一性、连续性、目的、秩序、法则、真理、宇宙世界和上帝的存在后，都竭尽全力去证明它们，但让他们深感失望的是他们竟然发现了一些与之相左的思想！思想的方向作为自然的一种力量，有史以来一直是比较稳定的。它自身的统一性创造出了一个以抽象真理、绝对性和上帝为本质的宇宙世界。对于托马斯·阿奎那来说，宇宙世界仍然是一个人；对于斯宾诺莎来说，宇宙世界是物质；对康德来说，真理是“我”的本质，是内在的确信和绝对的命令；对于伯伊卡来说，宇宙世界是一种便利；而对于卡尔·皮尔森来说，宇宙世界是交换的媒介。

亚当斯这位历史家一直都在不断地提醒自己对这些内容一无所知，提醒自己仅仅是一个衡量的工具、一个气压计、一个步程计、一个辐射计，正如接受的思想者所表明的，他对整个事件的参与仅限于对思想活动的测量。对于他们所说的事实，他都信以为真。他所知道的并不比一只萤火虫所知道的多，比如射线、种族、性别、无聊、音乐中的小节线、爱的悲痛、麝香、磷、意识、责任、欧几里德几何学的力、非欧几里德几何、热量，光，渗透作用、电解、磁铁、以太、惯性、引力、凝聚力、弹性、表面张力、虹吸作用、布朗运动，或在他内外运动着的几十种、上千种、上百万种的化学吸引、排斥、中和、冷漠，简言之，他所知晓的力在各种教科书中有不下十二种的定义，绝大多数都是自相矛盾的，而且，他确信所有这些都超出了他的智力范围。用那最后的和最高的科学格言来概括，运动就是物质，物质就是运动，但“我们也许无法发现”以太是什么。历史没有必要追问以太是什么，它需要知道的只是对无知的承认，以及多样性让科学为难这个事实。即使就这个事实而言，科学也会反驳，比如镭的发现似乎就炸毁了科学杂志，在一段时间里使思想也陷于停顿。在思想运动的线条中，镭只是一个新的位置，是从芝诺和他的箭开始让人们熟悉但无法解释的东西：从时间的起点开始连续，但在每个相继的点上又有间断。历史把它记录下来，在图线中追踪它的位置，然后再次等待着被引导或误导。

如果历史学家重视诚实品质，那么他一定不会试图了解什么是真实的事情，如果他关心自己是否真实，那么他必定会伪造自己的事实。历史的法则只是重复力量或思想的路线。尽管他的意志是刚强的，在绝望时也会时不时地恢复自己的人性或者猿猴性。思想的运动和炮弹穿过空气沿直线接近目标的运动有着同样的价值，人们可以在五千年的历史中观察到它运动的曲线。在历史中，思想运动的第一次重大加速在公元310年的大灾难中结束，第二次突然转向发生在1500年左右。伽利略和培根赋予了它一条新的曲线，改变了它的价值，但所有这些变化从来没有改变连续性。只是在1900年，连续性才突然被打断。

模糊地意识到这一大的变动，世界上有时将这一大变动开始的时间标为1893年，以伦琴射线为标志，或者被标注为1898年，以居里夫人的镭为标志，但在1904年，亚瑟・巴尔弗在英国科学界宣称，人类无一例外地都在一个幻想的世界中生活和死亡，直到该世纪的最后一年。这个日期是方便的，而方便就是真理。

这样，出生在1900年的孩子就将降生于一个崭新的世界，一个不再是单一性而是多样性的世界。亚当斯力图寻找一种适合这个世界的教育。他发现自己处于一个从没有人潜入过的陆地，那里的秩序与自然有着偶然的联系，并不受自然的喜欢，人为的压力施加在了运动之上，遭到了宇宙世界中所有自由能量的反对。由于秩序作为一种偶然的现象，反叛最终又回到了无序状态。他无法否认新的多元宇宙世界的法则解释了很多一直极为模糊的概念，特别是一直以来人与人之间恶魔似的对待方式。社会一直在努力建立法则，而又一直反对自己所建立的法则；通过武力建立长期权威，而又希望诉求武力推翻权威；希望有最高法则的永久象征，但又永久地将其复萌到低级状态；有自由原则的永恒胜利，但又转化为一种权力，但令人惊愕的问题则是秩序的专制主义前景，这也是自然所憎恨的。物理学家有一句令庸俗之人无法理解的话："我们所赢得的只是事前我们所输掉的战争，我们只是在自然的背景下战胜了那些不可逆转的现象。"

亚当斯这位历史学家所得到的不过是一种强烈的逃离愿望，他看到自己的教育已经完成，但他感到遗憾的是不该在开始接受那样的教育。就个人品位而言，他更偏爱18世纪的教育，那时上帝是父亲，自然是母亲，并且在科学的宇宙世界中都得到了好的结果。他抛弃了自己在这个宇宙世界中所有曾经参与过的部分，但却无法找到自己的责任所开始或结束的地方。

当历史进入了新的秩序，人类的思想就如同一个年幼的珍珠蚌，隐藏在自己的宇宙世界以适应环境的要求，直到长出蚌壳，这体现了它所有的完美理念。人类知道它是真实的，因为是人类创造了它，人类也出于同样的原因而喜欢它。为了实现统一性，人类牺牲了成千上万的生命，但人类成功了，并理直气壮地将其看作是一件艺术品。女性做了更为了不起的事情，她们在男性更高的水平之上创造了自己的神，最后，她们迫使男性接受了圣母，并将其作为男人上帝的守护者。在男性的宇宙世界中，他们只是第二位的，但女性却在那里感到十分舒适自在，在得到男性许可时，她们便无限地奉献自己，特别是在有时会短暂出现的战争和饥荒时期，为的是使这个宇宙世界更适宜居住，但女性却不能够抵御自然力量。她们并不认为自己的宇宙世界是一只救生艇，无法在出现超感觉的混乱时帮助逃生，而认为自己和家人是中心，认为统一性是有序的宇宙世界中的花朵，这是由她们生育能力的形象而创造的，她们的这一创造被美丽和完美所环绕着，她们知道这些是真实的，因为这些正是她们自己所想象的。

甚至连男性哲学家也赞赏、热爱并庆祝女性的胜利，他们最伟大之处便是用最高尚的诗歌歌唱了女性。

无论是男人还是女人，都从未想过要从自己创造的伊甸园中退出，而他们再也不可能按自己的意愿退出了，就如珍珠蚌无法从自己的壳中退出一样。尽管珍珠蚌可以将进入自身的沙子吸收或包含起来，但在面对飓风或海底火山喷发时，它也只能灭亡。她的超感觉世界的混乱将她杀害。

这就是科学强加给1900年后出生的人们的历史理论。对于这一理论，亚当斯并不觉得自己应为此负责。虽然亚当斯作为历史学家，总是认为自己有这样的责任，除非是偶尔涉及一些政治家，否则他总是带着敬意去言说那些被认为是可尊敬的事情，但他的一生已经屈服于外力，他的意思也是接受外力，不仅为了未来，也为了过去。他所有的努力都转向于研究力的路线。他从没有生造事实，事实都是由他所能找到的权威所提供的。基于赫尔姆霍茨、厄恩斯特·马奇和亚瑟·巴尔弗的理论，他本人从此变成了一个摇摆运动着的有意识的球，在各个方向无穷尽地转动或震动着，在沙特尔教堂的圣母脚下或者在身处超感觉混乱中心的巴黎小阁楼里的伯伊卡先生脚下滚来滚去。这个发现并没有让亚当斯难过，一个六十五岁有余的孤独老人，独自在巴黎的一间寓所的哥特式教堂里，需要用幻想来使自己有所烦恼。他本应该早在五十年前就吸取教训。学生可以在混乱或者秩序面前止步的时代早已过去了，他别无选择，只能随着自己的世界一起前进。

但是他无法假装表现出自己的思想对这种科学前景感到满足。每个寓言作者都告诉人们人类的心灵一直都在挣扎，就如同一只被关在笼子里的受惊小鸟一样力图逃离混乱的状态。虽然很突然地，并莫名地从某种未知和无法想象的空虚中出现，那么人们如何在睡眠的精神混沌状态下度过半生。人们可能成为自己无效调整、疾病、年龄、外界暗示、自然强迫力的受害者，即便是在清醒的时候。人们怀疑自己的感觉，以至于最后只相信工具和平均数，在经历了六十年或七十年不断增长的惊讶后，思想苏醒了，但却发现自己正茫然地看着死亡的空虚。良好教养的最高法则所能要求的全部，就是宣称对结果感到满意，而如果实际上真的满意，那只能证明它仅仅作为白痴而存在过。

未来的一代在感到满意后，很少会对自己进行思考，因为即使当思想存在于自己创建的宇宙世界中时，他也从没有感到自在过。如果要试图解释真实的科学，那么思想便可得到大大地调整，通过混乱中的无限运动所带来的无穷的微妙调整来实现。在某个时间他被拽进那未知和无法想象的神秘领域，然后又力图爬回自己的感觉，将混乱关在门外，但是他经常会同化一部分，直到最后在1900年，引发了一场未知力量的新的雪崩，需要新的精神力量去控制。如果这种看法是正确的，那么思想无论飞越还是斗争都将一无所得，必须融合到超感觉的多元宇宙中，或者就此屈服。

The Education of Henry Adams

第三十二章

新力量（1903—1904）

盛夏后的巴黎只有无处可去的劳苦穷人才会留守。亚当斯并不知道何处的历史更辉煌，香榭丽舍是如此静谧，甚至当德·维特先生被升迁到一个无权的虚职时，也没有人会低声议论说这种升迁是一种羞辱，但是从沉静中，人们或许可以推想阿历可塞夫总督已经重新占领了满洲，履行了条约中的职责。这一次，沉静的阴谋成了犯罪。西方社会从来没有遇到过这样现代和重要的谜团，但是对于这个谜，西方社会却选择了闭目不见。满洲见证了战争逼近的每一步，日本也完成了所有的准备，阿历可塞夫总督在亚瑟港口也集结了部队和舰队，架起了攻城炮，备足了大量的物资储备，迎接即将来临的攻击。从横滨到伊尔库次克，整个东方都被战争笼罩，而欧洲对此却一无所知。银行再也无法承受任何的干扰，媒体对此只字不提，甚至连大使馆都保持了缄默。欧洲的无政府主义者都兴奋地议论纷纷，并聚集起来，但是利兹宾馆却很镇定，蜂拥到那里的大公们都宣称已经从冬宫直接得到可靠消息说不会发生战争。

亚当斯像往常一样感觉到和消息灵通的政客一样无知，尽管这样的感觉已经很熟悉，但这次他认识到了无知是假想出来的。尽管他已经有近五十年的经验，但还是不知道如何才能更好地表演喜剧。直到十一月，外交大使们才严肃认真地向路人询问意见，但不发表自己的看法，除非得到了圣彼得堡的直接许可。亚当斯对此完全不能理解，他发现自己正面临一个新问题，即俄国的惯性作用的问题，哪怕他自己身在冬宫，也无法判断到底有多少是真的，有多少是喜剧成分。有时他甚至怀疑大公们或沙皇是否知道这些，但是传统的外交训练让他明白不能承认这种无知。

他在圣诞节离开巴黎的时候便是这样的情况。1904年1月6日，他到了华盛顿，对那里迥异的气氛颇感惊讶，因为他从来没有认为自己国家是一个世界大国。无疑，日本的外交与这种紧张气氛关系巨大，但是日本外交的巨大优越性在欧洲应该比在美国更加明显，然而不管怎样，这都无法解释俄国外交的消亡。一个处于惯性之下的政府极大地破坏了研究。有人甚至怀疑卡西尼从来就没有收到过政府的回复，拉姆斯道夫也不了解自己的部门，但这种怀疑却没有得到承认。卡西尼明显是在欺骗，他说：“日本人在战争方面简直是冲昏了头脑！但是日本人又能做什么？像往常一样盘腿打坐向佛像祈祷吗！”最资深有为的外交家只要手中还有牌可打，就一定不会两手空空，但他绝不会显露出他背后的强大资源，“如果日本人成功进入满洲，那么他一定不会活着出来。”卡西尼当然是一位最具活力的外交官，对于研究种族惯性的学生来说，他们更热衷于研究卡西尼的惯性，因为他在创建巨大力量的同时丢失了自己的思想。

与直言不讳的总统相反，在白宫的气氛中，俄国的官腔似乎最具戏剧性，那里根本不存在沉默寡言。不论俄国和日本哪方是受害者，美国人都认为美国历史上一个最具决定性的斗争就要发生了，任何的保密和冷漠都是荒谬的。利益是紧要的，好奇心是强烈的，因为没有人知道俄国政府意图如何，而战争却只是时间的问题了。对于一个寻求中立的学生来说，他非常想知道沙皇是否发挥了意识力量或者惯性作用，而罗斯福总统的直言坦率具有度量标准的价值。正巧亚当斯在他回家后不得不立即接替弟弟布鲁克斯的外交接待工作，他要承担的责任还包括在总统的餐桌上与政要们共进晚餐，国务卿鲁特坐在餐桌的一端，总统坐在对面，张伯伦小姐坐在他们中间。理所当然的是，总统说话，客人们倾听，这对于一个刚刚逃脱欧洲沉默的人来说，就像是窒息后的一次自由呼吸。人们都知道罗斯福总统一向说话风趣，他的轻率超出了各位世界要人，仅仅略逊于德皇威廉和餐桌上张伯伦小姐的父亲约瑟夫·张伯伦，而在这个晚上，总统更加口无遮拦。他精力充沛、无所忌惮地谈论了自己对俄国、日本以及对布尔人和英国人的看法，让在场的二十位听众大感宽心，最后他总结性地宣布战争在即，说战争应当被制止，而且战争是可以被制止的，他说：“我可以亲力亲为。明天我就可以停止战争。”他接着解释了自己保持克制的原因。

他是正确的，在另一代人中，他的继任者可以实施他想做的一切，不给听众留下任何的疑虑，尽管在约翰·海依总统当政时他最后一次在白宫进餐时表现得很愚蠢，但是听众并不关心对力量的断言，而更关心观点的活力。如果人们喜欢听的话，可以说事实足够明显、普通甚至平凡，但这不是有关惯性的事实，这个方法也不可被误认为惯性。

日本的力量也不能被暂时误认为是惯性的力量，尽管它的侵略行为在系统上和数学层面上被看作是欧几里德几何学的表现，但亚当斯认为如果日本只反对俄国，那它将失去机会。每一天都被算作是历史尺度上对相对能量的测算，整个事件让新科学的法则和皮尔森的科学法则一样富有启发性。

这样实施的力量必定会达到一个新的平衡，从某个意义方面证明问题，战争对于亚当斯来说并没有单一的价值，仅仅只是给予了约翰·海依最后的伟大胜利。他已同卡西尼巧妙地展开了长期的竞争，没有人充分了解他外交工作中毫无任何失误的完美之处，但是这一胜利只有不为人们所见时才算完成，他的胜利到最后是判断的胜利，而不是行动的胜利。他什么也没法做，如果他试图有所为，那么整个国家都会反对他。日本和英国拯救了他的“门户开放”政策，并参与了战争。对于他来说，剩下的只是促成和平，亚当斯也专注于尽快实现和平，不仅为了约翰·海依，也是为了俄国，当时，他认为这一事件可以通过斡旋成功解决，因为他知道，在军事上，亚瑟港口的沦陷必将导致谈判，而所有人都认为约翰·海依必定会为此指明方向，但是这场赛事结束了，虽然战争危险日渐扩大，约翰·海依的力量却日渐衰退。

圣高登思来做头部塑像，萨金特来画肖像，这两项工作是让他成为永恒的至关重要的步骤，对此他也顺从了。但是当总统让他到圣路易斯的一个展览会上致辞时，他却抱怨起来。约翰·海依的夫人要亚当斯和他们同行，不管是充当什么角色，他总能被派上用场。亚当斯表达了自己对世界展览会的信仰，认为如果没有这一盛会，那么教育将是完全不可能的。于是他欣然接受了约翰·海依的夫人的嘱托，因为这可以将他的两种教育整合起来，但是在圣路易斯，理论与实践都接受了同样严峻的考验。自他上次穿越密西西比河以来已有十年之久，现在，他发现一切都是新的。在从匹兹堡到俄亥俄州和印第安纳州的这片广大区域，农业已为蒸汽机让路，各地高耸的烟囱都在冒烟，脏乱的郊区充斥着废铁、纸屑和煤渣，每个城市都是如此局面。很显然，清洁并不是新美国与生俱来的印记，但废弃物与力量的尺度无关，而烟囱和煤渣则与之关系甚大，以至于亚当斯认为，国务卿应该冲到各个火车站台去问问都是哪些人扔的废品。经过全盛时期的美国，萧尼族和水牛已经不存在了。

这一话题很快变得微妙起来，历史上很少谈及数以百万计的德国人和斯拉夫人，以及他们的种姓问题，尽管他们大批地从莱茵河与多瑙河涌入俄亥俄州。密西西比河对约翰·海依来说仍是陌生的，就好像他并不是在密西西比岸边长大的一样，圣路易斯对自然的杰作并不理睬，任其荒废。新美国人骄傲地展现了自己的出身背景，他们是蒸汽之子，是发电机的兄弟，在不到三十年的时间里，蒸汽把这些具有多元背景的人们带到了一起，将其挤压、焊接成型，使其成为一个具有强大机械力量的产品，除了力量特征外并没有其他显著标志。新美国人和欧洲人一样是发电站的奴仆，正如12世纪的欧洲人是教会的奴仆一样，继承了前辈的特征。

圣路易斯的展览会是20世纪的首创，并因这个原因而极其有趣。这个拥有五十万人口的三级城镇并没有历史、教育统一体或艺术性，也没有什么资本，甚至除了那条被故意忽视的河流之外再没有其他自然景观，但它却在做伦敦、巴黎或纽约所不敢尝试的事情。这个只靠微少蒸汽动力而联结起来的新的社会聚合体，却将三四千万美元投在了这个如同舞台剧一样的短暂盛会上。世界上从来没有出现过如此的幻象，夜色中的阿拉伯赤沙也从没这般惊心动魄，人们在一排排白色宫殿中漫步，有成千上万支精致的电能蜡烛光亮，感到如此地温柔、丰富而又蒙眬。一切都处于深深的静寂和深刻的孤独之中，人们可以倾听细微的声响或轻微的脚步声，或船桨的微荡声，就像埃米尔殿下在展示这座黄铜之城的种种美妙，但这些还远不及这里辉煌灯火的一半美丽，这里有着落日原光笼罩下的白色不朽的寂静。人们带着狂喜来欣赏这里的一切，不是因为展品，而是因为缺乏展品。这是一个矛盾，犹如星体宇宙世界一样，填补了人们的心理断层。如果那里没有展品和参观者，那么人们还可以欣赏到更多的美。

教育从这里找到了新的养料。尽管能量被浪费、艺术被冷漠、经济彻底失败，但这一切反倒让人们兴趣大增。教育的混乱接近于梦境。人们会问自己这种奢侈是反映了过去还是影射了未来，是旧美国人所创建的还是新美国所许诺的。因为没有可以相信的先知，只有对权力的信徒，也没有可以去讨好的跟随者，所以无法想象未来。展览会所带来的前景是喜人的，人们似乎也看到了对权力的充足动力，以及对未来进步的规划。在接下来的半个世纪中，位于中央流域的人们应该很容易投资上亿元的钱，这比1900年拿出上千万元要容易得多，而且到那时他们就会知道自己需要什么，甚或还能知道如何得到自己所需要的。

这是乐观者的希望，对此，除了世界性展览会的追捧者外很少有人会认同，大多数人直接抛弃了这种希望，因为，圣路易斯展览会在密西西比以东的地区遭到了故意的冷漠，令乐观地梦想美国未来力量的人们无比失望。5月22日代表团又回到了华盛顿，在准备乘船到欧洲前的一个温暖的午后，亚当斯走入白宫的花园走廊去与人道别。他发现自己是第一个以展览会的美妙为由而敦促罗斯福总统夫人前去参观的人，并且据他所知，他也是最后一个这样做的人。

1904年5月22日他离开圣路易斯，并于6月5日周日这一天又回到了康德斯，在那里，诺曼底人于1250年搭建了一个展览馆，至今建筑师们仍然赞赏这个展览馆的艺术价值，游客也络绎不绝，因为它是少有的能够表现力量和圣母魅力的地方。就是在这个周日，诺曼底世界举行了一个特别的教会盛宴，大街小巷摆满了为圣母搭建的祭坛，上面布满了鲜花和绿植，人行道上也布满了树叶和大自然春天的工艺品，大教堂里拥满了人群。那时的场景很是壮观。不管是不是周日，圣母都继续开放了成本高昂的展览馆，即便是对那些拒绝参观圣路易斯展览会的美国参议员也敞开了大门。如果告诉到访者圣母与参议员所信奉的神灵之间的关系，那么到访者定会献出一支蜡烛或烛台去敬奉圣母。圣母的力量是平凡的，她包容了所有的人类活动，而参议员和神灵的力量会或多或少地因人类和人类所做的事情而羞愧。这件事与参议员难以理解的思想活动关联不大，参议员并没有提出比他们需要敬奉的神父更为清晰的想法，但是这对于一个研究力及其表现形式的学生来说，这件事还是颇有意义的。显然，圣母和其子耶稣再也没有力量去建造人们想要去参观的展览馆了，但是他们却有力量关闭它。这种力量仍然真实、严肃，而且在圣路易斯，人们已经迫不及待地用实际的金钱价值去度量它了。

这一力量无论在法国还是在华盛顿的参议院都是真实和严肃的，亚当斯被迫购买汽车的事实就证明了这一点，这是一个最突出的表现，因为这种力量形式是他最痛恨的。他花了整个夏天的时间去研究圣母，这样做并不是出于情感方面的原因，而是要将其作为驱动力，这就使得圣母的不朽广泛存在，并且不容易超越。单靠汽车就可以将其按照合理的顺序连结起来，但作为商务旅行者的工具，尽管汽车的力量似乎与激发哥特式教堂的力量无关，但是圣母在12世纪指引并控制了商人和建筑师，就如同她控制了历史的探求者一样。在亚当斯看来，这个问题和牛顿当初的情况一样，这是一种相互的作用力，假如能够用具体的实验来证明，也可以和公式S=gt2/2一样准确。他不需要证明这个吸引力，他那辆汽车的代价太高了，但是作为老师他更应该为他人说话。对他来说，圣母是令人崇拜的女人，她指引着汽车和汽车车主进入她的美妙宫殿和城堡，从沙特尔到鲁昂，然后再到亚眠、拉昂等地，她友善地接受、逗乐、吸引她的爱慕者，仿佛自己就是爱与美之女神阿弗罗蒂，可以拥有男人心中的所有向往。亚当斯从来没有怀疑过圣母的力量，因为他的每一根神经都能感受到这种力量，无法质疑这种力量的控制，因为自己只知道万有引力公式。他高兴的不是自己完全屈服于圣母的魅力或宗教情感，而是屈服于圣母在13世纪创建世界展览会的思想和身体力量，正是这些展览会让芝加哥和圣路易斯惊恐不堪。

马修·阿诺德对希腊和挪威神学的评论是“这两个都是信仰，并且都已消失”，但是学生的任务是询问这些信仰到底去了哪里。圣母没有一起消失，而是以缓慢的速度衰退，圣母的爱慕者已经追随她太久了，研究了力量的各种表现形式，以至于无法承认在现实世界中还有神灵可以与之相匹敌，但亚当斯仍然不承认圣母的能量在衰退。

所以他继续追随着，并欣喜地找到了一位与自己分不出年龄差别的情妇。她自己的年龄无法用时间衡量，在过去的许多年里，亚当斯在约翰·拉法吉的鼓励下，花了整个夏季的时间去研究圣母在沙特尔等地留下的玻璃制品。如果汽车拥有一种更有用的速度，那便是一个世纪只需一分钟就可度过的速度，就是没有间歇地从一个世纪到另一个世纪的速度。世纪的流逝就像秋天的落叶一样，不会因为速度太快而受到惩罚。13世纪过去后，14世纪赶上来，而16世纪就在前方。对圣母玻璃制品的追寻打开了丰富的宝藏。特别是16世纪，出现了情感崇拜，引发了混乱。随后宗教信仰涌入法国，闯入雪莱的灯光，在流星雨中溶化，散落在遥远的乡村，就像珠宝一样闪烁着光芒，随后又被抛进平静和被遗忘的裂缝中。当人们路过香巴尼和都兰的教区教堂时，都要停下来寻找玻璃碎片，一旦有人找到了玻璃，他就会发现孩提时代的耶稣躺在马槽里，而丘比特正隔着威尼斯宫殿的栏杆玩弄驴的长耳，旁边还有醉醺醺的佛兰德卫队，手持一个破戟，在那里倒立。这些让祈祷者想到了捐赠人及其后代所留下的画作，只可能是富凯和平图利奇才能绘制出来的，其清新和逼真的色彩和当年一样，给人留下了深刻印象，安慰了那些为天堂付出但又迷失了的虔诚的人们。法国到处都是16世纪的玻璃制品，仅巴黎就有成英亩面积的玻璃，方圆五十英里的范围内有几十座教堂，在那里这位学生把自己想象成三百岁，独自一人默默地跪倒在圣母的窗前，哭诉罪恶，拍打胸脯，忏悔罪责，他背负着六十六年教育垃圾的重担，但还是希望能够理解这些东西。

虽然他有所了解，但能明白的不多。16世纪有着自己的价值，好像一个已变成了多个，统一性也包含了三种以上，尽管多样性仍然显示出较小的数字。玻璃已回到了罗马帝国，进而到了美洲大陆，它流露了对蒙田和莎士比亚的同情。但是，圣母依然至高无上。在博韦的圣斯芬教堂里，有一株超凡的耶西之树，这棵树因英格兰勒王子1570年或1580年的作品而闻名，在这棵树的枝桠间，圣母的十四个祖先中有四分之三都有着法国君主的特征，其中包括弗朗西斯一世和亨利二世，这些君主给人们的教育意义并不比以色列国王的大，但作为神灵纯洁性的来源，至少是不同寻常的。与沙特尔的那一棵更加闻名的1150年左右的耶西之树相比，人们一定会说英格兰勒王子就证明了进步吗？是朝着哪个方向的进步？它或许暗示了复杂性、多样性，甚至是向无政府状态迈出一大步，但是它向完美迈出了怎样的一步？

在仲夏的一个午后，圣母的朝拜者正在特尔瓦大街上闲逛，并与香巴尼的迪勃及其富有智慧的总管约安维尔先生私下秘谈，突然他发现有一两个男子正在看粘在窗户上的一个纸片，他走近后，看到上面写着，德普勒霍瓦在圣彼得堡被刺。俄国和十字军东征、竞技场和文艺复兴的疯狂混合，迫使他逃难到了附近迷人的圣潘达里安教堂。殉难者、杀人犯、恺撒、圣人和刺客，这些一半来自玻璃，一半来自电报，时间、地点、道德、力量和动机的混乱，让他晕头转向。一个人在阿拉卡里的石级上坐了一辈子，就为了这些东西？难道谋杀永远都是进步的最后一个词？街上没有人表示出抗议的迹象，他本人也没有任何感觉，迷人的教堂有令人愉悦的窗户，而且没有其他任何人，因此强烈地展现了上苍的平静，这种敏锐的表达比爆炸性的谋杀消息更为深刻。这位保守基督教无政府主义者找到了自我，但哪一个是他呢，是杀人犯还是被害者?

圣母本人从来都没有表现出胜利的样子，一直如此，比如她这次可耻的失败。她存在的目的是什么，一千九百年之后，世界会比她出生的时候更加血腥吗？基督教惊人的失败扭曲了历史。为统一性而进行的努力并不是部分的成功，即便是替换出现的统一性最后也被归结为无意义的运动。对于这位疲倦的学生来说，他想放弃的这个想法纯粹是老态之举。只要他还能低声说话，他就会继续进行下去，坦率地拒绝与自己的创造者见面，拒绝承认创建过程让他学到了东西，只知道方便起见，可以将直角三角形斜边的平方值等同于其他的东西。任何一个有足够自尊而能够有所结果的人，即便是作为一台机器，也必须为自己做出解释，如果标准公式失效的话，那么他还要为自己的宇宙世界创建一个公式。无论是否已经完成，教育已经停止。公式一旦确立，就一定要得到验证。

时间紧迫，所以必须立即着手去做。旧的公式失败了，新的公式又没推出来，但毕竟目标不过分也不古怪。人们并不是要寻求绝对真理，而只不过是寻找一个可以将历史之线连贯卷起的线轴。在无限的可能轨道中，人们寻求的是能够更好地观察1838年逃逸之星格鲁布里奇的运动轨道，这颗星通常被称为亨利·亚当斯。作为19世纪教育的一个内容，人们在为某个确定的历史部分找寻一个公共因子。如果小学生有权用自己的术语说明的话，那么他们都可以解决这个问题。

因此，当霜雾来临，让他停下对历史的屠杀，并再次把自己关到小阁楼时，他坐了下来，仿佛自己又成了一名学童，根据自己的需要而确定历史动力学理论的价值。

The Education of
Henry Adams

第三十三章

历史动力学理论（1904）

动力学理论和大多数理论一样，也是先从未经证实的假定入手：它将进步界定为各种力量的发展和节省，进而又将力量界定为实施或帮助工作的所有介质。人是力，太阳是力，数学上的点也是力，虽然它没有维度和可知的存在。

人们往往会再一次拿出未经证实的假定，认为自己捕获了力量。动力学理论将吸引力按比例分配到质量守恒定律中，认为自然的力量捕获了人类。力的总和是吸引，被称作人的微弱原子或分子吸引着，他要经受教育或成长的痛苦，是吸引自己的全部力量之和，他的身体和思想就像力的产品，力量的运动控制了思想的进步，因为他所知道的只是影响自己感觉的运动，而感官的总和就构成了教育。

形象地说，在这种理论中，人就好比蛛网中等待机会捕食猎物的蜘蛛。自然的力量就像在蛛网前飞动的苍蝇，而那蜘蛛只要有了机会便会发起突袭。尽管动力学理论是合理的，但蜘蛛却犯了很多致命的错误。蜘蛛的思想获得了记忆力，在这个能力之上，又有了分析和综合技能，这两个技能依照不同的关系在蛛网中拆分和组合。人类起初没有蜘蛛甚至是蜜蜂那样的分析力和综合力，他们只对较大的力量有敏锐的感觉。火教给人类其他动物无法学到的秘密；流水对人类的启发更大，特别是在关于力学的第一次尝试方面；动物也有助于教育人类，为了食物它们信任地将自己交给了人类，帮助人类承受负担或给人类提供衣服；青草和粮食也是学术研究的对象。人类自己并没有付出额外的努力，只是所有这些力量形成了他们的思想，引导他们行动，甚至塑造了他们。

早在有历史记录以来，人类的教育就完成了，因为人类如果没有学习到记录，那么也就不会去记录历史。人类在脑中慢慢形成了构建他们的宇宙世界，反映了人类自己的统一性，包含了除他们之外的所有力量。无论是作为个体、群体还是整体，这些力量都不停地在人类身上发生作用，扩宽了人类的视野，如同蔬菜叶子变得开阔一样，而人类的思想只需要对这些吸引力做出反应，就如同森林也受其影响一样。对最高力量的敏感便是最大的天赋，在各种力量之间做出选择就是最高科学，这些力量的聚集就是最高水平的教育者。在选择和测量力量方面，人类一直并仍然在犯着荒唐的重大错误，总是从大量的选择中随机抽取，但是在赋予整体的价值时却从没有犯过任何错误，人类将这个标记为统一性，并把它当作上帝来膜拜。至今，人类对统一性的态度从未改变，尽管科学已不再能够赋予力量一个名称。

作为一种自然的力量，人类的作用就如同汲取食物一样去吸收其他力量，人类称之为对力量的热爱。人类感到了自身的软弱，于是便诉求于一头驴或一只骆驼、一张弓或一个投石器，以此来拓大自己的力量，就像他们在世界之外寻找崇拜或行星一样。人类不关心他们所找到东西的直接用途，却也无法忍受将其抛弃，认为还存在着这样或那样可能的潜在价值，于是他们等待着某个物体来告诉他们用途所在或缺乏用途，而这个过程十分漫长。人类等待自然将自己的秘密透露出来已经有数万年之久了，大自然告诉人类的对手——猿猴的秘密不会更多，但是某种力线可以对猿猴个体发生作用，并能够机械地选择种群的种类或者变异的来源。曾经对新的力线做出过回应的那些个体可能就是现在正在回应力线的个体，并且尽管力量的多样性在不断增加，人类对整体性的观点似乎从来就没有发生改变，但是变异理论不是历史学的范畴，而是其他科学的研究对象，与动力学也没有关联。个体或种族可以在同一条幻想的路线上接受教育，对于这一点，依照亚瑟·巴尔弗的说法，直到1900年也没有出现实质性的变化。

人类将能量的最大吸引力称为神圣，并且为了控制它，还发明了一种叫作宗教的科学，这个词在过去和现在都意味着对个体或群体进行神秘力量的培养。由于人类无法将力量定义为统一体，所以在自己身上和在无限中，将其作为哲学或者神学的符号来努力实现，思想本身是所有已知力量中最为微妙的一种力量，而自我反思必然创造了一种具有单独价值的科学，它可以将自身的教育从最初的阶段提升到最出色、最微妙、最广泛的对分析和综合的训练。因此，如果语言是一种检验，那么人类就一定要在历史早期就达到最高的力量，而只有动机仍然是简单地对力量的欲望，就如同部落受贪婪驱使去设陷阱诱捕大象一样。饥渴，无论是对于食物还是对上帝的渴望，发动了思想的多元性和无限性，而对可获得一部分永生的无限力量的渴望则唤起了大多数人要奋不顾身的想法。

人类在五千年以前就实现了这种完满，在之后相当长的一段时期，再没有对已知的力量增加新的内容。自然的集合在人类身上施加了一个微弱的吸引力，无法解释人类的明显运动。只有知识异常渊博的历史学家才敢冒险说，在公元前3000年至公元1000年这期间，欧洲的动力是最大的。不过世界的这种进步在于能量的节约，而非发展方面，这在数学方面得到了证明，也通过诸如阿基米德、托勒密和欧几里德等名字得以证明；在民法方面，通过一系列亚当斯一开始就没有学会的名字而得以证明；在货币制度方面也有明证，最初是相当漂亮的，但后来却异常野蛮；在道路、船只尺寸或港口方面也得到了验证，同时也表现在了金属、工具和文书的使用方面。所有这些都节约了力量，有时候甚至比它们所辅助的力量还要大，但在这些道路上仍走着马、驴子、骆驼或奴隶，船仍然由桨或橹推进，杠杆、弹簧、螺丝钉将被限定在应用力学的领域，即便是金属也是很古老的。

宗教或超自然力量在很多方面也是如此，一直到基督时代的300年也很少有所改变，尽管柏拉图和怀疑论者出现了，但人类还是很明显地比以前更加混乱。三千年的经验使得社会感受到了自然的广袤和力量资源的无限，但即便是这种吸引力的增加也没有导致追求方法的节省。

就这样，西方世界停滞不前，一直到公元305年罗马的戴克里先国王退位，也正是在这里亚当斯分解了阿拉卡里的步伐，文明在取得完全胜利时所遭遇的失败拦住了亚当斯的去路。在公元305年，罗马帝国已较为彻底地解决了欧洲的问题，在四百年中，罗马和平、欧陆法系、自由贸易本应该把欧洲推向远方，本应该达到现代社会自1500年以来四百年中所达到的高点，因为当时的条件更为简单。

解释和通过解释消除这一耻辱的努力一直没有停止过，但没有一种做法适合亚当斯，除非是对逆向交换和矿产枯竭的经济学解释，但国家并没有被过度的逆向交换摧毁，罗马帝国也绝对没有耗尽其资源。相反，帝国开发了令人震惊的资源和能源。公元1800年前的历史中再没有任何一个四百年可与之相比，尽管民法、道路、沟渠和港口等方面的发展是经济层面的，而不是力量层面的，但是仅欧洲西北部的罗马帝国就发展出了法国、英国和德国这三大力量，让其相互竞争以统治世界。看来，问题似乎更在于罗马帝国发展了太多的能量，而且发展得太快。

动力法则要求自然和人类这两个方面必须不间断地相互作用，就像太阳和彗星相互作用一样，而任何中断的表象都是错觉。这种理论似乎需要过度的作用与反作用，这样才能解释罗马帝国的瓦解，作为一个力学问题，罗马帝国应该会被加速撕碎。如果学生想要尝试构建动力法则，那么他必须赋予引起麻烦的吸引力以数值，在这个方面，他能够在普通的证据中掌握大量的值。罗马思想有着冷酷的逻辑，要在地球上建立统一性的罗马帝国，那就不得不在天堂建立统一体，这一理想是罗马帝国要使诸神经济化所引发的。

对于基督教摧毁罗马帝国的这一说法，教会从没有停止过反对，教会利用其平常力量指出，只有基督教的改革才能挽救罗马帝国。所有的动力法则都欣然接受了这个解释。它所需要的只是去发现和追随那些吸引的力量。教会指出在基督教的十字架中存在着这种力量，历史只需去追随。帝国大声宣称了自己的动机。具有较高品位的人都不会说君士坦丁大帝像现代股票经纪人一样，只知道数量的价值而大胆投机，也不会说他将所有不确定力量合并为单一的托拉斯，并且过分估计了这个托拉斯的资本，还将其强加给市场，但是，这恰好就是君士坦丁大帝在公元313年的《米兰敕令》中所说的，他将基督教列为国家宗教托拉斯。作为国会的法令，这个敕令规定："我们坚决授予基督教徒和其他人自由，可以依照自己意愿选择信奉宗教，这样不论神灵或天体力量以何种方式存在，都可以帮助我们和政府管理的所有人。"帝国追寻着各种力量，不仅仅是精神力量，还包括物质力量，其表现就是君士坦丁大帝在开国前期就在米尔弯桥战斗中发布军令：凭此印记，汝等必胜！利用基督教的十字架作为武器，十字架对于君士坦丁大帝来说，实际上正是武器。社会也同样接受了基督教的十字架。此后八十年，罗马最后一位君主狄奥多西用基督教向竞争对手尤金进军，以十字架作为物质支持，而尤金则高举大力神赫拉克勒斯的形象，为异教徒奋战，双方的社会在一边观望，就像是在观看一场拳击赛，看看两种神性力量较量的最终结果。教会无力宣扬自己的理想。当今所指的宗教确实影响了旧社会的思想，但其影响十分有限。非宗教人士、公民、数百万的人，无一例外地把宝压在了诸神一边，就像赌马一样。

毫无疑问，教会尽其全力净化了上述过程，但似乎社会都是异教徒，他们之所以被基督教的十字架所吸引，是因为在教会的实际体系中，十字架吸收了所有旧的超自然力量或神物力量。十字符号代表了自然的总和，代表了现代科学中的能量，而社会则认为它如同X射线一样真实，或许它确实如此！君主们在政治斗争中将它作为火药而加以利用，医师们在医学中将它作为X射线，临终之人把它当作力量的精华而紧抓不放，希望能够在前往来世的路上帮助自己抵挡邪恶力量。

在这四百年间，罗马帝国明白宗教干扰了经济，因为仅仅是烧香的费用也会影响交换，但是，没有人能买得起或者建造得起一台昂贵和复杂的机器，因为用很少钱就可以雇佣一种神秘力量。在某一方面，神物力量是低廉而令人满意的。很早以前，图哥特和奥古斯特·孔德就将这一经济时期确定为社会教育的一个必要阶段，而历史学家们现在似乎也接受它作为向科学历史迈进过程中所取得的唯一成就。有很多受过教育的人，或许他们之中有大多数人仍然坚持这一方法，并且在某种程度上严格遵照执行，直到最近，还不知道其他已知的方法。人们唯一可以支配的神秘力量就是神物，没有任何机械的力量可以与之相竞争，除非在严格的限度以内。

除神秘力量或神物力量外，罗马世界极度贫乏。它只知道一种和现代机械类似的生产性能量，那就是奴隶。它没有使用任何有价值的人为力量去生产和运输，而当社会在政治和社会方面迅速发展时，它没有其他办法将经济维持在同一水平，只能极力延续奴隶制度和神物体系。

其结果或许可以利用罗马衰亡六百年前的阿基米德时代的数学公式表达。一个极端集权的社会在经济上的需求推动罗马帝国扩大奴隶制，直到奴隶制将自己和帝国力量耗尽为止，使社会没有留下任何资源，只能去进一步扩大宗教体系，以便弥补损失和可怕的失败。对于恶性循环而言，其在数学上的完整性几近完美。引力和反作用力的动力法则只需要一位牛顿似的人物，就可以将其用代数的形式固定下来。

最后在公元410年，阿拉里克洗劫了罗马这个奴隶制的、非工业的农业化西方帝国，这个西方帝国更为贫穷，并较少被基督教化。尽管对阿拉里克风暴的惊人结果感到震惊，但社会却更对十字架的新力量深表失望，因为基督教的十字架没能保护教会。基督徒对基督教十字架的大声抗议空前高涨，以至于位于阿尔及尔和突尼斯之间的希波城的大主教奥古斯丁写下了一篇著名的捍卫基督教的专述，至今仍为每位学者所熟悉，在文中他为基督教这个符号的机械价值做了微弱的辩护，认为异教的符号也同样失败了，但他还是坚信在替代了罗马城的符合人类利益的上帝之城中，仍存在着精神价值。“的确，我们失去了所拥有的一切！我们也失去信仰了吗？我们失去虔诚了吗？我们失去了比上帝还要富有的精神财富吗？这些才是基督徒的财富！”上帝之城反过来成为了西方世界引力的总和，尽管它显示出和曾经摧毁罗马城同样的力学弱点，圣·奥古斯丁和他的追随者于公元430年前后在希波城被毁灭了，留下一个对新吸引力感到厌烦的社会。

然而吸引力却保持不变，尝试任何一种神秘力量所带来的快乐足以吸收人类所有的自由思想。诸神做了他们的工作，历史没有理由抱怨，他们引导、教育和扩展人类的思想，传授知识，揭露无知，激发努力。因为对思想知之甚少，不管是对社会的、种族的、性别的还是可继承的，不管是物质的还是精神的，也不管是动物的、植物的，还是矿物的，历史总是倾向于回避这一切，但是没有任何东西可以阻止人们承认，思想可能和身体一样吸收食物，储藏新的力量并像森林一样依靠这些储备生长。大脑至今没有展现出智力的神秘机理。当自然让大脑去分享永生的无限力量时，它并没有给大脑提供如此强烈的刺激，这或许需要一千年甚至更长的时间，需要紧张的实验来证明动机的价值。在这个所谓的中世纪，西方的思想做出了多种形式的回应，反映在各个不同的方面，以各种形式表现其动机，比如罗马或哥特式建筑、玻璃窗和马赛克墙、雕塑和诗歌、战争与爱情，这些人类最崇高的作品都在影响着一些人，以至于即便是今天也会有大批闲暇和无知的旅行者长途跋涉，到拉文纳、圣马可、巴拿马、比萨、亚西济、科尔多瓦、沙特尔等地参观游览，他们对于创造自身的力量只有模糊的概念，但却惊叹这种能量和统一性的社会思想仍然潜伏在自己的幻影里。

旅行者很少参观君士坦丁堡或研究圣地索菲亚建筑，但如果他真的去那里参观了，他就可以清楚地意识到那些力量并不完全相同。贾士丁尼安不具备查里曼的简单，东罗马帝国呈现出了古典欧洲所不具备的力量的活跃性和多样性。10世纪尼普卡斯的海军本可以在半个小时内就歼灭迦太基或雅典或罗马的任何一支海军。动力法则最初就鲁莽地声称，从埃及金字塔时期（公元前3000年）到十字架时期（公元300年），并没有新的力量影响到西方的进程，但古文物研究家对此却可以轻易地予以驳斥。然而不管怎样，创建金字塔和十字架的动机都产生了或新或旧的影响，虽然后来出现了圣地索菲亚的圆顶和亚眠的大教堂，但不管金字塔和十字架有多大程度的改变、扩建或迁移，它们都有着同样的吸引力。因此，有历史记载以来，曾经突然离奇地出现了至少两种新的自然力量，它们在力学方面有着最高的教育价值，这些力量让历史学家感到更加困惑。确实，基督教和伊斯兰教似乎是在同一时刻从天上而降的，一边是十字架，另一边是新月，都声称上帝之城的完全胜利。如果摩尼教关于善恶相互为竞争之神性的学说成为了正统，那么单凭这一点就可以解释敌对力量的同时胜利。

指南针是动力法则向前迈进的表现，人们可以自信地说它比任何其他力量都更好地证明了思想不断扩大的范围，因为它极大地拓宽了自然与思想的接触范围。指南针是有教育意义的，这种意义是不言自明的。

对希腊之火与火药，当然不能说一样的话，因为有宗教动机的作用，它们带有偶然的性质，属于精神领域，或属于魔力范畴，位于善与恶之间。它们是化学力量，通常是具有爆炸性的，一直在扮演着人类所知的最为强大的教育者的角色，不过，它们理应被视为恶魔，令人类惧怕，不管人类在幼年时期对这位温和的教师有多么的傲慢，对爆炸物来说他都只是个可怜的学生。约安维尔先生留下了一份能量的记录，那相对无害的希腊之火在1249年的一个晚上，凭借这份记录教育并扩展了法国人的思想，当时十字军正试图进军开罗。善良的圣路易斯国王和全体臣民跪在随风而来的炽热火焰前，祈祷着："神啊，可怜我们吧！"还从没有人比他们更有理由去呼唤自己的神灵，因为比起火药和十字架之间的教育战争，基督徒和撒拉森人之间的宗教战争简直是微不足道的。

认为社会教育自身或者社会具有有意识目标的假设，被指南针和火药推翻了，因为指南针和火药将随意地拉拽欧洲穿过知识的可怕泥沼。起初，因缺乏新能量而出现的明显落后持续了一二百年，结束了由哥特式大教堂和经院神学所带来的伟大精神时代。这一时期具有希腊之美和希腊所不及的统一性，但只是短暂的，在接下来的一两个世纪，西方社会似乎漂浮在空中而没有明显的运动，但是大自然能量的吸引力还在发挥作用，教育发展也比以往更为迅速。社会开始反抗，但个人却越来越坚决，尽管并不清楚自己在做什么。1453年，新月让十字架蒙羞离开君士坦丁，那时古登堡和浮士德两人正在美因兹印刷第一本《圣经》，给人们的印象是他们在帮助十字架。当哥伦布1492年发现西印度群岛的时候，教会视其为十字架的胜利。五十年后，路德和卡尔文教搅乱了欧洲，他们像圣奥古斯丁一样试图用上帝之城替代罗马之城。1620年清教徒动身前往新英格兰，他们也是想在州大街建立一个上帝之城。当班扬在1678年开始他的麦加朝圣时，他也是在效仿圣哲罗姆。虽然被准许了几个世纪，但教会还是改革了教律，为的是证明这一点，教会在1600年烧死了布鲁诺，1630年又谴责伽利略，这是科学对我们所反复强调的内容，教会谴责的是无政府主义者，而不是无神论者。这些天文学家都是有宗教信仰的，他们都通过自己的努力去阐明观点赞美上帝，但这一科学形式没有给他们的宗教增光。无论是伽利略还是开普勒，无论是斯宾诺莎还是笛卡尔，无论是莱布尼茨还是牛顿，甚至君士坦丁大帝，都不曾怀疑整体性。他们的邪说所能达到的最大范围只触及到他们的个性。

思想惯性的持续是现代历史的主要观点。除了自身的反省，人们没有理由假定宇宙世界的统一性、终极实体或原动力。对这种统一性的先验主张，因使得更为积极或被动的思想衰弱而告终，而培根爵士则试图结束这一切，他督促社会放弃认为宇宙世界是从思想中发展而来的观念。思想应观察和记录各种力量，将其分开或整合，而根本不需要假设整体性，“要想控制自然，就必须要服从自然。”“要赋予想象的不是翅膀，而是重物。”和伽利略逆转地球和太阳的作用一样，培根逆转了思想对力量的关系。思想因此要跟随事物的运动，而统一性则要进行自身调整。

虽然对态度的革命看似是自发的，但事实上却如羽毛飘落一样是力学层面的，人类没有任何的创造。1500年以后，进步的速度已经超过了人类的步伐，让人类感到惊恐，仿佛动力法则之下的自由落体加速。对此，培根爵士有理由和教会一样感到吃惊。社会突然感到自己被拽入到新的无序环境中，而自己无法对这些环境施加影响，却痛苦地受到了环境的影响。本能告诉社会，如果空间中迷失了反思，那么思想中的宇宙世界便一定会处于危险之中。

因为科学界人士用“更大的综合”掩盖了危险，所以危险还是较大的，诗人们都觉得那些天文学家一定是疯子。尽管社会知道得更多，但是望远镜牢牢地站在了它的头上，显微镜揭示出了一个公然蔑视感觉的宇宙世界，火药让那些落后的种族灭亡，指南针迫使最愚蠢的水手遵照地球是圆形的空想去行动，印刷术让欧洲被无政府主义浸泡。尽管欧洲反抗猛烈，但还是亲眼目睹了自己被扭曲到错误的位置，像上钩的鱼一样被拖向新的路线，却不能知道控制自己的力量是什么。反抗经常是血淋淋的，有时也是可笑的，但总是持续不断地存在。伏尔泰研究了社会在18世纪的扭曲，但是从蒙田、帕斯卡尔直到叔本华和尼采的所有历史和哲学家却鲜有涉及其他方面，培根的法则仍然适用。思想没有演化出自然，而自然却逐渐构筑了思想。没有一位重要的科学家胆敢面对思想之流，而直到1800年，像富兰克林那样研究自然到人类新力量导电体的人还不足几十个，仅仅局限于西欧的几个小镇。亚洲拒绝接触这一潮流，而美洲除了富兰克林以外均站在潮流之外。

这些新力量增长得非常缓慢，在化学或机械方面，数量在增加，直到可以替代旧宗教科学，用自己的吸引力替代上帝之城的吸引，但过程却保持不变，是自然而非思想发挥着太阳对星球的作用。人类越来越完全依赖自身之外的力量，依赖可以替代感官的工具。培根很早就预示了：“单凭赤手空拳和理解无法达到目的，只有靠工具和帮助才能做成事情。”一旦事情做成了，精神又开始了幻想，社会也忘记了自己的无能，但是没有人能比培根更了解这其中的诀窍，对于培根的忠实追随者来说，科学总是意味着自制、服从以及对外界推动力的敏感，“我们需要做的不是去幻想或者假设，而是去探索和发现大自然所做的事情或者会做的事情。”

这一方法的胜利动摇了信仰，即使是今天也只能被历史视为发展的奇迹，就像自然的体育运动。显然，一种新的思想已经出现。一些人只是伸出了手，比如牛顿，他观察了一个苹果；富兰克林，他放了一支风筝；瓦特，他观察了一个茶壶盖，自然的强大力量吸引着他们，就仿佛自然在和他们合作。政府只是大肆抵制，没做其他事情。即使是诸如火药和军火的政府的强大武器，在1400年到1800年间也没有得到长足发展。社会表现出了敌意或冷漠，比如普利斯特列、詹纳甚至富尔顿，有理由在世界最为先进的社会里抱怨，在教会控制的社会，抵抗更为激烈，直到全人类看来都订立了长长的计划，被前面的吸引力牵引着，甚至领导者们对此都只是茫然地服从，就像行星顺从万有引力，树木顺从光和热一样。

新力量的流入几乎是自发的。思想对自然界的反作用并不比彗星对太阳的大，如果力量的自发流入在欧洲停止，社会就肯定会停滞或者倒退，就像亚洲或者非洲所发生的那样。只有过程的节省才可被视为新力量，那样的话，社会才会更加满意，因为认为新力量本身是友善的观点，只是动物或植物的本能。随着自然建立隐藏能量，它们便会具有破坏性。思想本身被扭曲，尽管不情愿、不耐烦和备受痛苦，也要承受新方法的逼迫。简单的思想一直都是惯性的运动，而且大多数只是纯粹的情感，但即使是数学的发展过程也只是无力地测量了力量的需求。

1800年以来，巨大的加速发展随着1900年新的超感官力量的出现而结束，科学界最初对这些新力量感到困惑和无助，正如4世纪埃及伊希斯神的祭司对基督教十字架的反应一样。

这种情况便是一个历史的动力法则。学生们都有足够的知识储备，可以立刻反驳说它是所有理论中最古老和最普通的学说，教会和国家、神学和哲学，都一直在鼓吹它，唯一的分歧就是有关自然和人类之间的能量分配。不管吸引力被称为上帝还是自然，其原理都是相同的，历史没有责任决定终极力量是否会倾向于一个目的，也没有责任决定终极能量是否是单一的。人们都承认意志是一种自由的力量，总体上由动机决定。没有人否认有足够的动机去决定意志，尽管意志并非总能意识到动机的存在。科学已经证明各种力量，不管是可感觉的还是神秘的，不管是物质的还是形而上学的，不管是简单的还是复杂的，它们都不停地包围、移动、震动、旋转、排斥和吸引。人类只可部分地感知到很少的力量，但是从作为有机体存在开始，人类的意识就在自己敏感性线路上被诱导、扩展和训练着。人类的能力从较低水平发展到较高水平，或从较窄领域扩展到较宽领域，或许都是因为吸收和储藏外部力量或力量群。人们认为在可感知的力线之外，宇宙世界可能继续是超感觉的混乱状态，或者是非凡的统一体，无法抵抗吸引，穿过它或许会生，也或许会死，这个观点并非不科学。至此，宗教、哲学和科学似乎亲密关联。学院也只是内部开始激烈的争论。在进步的初始阶段，要吸收的力量是简单而容易被吸收的，但随着人类思想领域的扩大，复杂性也有所增加，因此即使陷入混乱，也必须要继续下去，一直到感官储备或者超感官能量被耗尽或不再影响人类为止，或者直到人类屈服于过剩的能量为止。

在过去的历史中，这种顺序分组或许可以回应关系图表，尽管所有严肃认真的学生都需要创建另一张图，以此来进行比较和修改错误，但是过去的历史只是与未来相关的一个价值，这个价值只是为了便利而取的，只能通过实验得以验证。方便起见，一切运动法则都必须要包括加速度的数学公式。

The Education of Henry Adams

第三十四章

加速度法则（1904）

头脑中的图像不是论据，也几乎无法导向证明，但人的思想却渴望图像。最敏锐的实验者认为二十种图像总比只有一种好，特别是当它们相互矛盾的时候，因为人类思想已经学会了如何处理矛盾。

这里所需要的图像是新的中心或重要的群体图像，人们将其引入世界上的吸引力体系中，而在这之前这一体系是自己处于平衡状态的，并受到人们的持续引导，不断地增加速度，直到建立新的平衡。动力法则首先是假设如果我们了解历史，不论是陆地的还是宇宙世界的，也不论是物理方面的还是精神层面的，那么我们就可以将其简化为一个公式。

方便起见，位于第一位的应该是人类最熟悉的图像，这也许就是彗星或流星雨的图像，比如狮子座流星群和英仙座流星群，它们是一组由细小机械力量组成的复合体，在内部或外部相互作用，并受全部吸引力或排斥力引导。没有什么东西可以阻止人们去假设人类陨星是可以生长的，就像一粒橡树果实那样，可以吸收光、热、电，或者思想。这样的能量转换在当代已经形成了一个众所周知的观点，但最简单的图像首先应该是一颗完美的彗星，比如1843年的那颗彗星，以固定的加速度从宇宙呈直线陨落，直奔太阳而去，在围绕太阳做了急速的圆周运动后，用高温驱散所有已知的物质，但又能安然无恙地沿着原有路线返回，挑战法则的存在。人的思想可比作彗星图像，但比彗星的图像更美，因为人的思想敢于向法则挑战。

运动是科学研究的最终对象，对运动的测量方法也有许多种，但是谈及思想就跟谈及物质时一样，真正测量的是天文学意义上的质量，是指吸引力的总和与差额。科学如果没有历史学家的自愿帮助就会在测量物质运动方面有很大的麻烦，而历史学家在测量某种社会运动时却不需要很大的帮助，特别是在19世纪，社会一致同意通过煤炭的产量来测量社会的进步，煤电数量的增长率可以被当作测力计。

粗略地讲，世界的煤产量在1800年到1900年间每十年就翻一番，煤是一种可利用能源，可以用能量利用的形式表现，十吨煤在1900年所产生的能量是1840年的三到四倍。这样的总量增加速度非常快，可以用上千种方法予以检测而不会使数量锐减。或许远洋轮船是最接近统一体的，并且是最容易测量的，因为在1905年，任何人都可以只付一点点租金就能租到一艘三万马力的远洋轮船横跨大洋，这个数字每十年就可减半，而在1835年是二百三十四马力，这对于历史学家的研究目的来说已足够准确。事实上，他的主要困难不是总热量的比率，而在于强度，因为他在那里无法找到热量比率的依据。历史上所有时代都具有高强度，比如铁熔炉、取火镜、吹风管，但是至今没有一个社会曾经大规模地运用这种高强度，也没有一个旁观者能够断定现在普通应用中的温度范围。大略估计，科学总体上控制了整个温度范围，从绝对零度到三千摄氏度的全部温度，方便起见，人们也许会想，可以暂时用十年的比率来衡量强度，但仍需为热量以外的其他能量来估算比率。自1800年以来，已发现了数十种新力量，旧的力量已经被升级为更高力量，可以在舰炮中测量，化学的强大领域已被打开，并且与物理学的其他领域相结合。十年间，一个新的力量世界在辐射中被展示出来。复杂性已经大大地得到了扩展，算术中的比率无法帮助人们达到精确性。所形成的力量更像是爆炸力而非地球引力，并严格遵循着蒸汽曲线发展，但是无论如何，十年的比率却显得十分保守，除非计算者准备好立即屈服于身体力量和精神复杂性，否则他就必须就此停止。

因此，如果将1900年作为起点来重新回忆这些，最容易做的无异于1820年所做出的延迟十年的假定，但是在这之后统计学家就无能为力了，只有数学家才能有所帮助。拉普拉斯认为那只是小孩子的游戏，只是在笛卡尔、莱布尼茨、牛顿和他自己之间在数学方面确定一个进步的比率。瓦特或许可以用磅的形式来表示能量的增加，表示纽克曼的蒸汽机比他自己的蒸汽机之间的能量增加。福特和本杰明·富兰克林可能会说他们的进步在于创造了绝对的能量，道尔顿可以精确测量他领先玻尔哈夫多少，拿破仑一世也一定对自己与路易十四在数字上的关系有清晰的想法。1789年没有人怀疑力量的进步，为此而丢掉脑袋的人更是没有。

权威们还没有达成一致意见，理论只是按照意愿假定，认为五十年甚至二百五十年都是对18世纪的重复，因为这个时期在加速度本身得到承认之前没太大关系。17世纪的研究对象比18世纪更为有趣，因为伽利略、开普勒、笛卡尔、惠更斯和艾萨克·牛顿都花费了很大的心血去为运动的物体设定加速度法则，而培根勋爵和威廉·哈维则满足于用实验展示知识加速这个事实，但是从他们综合的结果看，历史学家也会试图保持与1600年类似的运动速度，而让数学家去纠正这一错误。

数学家可能会将他们的计算退回到14世纪，代数在那时似乎第一次成为西欧力学进步的测量标准，因为不仅哥白尼和迪科·布拉赫，甚至像列奥纳多·达芬奇、米开朗琪罗和阿尔伯特·杜莱等艺术家也是遵循数学方法来工作的，经他们证明的结果比蒙田或莎士比亚的结果更为确切。但是，为了减少麻烦，人们在哥伦布和古登堡的帮助下，应用了加速或延迟比率，直到

1400年，这样一来，在从1400年到1800年的这四个世纪中保持了统一的加速度，而把修正工作留给统计学家去做。

方便起见，人们或许可以用平方公式来表示思想法则。其他的公式也可以发挥同样的作用，不管是用化学爆炸公式、电解式，还是蔬菜生长公式，或者膨胀和收缩的形式，这恰好也是简单和便利的。思想力量的增长与其平方是成正比的。当人类陨石接近太阳或引力中心时，一个世纪的吸引力会用自身平方的形式来测量下一个世纪的吸引力。

1400年后，这个过程当然还在继续，但进步太过微小，几乎无法测量。东方和其他地方所得到的收获无法得知，但是西方在13世纪就使用了被粗略地称为希腊之火和火药的力量，以及诸如指南针、吹火箱、时钟和眼镜等工具和诸如纸的材料。阿拉伯符号和代数被引进，形而上学和神学也强烈地刺激了思想。建筑师可能会发现罗马圣彼得大教堂、亚眠大教堂、比萨大教堂、威尼斯圣马可、君士坦丁圣地索菲亚和希腊拉文纳教堂中存在的秩序。所有的历史学家都敢于确认，这一秩序明显地存在于那里，他们有权力让这些比率退回，以此来表示现实，而不需要假定数字的正确性。人类思想作为一个运动体，中世纪加速的中断只是明显的，吸引力按照不变的法则，通过力量的不断变化发挥作用，就像太阳通过光、热、电、万有引力等发挥作用一样，虽然不同感官作用于不同的器官，但总是由一种不变的规律来起作用。

史前人类的科学没有任何价值，只是证明了加速度法则可以回溯到久远的古代。石制箭头状物和蒸汽机一样具有说服力，其价值在十万年前就和现在一样清楚了，并平等地延伸到世界的各个角落。这种运动最终变得无限弱小，但是又没有证据证明它已停止，牛顿的彗星在远日点的运动理论也是一样的微弱。对于进化论者而言，只剩下了演化过程，而历史学家唯一感兴趣的就是力和力之间、思想和自然之间相互作用的法则以及进步法则。

图哥特和孔德将历史划分为几个阶段，这是人类历史上第一次通过宣布进步的统一性来肯定这一规律，因为单独一个阶段无法解释进步，而自然也有着很多这样的阶段。19世纪煤电的发展为给各种元素赋值提供了第一种方法，而1900年超感官力量的出现使得这种计算更加紧迫和必要，因为下一步是相当关键的。

和其他力学法则一样，加速度法则是明确而恒定的，人类不能假设它是为了满足人类的便利而释放能量。或许除了穿孔贝类之外，没有人可以提出这样一种理论，认为自然在任何时候都会考虑人类的便利，或者认为自然会考虑它造物的便利。在任何时代，人们都痛苦而正当地抱怨自然一直催促自己，因为惯性几乎不可避免地以悲剧结束。反抗便是法则，但对上层力量的反抗却是徒劳甚或是致命的。

五十年前，科学理所当然地认为加速的比率无法持续，但世界很快就忘记了这一点，即使是今天这个习惯也还存在，将统计学建立在认为消费会继续保持静态的观点之上。有两代人都和约翰·斯图亚特·密尔一起讨论了这一新力量爆炸之后的静态时期，所有四十来岁年龄稍大一些的人都在这种信念中死去，而其他人也在培养这一信念中逐渐老去，但却乐在其中。而科学在五十年中，准许和鼓励社会认为力量的供应已被证明是有限的。这种科学的精神惯性在分裂迹象出现前，贯穿了整个80年代，简直就和镭的出现一样，让人们清醒地认识到能量不竭这个早已被证明的事实。对于这一点，在当时，甚至科学权威都强烈地予以反对。

自公元300年以来，还没有发生过如此具有革命性的事情，思想多次被扰乱，但从来没有被卷入无限力量的旋涡之中。能量从每个原子中迸发，足以满足恒星宇宙世界的需求，这就显示了它们并没有被用于每一种物质上。人类不能再远离它们了。力量抓住人类的手腕将其甩开，好似抓住了一根通电的电线或登上了一辆飞驰的汽车，这非常像是一位生活在巴黎的胆小的单身老绅士所遇到的情况，当他开车路过香榭丽舍大街的时候，总会期待发生一场车祸，通常还真能目睹一两起事故，或者当自己走近办公室附近时，总会计算一下出现炸弹爆炸的概率。只要进步的比率依然适用，这些炸弹每隔十年就会在力量和数量上翻番。

不可能的情况再也不是障碍，与此相反，它滋养了一个人的生命。亚当斯在六岁以前，就亲眼目睹了四种不可能的事物变为现实：远洋轮船、铁路、电报和银版照相法，而他并不知道这四个发明中是哪一个加速了其他发明的到来。他见证了美国煤炭产量从零吨到三亿吨甚至更多，更有甚者，他在研究力量这个对吸引力最真实的测量时，见证了想追求力量的人们从1838年的几十个或几百个增加到了1905年的几千个，这些人经过了前所未有的敏锐培训，并装备了带有无限力量和准确性的新的感官工具，在自然所不知道的隐蔽处追寻力量，分析了与存在相矛盾的事物，综合了危害元素的物质。没有人可以说现代的社会思想没有回应新的力量，即使是在受到新力量严重扰乱的时候。自然每一天都在强烈地反叛，引发了可以导致巨大的财产和生命损害的所谓的事故，它同时也在不停嘲笑无助地呻吟、尖叫和发抖的人类，但人类却一刻也不能停止。仅仅是铁路就接近于战争大屠杀，汽车和枪炮破坏了社会，直到一场地震几乎成为能够使人类神经放松下来的一个事件。一股巨大的力量已经从未知的能源宇宙世界中解脱出来，但仍有被认为是无限的储备逐渐显露出来，用比黑海、神灵或黄金等更具吸引力的事物来吸引人类，而且没有表现出丝毫衰退迹象。

1850年，科学或许会对这个传奇报以微笑，但在1900年，在历史所能了解的范围内，科学界很少有人将其认作是可笑的事了。如果一个虽然迷茫但是勤奋的追随者斗胆猜测它们的动向，那么他们在思想上难以在无序和秩序二者中做出定夺。除非他们未来会比以往更加诚实，否则，等他们在到达终点时，一定会比自己的追随者还要惊讶。如果卡尔·皮尔森的宇宙世界观点是合理的，那么假定伽利略、笛卡尔、莱布尼茨和牛顿等人确实忠诚于自己所表达的宗教信仰，那么他们应该在1700年前就停止了科学的进程。1900年，他们又转而信奉未经证明的统一性和他们自己所反驳的秩序。他们将自己的宇宙世界简化为一系列同自己的联系，将自己简化为运动世界中的一种运动，具有让自己眩晕的猛烈程度的加速度。他们的科学有其自身的正确性，历史无权干涉，因为他们的科学现在所建立的平台上举世仅有一二百人才能够跟上数学的进程，不过炸弹爆炸给人以深刻教训，即便是无线电报或飞艇也可能要求重建社会。如果在人类思想和动力法则之间存在相似性，那么人类的思想就进入到了一个吸引力的领域，这个领域的吸引力如此强烈，以至于必须立即超越以达到新的平衡，就像牛顿的彗星一样，去承受所有的耗散，正如地球大气层中的流星。如果它表现出爆炸性，那么它就必须迅速恢复平衡，如果它表现得像植物一样呆板，那么它就必须达到生长的极限，即使它表现得像能量的早期创造物，比如蜥蜴或鲨鱼，它也一定要接近扩展的限度。如果科学的复杂性继续每十年加倍或翻两番，即使是数学也会很快屈服。持有普通思想的人早在1850年就已经屈服了，再也无法够理解1900年的问题。

幸好，这位研究历史的学生没有责任回答这样的问题，他将这视为科学所给予的问题，只是等待着被科学教导。他没有与科学或社会争论，也不要求分享权威。他从来都没能获取知识，更不用说是传授知识了。如果他有时感到与19世纪的美国人有很大不同，却没有感到与20世纪的美国人存在任何的差别。作为1900年以后出生的新人，这位历史学家不再要求成为老师甚或朋友，他只要求做一个学生，并且许诺即使是被践踏也会顺从，因为他明白，新美国人作为无法估量的煤电、化学能、电能、放射性的能量以及未被确定的新能量的后代，与任何一种以前的自然造物相比一定是某种意义上的上帝。保持1800年以来的进步速度，能够活到2000年的每一个美国人都一定能知道如何控制无限的力量。他们要以从前无法想象的复杂方式来思考问题，要超越早期社会的范围去解决种种问题。对他们来说，19世纪和4世纪处在同一水平，都是同样的孩子气，而他们只是想知道这两个世纪怎么会知道得那么少，力量那么微弱，而又怎么可以做那么多的事情。亚当斯甚至可能回到1964年，在阿拉卡里的石阶上照看吉本。

同时，亚当斯还在接受教育。对此，一个没能教育1870年那代人的教师是不敢干涉其中的。新的力量能教育人，而历史在过去很少获得过对未来有用的经验教训，但是有一个教训是历史确实看到了的。1800年的美国人试图教导1900年的美国人，这是一件再愚蠢不过的事情，因为自1800年以来的力量和其复杂性已经增加了至少一千倍。1900年的美国人试图教育2000年的美国人，这个做法比1800年国会议员的做法还要盲目，因为至少议员已经认识到了自己的无知。在一两百万年中，每一代人都为获得和使用力量而付出了无尽痛苦的艰辛，同时也表露出了对自己所创造力量的最为深切的恐惧和惊颤。1900年的老师，如果是蛮干的，那便可以激励人；如果是愚蠢的，那便可以加以抗拒；如果是智慧的，那便可以进行权衡，因为聪明和愚蠢的人在一开始都是全力以赴的，但是，各种力量还在继续教育人类，思想也继续给出反应。这位老师能够寄予的全部希望在于传授反应。

即使是这样，他所面临的困难也是异常大的，最基础的科学教科书也会暴露出旧思想工具的不足。每个章节的结束语都是人们在旧文本中从未见到过的："这种现象的原因还不清楚"、"科学再也不敢冒昧地解释原因"、"仍需朝因果性解释迈出第一步"、"对此现象的观点分歧巨大"、"尽管还存在着矛盾"、"科学要向前推进，只能采用不同的理论，有时候甚至是互相矛盾的理论"。很明显，新美国人需要在矛盾中思考问题，尽管康德提出了著名的四种二律背反，但新的宇宙世界还没有哪种法则是不能被其反法则所证明的。

教育别人要从教育自己开始，教育已经成为个人一生长达六十年的时间里所做出的努力，而教育的困难也和煤炭产量一样在加倍，直到期待十年后又出现复杂性第七次加倍的前景，这个前景是稍有吸引力的想象力。加速度法则是很明确的，不需要再花十年时间去研究，除非是为了显示它是否仍然适用。没有任何方案可以推荐给新美国人，无须查找任何疏漏，也无须抱怨什么东西。但是，下一个巨大新力量的涌入似乎近在咫尺，其教育风格也必将是极具强制性的。1200年至1900年之间从统一性到多样性的运动未曾被中断过，加速度也非常快。如果将一代人的时期延长，就需要一种新的社会意识。思想就好似不确定的溶液中的普通盐分，它必须遵照新的法则进入一个新的阶段。到现在为止，自五千年或一万年以来，思想已经成功地做出了反应，尽管目前还没有证据表明思想无法给出反应，但思想需要有所飞跃。

The Education of Henry Adams

第三十五章

当今时代（1905）

前任私人秘书与前任部长弗朗西斯·亚当斯和莫特雷回到纽约后，已经过去了将近四十年，他们将美国社会看作是一个延伸至平原的沙漠商队。1904年11月5日，亨利·亚当斯再次走近海湾，那时他的年龄已经超过他父亲和莫特雷在1868年的年龄，他感到这条道路比以往任何时候都更醒目和奇妙，并不像其他人所见到过的情景，也不像他曾仔细观察过的道路。纽约这个城市的轮廓变得狂乱，似乎试图解释那些无意义的内容。力量似乎已经摆脱了奴役状态，并宣称了自由。汽缸已经爆炸，向天空喷射出了大量的石头和蒸汽。整个城市都弥漫着歇斯底里的气氛，市民用各种愤怒和恐慌的语气叫喊着，声称必须要不惜代价控制新力量。从未想象过的繁荣的出现、人类从未掌控的力量的出现、只有流星才能达到的速度的出现，让世界坐立不安，神经紧张，暴躁易怒，失去理智，并深感恐惧。整个纽约都需要新人类和浓缩在公司机构里的新能量，新人类具有十倍于旧人类的耐力、精力、意志和思想，为了得到这样的新人类，人们愿意投入数百万元。当人们在路上颠簸而行或阅读上周的报纸时，新人类似乎近在咫尺，因为旧人类的力量显然已经穷尽，他们的失败已经发展到了可称作灾难的程度。每个人都明白这一点，而每一次的市政选举都会引来尖叫和混乱。这位在历史高速公路上行使的旅行者，透过俱乐部的玻璃看见第五大道的混乱，感觉自己仿佛身处罗马，处在戴克里先的统治之下，他见证了无政府主义状态，认识到了强制力，渴望得到解决方案，但却无法得知新的冲动从何而来以及如何行动。基督教两千年的失败从百老汇仰天长啸，但已看不到君士坦丁大帝。

这位旅行者因为没有其他事情可做，只得去华盛顿等待生命的结束，在那里，罗斯福正在培训教皇并与托拉斯展开斗争。对此，这位研究力学的学生表示出了同情，认为它不仅是一个政治或社会问题，而且是对运动的一种测量。托拉斯和大公司代表了创建于1840年的新力量的主要部分，它们强大而不道德的力量让人生厌。它们是革命性的力量，扰乱了所有的旧传统和价值，就像远洋轮船的螺旋桨打扰鲱鱼群一样。它们将社会撕成碎片并踩在脚下。亚当斯这位1838年出生于昆西城的公民是最早的受害者，他已经学会了服从和保持沉默，因为他知道在动力法则之下，在力量范围内的任何变化都只能让他的处境更为糟糕，但他非常想知道各种力量的冲突是否可以造就新人类，因为地球似乎没有多余的力量来培育新人类了，他们只能诞生于新旧能量之间。

正如叙述中所说，因为在孩提时代，亚当斯就已经熟悉了这两种力量，而又没有哪一个力量可以让他这位仲裁者因偏爱某一方而歪曲判断。如果说有判官可以保持公正，那么这个人就是亚当斯本人了。他所感兴趣和同情的唯一对象就是新人类，但观察时间越久，能够看到的新人类的侧面就越少。对于托拉斯背后的力量，人们可以看到一些东西，它们拥有一个完整的组织，包括学校、培训、财富和目标，但是人们却很少了解罗斯福背后的力量，他们的凝聚力很微弱，培训不规律，目标也不清晰。公众不知道应该着眼的实际体系，也不知道哪类人可以管理这个体系。其中的问题其实很简单，与其说是控制托拉斯，还不如说是创建能够管理托拉斯的社会。新美国人一定是新力量的后代，或者是自然的偶然产物。机械力的吸引力已经将美国人的思想扭曲为一个隐晦的过程，在这个过程中罗斯福正在英勇地拼尽全力恢复行动，他完全有权利得到全世界积极的支持和同情，尤其是得到托拉斯自身的支持和同情，假如这些托拉斯还有什么人情可言的话。但人们仍然困惑的是，这些具有教育意义的力量究竟是来自于人类还是来自于自然，是来自于思想还是来自于运动。动力法则的大部分内容已被科学接受，它似乎要求质量法则来进行统治。在这种情况下，进步将一如既往。

在这些方面，对于这个1838年出生的孩子来说，19世纪的教育与18世纪的教育一样，都是没有用处或起着误导作用的，然而，亚当斯更有理由保持缄默。他对自己的历史动力法则的关心，并不比对气体动力论的关心多。但是，如果这是度量运动的方法，那么它可以在三十年内自我证明和予以反驳。按照计算得出的加速度，流行群的第一颗流星一定会快速地通过近日点。因此，争论是无用的，讨论也是无果的，而仅次于脾气温和的沉默才是理智的标志。如果这种以力量的发展和节省来测量的加速度，能够在1800年后仍保持同样的速度，那么1950年的数学家就应该能够绘出和十一月流星轨迹一样精确的人类过去和未来的轨迹。

理所当然的是，这种态度激怒了这个游戏的参与者，就像裁判的态度常会激怒观众一样。毕竟这是极其不道德的，会使人的努力白费，但在另一方面，它趋向于鼓励远见，减少思想的浪费。如果它本身不是教育，那么它也指出了新美国人教育中所必须的节省，义务到此结束。

生命至此也结束了，自然向自身传授了对死亡的非凡同情。在海拔将近五千英尺的南极冰川，斯科特船长发现了很多海豹尸体，这些海豹曾费力地跳出水面，以期待平静地死去，“如果不是亲眼所见，我们很难相信海豹会在临近死亡时拖着身体在粗糙、险峻的冰川表面前行了五十多英里，”但是，“也许是出于对海洋天敌的本能恐惧，海豹似乎经常会爬到岸上或冰上死去。”在印度，普伦·达思在政治家生涯结束后，孤独一人，宁愿与鹿和猴群一起尊严地死去，也不愿与人类一起。即便是在美洲，印第安夏天的生活也应该是带有些许阳光和哀伤的，和这个季节一样，还带着大量无限和深远的音调，但从不喧闹。因此，个人消极的隐匿有时似乎比约翰·海依的做法更接近自然。对于一般的动物来说，运动的本能是天生的，而历史学家自己也无法逃避引诱猎物上钩的激情，但反过来，即便是海豹在年老时也不喜欢因过度担心而导致死亡，因为有些动物也会因为无力或没了牙齿而无法立即把它们咬死。

1904年11月14日，亚当斯刚到华盛顿就一眼看出约翰·海依一定要休息了，约翰·海依的夫人告诉他做好准备，等丈夫会议一结束时就帮助她带丈夫去欧洲，尽管约翰·海依先生回绝了，认为这种想法连讨论的余地都没有，但他的力量很快就衰退了，甚至无法认真有效地讨论此事，最后也只能屈从。如果总统和媒体不反对，那么他也可以像普伦·达思一样辞退，但是他经常就这一话题进行争辩，而他的朋友对此也拿不出什么好主意来。亚当斯一心关注着约翰·海依借助在东方的调解行动来结束职业生涯，他也只能以同样虚荣的方式劝说约翰·海依：媾和者的桂冠和殉难英雄的十字架一样有价值，但十字架到处都是，而桂冠却不能随处可见。亚当斯发现，自己为俄国惯性所构建的公式是正确的，这令他很气愤。他认为俄国在1905年1月1日亚瑟港沦陷时就应该立即谈判，但他发现俄国没有这种力量，而只是一直等待，直到它的海军被摧毁为止，这种延迟正是约翰·海依所要节省的时间。

3月4日会议结束后，约翰·海依只剩下爬上轮船的力气了，3月18日在他乘坐的远洋轮船行驶了近一半航程时，他才恢复过来，当时他快乐得如同四十四年前第一次在第一街的马柯依别墅落脚一样。对于眼里只有死亡的人来说，那些在夕阳周围聚集的乌云并非总呈现素淡的颜色，或者至少可以说，肃穆有时候不代表悲伤。一个人同朋友一起关闭人生的大门，然后面带微笑道别人世，这也是人们经常做的事情。约翰·海依很少在甲板上散步，也没有什么幻想，他坚信自己再也不会回到工作中去，轻松地谈论了可能随时来到的死亡宣判。他抛开了工作和死亡的阴影，而权力的毒气只在未尽的工作中留下了唯一的印记。

任何人都可以真诚地帮助他，对于悬挂在参议院委员会办公室的十二份条约，人们也可以坦率地将其嘲笑为肉铺里挂着的羊羔，同时这也可以让他想起自己已经彻底完成的工作。在八年的任期里，他解决了美国政治家所遇到的所有老问题，几乎没有给继任者留下麻烦，他把大西洋的大国纳入到了现行体系中，即使是俄国似乎也被拉进了依照活动的明智分配而形成的智力平衡联合体中。一千五百年来，第一次出现了罗马和平，如果能够被继承下来，那么人们应该为此而感谢约翰·海依。除了在满洲促成和平，他不能再做更多的事情了，如果发生了最坏的情况，唯一可以替代的方法就是让各个大陆短兵相接，他也不用因为错过灾难而叹息了。

这一乐观的观点可以抚平每位离任政治家的愤慨，其中往往是有原因的。人们不必拿出笔记本来草草记下每一个确切的数字。为什么要将反抗和无政府的因素叠加起来呢？德国皇帝给他提供了数字，正如长短韵脚走进摩洛哥一样。每个人都是这样做的，但似乎又都对此感到恐慌，混乱只是等待他的到来。

这一行人到达了热那亚，在勒维停留了两个星期，约翰·海依无须努力工作也无须接听任何行动命令，就可以快速恢复体力。然后，他们前往南海姆，约翰·海依也没有旧病复发。几天后，亚当斯离开他去了巴黎，约翰·海依继续留在那里接受定期治疗。医学报告显示他的身体状况良好，而约翰·海依的来信也依旧幽默和手法高明。在信的结尾部分，他愉悦地写到了自己的进展，还提到了他的各位医生的情况，表现出了惯常轻松的爱怀疑的特点，引人发笑。但三个星期后，当治疗结束时，约翰·海依也到了巴黎。人们一眼就可以看出他的力量已经减弱，一回到工作事务和采访工作中就立刻让他精疲力竭了。他自己也意识到了这一点，在前往伦敦和利物浦前的最后一次谈话中，他坚信自己的活动应该结束了。有人劝他说：“你一定要坚持到和平谈判。”对此，他回答道：“我没有时间了！”接着又有人说：“你不需花多少时间！”其中的每一种说法都是正确的。

就这样，一切都结束了！莎士比亚本人也只是用老生常谈来表达那些无法表达的事情。“剩下的只有沉默！”这几个熟悉的字眼也是语言中最简单的，但它们传达了最为陈腐、平庸的观点，莎士比亚利用这个方法达到了目的，但之后再也没有人使用过。几个星期后，在七月初的一个温暖午后，当亚当斯在阿蒙南维尔的树下散步后，准备就餐的时候，他得到了约翰·海依去世的消息，对此他早有准备。从约翰·海依的角度考虑，他甚至对这位朋友的逝去感到满足，因为如果我们能够在国内外享有盛名，行使权力一直到最后时刻，那么全世界都会为我们的离开而感到惋惜，我们也都愿意就此离逝。人们已经亲历了数十位国王和英雄尚在人世却渐渐沦为廉价的身份低微者，而现在，至少他不必担心自己的朋友也是如此下场了。并不是突然的打击或空虚感才让亚当斯陷入莎士比亚笔下的哈姆雷特式沉默，在巴黎轻浮的光照下，在他经常出现的地方，世间的虚荣达到了人类历史上最徒劳的高点，这是对追随而去的悄悄召唤，是对卸任的默认。是到该离开的时候了！三个朋友曾一同开始人生，在其他两人都离去后，最后剩下的这位已失去动力，失去吸引，无法继续生活下去。教育对这三个人来说已经结束，而只有超越更远的视野才可以确定和恢复其价值。或许在某一天，比如在1938年百年之日时，他们或许可以相聚一起庆祝生日，并依照后辈所犯的错误去审视自己在一生中所犯的错误。或许到那时，自人类在肉食动物之间开始自己的教育以来第一次找到这样的一个世界，在那里，天性敏感和羞怯的人类才能够挺起腰杆，正视一切。